LA SOCIÉTÉ DE COUR

NORBERT ELIAS

LA SOCIÉTÉ
DE COUR

*Traduit de l'allemand par Pierre Kamnitzer
et par Jeanne Etoré
Préface de Roger Chartier*

Publié avec le concours
du Centre National des Lettres

FLAMMARION

Formation sociale et économie psychique :
la société de cour dans le procès de civilisation

I

Il peut sembler paradoxal que revienne à un historien la tâche de présenter cette réédition du livre de Norbert Elias qui s'ouvre sur une critique radicale de la démarche historique. Dans son introduction (pour la première fois traduite en français) Elias oppose, en effet, terme à terme, la sociologie telle qu'il la conçoit et pratique, productrice d'un savoir sûr, rigoureux, cumulable, et l'histoire, égarée sur les voies sans issue du relativisme. Pour lui, l'approche historienne des phénomènes trahit trois faiblesses fondamentales : elle suppose généralement un caractère unique aux événements qu'elle étudie, elle postule que la liberté de l'individu est fondatrice de toutes ses décisions et actions, elle rapporte les évolutions majeures d'un temps aux libres intentions et aux actes volontaires de ceux qui ont pouvoir et puissance. L'histoire ainsi exercée reproduit en fait, dans une démarche qui se voudrait de connaissance, l'idéologie des sociétés qu'elle étudie et qui posait comme central le vouloir du prince auquel tout doit obéir, et tous se soumettre. Même appuyée sur l'invention documentaire et sur les techniques exigeantes de l'érudition, une telle manière de faire ne peut produire qu'un savoir arbitraire, constitué par une succession de jugements contradictoires qui tous sont le reflet des intérêts et partis pris des historiens qui les prononcent.

C'est contre une telle démarche qu'Elias définit son propre projet, qualifié de sociologique. Sa différence avec l'histoire ne tient aucunement à la situation chronologique des phénomènes considérés : la sociologie ne consiste pas, ou pas seulement, dans l'étude des sociétés contemporaines mais doit rendre compte des évolutions de longue, voire très longue durée, qui permettent de comprendre, par filiation ou différence, les réalités du présent. Son objet est pleinement historique, dans le sens qu'il se situe (ou peut se situer) dans le passé, mais sa démarche n'est en rien historienne puisqu'elle ne s'attache pas à des individus, supposés libres et uniques, mais aux positions qui existent indépendamment d'eux et aux dépendances qui règlent l'exercice de leur liberté. Étudier non pas un roi en particulier mais la fonction de roi, non pas l'action d'un prince mais le réseau de contraintes dans lequel elle se trouve inscrite : tel est le principe même de l'analyse sociologique selon Elias, et la spécificité première qui fondamentalement la distingue de l'approche historienne.

Certes, les traits que Norbert Elias attribue à l'histoire, considérée comme une démarche unique, toujours identique à elle-même, ne sont pas ceux par lesquels les historiens de ces vingt ou trente dernières années voudraient voir caractériser leur pratique. Avec les *Annales*, mais pas seulement elles, l'histoire s'est, en effet, fort éloignée des credos classiques rappelés et critiqués par Elias. L'étude des séries, qu'elles soient démographiques ou économiques, a déplacé l'attention de l'événement unique au fait répété, de l'exceptionnel de l'action politique ou militaire aux rythmes cycliques des mouvements conjoncturels. L'analyse des sociétés a, pour sa part, proposé une histoire des structures qui n'est plus celle des individus et où comptent, d'abord, les positions des groupes les uns par rapport aux autres, les mécanismes qui assurent la mobilité (ou la reproduction) sociale, les fonctionnements non perçus par les sujets sociaux et sur lesquels leur action volontaire n'a guère de prise. L'évolution de la problématique historienne la plus neuve a été comme à la rencontre d'Elias, étudiant avec rigueur les déterminations qui pèsent sur les destinées personnelles, les phénomènes qu'aucune volonté — même pas celle du prince — ne saurait transformer. Les rois ont ainsi été détrônés des préoccupations historiennes, et avec eux l'illusion de la toute-puissance des intentions individuelles.

Est-ce signifier pour autant que le propos introductif de Norbert Elias a perdu toute pertinence, et que, aujourd'hui, la sociologie qu'il pratique et l'histoire telle qu'elle est ne font plus qu'un ? Ce serait sans doute dire trop, et manquer la leçon toujours actuelle d'une œuvre dont le temps n'efface pas la vigueur novatrice. Soit le sujet même du livre : il peut être compris comme l'étude de la cour des rois de France entre François Ier et Louis XIV Un sujet historique donc, très classique, et même quelque peu archaïque par rapport aux intérêts récents des historiens, préoccupés par le plus grand nombre, les sociétés provinciales, les existences populaires. Mais derrière cette apparence, le projet de Norbert Elias est tout autre. Il ne s'agit pas pour lui d'appréhender la cour seulement, ou prioritairement, comme le lieu ostentatoire d'une vie collective, ritualisée par l'étiquette, inscrite dans le faste monarchique. L'objet du livre est la société de cour — au double sens du terme. D'une part, la cour est à considérer comme une société, c'est-à-dire comme une formation sociale où sont définies de manière spécifique les relations existant entre les sujets sociaux et où les dépendances réciproques qui lient les individus les uns aux autres engendrent des codes et des comportements originaux. D'autre part, la société de cour est à entendre au sens de société dotée d'une cour (royale ou princière) et organisée tout entière à partir d'elle. Elle constitue donc une forme particulière de société, à traiter à l'égal d'autres grandes formes, telles la société féodale ou la société industrielle. La cour y joue le rôle central puisqu'elle organise l'ensemble des rapports sociaux, comme le font les liens vassaliques dans la société féodale ou la production manufacturière dans les sociétés industrielles. Le propos d'Elias est donc de comprendre la société d'ancien régime à partir de la formation sociale qui peut la qualifier : la cour.

Donc, pas la cour, mais la société de cour. Et il faut ajouter, pas une société de cour particulière — même si l'analyse est menée à partir de l'exemple français qui, sous Louis XIV, propose la forme la plus achevée de la cour d'ancien régime. Pour Elias, l'étude de cas permet d'atteindre l'essentiel, à savoir la mise en évidence des conditions qui rendent possible l'émergence et perpétuent l'existence d'une telle forme sociale. De là, la double stratégie de recherche appliquée dans le livre. D'un côté, il s'agit de considérer une situation historique spécifique, partant de mettre à l'épreuve des données empiriques, factuelles, un corps d'hypothèses et de concepts. « Les théories sociologiques qui ne se vérifient pas par un travail de sociologie empirique ne servent à rien », écrit Elias, prenant ainsi ses distances vis-à-vis d'une sociologie plus tentée par la construction de taxinomies à validité universelle que par l'« analyse intensive » de cas historiques déterminés. A la typologie weberienne des formes de pouvoirs, subsumant toutes toutes les situations concrètes possibles, il oppose une autre démarche qui établit les lois de fonctionnement des formes sociales à partir de l'examen minutieux de l'une de leurs actualisations historiques.

Mais pour ce faire, une seconde exigence doit être tenue : celle du comparatisme. Celui-ci est à entendre à trois échelles. La première permet de repérer des fonctionnements différents de la même forme sociale à l'intérieur de sociétés comparables et contemporaines. C'est ainsi que plusieurs fois, Elias confronte à la société de cour de la France d'ancien régime les situations anglaise, où la cour royale n'est pas le centre unique de l'autorité sociale (p. 49, p. 87-88)*, ou prussienne, où l'emploi des nobles comme fonctionnaires d'État interdit l'épanouissement de la culture curiale portée en France par une noblesse sans activité professionnelle (p. 207-208). Mais les cours princières ne sont pas propres à la société occidentale d'entre XVIᵉ et XVIIIᵉ siècles, et Elias esquisse d'autres comparaisons à plus longue distance — ainsi celle qui rapproche le rôle joué par les cours des sociétés asiatiques et celui tenu par les cours européennes. Ici, l'important est de montrer les effets identiques de la même forme sociale à l'intérieur de sociétés fort éloignées dans le temps et l'espace. La curialisation des guerriers, c'est-à-dire la transformation d'une aristocratie militaire en noblesse de cour, est l'un de ces phénomènes partout engendrés par l'existence des cours princières, et qui partout semble à l'origine du « procès de civilisation », entendu comme la pacification des conduites et le contrôle des affects (*La Dynamique de l'Occident*, p. 225-227). Enfin, comparer pour Elias, c'est aussi mettre en contraste les formes et les fonctionnements sociaux. Le contrepoint de la société de cour est ainsi donné par la société

* Lorsqu' elles ne sont précédées d'aucun titre, les références entre parenthèses se rapportent toutes à cette édition de *La Société de cour*.

bourgeoise des XIXe et XXe siècles qui en diffère par l'éthique
économique (p. 47-48), l'activité professionnelle de ses
membres, la constitution d'une sphère du privé séparée de
l'existence sociale (p. 112-113). Les partages aujourd'hui tenus
pour évidents (par exemple entre vie publique et vie privée),
les conduites considérées comme seules rationnelles (par
exemple l'ajustement des dépenses familiales sur les revenus
disponibles), peuvent être ainsi dépouillés de leur supposée
universalité et ramenés au statut de formes temporellement
circonscrites, sécrétés par un équilibre social nouveau qui
n'était pas celui des sociétés de cour.

II

C'est donc pour justifier ce que peut être l'étude sociologique
d'un phénomène ordinairement considéré comme historique
que Norbert Elias a rédigé la préface de son livre, à la demande,
précise-t-il, des directeurs de la collection où il a été publié en
1969[1]. Mais cette date ne doit point tromper : *La Société de
cour* est un livre qui a été porté, pensé, et pour l'essentiel achevé
bien auparavant lorsque, Elias était assistant de Karl Mannheim
à l'université de Francfort — position qu'il occupe à partir de
1930. L'ouvrage constitue sa thèse d'habilitation, une thèse
jamais soutenue du fait de la prise du pouvoir par les
nationaux-socialistes et de son départ pour l'exil, à Paris tout
d'abord, à Londres ensuite[2]. Ce n'est que trente-trois ans après
sa rédaction que le livre a été publié, augmenté de la préface.

Bien que souvent oubliée par les commentateurs, la date du
livre — à savoir le début des années 30 — a une grande
importance pour sa compréhension. Elle explique, tout
d'abord, son socle référentiel, perceptible à travers les auteurs

1. Norbert ELIAS, *Die höfische Gesellschaft. Untersuchungen zur Soziologie des
Königtums und der höfischen Aristokratie mit einer Einleintung : Soziologie und
Geschichtswissenschaft,* Neuwied und Berlin, Hermann Luchterhand Verlag,
Soziologische Texte , Band 54, 1969, réédition en 1975, sous l'adresse Hermann
Luchterhand, Darmstadt und Neuwied, et en 1983 par Suhrkamp Verlag, stw
423.
2. Norbert ELIAS, *Die höfische Gesellschaft. Untersuchungen zur Soziologie des
Adels, des Königtums und des Hofes, vor allem in Frankreich des XVII ten
Jahrhunderts,* Habilitationschrift en sociologie, université de Francfort, 1933,
dactylographié.

discutés et les ouvrages utilisés et cités. Dans *La Société de cour*, les références appartiennent à trois registres différents. Il y a, en premier lieu, les textes français des XVIe, XVIIe et XVIIIe siècles qui constituent le matériau documentaire analysé. Aux premiers rangs, Saint-Simon, cité une vingtaine de fois, tantôt en français, tantôt en traduction allemande, l'*Encyclopédie*, dont les articles et planches consacrés à la hiérarchie des résidences donnent, avec les ouvrages de Jombert et Blondel, la matière du chapitre « Structures et signification de l'habitat » (en allemand "*Wohnstrukturen als Anzeiger gesellschaftlicher Strukturen*"), La Bruyère, Marmontel pour l'article « Grands » de l'*Encyclopédie*, Gracián dans la traduction française de Amelot de la Houssaie, Brantôme, *l'Astrée* et les poètes renaissants étudiés dans le chapitre « Curialisation et romantisme aristocratique ».

Second ensemble de références : les classiques de l'historiographie française du XIXe et du premier tiers du XXe siècle. L'information sur laquelle travaille Elias est puisée là, dans les grandes synthèses de l'histoire nationale, les instruments de travail, les études d'histoire sociale. Les *Origines de l'Ancien Régime* de Taine et les volumes du Lavisse, rédigés par Lemonnier, Mariéjol et Lavisse lui-même pour le règne de Louis XIV, appartiennent à la première catégorie, le *Dictionnaire des institutions* de Marion, publié en 1923, à la deuxième, le livre de d'Avenel, *Histoire de la fortune française* (1927), celui de Sée traduit en allemand en 1930 sous le titre *Französische Wirtschaftsgeschichte*, ceux de Normand sur la bourgeoisie au XVIIe siècle et de De Vaissière sur les gentilshommes campagnards à la troisième. Quelques ouvrages historiques allemands complètent cette bibliographie, le plus cité étant, de loin, la *Französische Geschichte* de Ranke. A ces ouvrages historiques, tous antérieurs à 1930[3], Elias n'emprunte que des bribes d'analyse, toujours très partielles, les utilisant surtout comme de commodes recueils de textes anciens permettant de compléter ceux dépouillés de première main.

---

3. Seule exception : la mention faite du livre de D. Ogg, *Louis XIV* , Londres, 1967. On ne rencontre dans tout le livre que deux autres références à des textes postérieurs à 1930, à savoir une conférence de A.W. Southern de 1961, citée dans la préface, et le livre de W. Lepenies, *Melancholie und Gesellschaft*, Francfort-sur-le-Main, 1969.

Pour organiser les données historiques collectées au fil de ses lectures, Elias construit un modèle d'interprétation sociologique qu'il entend démarquer de ceux qui dominaient la sociologie allemande aux débuts des années 30. Les références permettent ici d'identifier quels sont ses interlocuteurs privilégiés. Le plus fréquemment présent est évidemment Max Weber : son livre *Wirtschaft und Gesellschaft*, publié à Tübingen en 1922, est cité à quatre reprises, et Elias discute ou infléchit plusieurs de ses thèses centrales, que ce soit la théorie des idéaux-types, l'opposition entre les modes de rationalité ou la typologie des formes de domination, qui distingue et oppose domination patrimoniale et domination charismatique (p. 121). Elias pense aussi avec et contre Werner Sombart — dont il reprend l'intuition quant à l'importance politique et culturelle des cours princières (p. 14) mais critique l'interprétation fragmentaire de leur constitution (p. 174) — et Thorstein Veblen dont l'ouvrage de 1899 *Theory of the Leisure Class* lui paraît manquer son objet en jaugeant l'éthique économique de l'aristocratie à l'aune des critères de la société bourgeoise (p. 48-49). Weber, Sombart, Veblen : telles sont les références sociologiques d'Elias en 1933, du moins celles qui lui paraissent compter et qu'il faut discuter. S'y ajoute, en passant, une allusion à Marx dont Elias critique la manière, toute hégélienne selon lui, d'identifier les discontinuités historiques en termes de passage du quantitatif au qualitatif (p. 261-263).

Par sa rédaction, par ses références, par son information, *La Société de cour* est donc un livre ancien, mis dans une forme quasi définitive dès 1933. Cela a son importance pour comprendre dans quel univers intellectuel il a été conçu, celui d'une sociologie dominée par la figure de Weber et d'une histoire qui est encore celle du XIXᵉ siècle. Cela a son importance, aussi, pour le situer dans l'œuvre même de Norbert Elias. Bien que publié seulement en 1969, *La Société de cour* est, en effet, un livre antérieur à l'œuvre majeure d'Elias, *Über den Prozess der Zivilisation*, publiée en 1939 à Bâle[4]. Il faut donc

4. *Über den Prozess der Zivilisation. Soziogenetische und Psychogenetische Untersuchungen,* Bâle, Haus zum Falken, 1939. Le livre a été réédité en 1969 avec une importante préface par Verlag Francke AG à Berne et en 1978/79 par Suhrkamp Verlag, stw 158-159, à Francfort.

prendre *La Société de cour* comme une première formulation
des concepts et des thèses que développeront, à large échelle,
les deux tomes de 1939. Mais en retour, comprendre
pleinement le livre suppose la connaissance de la problématique
globale qui lui donne sens et qui inscrit la cour comme figure
centrale à la fois de la constitution de l'État absolutiste et du
procès de civilisation qui transforme radicalement l'économie
psychique des hommes d'Occident entre XIIe et XVIIIe siècles.
Lire Elias comme on doit le lire, c'est-à-dire en articulant l'une
avec l'autre ses deux œuvres maîtresses et en les rapportant au
temps de leur conception et écriture — l'Allemagne de Weimar
pour *La Société de cour*, l'exil pour *Le Procès de civilisation* —
suppose de mettre de l'ordre dans leurs traductions, tardives
et éclatées. Les deux ouvrages publiés séparément en français
sous les titres *La Civilisation des mœurs* (1973) et *La Dynamique
de l'Occident* (1975) sont en fait les deux parties indissociables
du même livre, *Über den Prozess der Zivilisation*[5]. *La Société
de cour*, traduit en 1974 et que nous rééditons aujourd'hui avec
sa préface, est, on l'a vu, à la fois antérieur par sa rédaction
et postérieur par sa publication aux deux tomes du *Procès de
civilisation*[6].

Inscrit intellectuellement dans son temps, par ses références,
le livre l'est aussi d'une autre manière. Il est en effet difficile
de lire les pages où Elias oppose la domination du roi absolu
à celle du chef charismatique (p. 121-128) sans songer qu'elles
ont été écrites au moment même où l'un de ces chefs
s'approchait, puis s'emparait du pouvoir. La caractérisation du
« groupe central charismatique » comme lieu d'une possible
promotion sociale, sa définition comme groupe nécessairement
unifié autour d'un objectif commun (la prise du pouvoir),

5. Norbert ELIAS. *La Civilisation des mœurs*, traduit de l'allemand par Pierre
Kamnitzer, Paris, Calmann-Lévy, 1973 et *La Dynamique de l'Occident*, traduit
de l'allemand par Pierre Kamnitzer, Paris, Calmann-Lévy, 1975. Plus récente,
la traduction anglaise a été révisée par Norbert Elias lui-même, cf. Norbert ELIAS.
The Civilizing Process. Sociogenetic and Psychogenetic Investigations, vol. I, *The
History of Manners* et vol. II, *State Formation and Civilization*, traduit par Edmund
Jephcott avec notes et révision de l'auteur, Oxford, Basil Blackwell, 1978 et
1982.

6. Norbert ELIAS. *La Société de cour*, traduit de l'allemand par Pierre Kamnitzer,
Paris, Calmann-Lévy, 1974, et en anglais, *The Court Society*, traduit par Edmund
Jephcott, Oxford, Basil Blackwell, 1983.

l'insistance mise sur l'importance de l'autorité et de l'initiative individuelles du chef, qui ne dispose d'aucun appareil de domination hormis son propre groupe : autant de traits qui peuvent rendre compte du national-socialisme en sa période d'ascension. Tout comme la cour de Louis XIV est un lieu privilégié où reconnaître les propriétés générales des sociétés de cour, il semble bien qu'Elias ait identifié implicitement dans le parti hitlérien celles qui caractérisent la domination de tout chef charismatique « quand on l'observe pendant sa période d'ascension » — ce qui était, pour le pire, la situation de l'Allemagne du début des années 30. Dans un appendice rédigé après la lecture d'un article que l'historien Hans Mommsen a publié dans *Der Spiegel* en mars 1967, Elias revient, explicitement cette fois, sur la dictature nationale-socialiste. Sous le titre « A propos de l'idée selon laquelle il peut y avoir un État dépourvu de conflits structurels », il y affirme que les concurrences et tensions existant dans l'État hitlérien constituent un mécanisme nécessaire à la perpétuation du pouvoir dictatorial — et non pas, comme le pensent souvent les historiens, un signe de son incohérence ou l'indice de sa faillite. En s'installant au pouvoir, le chef charismatique doit, à la fois, maintenir une unité idéologique idéale, cimentée dans la phase d'ascension et transférée du groupe de ses fidèles à la nation tout entière, et user des rivalités effectives qui traversent le cercle dirigeant qui gouverne l'État. Il s'agit, donc, de bien distinguer l'idéologie unifiante de la dictature et sa réalité sociale, qui perpétue nécessairement les conflits entre ceux qui l'exercent.

III

Situer l'ouvrage d'Elias en son temps n'est pas, bien au contraire, en émousser la puissance novatrice, encore intacte aujourd'hui. Celle-ci tient d'abord aux concepts fondamentaux mis en œuvre dans l'analyse et dont Elias indique, au passage, la liste (p. 234). Il s'agit des notions « qui aujourd'hui encore nous semblent étranges », de formation [*Figuration*], interdépendance [*Interdependenz*], équilibre des tensions [*Spannungsgleichgewicht* ou ailleurs *Spannungsbalance*], évolution sociale [*Gesellschaftsentwicklung*] ou évolution des formations [*Figurationsentwicklung*]. C'est le maniement de ces différents outils intellectuels qui permet de penser l'objet même de la sociologie : « La question de savoir de quelle manière et pour quelles raisons les hommes se lient entre eux et forment ensemble des groupes dynamiques spécifiques est un des problèmes les plus importants, pour ne pas dire *le* plus important de toute la sociologie » (p. 232). Et c'est par une formulation identique qu'Elias, dans un livre paru en 1970, *Qu'est-ce que la sociologie ?* (donc contemporain de l'édition de *La Société de cour* et de la rédaction de l'importante préface écrite pour la réédition du *Procès de civilisation*) définit « l'objet d'étude de la sociologie » : à savoir « les réseaux d'interrelations, les interdépendances, les configurations, les processus que forment les hommes interdépendants [7] ».

Le concept majeur est donc celui de *Figuration*, rendu en français soit par *formation*, comme dans cette traduction de *La Société de cour*, soit par *configuration*, comme dans celle donnée en 1981 de *Qu'est-ce que la sociologie ?* Dans ce dernier livre, Elias en explicite la signification : une *Figuration* est une formation sociale dont la taille peut être fort variable (les joueurs d'une partie de cartes, la société d'un café, une classe scolaire, un village, une ville, une nation), où les individus sont liés les uns aux autres par un mode spécifique de dépendances réciproques et dont la reproduction suppose un équilibre mobile de tensions (*Qu'est-ce que la sociologie ?* p. 154-161). On le voit, les notions de *formation*, d'*interdépendance* et d'*équilibre des tensions* sont étroitement liées les unes aux autres, permettant de déplacer plusieurs des oppositions classiques, héritées de la tradition philosophique ou sociologique, et en premier lieu celle établie entre liberté et déterminisme. Refusant le terrain de la métaphysique, qui ne laisse le choix qu'entre l'affirmation de l'absolue liberté de l'homme ou celle de sa totale détermination, selon le modèle d'une causalité physique indûment transférée au plan historique, Elias préfère penser la « liberté » de chaque individu comme inscrite dans

---

7. Norbert ELIAS, *Was ist Soziologie ?* Munich, Juventa Verlag, Grundfragen der Soziologie, Band I, 1970 ; traduction française : *Qu'est-ce que la sociologie ?* traduit de l'allemand par Yasmin Hoffman, Pandora, 1981.

la chaîne d'interdépendances qui le lie aux autres hommes et qui borne ce qui lui est possible de décider ou de faire. Contre les catégories idéalistes de l'individu en soi [*Individuum an sich*] ou de la personne absolue [*reine Person*], contre une représentation atomistique des sociétés, qui ne les considère que comme l'agrégation de sujets isolés et la somme de comportements personnels, Elias pose comme centraux les réseaux de dépendances réciproques qui font que chaque action individuelle dépend de toute une série d'autres tout en modifiant, à son tour, la figure même du jeu social. L'image qui peut représenter ce processus permanent de relations en chaîne est celle de l'échiquier : « Comme au jeu des échecs, toute action accomplie dans une relative indépendance représente un coup sur l'échiquier social, qui déclenche infailliblement un contrecoup d'un autre individu (sur l'échiquier social, il s'agit en réalité de beaucoup de contrecoups exécutés par beaucoup d'individus) » (p. 152-153).

Pour Elias, c'est la modalité variable de chacune des chaînes d'interdépendances, qui peuvent être plus ou moins longues, plus ou moins complexes, plus ou moins contraignantes, qui définit là spécificité de chaque formation ou configuration sociale, qu'elle se situe à l'échelle macroscopique des évolutions historiques (ainsi la société de cour ou la société féodale) ou bien à celle, plus menue, des formations, de tailles diverses, repérables en une même société. De là, la possibilité de dépasser l'opposition entre l'homme considéré comme individu libre et sujet singulier, et l'homme considéré comme être en société, intégré dans des solidarités et des communautés multiples. De là, aussi, une manière de penser les relations intersubjectives, non pas avec des catégories psychologiques qui les supposent invariables et consubstantielles à la nature humaine, mais dans leurs modalités historiquement variables, directement dépendantes des exigences propres de chaque formation sociale. De là, enfin, l'abolition de la distinction qui ordinairement désigne comme « concrets » ou « réels » les seuls individus de chair et d'os et traite comme des abstractions les formes sociales qui les lient les uns aux autres. Pour Elias, un tel partage n'est pas recevable, et pour le faire comprendre il prend l'exemple d'une partie de cartes : le jeu n'y a pas d'existence propre en dehors des joueurs qui le jouent mais, corollairement, le comportement individuel de chacun des joueurs est réglé par les interdépendances qu'implique cette formation ou configuration spécifique qu'est la partie de cartes. D'où la conclusion : « Ni le "jeu" ni les "joueurs" ne sont des abstractions. Il en va de même de la configuration que forment les quatre joueurs autour de la table. Si le terme de "concret" a un sens, on peut dire que la configuration que forment ces joueurs, et les joueurs eux-mêmes, sont également concrets. Ce qu'il faut entendre par configuration, c'est la figure globale toujours changeante que forment les joueurs ; elle inclut non seulement leur intellect, mais toute leur personne, les actions et les relations réciproques. » (*Qu'est-ce que la sociologie ?* p. 157). Contre une conception appauvrissante du « réel » souvent rencontrée chez les historiens, qui ne prend en compte que le concret d'existences individuelles bien repérables, Elias propose une autre manière de penser qui tient pour tout aussi réelles les relations, évidemment invisibles, qui associent ces existences individuelles, déterminant ainsi la nature de la formation sociale où elles s'inscrivent.

Dans chaque formation, les interdépendances existant entre les sujets ou les groupes se distribuent en séries d'antagonismes, instables, mobiles, équilibrés, qui sont la condition même de sa possible reproduction. Selon Elias, il y a là une propriété universelle, structurelle, de toutes les formations sociales — même si, bien sûr, l'équilibre des tensions a un dessin tout à fait spécifique dans chacune d'elles : « Au centre des configurations mouvantes, autrement dit, au centre du processus de configuration, s'établit un équilibre fluctuant des tensions, un mouvement pendulaire d'équilibre des forces, qui incline tantôt d'un côté, tantôt de l'autre. Ces équilibres de forces fluctuants comptent parmi les particularités structurelles de toute configuration » (*Quest-ce que la sociologie ?* p. 158). C'est pourquoi il faut en identifier les termes aussi bien dans la société de cour française du XVIIe siècle que dans l'État dictatorial du national-socialisme. Lorsque l'équilibre des tensions qui permettait la perpétuation d'une formation sociale se trouve rompu, soit que l'un des adversaires/partenaires soit devenu trop puissant, soit qu'un nouveau groupe refuse son exclusion d'un partage établi sans lui, c'est la formation elle-même qui est mise en péril et finalement remplacée par une autre, qui repose sur un nouvel équilibre des forces et sur une figure inédite des interdépendances. A l'amont de la société de cour, c'est une rupture du premier type qui a refaçonné toute l'organisation sociale à partir de la prééminence conquise des rois, devenus souverains absolus aux dépens de leurs concurrents féodaux. A son aval, en France au moins, c'est la pression de couches exclues des positions de domination par un équilibre de tensions figé dans une forme ancienne qui a produit la Révolution, instauratrice d'une nouvelle configuration — celle de la société bourgeoise.

La tâche du sociologue est donc, avant tout, d'identifier et de comprendre les différentes formations sociales qui se sont succédé au fil des siècles : c'est ce travail qu'Elias désigne du terme de *Figurations analyse*. Son cadre référentiel est donné par la distinction opérée entre trois modes et rythmes de l'évolution des sociétés humaines : l'évolution biologique [*biologische Evolution*], l'évolution sociale [*gesellschaftliche Evolution*] et l'évolution vécue à l'échelle de l'histoire individuelle [*Geschichte* pour Elias]. La chronologie propre à l'analyse sociologique est celle de l'évolution sociale, caractérisée par l'enchaînement de formations successives qui sont temporaires, comparées à la stabilité de l'organisation biologique de l'espèce humaine, mais qui paraissent immuables à l'aune des existences individuelles. Cette distinction de trois « courants d'évolution » n'a pas pour fonction de constituer en ses différenciations un concept opératoire de la temporalité historique. Elle veut surtout marquer deux propriétés fondamentales, structurelles, des formations sociales : d'abord que les positions et relations qui les spécifient existent indépendamment des individus qui successivement occupent les premières et se trouvent insérés dans les secondes ; ensuite que, contrairement aux sociétés animales, les sociétés humaines se transforment sans qu'il y ait pour autant modification obligée de la constitution biologique des individus, ce qui pose avec force le problème des raisons mêmes pour lesquelles une configuration sociale apparaît ou cède la place à une autre. Le propos d'Elias n'est donc pas d'articuler dans une analyse synchronique, à la manière d'un historien, les trois temps qu'il identifie mais de situer la durée et les rythmes propres de l'évolution des formations sociales, une durée et un rythme qui ne sont pas perceptibles par les sujets d'une formation donnée. Leur société leur paraît en effet un système d'autant plus immobile et immuable que leur échelle existentielle du changement est impuissante à mesurer — sauf peut-être en temps de crise — les modifications de l'équilibre social.

Or ce sont justement ces dernières qui seules peuvent rendre compte de la reproduction ou de la disparition des formations — et non pas l'action volontaire des individus, fussent-ils dotés d'un pouvoir absolu. Penser correctement les mécanismes qui expliquent l'évolution des configurations sociales implique donc une exigence conceptuelle qui doit se traduire dans le lexique. C'est pourquoi Elias refuse toute une série de notions qui lui paraissent oblitérer l'essentiel, à savoir la mise en évidence des interdépendances conflictuelles et des tensions en équilibre qui caractérisent de manière propre chaque formation sociale. L'ancien vocabulaire de l'histoire intellectuelle, par exemple la notion d'« esprit du temps » [*Zeitgeist*] maniée par Burckhardt, le lexique plus nouveau de l'histoire sociale qui emploie des termes comme « conditions sociales », celui d'une sociologie du comportement qui utilise « action » ou « interaction », lui paraissent également condamnables. Soit ils supposent une dissociation entre les individus et la société, comme si celle-ci était un « milieu » ou un « environnement » existant en lui-même, et non pas constituée par le réseau des positions occupées par ceux-là. Soit ils rapportent implicitement les évolutions sociales à l'action volontaire d'un ou plusieurs individus, alors que ces évolutions sont le résultat de l'équilibre instauré, perpétué ou rompu, entre les différents groupes d'une société, et ce, du fait même des interdépendances obligées qui les lient. En façonnant un certain nombre de concepts neufs, à entendre dans un sens rigoureux, Elias propose en fait une manière inédite d'appréhender les formes sociales — quelle que soit leur échelle — et les évolutions historiques, créatrices ou destructrices de ces configurations successives.

IV

Celle formée par la société de cour est indissolublement liée à la construction de l'État absolutiste, caractérisé par un double monopole du souverain : le monopole fiscal qui centralise l'impôt et donne au prince la possibilité de rétribuer en argent, et non plus en terres, ses fidèles et serviteurs, le monopole sur la violence légitime qui attribue au roi seul la force militaire, partant le rend maître et garant de la pacification de tout l'espace social. Cette monopolisation fiscale et militaire, qui dépossède l'aristocratie des fondements anciens de sa puissance et l'oblige à vivre dans la proximité du souverain dispensateur des rentes, pensions et gratifications, résulte de deux processus étudiés en détail par Elias dans le second volume du *Procès de civilisation*.

Tout d'abord, l'affirmation du pouvoir du roi absolu marque l'issue d'une compétition pluriséculaire opposant, dans un espace donné, plusieurs unités de domination. L'hégémonie de la plus puissante d'entre elles implique, en effet, l'élimination progressive de tous ses concurrents potentiels, réduits à l'état de dépendants. Elias formule la loi qui régit ce premier mécanisme de la monopolisation [*Mechanismus der Monopolbildung*] à partir de l'observation des évolutions économiques du XXᵉ siècle : « Quand, dans une unité sociale d'une certaine étendue, un grand nombre d'unités sociales plus petites, qui par leur interdépendance forment la grande unité, disposent d'une force sociale à peu près égale et peuvent de ce fait librement — sans être gênées par des monopoles déjà existants — rivaliser pour la conquête des chances de puissance sociale, en premier lieu des moyens de subsistance et de production, la probabilité est forte que les uns sortent vainqueurs, les autres vaincus de ce combat [*Konkurrenzkampf*] et que les chances finissent par tomber entre les mains d'un petit nombre, tandis que les autres sont éliminés ou tombent sous la coupe de quelques-uns » (*La Dynamique de l'Occident*, p. 31).

Cette loi, Elias l'applique aux unités politiques en lutte pour l'hégémonie là où les conditions territoriales ont donné au processus de monopolisation sa forme la plus « pure » : la France d'entre XIᵉ et XVIᵉ siècles. La libre compétition y réduit progressivement le nombre des prétendants : au début du XIVe siècle, ils ne sont plus que cinq — le roi de France, le roi d'Angleterre, les ducs de Bourgogne et de Bretagne, le comte de Flandres. Avec l'affermissement de la puissance des Capétiens puis des Valois, cette première concurrence se double d'une autre, à l'intérieur même de la maison régnante, qui oppose le roi à ses parents, fortifiés par le démembrement du domaine royal en terres apanagées. Après élimination de son rival anglais et réduction de ses concurrents familiaux, le roi de France établit finalement sa domination territoriale et politique, et ce, dès les commencements du XVIe siècle.

Au fur et à mesure qu'elle soumet ses concurrents, extérieurs ou internes, l'unité de domination devenue hégémonique se transforme de l'intérieur : le seigneur central [*Zentralherr*], quel que soit son titre (roi, prince, autocrate, etc.), s'y empare personnellement du monopole de domination. Une telle confiscation ne dépend, ni seulement, ni fondamentalement, de sa volonté politique mais bien plutôt de l'équilibre institué entre les groupes sociaux les plus puissants dans l'État : « L'heure d'un pouvoir central fort dans une société à haut niveau de différenciation approche, quand l'ambivalence des intérêts des groupes fonctionnels les plus importants est si marquée, quand les centres de gravité se répartissent si également entre eux, qu'il ne peut y avoir, de quelque côté que ce soit, ni compromis, ni combats, ni victoire décisive » (*La Dynamique de l'Occident*, p. 115). C'est ainsi qu'en France, entre l'aristocratie et la robe, entre la noblesse d'épée et les titulaires d'offices, l'équilibre des tensions est tel qu'il constitue la condition la plus favorable pour la construction du pouvoir absolu. Suffisamment interdépendants et solidaires pour ne pas mettre en péril la formation sociale qui assure leur domination, les deux groupes dominants sont en même temps suffisamment rivaux pour que soit impossible leur alliance contre le souverain. Plus faible que l'ensemble de la société si elle se coalisait, le roi est donc toujours plus fort que chacun des groupes pris isolément. De là, sa victoire : « Un équilibre aussi marqué de tensions, qui donnait aux deux ordres des droits à peu près égaux et ne permettait à aucun des groupes antagonistes de l'emporter sur l'autre, offrait à un roi légitime, se tenant en apparence à égale distance des uns et des autres, la chance d'agir en pacificateur,

d'assurer le calme et la paix tant désirés aux partis en cause »
(p. 181-182).

L'antagonisme existant entre les groupes sociaux dominants
est donc, en premier lieu, le résultat de la différenciation des
fonctions sociales qui a renforcé le pouvoir d'une bourgeoisie
d'offices et d'administration à côté de celui, traditionnel, de
l'aristocratie foncière et militaire. Mais cette rivalité, condition
même du pouvoir absolu, peut et doit être perpétuée par le
souverain qui, en jouant successivement un groupe contre
l'autre, reproduit « l'équilibre de tensions » nécessaire à la
forme personnelle du monopole de domination. D'où, dans un
premier temps, l'affermissement parallèle de l'État monarchique et de la bourgeoisie robine, à qui sont réservées les charges
de justice et de finance pour faire pièces aux prétentions
nobiliaires. D'où, ensuite, la volonté royale de protéger et
contrôler tout à la fois l'aristocratie, contrepoids indispensable
à la puissance officière. Pour ce faire, la cour devient
l'institution essentielle : d'une part, elle garantit la surveillance
par la proximité, et donc assure le contrôle du roi sur ses plus
dangereux concurrents potentiels ; d'autre part, elle permet par
le jeu des faveurs monarchiques de consolider les fortunes
nobiliaires, mises en péril non seulement par la dépréciation
monétaire mais par une éthique économique qui règle les
dépenses, non sur les revenus, mais sur les exigences de la
condition – ce que Elias désigne comme « *status-consumption
ethos* ». La cour est donc une pièce fondamentale dans la
stratégie monarchique de reproduction des tensions :
« L'équilibre entre les différents groupes sociaux de force
sociale à peu près équivalente et l'attitude ambivalente de
chacun de ces groupes face au maître central, attitude qui
découle de cet équilibre, tout cela n'est certainement pas la
création d'un roi déterminé. Mais quand le jeu des interdépendances et des tensions sociales a donné lieu à une situation de
ce genre, il est de l'intérêt vital du maître central de la maintenir
dans son instabilité » (*La Dynamique de l'Occident*, p. 148). En
préservant l'aristocratie comme groupe social distinct tout en
la soumettant au prince, la cour constitue le principal
mécanisme qui permet aux rois français de perpétuer leur
pouvoir personnel. Le monopole fiscal, le monopole militaire
et l'étiquette de cour sont donc les trois instruments de

domination qui, conjointement, définissent cette forme sociale
originale qu'est la société de cour.

Une telle analyse peut susciter deux commentaires. Elle
souligne que les rapports entre les groupes sociaux ne doivent
pas être compris exclusivement comme des luttes de classes
(p. 194-195). Prenant ses distances tant vis-à-vis de
l'historiographie libérale du XIXe siècle que vis-à-vis du
marxisme, Elias entend montrer l'ambivalence de chaque
relation sociale : la rivalité existant entre la noblesse et les
officiers suppose leur commun intérêt à maintenir une
configuration sociale qui leur assure des positions privilégiées,
l'appui de la monarchie sur la bourgeoisie robine implique dans
le même temps que soit préservée la supériorité aristocratique,
et la proximité entre la noblesse de cour et le roi, premier des
gentilshommes, ne va pas sans la soumission du second ordre
au souverain absolu. Est ainsi refusée toute perspective qui
ferait de l'État absolutiste le simple instrument d'une classe
désignée comme dominante − en l'occurrence l'aristocratie. La
« monarchie absolue » l'est précisément parce que le roi n'est
point dépendant d'un groupe social donné mais se trouve en
position de manipuler l'équilibre des tensions qui est à l'origine
même de son pouvoir.

Cette manipulation d'antagonismes qu'il n'a pas créés est
justement ce qui définit l'espace propre laissé à l'action
personnelle du souverain, l'exercice par lequel il peut
individualiser, bien ou mal, la fonction de roi. Est ainsi
esquissée ici une problématique d'avenir sur l'influence
réciproque existant entre les caractères propres de telle ou telle
position sociale et les propriétés spécifiques des différents
individus qui l'occupent, ou pour dire autrement entre le poste
et ses attributs structurels, et l'habitus et ses dispositions
particulières. C'est ainsi que la « médiocrité » conservatrice de
Louis XIV est traitée par Elias comme une propriété tout à
fait pertinente pour un rôle qui, à ce moment de l'évolution
de la monarchie, exigeait seulement mais nécessairement que
soient perpétuées et régulées les tensions existantes (p. 128-136)
et que le roi accepte lui-même les règles contraignantes de
l'instrument de domination curial instauré pour maintenir et
signifier sa domination absolue (p. 141-144).

V

L'instauration du pouvoir absolu du prince, qui est à la fois le résultat et le principe d'un nouvel équilibre social, s'accompagne d'évolutions majeures, désignées par Elias comme constitutives du procès de civilisation. En Occident, entre XIIe et XVIIIe siècles, les sensibilités et les comportements sont en effet profondément modifiés par deux faits fondamentaux : la monopolisation étatique de la violence qui oblige à la maîtrise des pulsions et pacifie ainsi l'espace social ; le resserrement des relations interindividuelles qui implique nécessairement un contrôle plus sévère des émotions et des affects. La progressive différenciation des fonctions sociales, condition même de la formation de l'État absolutiste, multiplie les interdépendances et donc suscite les mécanismes d'autocontrôle individuel qui caractérisent l'homme occidental de l'âge moderne. Elias énonce ainsi ce qui est sans doute la thèse essentielle de toute son œuvre : « A mesure que se différencie le tissu social, le mécanisme sociogénétique de l'autocontrôle psychique [*Selbstkontrollapparatur*] évolue également vers une différenciation, une universalité et une stabilité plus grandes [...]. La stabilité particulière des mécanismes d'autocontrainte psychique [*Selbstzwang-Apparatur*] qui constitue le trait typique de l'habitus [*Habitus*] de l'homme "civilisé" est étroitement liée à la monopolisation de la contrainte physique et à la solidité croissante des organes sociaux centraux. C'est précisément la formation des monopoles qui permet la mise en place d'un mécanisme de "conditionnement social" grâce auquel chaque individu est éduqué dans le sens d'un autocontrôle rigoureux. C'est là l'origine du mécanisme d'autocontrôle individuel permanent dont le fonctionnement est en partie automatique » (*La Dynamique de l'Occident*, p. 193-194). Le procès de civilisation consiste donc, avant tout, dans l'intériorisation individuelle des prohibitions qui, auparavant, étaient imposées de l'extérieur, dans une transformation de l'économie psychique qui fortifie les mécanismes de l'autocontrôle exercé sur les pulsions et émotions et fait passer de la contrainte sociale [*Gesellschaftliche Zwang*] à l'autocontrainte [*Selbstzwang*].

Dans ce processus de longue durée, qui tendanciellement au moins concerne tous les individus des nations occidentales, la société de cour − entendue ici dans son sens de configuration sociale spécifique, distincte du reste de la société − constitue un dispositif central, à la fois laboratoire de comportements inédits et lieu d'élaboration de normes nouvelles. Dans ce rôle des cours, Elias repère deux moments essentiels : le XVIIᵉ siècle qui donne une forme achevée, en France au moins, à la société de cour monarchique, organisée pour et par le roi absolu, le XIIᵉ siècle qui marque, avec la constitution des grandes cours féodales, une première étape dans le procès de civilisation. La première configuration est l'objet même de *La Société de cour*, la seconde donne la matière de quelques pages dans le second volume du *Procès de civilisation*[8]. Dans celles-ci, Elias montre comment la *courtoisie* désigne un premier ensemble de transformations dans les comportements, exprimé par la poésie des *Minnesänger* et des troubadours et caractérisé par le respect de conventions plus contraignantes, un contrôle mieux assuré des conduites, des relations moins brutales entre hommes et femmes. A l'intérieur d'une société guerrière encore peu pacifiée et policée, les cours féodales, qui connaissent une première différenciation des fonctions de gouvernement et un premier resserrement des interdépendances, constituent donc des îlots de « civilisation » où s'esquisse un nouvel habitus.

Son façonnement définitif suppose une autre étape de l'évolution sociale et du procès de civilisation − celle de la société de cour qui caractérise l'État absolutiste − et de plus sévères exigences quant à la maîtrise des affects − celles de la *civilité*. De cette nouvelle formation sociale, Elias démonte tout d'abord les fondements. Ils peuvent s'énoncer comme trois principes paradoxaux. Tout d'abord, la société de cour est une configuration où le plus grand écart social se manifeste dans la plus grande proximité spatiale. Il en va ainsi dans l'hôtel

8. Cette partie-là de l'ouvrage n'a malheureusement pas été traduite en français. On peut la lire en allemand dans N. ELIAS, *Über den Prozess der Zivilisation*, Zweiter Band, *op. cit.*, Suhrkamp, 1979, "Zur Soziogenese des Minnesangs und der courtoisen Umgangsformen" p. 88-122, ou en anglais dans N. ELIAS, *The Civilizing Process. State Formation and Civilization*, *op. cit.*, Basil Blackwell, 1982, "On the Sociogenesis of *Minnesang* and Courtly Forms of Conduct", p. 66-90.

aristocratique où se côtoient et se croisent les existences des maîtres et celles des domestiques. Il en va ainsi à la cour même, où le roi affirme l'absolue distance qui le sépare de sa noblesse en vivant, à chaque instant, au milieu d'elle. De là, un des traits fondamentaux et originaux de la société de cour : à savoir la confusion existant entre vie privée et vie publique, ou plutôt l'absence dans les pratiques et les pensées d'une telle distinction. Pour le roi dans sa cour comme pour le noble dans sa résidence, tous les gestes et toutes les conduites qui seront considérés dans la formation sociale bourgeoise comme appartenant à la sphère de l'intime, du secret, du privé, sont en fait vécus et manipulés comme autant de signes donnant à lire l'ordre social — un ordre où les formalités publiques indiquent la place de chacun dans la hiérarchie des conditions.

D'où le second principe de la société de cour : l'être social de l'individu est totalement identifié avec la représentation qui en est donnée par lui-même ou par les autres. La « réalité » d'une position sociale n'y est que ce que l'opinion juge qu'elle est : « C'était la reconnaissance par les autres de la qualité de membre de cette société qui, en dernière analyse, décidait de cette qualité même » (p. 87). Cette « représentation du rang par la forme » a plusieurs implications majeures : elle fonde une économie aristocratique de l'ostentation qui règle les dépenses sur les exigences du rang que l'on veut tenir, elle constitue les hiérarchies de l'étiquette comme l'étalon des écarts sociaux, elle fait des différents rôles et places dans le cérémonial de cour l'enjeu essentiel de la compétition sociale. Dans une telle formation, la construction de l'identité de chaque individu est toujours au croisement de la représentation qu'il donne de lui-même et du crédit accordé ou refusé par les autres à cette représentation. Dans ce jeu, le roi pèse du plus grand poids puisque, en modifiant les rangs dans le cérémonial, il peut non seulement jouer d'un équilibre de tensions favorable à sa domination, mais aussi déterminer la position sociale « réelle » — c'est-à-dire perçue et reçue — de chaque courtisan. La concurrence pour les signes du prestige est ainsi, en même temps, une lutte pour les attributs et avantages de la puissance sociale — ce que Elias nomme *Machtchancen*.

Dernier fondement paradoxal de la société de cour : la

supériorité sociale s'y affirme dans la soumission politique et
symbolique. C'est seulement en acceptant sa domestication par
le souverain et son assujettissement aux formalités contraignantes de l'étiquette curiale que l'aristocratie peut préserver la
distance qui la sépare de sa concurrente pour la domination :
la bourgeoisie des officiers. La logique de la cour est donc celle
d'une distinction par la dépendance : « Par l'étiquette, la société
de cour procède à son autoreprésentation, chacun se distinguant
de l'autre, tous ensemble se distinguant des personnes
étrangères au groupe, chacun et tous ensemble s'administrant
la preuve de la valeur absolue de leur existence » (p. 97). Le
roi n'échappe pas à cette logique, et ce n'est que parce qu'il
se soumet lui-même à l'étiquette qu'il impose aux courtisans
qu'il peut l'utiliser comme un instrument de domination. Ce
qui explique le titre donné par Elias à l'un de ses chapitres,
« *Die Verkettung des Königs durch Etikette und Prestigechancen* »
(ici chapitre IV) qui entend marquer comment le roi se trouve
lui-même *enchaîné*, lié à la « mécanique » (le mot est dans
Saint-Simon) qui assure son pouvoir.

Inscrivant ainsi la distinction dans la proximité, la réalité dans
l'apparence, la supériorité dans la dépendance, la vie de cour
requiert chez ceux qui y participent des propriétés psychologiques spécifiques, qui ne sont pas communes à tous les
hommes : ainsi l'art d'observer, les autres et soi-même, la
censure des sentiments, la maîtrise des passions, l'incorporation
des disciplines qui règlent la civilité. Une telle transformation
ne modifie pas seulement les manières de penser mais toute la
structure de la personnalité, l'économie psychique qu'Elias
nomme d'un vieux mot, l'*Habitus* (p. 278). Le processus de
curialisation est aussi un processus de remodelage de
l'affectivité [*Affektmodellierung*] qui soumet l'homme de cour
à un réseau serré d'autocontrôles automatiques qui brident
toutes les impulsions spontanées, tous les mouvements
immédiats. Cet habitus inédit produit une forme de rationalité
tout à fait spécifique, dite *höfische Rationalität*, qui doit
proportionner exactement chaque conduite à la relation où elle
s'inscrit et accorder chaque comportement au but qu'il doit
permettre d'atteindre.

Il porte aussi ce que Elias désigne sous le terme de
« romantisme aristocratique » et qui est la valorisation

nostalgique ou utopique d'une vie nobiliaire ancienne, libre, indépendante, naturelle. Dans l'avant-dernier chapitre de son livre, il étudie avec soin et brio les différentes étapes et expressions de cette idéalisation d'une existence chevaleresque et pastorale, qui énonce la résistance de la noblesse vis-à-vis des nouvelles dépendances et des nouvelles contraintes qu'impose la vie de cour. Dans ces pages, en particulier celles consacrées à une lecture de *l'Astrée*, compris comme exprimant tout ensemble l'acceptation des règles inédites de la civilité et le refus de la société de cour qui les forgent, Elias esquisse ce que pourrait être une mise en relation des formes esthétiques et des structures psychologiques. Entre les unes et les autres, établir des correspondances est possible mais à condition que soit identifiée la formation sociale spécifique qui produit les propriétés qui leur sont communes. Ce sont ainsi les exigences propres de la société de cour qui fondent les parentés entre la tragédie classique et la rationalité courtisane (p. 109). Ce sont, auparavant, les modes d'existence d'une noblesse « déjà à moitié curialisée » mais encore attachée aux valeurs et comportements chevaleresques, qui font du roman pastoral ou sentimental, tel *l'Astrée*, l'expression des frustrations sociales et affectives d'un groupe qui a perdu la partie face au roi (p. 279-284). Ce sont l'urbanisation et la curialisation croissantes de l'aristocratie, séparée physiquement et plus encore mentalement de la campagne, qui transforment le rôle du paysage dans la peinture française « de Poussin à Watteau » (p. 259) – Watteau qu'aime Norbert Elias et auquel il a consacré une étude inédite. Discrètement, est ainsi proposée une lecture historienne des œuvres qui, avant tout, vise à déchiffrer dans leurs formes les traits d'une configuration psychologique spécifique, partant à les inscrire dans la formation sociale qui génère cette économie psychique.

La *Société de cour* est donc un livre consacré essentiellement à étudier la genèse et les propriétés, tant sociales que psychologiques, d'une formation qui a ses linéaments au Moyen Age, dans les grandes cours féodales, qui définit progressivement ses formes à la Renaissance avant de trouver au XVIIe siècle ses caractères définitifs – à savoir la fixité d'une large population en un lieu unique, une différenciation et une hiérarchisation poussées des fonctions curiales, la constitution d'une culture nobiliaire spécifique, épurée de tout élément féodal. Le problème laissé de côté dans l'ouvrage est celui de la diffusion dans d'autres couches sociales des modèles de comportement et des dispositifs psychologiques élaborés dans la société de cour. Il y a là une question centrale si l'on admet que le procès de civilisation consiste justement dans la généralisation à toute la société des prohibitions, censures et contrôles un temps distinctives de la manière d'être des hommes de cour. Penser ce processus est donc un point essentiel dans le projet d'ensemble d'Elias, et il lui consacre l'avant-dernier chapitre de la très longue conclusion de son livre de 1939, intitulé « Esquisse d'une théorie du procès de civilisation » (*La Dynamique de l'Occident*, p. 281-303).

Dans ces pages, Elias construit une interprétation tout à fait originale de la circulation des modèles culturels, qui place en son centre la tension entre distinction et divulgation. La généralisation des comportements et contraintes d'abord propres à la société de cour n'est pas à comprendre comme une simple diffusion, gagnant progressivement tout le corps social à partir de l'élite qui le domine. Elle est bien plutôt le résultat d'une lutte de concurrence qui fait imiter par les couches bourgeoises les manières d'être aristocratiques et qui, en retour, oblige la noblesse de cour à accroître les exigences de la civilité afin de lui redonner une valeur discriminante. Cette compétition pour l'appropriation ou, au contraire, la confiscation perpétuée de la distinction est le moteur principal du procès de civilisation puisqu'il conduit à accroître les raffinements du savoir-vivre, à multiplier les interdits, à élever plus encore le seuil des censures.

La circulation des modèles de comportement, reproductrice des écarts culturels à l'intérieur même d'un processus d'imitation et de diffusion sociale, est à penser sur le même horizon conceptuel que « la circulation des contraintes » évoquée par Elias à la fin de *La Société de cour* (p. 304). Ici aussi il s'agit d'éviter toutes les notions – par exemple celle de pouvoir [*Herrschaft*] ou d'autorité [*Autorität*] – pouvant laisser supposer que la contrainte sociale n'existe que du haut vers le bas de la société. De la même façon que l'attraction exercée par la civilisation de cour sur les couches inférieures de la société n'est pas sans rendre plus exigeante cette civilisation même, les contraintes que les groupes dominants font peser sur le reste du corps social ne vont pas sans produire des effets en retour, qui renforcent chez les puissants les dispositifs d'autocontrainte. En caractérisant chaque formation ou configuration sociale à partir du réseau spécifique des interdépendances qui y lient les individus les uns aux autres, Elias est à même de comprendre dans leur dynamique et leur réciprocité les relations qu'entretiennent les différents groupes et, par là, d'éviter les représentations simplistes, univoques, figées, de la domination sociale ou de la diffusion culturelle.

En France, la lutte de concurrence entre aristocratie de cour et bourgeoisie d'offices ne dure qu'autant que dure la formation sociale qui lui donne existence. C'est pourquoi Elias clôt *La Société de cour* avec un dernier chapitre, « *Zur Soziogenese der Revolution* », où il esquisse le processus qui a conduit à la destruction de la société absolutiste de cour. Deux traits fondamentaux le caractérisent. L'équilibre de tensions entretenu et manipulé par Louis XIV se fige tout comme se sclérose le cérémonial de cour : en perdant toute plasticité, le dispositif de domination ne peut plus intégrer de nouveaux partenaires sociaux mais seulement répéter les conflits entre les anciens — à savoir le roi, l'aristocratie de cour, les parlements. Or, à la fin du XVIIIe siècle, la consolidation sociale de couches bourgeoises jusque-là exclues du partage de la domination instaure une rupture entre la répartition apparente du pouvoir, confisqué par les élites traditionnelles, et la réalité du nouvel équilibre des forces. De là, l'impossible conservation de la formation sociale ancienne, et aussi son impossible réforme. De là, l'instauration, par la force, d'une nouvelle configuration traduisant la nouvelle distribution des positions sociales. Cette esquisse, forcément rapide, a un double mérite. Elle ne réduit pas le processus social conclu par la Révolution à une simple opposition entre noblesse et bourgeoisie puisque celles-ci, dans leurs formes d'ancien régime, sont tout autant solidaires que rivales (et solidaires justement parce que rivales). Elle n'interprète pas la Révolution comme la simple victoire d'une des couches dominantes de l'ancienne société mais comme l'installation d'une formation sociale inédite, où ce qui a changé n'est pas seulement l'identité des dominants mais la figure même de l'équilibre des tensions entre les groupes et les chaînes d'interdépendance entre les individus. Il faut donc penser en des termes neufs la dernière étape du procès de civilisation, celle portée au XIX⁰ et XX⁰ siècles par une société marquée par l'obligation générale du travail, une stricte séparation entre le for privé et la vie publique, une hiérarchie des valeurs qui donne le primat à la réussite économique.

VI

Dans son livre publié en 1939, Norbert Elias appelait à la constitution d'une science qui n'existe pas encore, la « psychologie historique » (*La Dynamique de l'Occident*, p. 256). Il en définit l'objet contre l'histoire des idées et contre les recherches psychanalytiques, puisque celui-ci doit être « l'habitus humain dans son ensemble », « le tout de l'économie psychique », c'est-à-dire à la fois les contrôles conscients du moi, producteurs des idées claires et des pensées sues comme telles, et les contrôles inconscients, automatiques, des pulsions. A l'histoire des idées, Elias reproche avant tout de croire que les transformations qui affectent les structures mêmes de la personnalité humaine se réduisent à des transformations idéologiques, exprimées en pleine conscience par les sujets eux-mêmes. Là est sa critique fondamentale contre Burckhardt et ses successeurs (p. 277-278) accusés de confondre indûment les innovations repérables dans les contenus des pensées et les modifications des dispositions psychologiques des individus.

A la psychanalyse, et à Freud jamais nommé, il reproche de constituer un inconscient « sans histoire » comme instance dominante et invariante de la structure psychique. Or, pour lui, il n'est pas de catégories ni d'économie universelles du psychisme mais des dispositifs variables, façonnés dans leur définition et articulation mêmes par les relations d'interdépendance originales qui caractérisent chaque formation sociale. Il l'énonce dans un texte fondamental où il marque sa distance vis-à-vis du lexique et des concepts freudiens : « Ce qui détermine l'homme tel qu'il nous apparaît concrètement, ce n'est pas le Ça [*Es*], le Moi [*Ich*] ou le Surmoi [*Überich*], mais toujours et fondamentalement l'ensemble des rapports qui s'établissent entre les couches fonctionnelles de l'autocontrôle psychique, couches dont quelques-unes se combattent réciproquement, tandis que d'autres conjuguent leurs efforts. Or, ces rapports à l'intérieur de chaque être humain et avec eux la structure de son contrôle pulsionnel, de son Moi et de son Surmoi, évoluent conjointement au cours du processus de civilisation par suite de la transformation spécifique des interrelations humaines, des relations sociales » (*La Dynamique de l'Occident*, p. 261). D'où le programme défini en 1939 : « procéder à l'examen simultané du changement des structures psychiques et des structures sociales dans leur ensemble » (*Ibid.*, p. 262).

Dès 1933, pour une formation sociale spécifique, la société de cour, Elias avait mené à bien une telle entreprise, appliquant les deux approches liées qui donneront son sous-titre au livre de 1939, à savoir l'approche *sociogénétique*, qui vise à repérer les mécanismes de formation et les principes de structuration d'une configuration sociale donnée, et l'approche *psychogénétique*, qui tente de cerner le façonnement et l'économie de l'habitus psychique engendré par cette configuration. Dans les deux cas, il s'agit d'analyser la totalité d'un dispositif, social ou psychologique ; dans les deux cas, il s'agit de saisir un processus avec ses équilibres instables et ses tensions mobiles.

On le voit, derrière la notion de « psychologie historique », Elias définit un objet qui excède largement celui que s'est ordinairement donné ce qu'il est convenu d'appeler l'histoire des mentalités. Certes, l'histoire telle qu'elle est aujourd'hui, dans ses acquis des cinquante dernières années comme dans ses recherches actuelles, n'a plus grand-chose de commun avec celle qu'Elias connaissait, critiquait ou utilisait au début des années 30. Doit-on en conclure pour autant que ses livres ont perdu leur force innovatrice, leur vertu provocatrice ? Sûrement pas, et pour deux raisons. En un temps où l'histoire a rétréci la taille de ses champs d'étude, privilégiant la monographie, l'étude de cas ou la « microhistoire », ils rappellent, avec quelques autres, que certaines évolutions fondamentales ne sont compréhensibles qu'à large échelle, dans la durée longue de la succession des formations sociales et des transformations des structures psychologiques. Et en un temps où l'histoire a fragmenté ses approches, cloisonné ses objets, l'œuvre d'Elias souligne le risque d'un tel émiettement en posant comme problème essentiel le lien existant avec les formes sociales, les habitus psychiques, les productions esthétiques. *La Société de cour*, pratiquement achevé il y a plus de cinquante ans, est donc un livre qui a encore beaucoup à nous enseigner. Il faut le lire, comme les classiques, en l'inscrivant en son temps tout en l'écoutant au présent.

Roger CHARTIER

Sociologie et histoire

1. La cour princière de l'ancien régime et la formation sociale particulière qui va de pair avec toute cour princière, la société de cour, offre un champ des plus fertiles à la recherche sociologique. Comme aux étapes précédentes du développement de l'État, où la centralisation n'avait pas encore atteint le même degré, la cour princière de l'ancien régime alliait toujours, dans des pays où un prince régnait en faisant pratiquement abstraction des assemblées d'états, autrement dit dans les pays de régime absolutiste, la fonction d'administration suprême de la maison des plus grandes familles princières à celle d'organe central de l'ensemble de l'administration étatique, autrement dit à celle du gouvernement. Les charges personnelles et professionnelles et les rapports entre les gouvernants, le prince et ceux qui l'assistaient n'étaient pas encore aussi nettement différenciés ni spécialisés que plus tard dans les gouvernements nationaux des pays industriels. Dans ces États nationaux, les organes de contrôle publics, sous la forme des assemblées parlementaires, de la presse, des organes de justice ou des partis politiques concurrents aux yeux de l'opinion publique imposent une séparation de plus en plus nettement marquée entre les affaires personnelles et les affaires officielles, même en ce qui concerne les hommes et les femmes les plus puissants de l'appareil étatique. Dans les sociétés des États dynastiques, avec les élites de la cour, on considère encore comme allant de soi dans la vie sociale que les domaines privés et officiels ou professionnels se confondent dans une très large mesure. L'idée que l'on aurait pu ou dû les séparer ne se manifestait que de façon sporadique et sous une forme assez rudimentaire. Elle ne revêtait pas l'aspect d'une éthique

normale de la charge ou de la fonction, mais naissait dans le meilleur des cas d'un sentiment d'obligation vis-à-vis d'un homme plus puissant ou de la peur qu'on avait de lui. Les liens familiaux et les rivalités, les amitiés ou les haines personnelles intervenaient comme des facteurs admis dans le traitement des affaires de gouvernement comme dans tout le reste des affaires officielles. Les études sociologiques de la société de cour sont donc susceptibles d'éclairer sous un angle nouveau un stade d'évolution antérieur des sociétés étatiques européennes.

Toutefois, les sociétés européennes ne sont pas les seules où la cour et la société de cour ont représenté des formations centrales dans le cours de l'évolution de la société étatique. Les sociétés étatiques conquérantes ou menacées de conquête de l'ère préindustrielle, dans lesquelles une population déjà relativement différenciée pour ce qui est de la répartition des fonctions et occupant un territoire relativement étendu était gouvernée à partir d'une seule et même position centrale, ont montré dans l'ensemble une forte tendance à réunir, au sein d'une même position sociale, celle du monarque, des possibilités de pouvoir qui dépassaient de loin dans leur ampleur celles de toutes ses autres positions. Et partout où c'était le cas, dans les grands empires de l'Antiquité, où le pouvoir était centralisé, en Chine, en Inde, comme dans la France d'avant la Révolution, à une époque plus proche de nous, la cour du monarque et la société des gens de cour constituaient une formation d'élite puissante et prestigieuse.

Cour princière et société de cour sont donc des formations spécifiques de la société humaine qu'il est autant besoin d'étudier que la ville ou l'usine. Nous avons pléthore d'études et d'archives historiques sur les différentes cours. Mais nous n'avons pas d'études sociologiques. Les sociologues se sont beaucoup préoccupés des sociétés féodales ou des sociétés industrielles, mais la société de cour qui, au moins dans l'évolution européenne, est issue des premières pour aboutir aux suivantes, a été presque totalement négligée.

2. La montée de la société de cour est incontestablement liée aux poussées de centralisation du pouvoir étatique avec la monopolisation croissante des deux sources de pouvoir décisives entre les mains de tous les seigneurs détenteurs d'un

pouvoir central : l'ensemble des taxes sociales, ce que nous appelons les « impôts » et les forces de l'armée et de la police. Mais la question fondamentale de la dynamique de l'évolution sociale, la question de savoir comment et pourquoi, dans une certaine phase du développement de l'État, il se forme une position sociale qui concentre entre les mains d'un seul individu des possibilités de pouvoir comparativement extraordinaires a été rarement posée jusqu'à présent, et demeure par conséquent sans réponse. Il faudrait revoir la façon dont on perçoit les choses pour en comprendre la signification : passer d'un point de vue historique à un point de vue sociologique. L'optique historique fait ressortir des individus isolés, en l'occurrence des monarques qui se succèdent, l'optique sociologique éclaire en même temps des positions sociales, en l'occurrence le développement de la position de monarque. Dans les sociétés se situant à ce stade d'évolution, on observe toujours que le détenteur de cette position de monarque autocrate, voire toute une dynastie, peuvent certes être anéantis ou chassés du trône, mais que cela ne modifie en rien le caractère de la société considérée en tant qu'État dynastique, gouverné par des monarques autocrates ou par leurs représentants. En règle générale, le monarque détrôné ou assassiné est remplacé par un autre, la dynastie évincée par une autre dynastie. C'est seulement avec l'industrialisation et l'urbanisation croissantes que s'atténue, à quelques variations près, la régularité avec laquelle s'installe, à la place d'un prince détenteur du pouvoir central et détrôné, d'une dynastie destituée, tôt ou tard, une autre dynastie et un autre monarque central, prince héréditaire et investi de pouvoirs tout aussi grands. La question de savoir comment se présentait la formation d'hommes interdépendants qui a non seulement rendu possible mais apparemment aussi nécessaire que des milliers de sujets se laissent gouverner pendant des siècles, voire des millénaires, sans interruption, et sans aucune possibilité de contrôle, par une seule et même famille ou par ses représentants est l'un des problèmes clés que pose l'analyse sociologique et de la société de cour. Mais, se demander comment a pu se constituer à un certain stade d'évolution des sociétés étatiques organisées la position sociale du monarque absolu, que nous désignons sous les noms d'« empereur » ou de « roi », c'est aussi se demander, tacitement, pourquoi cette position est de nos jours en train de disparaître.

3. Les études qui vont suivre traitent de manière approfondie de la société de cour d'une époque bien déterminée. Mais l'étude sociologique des formations sociales de cette époque n'aurait aucun sens si l'on perdait de vue que l'on trouve des sociétés de cour dans beaucoup de sociétés étatiques, pendant une longue période d'évolution de la société, et que la fonction de l'étude sociologique d'une société de cour donnée doit en même temps comporter la mise au point d'un schéma d'analyse permettant des comparaisons entre différentes sociétés de cour. La question posée précédemment, de savoir quelle formation d'individus interdépendants a pu permettre et à certains personnages et au petit cercle de leurs serviteurs de conserver pendant de très longues périodes un pouvoir absolu ou quasiment absolu sur l'immense majorité d'une population, suffit à montrer que l'étude d'une société de cour donnée est déjà susceptible d'éclairer les problèmes sociologiques plus vastes de la dynamique des sociétés. Ainsi que nous le verrons, même au temps de ce que nous appelons l'absolutisme, le pouvoir du monarque n'était pas aussi illimité ni absolu que le terme absolutisme semblerait vouloir le dire. Même Louis XIV, le « Roi-Soleil », que l'on prend souvent comme exemple type de monarque absolu décidant et régissant tout, apparaît à une analyse plus approfondie comme un personnage que sa position de roi enfermait dans un réseau très particulier d'interdépendances. Pour se garantir le rayon d'action de son pouvoir, il devait appliquer une stratégie très judicieuse jouant sur la configuration spécifique du cercle étroit de la société de cour et sur celle, plus vaste, de la société dans son ensemble. Sans analyse sociologique de cette stratégie spécifique, qui permettait à un monarque comme Louis XIV de préserver la liberté d'action et la marge de manœuvre propres à sa position de roi, toujours menacée, et sans analyse de la configuration sociale spécifique, qui rendait la stratégie du personnage occupant la position de roi non seulement possible mais aussi nécessaire s'il ne voulait pas perdre ce grand jeu, le comportement du monarque pris individuellement demeure incompréhensible et inexplicable.

4. L'étude systématique de problèmes du type de celui sur lequel portent les observations précédentes, autrement dit qui se rattachent à la fonction sociale du roi et à la structure sociale de la cour dans la société française des XVIIe et XVIIIe siècles, se situe au-delà du niveau de « l'unique » sur lequel a été axée jusqu'à présent toute la recherche historique. Ce renoncement de l'historien à une étude systématique de positions sociales comme celle de roi, et par là même également à celle des tactiques prescrites et des possibilités de décision offertes, pour un monarque donné, par cette position, conduit inévitablement à une réduction et à une limitation curieuses de la perspective historique. Ce qu'on appelle alors l'histoire ne ressemble bien le plus souvent qu'à l'accumulation d'actes isolés de personnages isolés purement et simplement sans rapport les uns avec les autres. Étant donné que le domaine des corrélations et des rapports d'interdépendance, des structures et des processus à long terme, qui se répètent le plus souvent, auxquels se rapportent des notions comme celles d'« État » ou de « statut », de sociétés « féodale », « monarchique » ou « industrielle », se situe au-delà, ou en tout cas en marge, de la sphère de la recherche historique traditionnelle, les éléments précis et spécifiques au centre de ce type d'études historiques se trouvent en dehors de tout cadre de référence scientifiquement défini et vérifiable. L'établissement d'un rapport entre les différents phénomènes demeure dans une très large mesure livré à l'interprétation arbitraire et trop souvent à la spéculation intellectuelle. C'est la raison pour laquelle il n'y a pas de véritable continuité de la recherche dans la science historique telle qu'elle est conçue aujourd'hui. En ce qui concerne les corrélations événementielles, les idées vont et viennent. Mais, avec du recul, elles paraissent toutes aussi justes en même temps qu'aussi invérifiables les unes que les autres. Ranke observait déjà :

« L'histoire est constamment récrite [...]. Chaque époque, avec sa principale tendance, se l'approprie et reporte sur elle ses propres courants de pensée. C'est ainsi que l'on distribue les louanges et les blâmes. Et tout est alors enveloppé de telle sorte que l'on ne reconnaît plus la chose elle-même. Il n'y a plus rien d'autre à faire que retourner à l'information initiale. Mais, sans l'impulsion du présent, formerait-on seulement le projet de l'étudier ?... Une histoire entièrement vraie serait-elle possible[1] ? »

5. On emploie toujours le terme « histoire » aussi bien pour désigner le sujet de l'écriture que l'écriture elle-même. La confusion est grande. Au premier abord, le concept d'« histoire » peut paraître clair et sans ambiguïté. Mais, à un examen plus étroit, on s'aperçoit que ce terme apparemment simple recouvre un grand nombre de problèmes irrésolus. Ce sur quoi l'on écrit, l'objet de la recherche, n'est ni vrai ni faux ; c'est seulement ce que l'on écrit à son propos, le résultat de la recherche, qui peut éventuellement être vrai ou faux. La question est de savoir ce qu'est véritablement l'objet de la recherche historique. Quelle est cette « chose » dont Ranke nous dit que, sous les louanges et les blâmes de l'historien, elle devient méconnaissable.

Ranke lui-même ne voyait pas d'autre solution à ce problème que le renvoi à l'information initiale, autrement dit aux sources de l'époque : Cette insistance sur l'étude des sources, l'analyse scrupuleuse des documents, a été très profitable[2]. Elle a donné

---

1. L. V. RANKE, Tagebuchblätter 1831-1849, *in Das politische Gespräch und andere Schriften zur Wissenschaftslehre*, Halle, 1925, p. 52.

2. Il peut être intéressant de noter à ce propos l'hommage que rendit il y a quelques années à la science des historiens allemands l'un des plus grands historiens anglais de notre temps, le Pr A.W. Southern, dans sa conférence inaugurale intitulée : "The Shape and Substance of Academic History", Oxford, 1961, p. 15 *sq.* : « *In his Inaugural Lecture of 1867 Stubbs had spoken with confidence of the "good time coming" in historical studies with "a historical school built... on the abundant collected and arranged materials now in course of publication". He foresaw a time not far ahaed when history could cease to be a mere task for children, or an instrument "to qualify men to make effective speeches to ignorant hearers, and to indite brilliant articles for people who only read periodicals" and become a thing "loved and cultivated for its own sake", entailing a "widespread historical training which will make imposture futile and adulteration unprofitable".*

« *What had gone wrong with this vision ? To put it bluntly, England had not kept pace with Germany and was failing every year further behind. In 1867 Stubbs had been aware, but not I think very keenly aware, of the great work of the editors of the Monumenta Germaniae Historica ; and after all, he could reflect, England had its own Record Publications, and its own Rolls Series in which more than seventy volumes had been published in the ten years between 1857 and 1867. In view of this record, Stubbs may be excused for not having understood in 1867 that the situation in England was quite different from that in Germany. By 1877, still more by 1884, he could not fail to mark the*

un puissant élan à l'ensemble de la recherche historique. Et, sans cela, dans bien des domaines d'investigation, le passage à l'étude de l'aspect sociologique des problèmes n'aurait jamais été possible.

Mais c'est précisément lorsqu'on met au premier plan et que

difference. In England the flow of printed sources had fallen off ; many deficiencies in the scholarship of those already published had been disclosed. In Germany not only had the work of publication gone on apace, and at a conspicuously higher level of scholarship than in England – a painful difference which would be even more marked if Stubb's own publications were removed – but the work of the German editors was being supplemented every year by a more and more formidable array of monographs. It is fashionable now to sneer at these monuments of teutonic diligence, but no serious scholar will feel inclined to sneer and to anyone who saw it happen, it must have appeared the most prodigious event in history of scholarship. There had never been anything like it before. »

Dans sa conférence inaugurale de 1867, Stubbs avait parlé avec beaucoup de confiance de « temps meilleurs » qui allaient venir pour les études historiques avec une nouvelle école qui se construirait « ... sur les nombreux documents réunis, étudiés et en cours de publication ». Il prévoyait une époque lointaine où l'histoire cesserait enfin d'être un simple pensum pour les enfants ou un instrument « habilitant des hommes à faire des discours autoritaires à des auditeurs ignorants, et à publier de brillants articles exclusivement réservés aux lecteurs de revues » et où elle serait une discipline que « l'on aimerait et cultiverait pour elle-même », ce qui supposerait un vaste « élargissement de la formation historique qui rendrait le mensonge dérisoire et la falsification peu rentable ».

Qu'est-ce qui n'allait donc pas dans cette vision des choses ? En gros, l'Angleterre n'avait pas suivi le rythme de l'Allemagne et chaque année elle prenait encore un peu plus de retard. En 1867, Stubbs s'en était rendu compte, mais je crois qu'il ne s'était pas encore très bien rendu compte de l'énorme travail fourni par les éditeurs de la *Monumenta Germaniae Historica* ; et, après tout, pouvait-il se dire, l'Angleterre avait ses propres Record Publications, ses Rolls Series dans lesquelles plus de soixante-dix volumes avaient été publiés de 1857 à 1867. Au vu de ces résultats, on peut pardonner à Stubbs de n'avoir pas compris dès 1867 que la situation en Angleterre était tout à fait différente de ce qu'elle était en Allemagne. En 1877, et plus encore en 1884, il ne pouvait pas manquer de voir la différence. En Angleterre, le flot de sources publiées s'était ralenti ; et l'on avait découvert beaucoup d'imperfections dans les travaux qui l'étaient déjà. En Allemagne, non seulement le rythme des publications était resté le même, et elles se situaient à un niveau d'érudition nettement plus élevé qu'en Angleterre – différence sensible et douloureuse qui aurait été encore plus marquée si l'on avait fait abstraction des travaux de Stubbs lui-même – mais le travail des éditeurs allemands était complété en outre tous les ans par une extraordinaire profusion de monographies. Il est de mode aujourd'hui de se moquer de ces monuments d'application teutonne, mais en fait aucun chercheur sérieux ne peut trouver là de quoi ricaner ; et pour ceux qui ont assisté à ce déploiement, ce fut sans doute le plus prodigieux événement de l'histoire de la recherche. Il n'y avait jamais rien eu de tel jusqu'alors.

l'on souligne ainsi l'importance de l'étude scrupuleuse des documents en tant que fondement de la recherche historique que se pose véritablement la question de la fonction et de l'objet de cette recherche. Les documents, ces sources originelles d'information, feraient-ils donc la substance de l'histoire ?

Ils sont en tout cas, semble-t-il, les seuls éléments sûrs. Par ailleurs, l'historien n'a rien d'autre à offrir que des interprétations. Celles-ci diffèrent souvent considérablement de génération en génération. Elles dépendent de l'orientation changeante des centres d'intérêt du moment ainsi que de la distribution de louanges et de blâmes qui en découle de la part de l'historien.

Ranke touche au cœur du problème : l'historien distribue les louanges et les blâmes. Il ne se contente pas de rapporter avec le plus grand soin ce qui figure dans les documents – il l'exploite ; il répartit selon son jugement les zones d'ombre et de lumière ; et trop souvent il répartit ces zones d'ombre et de lumière comme si cela allait de soi, en fonction des idéaux et des principes philosophiques pour lesquels il opte dans les divisions idéologiques de son temps. Les situations présentes, contemporaines, déterminent la façon dont il « voit » l'histoire et même ce qu'il voit en tant qu'« histoire ». Il fait son choix parmi les événements du passé à la lumière de ce qui dans le présent immédiat lui paraît bien ou mal.

C'est de toute évidence ce que veut signifier Ranke lorsqu'il nous dit que la répartition des « louanges et des blâmes » finit par masquer la « chose » elle-même. Le soin apporté à la recherche des documents, l'exactitude des références aux sources historiques et la connaissance générale de ces sources se sont considérablement améliorés. C'est un élément – on pourrait dire le seul – qui justifie que l'on qualifie de scientifique la recherche historique. Cependant, les sources historiques ne sont que des fragments. L'histoire tente de rétablir, à partir de ces vestiges fragmentaires, la corrélation entre les événements. La référence aux sources est vérifiable, mais l'assemblage et l'interprétation des fragments demeurent dans une très large mesure à la discrétion du chercheur individuel. Il leur manque cet appui solide que donnent au chercheur, dans des sciences ayant atteint un plus haut degré de maturité, les schémas d'analyse, ce que l'on appelle les hypothèses et les théories, qui évoluent en perpétuelle confrontation avec l'évolution de la connaissance empirique. Dans les sciences plus mûres, grâce à cette perpétuelle vérification, la forme d'investigation, le choix des informations et la mise au point des schémas généraux d'analyse ont une autonomie relativement plus étendue par rapport à la polarisation des valeurs qui prend racine dans des considérations extrascientifiques. En histoire, les groupements, les fractions partisanes et les idéaux auxquels s'identifie le chercheur dans sa propre société déterminent pour une très large part ce qu'il choisit de laisser dans l'ombre et la manière dont il établit les rapports. Le processus fait un peu penser à la construction d'une maison dans le style d'une époque avec des ruines d'édifices du passé. C'est la principale raison pour laquelle, comme le dit Ranke : « l'histoire est constamment récrite ».

6. Ce manque d'autonomie de la recherche historique par rapport aux tensions les plus aiguës et aux débats de la société étatique, dans laquelle l'« histoire » est produite et consommée, nous fournit la principale explication du caractère scientifique à peine naissant, ou quasi scientifique, de la majeure partie de la recherche historique actuelle. Et ce manque d'autonomie entraîne l'une des particularités déterminantes par lesquelles la recherche historique se distingue d'autres domaines de recherche dans des sciences plus mûres : il manque aux travaux de recherche historique la continuité spécifique de développement qui caractérise le travail de recherche dans les disciplines mieux établies. En ce qui concerne ces dernières, au cours des générations, on voit s'accroître non seulement l'ampleur et l'assurance de la connaissance ponctuelle, mais aussi, et en étroite relation avec ce dernier élément, l'ampleur et l'assurance de la connaissance des corrélations entre les données. En histoire, il y a sans doute augmentation de la connaissance des faits isolés, mais il n'y a aucune continuité de développement de la connaissance au niveau des corrélations. Dans les sciences plus anciennes, bien souvent, l'importance des hypothèses et des théories anciennes sur les modes de corrélation, que ce soit dans un domaine particulier ou dans l'ensemble de l'univers, demeure comme un certain stade sur la voie des hypothèses

et des théories plus récentes, car ces étapes postérieures n'auraient jamais été atteintes si les précédentes n'avaient pas été franchies. Les étapes ultérieures se situent au-delà des précédentes, l'importance de ces dernières demeure comme un maillon de la chaîne ininterrompue du travail de recherche. Sans Newton, on ne pourrait pas tout à fait comprendre Einstein. Le progrès continu de la science ne met pas nécessairement au rebut les schémas théoriques généraux des étapes antérieures, et même cela lui arrive d'autant plus rarement que le processus de travail scientifique est plus sûr et plus autonome. Dans le domaine historique, il est encore pratiquement de règle que les efforts du chercheur qui a travaillé il y a trois ou quatre générations se retrouvent sous la forme de livres poussiéreux dormant dans des bibliothèques. Ce serait prêter le flanc au malentendu que ne pas ajouter qu'à cet égard, entre recherche historique et sociologie, il n'y a tout au plus qu'une différence de degré. Dans les deux cas, les idéaux et les jugements de valeur éphémères, issus des polémiques les plus virulentes du moment, servent de substituts de théories relativement autonomes qui permettraient d'établir des schémas d'analyse vérifiables et révisables en fonction de l'acquisition de nouvelles connaissances. Mais la recherche sociologique se distingue de la recherche historique entre autres choses par le fait que même la formulation et le choix des différents problèmes posés est laissé à l'arbitraire hétéronome des chercheurs, ou déterminé par les conventions idéologiques également extérieures de groupes de chercheurs, si l'on ne fait pas au moins un effort, par une perpétuelle confrontation avec l'évolution des connaissances, pour développer, sans se laisser influencer par les factions passagères et fluctuantes de son temps, des schémas d'analyse plus justes et plus autonomes que les précédents. En histoire, pour autant qu'on puisse le constater, il n'y a même pas d'effort dans ce sens, et on ne saisit pas que, sans la mise au point de schémas d'analyse relativement plus autonomes, de théories plus indépendantes, même la sélection des informations à partir de la profusion de documents est soumise au règne éphémère de conventions de recherche invérifiables. L'importance des schémas de corrélations en tant que déterminants de la formulation et du choix des problèmes apparaît déjà assez clairement au travers de la présentation de ce livre. Selon les schémas d'interprétation traditionnels et en général tacitement admis qui déterminent le choix et le traitement des problèmes dans la science historique, beaucoup de problèmes, dont traitent ces études sociologiques, et les documents utilisés pour en traiter, joueraient tout au plus un rôle marginal. L'étude de l'organisation intérieure des palais ou les détails de l'étiquette de la cour, pour ne donner que ces exemples, peuvent paraître de simples bizarreries, si on les mesure à l'aune de l'historien. Mais il se trouve que l'étude de la disposition des espaces d'habitation et de la structure architectonique générale des édifices, dans lesquels vivent les familles d'une société donnée, fournissent des indices assez sûrs et en même temps vérifiables des schémas fondamentaux des relations conjugales telles qu'elles se présentaient pour les membres de cette société, et, au-delà, sur les relations avec les autres dans le cadre des rapports sociaux. L'étiquette de la cour qui, au regard des critères des sociétés bourgeoises industrielles, paraît un élément assez négligeable, purement « extérieur », et peut-être un peu ridicule, se révèle, si on laisse à la structure de la société de cour son existence autonome, un indice extrêmement sensible et un instrument de mesure parfaitement sûr en ce qui concerne la valeur de prestige de chaque personnage dans son réseau de relations avec les autres.

En définitive on peut même dire que le choix de la société de cour comme objet d'étude n'est pas exactement en accord avec l'ordre de valeurs actuellement prédominant et populaire qui intervient si fréquemment dans la recherche historique. Les souverains dynastiques et leur cour semblent perdre de plus en plus d'intérêt en ces temps de développement de la société. Ils font partie des formations sociales en voie de disparition. S'ils sont encore présents dans les pays les plus développés, c'est en ayant perdu une part considérable de leur pouvoir et de leur prestige passés. Par rapport au temps de leur épanouissement, les sociétés de cour ne revêtent plus de nos jours, à l'extrême rigueur, qu'un caractère d'épigones. Les représentants des formes sociales montantes considèrent assez souvent ces vestiges d'une époque révolue avec des sentiments mitigés.

On comprend que l'appréciation négative qui a cours

actuellement contribue à fausser la vision que l'on pourrait
avoir de la société de cour comme d'une forme de société tout
aussi particulière et spécifique que celle, par exemple, des élites
féodales ou des élites de partis des sociétés industrielles. Ces
dernières bénéficient même peut-être aujourd'hui d'une plus
grande considération dans la mesure où il s'agit de types de
société de notre temps, le présent étant toujours ce qui intéresse
le plus la plupart des hommes. Les précédentes, les élites
féodales, ont peut-être été relativement bien définies et éclairées
comme objets de recherche historique et sociologique parce
qu'on les considère froidement, avec beaucoup de distance,
comme des formes initiales et des configurations opposées à
celles que nous connaissons actuellement. En ce qui les
concerne il s'agit généralement de formes apparemment
dépassées depuis longtemps ; on n'a donc guère de raison d'être
en position de défense à leur égard ; il peut même arriver, que,
dans un embellissement romantique, on les pare d'aspects
positifs. La subsistance actuelle de formes épigonales de la
société de cour fait que l'on a encore davantage de peine à
admettre l'idée que cette société présente aussi des particularités structurelles spécifiques que l'on peut dégager en tant que
telles, indépendamment du fait qu'on les considère comme
bonnes ou mauvaises. Vis-à-vis des groupes élitaires des sociétés
de cour peu à peu privés de tout pouvoir, vis-à-vis des
descendants des anciennes formations élitaires les plus
puissantes de tous les États européens, au sein des nouveaux
groupes élitaires, des élites montantes des sociétés industrielles
nationales, on retrouve souvent encore l'appréciation négative
et l'attitude de défense qui sont le retentissement des
affrontements anciens, souvent assez rudes. Là encore, les
jugements de valeur et les réactions émotionnelles de la société
dans son ensemble se ressentent dans ce qui est considéré
comme pertinent en tant qu'objet de recherche historique ou
sociologique. L'étude et même la définition conceptuelle de la
société de cour sont encore dans l'ombre de ces appréciations
courantes.

Il n'est pas si facile qu'on pourrait l'imaginer de faire
comprendre ce que l'on veut dire quand on parle de l'effort
nécessaire pour parvenir à garantir dans le choix et la
formulation des problèmes sociologiques, qu'ils portent sur le

présent ou sur le passé, une autonomie suffisante par rapport aux jugements de valeur les plus répandus, considérés comme allant de soi et par là même invérifiés. Mais nous en donnons ici l'exemple. Si l'on se fixe pour tâche de contribuer à l'explication et à la compréhension des différents modes d'interdépendances par lesquels les hommes sont liés entre eux, toutes les formations qui lient entre eux des hommes, toutes les formations sociales, sont équivalentes.

Nous retrouvons encore ici, dans un sens plus large, l'idée qu'exprimait Ranke en notant l'équivalence fondamentale de toutes les périodes de l'histoire. Il cherchait, lui aussi, à montrer à sa manière que, lorsqu'il s'agit d'éclairer les rapports entre les hommes, les chercheurs se barrent eux-mêmes la route en se laissant mener par les jugements préconçus de leur propre époque et de leur propre groupe. On ne peut tout simplement pas se représenter de formation sociale, ni de groupe humain, que ce soit à petite ou à grande échelle, dans des temps très reculés ou dans le présent, dont l'étude objective et scientifique ne contribue pas, plus ou moins, au même titre que tout autre, à développer et à approfondir notre connaissance de la manière dont les hommes, dans toutes les situations qui peuvent être les leurs, dans la pensée comme dans la sensibilité, dans l'amour comme dans la haine, dans l'action comme dans l'inaction, sont liés entre eux. La variabilité de ces types de rapports entre les hommes est si grande et si multiple qu'au moins en l'état actuel de nos connaissances, infiniment réduites et lacunaires en la matière, on ne peut pratiquement pas imaginer d'étude scientifique d'une formation humaine non encore étudiée, et de l'évolution de cette formation, qui n'apporte une contribution nouvelle à notre compréhension de l'univers humain et à notre compréhension de nous-mêmes.

7. Lorsqu'on se penche sur le problème du rapport entre histoire et sociologie, la question maintes fois soulevée de l'unicité de l'événement historique joue un rôle central. L'idée que le caractère unique et exceptionnel des événements serait un trait distinctif de l'histoire humaine et de l'objet de la recherche historique va souvent de pair avec l'idée que cette « unicité » serait fondée dans la nature de l'objet, autrement dit dans la chose en soi, indépendamment de tous les jugements

de valeur de celui qui cherche. Mais ce n'est absolument pas vrai. Si l'on considère habituellement ce que l'on étudie de nos jours sous le nom d'histoire comme une collection de faits uniques, c'est que l'on considère les événements uniques et exceptionnels, qui ne se reproduiront jamais, comme l'essentiel de l'ensemble du processus à étudier. Autrement dit, cette optique repose déjà sur une appréciation spécifique. Elle peut aisément sembler aller de soi. Mais peut-être vaudrait-il mieux quand même l'énoncer explicitement et en vérifier la validité !

Car le domaine que les historiens choisissent comme objet de leur travail n'est pas le seul où se rencontrent des phénomènes uniques et exceptionnels dans les corrélations entre les événements. Des phénomènes uniques et exceptionnels, il y en a tout simplement partout. Non seulement l'individu humain, chacun de ses sentiments, chacun de ses actes et chacune de ses expériences sont uniques, mais même la chauve-souris ou la puce le sont. Toutes les espèces animales disparues sont uniques. Il n'y aura plus jamais de sauriens. Et dans ce sens l'*homo sapiens* est unique, l'espèce humaine dans son ensemble l'est. Et l'on peut dire la même chose de la moindre petite poussière, du soleil, de notre Voie lactée et dans un certain sens de tout autre structure : elles vont, elles viennent, et une fois qu'elles ont disparu, elle ne reviennent jamais plus.

Ce problème du caractère unique et exceptionnel de l'objet est donc plus compliqué que ne le laissent penser les développements de la théorie des sciences. Il y a différents degrés d'unicité et de singularité et ce qui à un certain niveau est unique et exceptionnel pourra apparaître vu d'un autre niveau comme l'éternel retour et la répétition de la même chose. Ce soleil qui nous apparaît unique, la terre sur laquelle nous habitons et qui par un processus unique d'évolution se transforme lentement, sont, aux yeux des générations qui passent à toute allure, des formes qui se répètent éternellement. Par rapport à la spécificité du genre humain, les hommes pris individuellement ne sont eux-mêmes que la répétition d'une configuration éternellement identique, et ce qui diffère entre les individus se présente alors comme une variation sur un schéma de base qui se répète toujours.

Mais c'est précisément à cette variation, à la différence et à l'unicité de l'individu dans le cadre du schéma fondamental inlassablement reproduit que l'on accorde une valeur particulièrement importante dans certaines sociétés et, à l'intérieur de ces sociétés encore, dans certains domaines de recherche. Ce jugement de valeur est lui-même lié à la structure particulière de ces sociétés et surtout à leur degré relativement élevé de différenciation et d'individualisation. Et c'est lui qui s'exprime dans le mode de recherche historique de ces sociétés. L'explication en est complexe, et il n'est pas utile de s'enfoncer ici dans le détail de ce vaste réseau de ramifications et de corrélations. Quel que soit le degré de justesse d'une théorie de l'histoire qui fait passer exclusivement au premier plan ce qu'il y a d'unique et d'individuel dans l'enchaînement des événements, il est certain que l'accent mis sur ces aspects reflète une forme de la conscience humaine spécifiquement marquée par la société. Ce n'est pas seulement en soi-même que l'on apprécie ce que l'on peut véritablement identifier comme différent, unique et exceptionnel ; se conformant à la configuration spécifique de l'empreinte sociale dont est marqué chacun, on considère généralement que l'idéal suprême auquel il faut aspirer est de développer en soi la version la plus individualisée, la plus particulière et la plus exceptionnelle possible de la forme humaine commune. La focalisation de l'attention sur les particularités spécifiques du cours des événements, très largement déterminante pour la théorie et la pratique de la recherche historique, serait impensable sans la valeur particulière que l'on attribue, dans les sociétés où l'histoire s'écrit de cette façon, aux particularités et aux originalités des individus.

La question que l'on est donc amené à se poser est celle de la relative hétéronomie ou de la relative autonomie de ce type de jugement en ce qui concerne les corrélations événementielles que l'on s'efforce d'établir lorsqu'on étudie l'« histoire ». Le principe théorique directeur en fonction duquel on considère que ce qu'il y a d'unique et d'exceptionnel dans les événements, et surtout le caractère exceptionnel de certains personnages et de leurs actions, constituent l'aspect essentiel des corrélations et doivent passer au premier plan, définit-il une priorité qui repose elle-même sur une analyse critique sans préjugé de l'ensemble des faits et qui serait, en ce sens, tout simplement objective ? Où bien s'agit-il en l'occurrence d'une orientation idéologique de la problématique et des observations, en fonction de laquelle, l'historien, du fait de l'empreinte sociale spécifique dont il est marqué, plaque, de l'extérieur, sur les corrélations événementielles à étudier des jugements de valeur et des idéaux à court terme ?

Les choses seraient simples si l'on pouvait remplacer ces questions par les termes d'une alternative auxquels on pourrait répondre par « oui » ou par « non ». La difficulté est que dans l'histoire des sociétés humaines — et comme nous le verrons plus précisément encore, dans ce que l'on étudie sous le nom d'« histoire » — on traite toujours de l'« histoire » de certains ensembles de sociétés humaines, à la différence de l'histoire des sociétés animales, les aspects uniques et individuels des corrélations événementielles sont liés à des facteurs sociaux récurrents d'une manière qui demande à être étudiée de très près et qui ne peut pas se ramener à une formule simple.

8. Comment et pourquoi les aspects uniques et exceptionnels jouent un rôle particulier dans l'histoire des sociétés humaines, on s'en rend très bien compte, même à une observation rapide, si l'on compare l'histoire des sociétés humaines à celle des sociétés animales. C'est une comparaison dont on ne peut guère se passer si l'on veut faire apparaître le problème sous son vrai jour. Les formes de relation et d'interdépendance entre les fourmis, les abeilles, les termites et autres insectes vivant en sociétés peuvent, pour autant qu'il s'agisse de la même espèce, se répéter pendant des milliers et des milliers d'années sans le moindre changement. S'il en est ainsi, c'est que les formes de société, les rapports, les relations d'interdépendance réciproques sont dans une très large mesure inscrits dans la structure biologique des organismes en question. Abstraction faite de variations comparativement minimales, la forme de ces sociétés d'insectes, et, avec quelques légères différences de degré, celle de tous les autres animaux qui constituent des formations sociales spécifiques, ne se modifie que lorsque leur organisation biologique se modifie. L'une des particularités spécifiques des sociétés humaines réside précisément dans le fait que leur structure, la forme des rapports d'interdépendance

entre les hommes, peut se modifier, sans que l'organisme biologique de l'homme change. Les représentants individuels de l'espèce *homo sapiens* peuvent former entre eux des sociétés des types les plus divers, sans que l'espèce elle-même se modifie. Autrement dit, la constitution biologique de l'espèce permet que son mode de cœxistence sociale évolue, sans que l'espèce évolue. Le passage de l'« ancien régime » aux débuts de la société industrielle au XIXe siècle, le passage d'une société à prédominance agraire et villageoise à une société de plus en plus urbanisée, ont été le résultat d'une évolution sociale et non d'une évolution biologique.

Toute l'analyse du problème fondamental du rapport entre sociologie et histoire se trouve compliquée par le fait que même dans les études scientifiques d'une façon générale, jusqu'à présent, on ne fait pas la différence et on ne se donne pas la peine d'établir clairement le rapport entre évolution biologique, évolution sociale et histoire. Il y a certainement eu des modifications des rapports d'interdépendance et des formations de la société de nos ancêtres qui relevaient de l'évolution biologique. Nous ne savons pas grand-chose de cet aspect de l'évolution des hominidés, les problèmes de cet ordre, à cheval sur la biologie et la sociologie, ne suscitent guère d'intérêt auprès de nos spécialistes de la préhistoire. Mais les modifications de la vie des hommes en société qui se situent dans le champ de l'historien et du sociologue se déroulent dans le cadre d'une seule et même espèce biologique. Que l'on étudie les rapports sociaux et historiques des anciens Sumériens et des Égyptiens, des Chinois et des Indiens, des Yoruba et des Ashanti, des Américains, des Russes ou des Français, on est toujours en présence d'êtres humains de l'espèce *homo sapiens*. Si, dans ce cas précis, des modifications de la forme de la vie en société des organismes individuels se produisent sans qu'il y ait pour autant modification de la constitution biologique, innée et héréditaire des organismes eux-mêmes, c'est en dernier ressort parce que l'orientation du comportement de ces organismes de l'espèce humaine peut et même, en fait, doit être dirigée dans une bien plus large mesure que celle de tous les autres organismes que nous connaissons par l'expérience du sujet individuel et par l'apprentissage individuel. Cette particularité biologique innée et héréditairement transmise de la constitution humaine, à savoir la relative interdépendance entre l'orientation du comportement de l'individu et son expérience à partir de l'enfance, est la raison pour laquelle, contrairement aux sociétés d'insectes, les sociétés humaines ont ce que nous appelons une « histoire » ou, avec une inflexion légèrement différente, une « évolution sociale ».

La différence radicale entre l'évolution des sociétés humaines, évolution sociologique, et l'évolution biologique se manifeste en particulier par le seul fait qu'à la différence de la seconde, la première peut d'un certain point de vue devenir régressive. En dépit de toutes les plaisanteries que l'on peut lire à l'occasion si l'on se fonde sur les connaissances biologiques acquises jusqu'à présent, on peut pratiquement affirmer que l'espèce *homo sapiens* disparaîtra, sans doute, mais qu'elle ne se retransformera pas en une espèce de singes ou de reptiles. Lorsque les ancêtres de la baleine se transformèrent d'animaux terrestres en animaux aquatiques, ils ne redevinrent pas pour autant poissons mais demeurèrent mammifères. Il est au contraire tout à fait possible que des États nationaux à forte concentration se désagrègent et que les descendants de ceux qui les constituent se retrouvent vivant à l'état de simples tribus nomades. C'est ce que l'on exprime en disant que les formations sociales que constituent entre elles les fourmis ou les abeilles correspondent dans une très large mesure à des schémas fixés génétiquement, celles que constituent les hommes beaucoup moins. La modification des formations humaines est très étroitement liée à la possibilité de transmettre aux générations suivantes, sous la forme d'un savoir sociologique acquis, les expériences faites par une génération donnée. Cette permanente accumulation sociale de savoir apporte sa contribution à l'évolution des formes de sociétés humaines et à la modification des constellations formées par les hommes. Mais la continuité de l'accumulation et de la retransmission de savoir peut être rompue. L'augmentation du savoir n'entraîne pas de modification génétique de l'espèce humaine. Les expériences socialement acquises peuvent se perdre.

9. Il faut analyser plus précisément ces données fondamentales pour comprendre le rapport entre les aspects de l'évolution sociale qui se répètent et ceux qui ne se répètent pas. Comme

on voit, les processus événementiels que l'on désigne conceptuellement sous les noms d'évolution biologique, d'évolution sociale et d'histoire, correspondent à trois niveaux différents mais indissociables d'un processus global d'évolution de l'humanité, dont les rythmes d'évolution diffèrent. Par rapport à la durée et au rythme d'évolution de la vie individuelle les processus d'évolution sociale restent souvent si lents pendant de longues périodes qu'ils semblent arrêtés.

Il peut arriver que les formations sociales que constituent entre eux les hommes varient si peu sur des générations qu'elles sont considérées par leurs membres comme des formes de sociétés immuables et toujours pareilles à elles-mêmes. C'est ainsi que, dans l'évolution des sociétés européennes, les hommes sont systématiquement entrés les uns après les autres dans le système « chevalier-écuyer-prêtre-serf ». C'est également ainsi qu'actuellement, et déjà depuis un certain nombre de générations, dans les pays industrialisés, les hommes s'inscrivent toujours dans les rapports comme « ouvrier-employé-chef d'entreprise » ou « fonctionnaire supérieur-fonctionnaire de classe moyenne et petit fonctionnaire ». L'interdépendance fonctionnelle de ces positions et de toutes les autres dans une société donnée impliquent, comme on le voit, une certaine exclusive. Chevaliers et serfs ne pourraient guère s'insérer dans la formation d'une société industrielle.

Chacun des individus qui constituent entre eux ce type de formations est unique et exceptionnel. Mais la formation elle-même peut se maintenir avec un rythme d'évolution relativement lent sur de nombreuses générations. Des formations pratiquement identiques, ou qui en tout cas ne connaissent qu'un rythme d'évolution extrêmement lent, peuvent donc être constituées par des individus différents se succédant rapidement. Dans l'optique de ces individus uniques et exceptionnels, qui changent rapidement, les formations sociales apparaissent alors commes des phénomènes qui se répètent sous une forme plus ou moins immuable.

C'est mal comprendre cette réalité qu'interpréter les schémas conceptuels correspondant à ces formations comme des structures artificielles que le chercheur plaquerait en quelque sorte sur les sujets qu'il observe. C'est à peu près l'idée qu'exprimait Max Weber en présentant ces schémas comme des

« types idéaux » de formations données dans un lent courant d'évolution. Les catégories du fonctionnariat, de la ville, de l'État, ou de la société capitaliste, qu'il tenta d'établir, ne représentent pas des relations entre les hommes, des formations d'individus interdépendants, qu'il aurait tout simplement définies en tant que chercheur et utilisées dans son observation afin d'apporter un certain ordre dans une réalité qui n'en avait absolument aucun. Ces formations sont tout aussi réelles que les individus qui les constituent. Ce qui nous paraît aujourd'hui encore conceptuellement difficile à admettre, c'est que les formations humaines puissent avoir un rythme d'évolution plus lent que les individus qui les composent pris isolément.

Il n'en va pas très différemment du rapport entre le rythme d'évolution des phénomènes sociologiques et celui des phénomènes biologiques. Du point de vue des premiers, les seconds se modifient si lentement que l'évolution semble arrêtée. On aboutit donc à une image de l'humanité comme un fleuve avec trois courants d'évolution de rythmes différents. En soi, chacun des phénomènes relevant d'un de ces trois niveaux se considère comme unique et exceptionnel. Mais dans la confrontation entre les différents rythmes d'évolution, les phénomènes du niveau le plus lent ont toutes chances d'apparaître, par rapport au niveau le plus rapide, comme l'immuable répétition d'une même chose. Au regard de la chronologie de l'évolution biologique, dix mille ans ne sont qu'un bref laps de temps. Les modifications survenues au cours des dix mille dernières années dans la constitution de l'espèce *homo sapiens* sont relativement réduites. Au regard de la chronologie de l'évolution sociologique, dix mille ans représentent déjà une période considérable. Les modifications de l'organisation sociale survenues, dans bien des secteurs de l'humanité, au cours des dix mille dernières années sont comparativement très importantes. Dans cette période, pour de nombreuses sociétés, les villages se transformèrent en villes, les villes en villes-États, les villes-États en États territoriaux, en petits et grands États dynastiques et enfin en États nationaux industriels, et tout au long de ces évolutions, le rythme de changement n'a cessé de s'accélérer. Mais au regard de la chronologie individuelle, du rythme auquel l'individu passe de l'état d'enfant à celui de vieillard, homme ou femme, les modifications sociales à long terme se déroulent très lentement. C'est la raison pour laquelle trop souvent on ne les perçoit pas pour ce qu'elles sont, à savoir des transformations structurées des formations sociales, mais pour des formations figées sous la forme de « systèmes sociaux », si l'on considère comme allant de soi que le cadre de référence est la durée d'une vie et le rythme d'évolution de la vie individuelle.

10. Dans le domaine de la recherche que nous désignons aujourd'hui sous le nom de recherche historique, on ne se pose peut-être pas assez précisément la question de savoir si, et dans quelle mesure, la chronologie fondée sur la durée et le rythme d'évolution de la vie individuelle constitue un cadre de référence adéquat pour l'étude des processus d'évolution sociologique à long terme. L'individu a trop aisément tendance à se prendre pour la mesure de toute chose, comme si cela allait de soi. Dans le principal courant de la recherche historique jusqu'à présent, c'est ce que l'on fait, plus ou moins consciemment et systématiquement, comme si cela allait de soi. On règle d'abord la lunette d'observation sur les modifications qui se produisent avec des personnages individuels ou dont on croit qu'on peut pratiquement ramener l'origine à des personnages individuels .

Dans le développement de la science historique elle-même, cette concentration de l'attention sur des personnages individuels dotés d'un fort profil était étroitement liée, au départ, à des formes spécifiques de répartition du pouvoir au sein de la société. On ne peut pas tout à fait l'oublier. L'attention de l'historien s'orientait souvent en premier lieu sur les individus qui, de par leurs actions dans le cadre d'un État ou de quelque autre groupement humain, étaient jugés comme des personnages particulièrement importants. C'étaient pour commencer des individus jouissant d'un statut social offrant les plus grandes possibilités de pouvoir, par conséquent en premier lieu les empereurs, les rois, les princes, les ducs, et autres membres des maisons princières. Leur position de force faisait qu'aux yeux de l'historien ils se détachaient particulièrement nettement de la masse. La spécificité de leur statut social leur donnait une marge de manœuvre incomparablement étendue par rapport à celle des autres hommes, et les traits originaux de leur personnalité apparaissaient de façon particulièrement frappante. Ils étaient uniques et exceptionnels. L'habitude de penser en termes de règnes successifs et de dire par exemple « la Prusse de Frédéric le Grand » ou « l'époque de Louis XIV » s'est maintenue jusqu'à aujourd'hui et c'est une façon d'articuler le déroulement de l'histoire qui semble aller de soi.

Il n'en va pas différemment des autres personnes occupant des positions de pouvoir, par exemple les grands capitaines dont les victoires ou les défaites ont eu une incidence capitale sur l'« histoire » d'un certain groupe sociologique, ou les ministres et autres assistants des princes régnants, à qui les États sont redevables de nouvelles institutions, ou qui se sont au contraire opposés à la nouveauté. Avec le déplacement du pouvoir à l'intérieur de la société, le même déplacement s'est opéré avec le temps dans la manière dont s'écrivait l'histoire. A côté des personnages appartenant aux élites détentrices du pouvoir ou du prestige, la recherche historique a commencé à se pencher également sur les groupes moins puissants d'individus qui se détachaient moins bien. Mais, dans le point de vue général de l'historien sur sa propre démarche, l'individu en tant que tel et plus particulièrement le personnage qui se distingue par son pouvoir ou son action a néanmoins conservé sa position privilégiée en tant que premier cadre de référence pour l'interprétation des processus événementiels à étudier et en tant que symbole représentatif de leur caractère unique et exceptionnel. Même lorsque l'histoire politique, qui concentrait son attention sur les gouvernants ou les élites du pouvoir, élargit lentement son champ en y intégrant les aspects sociologiques de l'évolution d'une société étatique, qu'ils soient économiques, intellectuels, religieux, artistiques ou autres, la recherche historique demeura dans une très large mesure axée sur des élites comparativement très individualisées. A quelques rares exceptions près, comme par exemple les études d'histoire économique ou d'histoire sociale, on choisit encore habituellement comme cadre de référence à l'analyse des rapports historiques les œuvres et les actes individuels d'hommes appartenant à certaines élites sociales, sans pour autant soumettre à l'analyse les problèmes sociologiques de la formation de ces élites en elle-même. La stratégie et le problème du choix des questions à étudier et des documents ne sont pratiquement pas envisagés dans les débats sur la nature de la recherche historique. On se contente souvent de renvoyer à la grandeur de l'action individuelle en tant que telle et à l'individu qui en est la source et au-delà de quoi il n'y a pas d'autre explication à chercher. L'effort d'explication des processus que l'on étudie touche là, semble-t-il, à son terme. On croit avoir résolu le problème à partir du moment où l'on à trouvé à l'origine d'un phénomène historique donné un personnage individuel. Si, lorsqu'on établit ces relations, certains fils restent dans le vide, on les traite comme les autres phénomènes historiques qui ne s'expliquent pas par référence à des personnages individuels et nommément connus, à savoir la somme des manifestations de second plan assez diffuses. Mais dès lors que l'on cherche l'explication ultime des phénomènes historiques dans une entité mystérieuse, qui ne peut pas s'expliquer davantage, et dans le secret d'une « individualité en soi », on ne peut guère éviter d'interpréter le prestigieux statut social d'une personne, de ses actes, de ses particularités et de ses déclarations, comme la valeur personnelle d'un individu précis et comme une grandeur personnelle. L'exemple le plus simple est l'épithète « grand » que l'on adjoint au nom des rois. Ce que nous allons dire de Louis XIV illustre admirablement ce problème. Il peut encore arriver que des historiens et des professeurs d'histoire présentent tout simplement comme tels les personnages qu'une tradition sociale donnée a marqués du sceau de la grandeur. Dans le domaine de la recherche historique, on utilise trop facilement comme appréciation de la grandeur humaine une échelle de valeurs conventionnelle et par là même scientifiquement douteuse, qui reste à vérifier. Dans l'ignorance des structures sociales qui donnent à l'individu ses chances et ses possibilités d'action, on risque fort de tomber dans l'erreur de présenter comme grands des hommes de peu de mérite et vice versa.

Les historiens disent parfois : nous n'étudions pas des sociétés mais exclusivement des individus. En fait si l'on y regarde de plus près, on s'aperçoit même que l'histoire ne traite pas de n'importe quels individus, mais exclusivement de ceux qui jouent un rôle dans les groupes sociaux et pour des groupes sociaux d'un type particulier. On peut aller plus loin et dire que l'histoire étudie ces individus, *parce qu*'ils jouent un rôle dans des unités sociales d'une sorte ou d'une autre. On pourrait naturellement aussi inclure dans la recherche historique l'« histoire » d'un chien, d'un parterre de fleurs ou d'une personne choisie au hasard. Chaque homme a son « histoire ». Mais lorsqu'on parle de « recherche historique » on emploie le terme « histoire » dans un sens très spécifique. Ses cadres de référence constituent toujours en définitive des entités sociales bien précises que l'on considère comme particulièrement importantes. Il y a toujours une échelle hiérarchique de valeurs de ces entités sociales qui détermine lesquelles occupent un rang supérieur ou inférieur en tant que cadre de référence. C'est ainsi que, d'une façon générale, les études historiques dont le cadre de référence sociologique est une seule ville à l'intérieur d'un État occupent un rang inférieur à celui des études qui ont pour cadre de référence tout un État. Actuellement, ce sont certainement les États nationaux qui se situent au premier rang. Leur histoire constitue de nos jours le cadre principal à l'intérieur duquel sont choisis les personnages et les problèmes qui se trouvent au centre de la recherche historique. Habituellement, on ne se pose même pas la question de savoir pourquoi l'histoire prend en premier lieu aujourd'hui comme cadre de référence des entités sociologiques comme l'« Allemagne », la « Russie » ou les « États-Unis » pour sélectionner les individus qui passent ensuite au premier plan de la recherche en tant que « personnages historiques ». Il n'y a pas encore de tradition de recherche dans le cadre de laquelle on étudie systématiquement les relations entre les œuvres et les actes de personnages individuels, nommément connus dans l'histoire, et la structure des groupes sociaux au sein desquels ils ont pris de l'importance. Si cette analyse était faite, on montrerait aisément que le choix des personnages individuels dont les destinées et les actes retiennent toute l'attention des historiens est très fréquemment lié à l'appartenance de ces personnages à des minorités spécifiques ou aux élites de certaines sociétés étatiques, qu'elles soient en train de monter, détentrices du pouvoir ou en voie de déclin. Au moins dans toutes les sociétés stratifiées, les « chances individuelles d'action éclatante » susceptible de retenir l'attention de l'historien ont longtemps dépendu de cette appartenance de l'individu à une élite spécifique ou de la possibilité pour lui d'y accéder. Sans analyse sociologique rendant compte de la structure de ces élites, on ne peut guère juger de la grandeur ni du mérite des personnages historiques.

11. La société de cour qui est le sujet de ce livre est une formation élitaire de ce type. Aussi trouvera-t-on dans cette étude un certain nombre d'exemples qui illustrent ce que nous venons de dire. Sous le règne de Louis XIV, les individus qui ne faisaient pas partie de la société de cour et qui n'y avaient pas accès avaient relativement peu de chances de montrer et de réaliser leurs capacités individuelles par des actes susceptibles de revêtir un certain éclat selon l'échelle de valeurs historiques traditionnelle. L'étude plus approfondie d'une élite de cet ordre permet en outre de montrer assez clairement que sa structure donnait aux individus leurs chances d'agir et de se réaliser ou au contraire les entravaient. Par son statut social particulier de membre de la haute noblesse, ne faisant pas partie de la maison royale elle-même, étant donné la stratégie adoptée par le roi Louis XIV en fonction de son propre statut, le duc de Saint-Simon par exemple se voyait interdit tout accès aux charges de gouvernement et par là même toute position officielle de pouvoir politique. Or, c'est précisément le type de position auquel il aspira sa vie durant. C'est dans cette direction qu'il espérait avant tout parvenir à se réaliser en tant qu'homme d'État, homme politique, et homme de gouvernement. C'est dans ces positions qu'il escomptait pouvoir réaliser par lui-même quelque chose de grand. Sa situation dans les rapports de pouvoir de la cour le privant de cette possibilité, tant que Louis XIV était en vie, il chercha essentiellement à se réaliser non seulement en participant aux jeux d'intrigues de la cour dans les coulisses, mais surtout par une activité littéraire sous une forme correspondant à l'usage et au goût de la noblesse de cour, à savoir la rédaction de Mémoires, relatant la vie de la cour dans ses moindres détails. Écarté du pouvoir politique, c'est ainsi, par la grandeur de son œuvre d'auteur de Mémoires qu'il « entra dans l'histoire », comme on a coutume de dire. Ni l'évolution de sa personnalité ni celle de son attitude en tant qu'écrivain ne peuvent s'expliquer sans référence à la structure sociologique de la société de cour et

sans connaissance de l'évolution de sa position sociale dans ces rapports de pouvoir.

Dans les débats habituels sur le rôle des individus dans l'histoire, on part quelquefois du principe que l'opposition entre ceux qui, dans l'étude des phénomènes historiques, axent leur attention sur les « facteurs individuels » et ceux qui l'axent sur les « facteurs sociaux » est inévitable et irréductible. En fait, c'est une antinomie qui n'a rien de réel. Elle ne s'explique qu'en fonction de deux traditions politico-philosophiques, dont l'une considère la « société » comme une entité extérieure à l'individu, et l'autre l'« individu » comme une entité extérieure à la société. Les deux représentations sont totalement fictives. C'est bien visible en l'occurrence. La société de cour n'est pas un phénomène existant en dehors des individus qui la constituent ; et les individus qui la constituent, depuis le roi jusqu'au valet de chambre, n'existent pas en dehors de la société qu'ils constituent ensemble. La notion de « formation » sert à exprimer cet état de choses. Dans l'usage traditionnel, il est assez difficile de parler des individus qui forment entre eux une société, ou de parler de sociétés constituées de personnes individuelles, bien que ce soit très exactement ce qu'on observe dans la réalité. En utilisant des termes moins chargés d'implications traditionnelles, on réussit mieux à exprimer de façon claire et nette ce que l'on observe véritablement. C'est précisément ce qui se passe lorsqu'on dit que les individus constituent entre eux des formations de types divers ou que les sociétés ne sont rien d'autre que des formations d'êtres interdépendants. On utilise souvent aujourd'hui à ce propos la notion de « système ». Mais tant que l'on n'entend pas en même temps, par « système social », « système d'individus », l'utilisation de ce concept flotte dans le vide.

12. Si l'on regarde en arrière et que l'on se demande à nouveau si le privilège accordé aux aspects uniques, exceptionnels et originaux du processus événementiel qu'on appelle l'« histoire » se fonde sur la spécificité de ce processus lui-même ou si c'est un élément extérieur, une appréciation conditionnée idéologiquement que les historiens portent sur ce processus, on s'aperçoit que les considérations précédentes nous ont fait avancer de quelques pas sur la voie d'une réponse.

On voit mieux que dans l'interprétation de l'« histoire » comme d'un enchaînement d'événements uniques et exceptionnels, les deux types d'appréciations, objectives et idéologiques, interviennent en même temps. L'analyse exhaustive de l'amalgame entre des appréciations autonomes et hétéronomes serait une entreprise considérable. Nous nous contenterons ici, en fonction des problèmes qui jouent un rôle dans les études qui vont suivre, d'étudier quelques aspects de cette question.

La cour de Louis XIV était un phénomène unique.

Louis XIV lui-même était un personnage unique et exceptionnel. Mais la position sociale qu'il occupait, la position de roi, n'était pas unique, en tout cas elle ne l'était pas dans le même sens que chacun de ceux qui l'occupèrent successivement. Il y avait eu des rois avant Louis XIV ; il y en eut après lui. Ils étaient tous rois mais leurs personnes étaient différentes.

Les rois comme Louis XIV disposent d'une liberté de manœuvre comparativement immense pour faire des expériences et adopter des attitudes uniques et exceptionnelles. C'est la première chose que l'on peut dire à propos de Louis XIV, en ce qui concerne la réalité de ce caractère unique et exceptionnel. Par comparaison avec les hommes occupant d'autres positions sociales, les possibilités d'individualisation dont disposait Louis XIV, du fait qu'il était roi, étaient énormes.

Mais, en un autre sens, les possibilités d'individualisation du roi étaient en même temps particulièrement étendues, précisément parce qu'il était un être humain. C'est la deuxième chose à dire à propos de cette liberté de manœuvre. Par comparaison avec celles des autres êtres vivants, les possibilités d'individualisation et de développement unique et exceptionnel de toute personne humaine sont par nature extraordinairement étendues. Même dans les sociétés humaines les plus archaïques que nous connaissions, les possibilités d'individualisation de chaque organisme sont beaucoup plus étendues que dans les plus complexes des sociétés animales.

Si les historiens choisissent d'étudier, parmi les multiples niveaux de l'univers humain, précisément celui où ce qui diffère entre les hommes, leur individualité, joue un rôle particulièrement important, et s'ils essaient de montrer la part qu'ont pu prendre des individus isolés, en fonction de leurs dons et de leurs comportements uniques et exceptionnels, à la marche des événements qui ont revêtu une importance particulière dans l'histoire de certains groupes sociaux, il se peut tout à fait que leur effort de recherche rende compte objectivement de la réalité. Car les différences dans le découpage individuel de la structure biologique fondamentalement toujours identique à elle-même peuvent effectivement jouer, dans ces modifications des groupes sociaux que l'on appelle leur « histoire », un rôle plus ou moins important selon la structure de ces groupes. Un historien, traitant du règne de Louis XIV, pourra donc montrer à juste titre que le rayonnement de sa cour et, dans un sens plus large, celui de la politique de la France sous son gouvernement, étaient dus aux talents particuliers et aux imperfections, bref à la personnalité unique et exceptionnelle, du roi.

Mais l'analyse est insuffisante si l'on s'en tient là. Sans analyse systématique de la position de roi en tant que telle, comme position constitutive de la formation de la cour et de la société française, on ne peut pas comprendre le rapport entre la personne individuelle du roi et sa position sociale. La première se développa à l'intérieur de la seconde, elle-même imbriquée en tant que position sociale dans l'étroite structure de l'élite de la cour et, au-delà, dans l'ensemble de la société française en cours d'évolution et par conséquent en mouvement. Il n'est pas nécessaire d'entrer ici dans le détail des rapports entre l'évolution personnelle du roi et l'évolution sociale de la position du roi, c'est la mise au point conceptuelle que nous permet ce schéma d'évolution qui nous importe. Les notions d'« individu » et de « société » sont souvent utilisées, comme si l'on parlait de deux substances distinctes et stables. Cet emploi des termes donnerait assez facilement l'impression qu'ils désignent des objets non seulement distincts mais existant totalement indépendamment l'un de l'autre. Mais en réalité ces mots désignent des processus. Et des processus, certes distincts, mais indissociables. L'évolution de la personne du roi et celle de sa position vont de pair. Étant donné que cette dernière présente une certaine élasticité, elle peut dans une certaine mesure être commandée par l'évolution personnelle de celui qui l'occupe. Mais toute position sociale, y compris celle du monarque absolu, allie à cette élasticité, du fait de son interdépendance avec les autres positions dans l'ensemble de la structure sociale, une extraordinaire puissance autonome, par comparaison à la puissance de son détenteur. La marge de manœuvre de ce dernier se voit imposer des limites rigoureuses par la structure de sa position, et ces limites, exactement comme celles de l'élasticité d'un ressort d'acier, sont d'autant plus sensibles qu'en voulant individuellement diriger son comportement, il sollicite l'élasticité de sa position sociale et la met à l'épreuve. Tandis que l'évolution personnelle du détenteur du pouvoir exerce ainsi, dans certaines limites, une influence sur celle de sa position, de l'autre côté, l'évolution de la position sociale en tant qu'indice direct de l'évolution générale de la société dont elle fait partie influence l'évolution personnelle du détenteur de cette position.

Ce dernier point suffit à montrer les failles et la confusion de l'hypothèse épistémologique du caractère unique et exceptionnel de l'objet de la recherche historique. Purement considéré en tant que personne, Louis XIV était unique et exceptionnel. Mais la « personne pure », « l'individu en soi » est un produit fabriqué de l'invention philosophique, exactement au même titre que la « chose en soi ». L'évolution des positions sociales qu'occupe un individu à partir de son enfance n'est pas unique ni exceptionnelle au même titre que l'évolution de l'individu qui les occupe. Étant donné que l'évolution de la position de roi se déroulait à un rythme différent de celle de chacun de ses occupants successifs, qu'après la disparition d'un de ses détenteurs cette position demeurait et se transmettait au suivant, par rapport au caractère unique et exceptionnel de l'individu isolé, elle revêtait l'aspect d'un phénomène répétitif ou, tout au moins, qui n'avait pas la même unicité. La recherche historique ne peut donc conserver son label traditionnel de science traitant exclusivement de phénomènes uniques et exceptionnels qu'à la condition de ne pas admettre dans son champ d'investigation les problèmes sociologiques de ce type. Et comme l'on voit, la définition même du caractère unique et exceptionnel d'un roi demeure fragmentaire et incertaine sans étude de la position de roi qui ne revêt pas le même caractère unique et individuel.

Il faut dire en même temps que les catégories comme l'unicité ou le caractère répétitif ne sont que des symptômes des particularités structurelles des processus événementiels auxquels on applique ces notions. Lorsqu'on passe de la couche des phénomènes uniques et individuels à celle des phénomènes plus étendus qui englobent en même temps les positions et les formations sociales, on s'ouvre en même temps la voie vers un type de problèmes qui restent cachés et inaccessibles si l'on se limite aux problèmes historiques d'ordre individuel.

Une étude systématique de la formation sociale permet par exemple de montrer qu'un homme occupant la position de roi, même au temps de Louis XIV, n'exerçait pas le moins du monde un pouvoir « absolu », si l'on entend par là que son action et son pouvoir ne connaissaient aucune limite. La notion de « monarque absolu » donne, comme nous le verrons, une impression fausse. Vue sous cet angle, l'étude de la position sociale d'un monarque absolu peut contribuer à éclairer une question plus vaste que nous avons déjà évoquée : comment est-il seulement possible qu'un seul individu conserve pendant de longues années sa position de monarque, et la liberté de décision que lui confère cette position de monarque décidant directement ou indirectement du sort de centaines de milliers voire de millions d'hommes ? Quelle est l'évolution d'une formation d'hommes interdépendants, la formation sociale, qui permet seulement la définition d'une position centrale conférant cette grande liberté de décision que nous désignons sous les noms d'« absolutisme » ou de « pouvoir autocratique » ? Dans quelles conditions se forment ces positions sociales d'autocratie donnant à ceux qui les occupent des possibilités de pouvoir incomparablement plus grandes que celles qui s'attachent aux autres positions sociales ? Pourquoi est-ce qu'en fait, non seulement en période de crise, mais dans le déroulement normal et routinier de la vie sociale, des centaines de milliers d'hommes obéissent à un seul ? Et, qui plus est, en ce qui concerne le roi, non seulement à un seul homme de son vivant, mais, le cas échéant, aussi à son fils et à son petit-fils, bref aux membres d'une famille donnée pendant plusieurs générations ?

13. C'est dans l'œuvre de Max Weber que l'on trouve jusqu'à présent l'étude la plus fructueuse de la sociologie du pouvoir.

Ses vastes considérations[3] sont une mine de réflexions sociologiques qui n'est pas près de s'épuiser. Mais par opposition à la démarche adoptée ici, sa démarche était extensive et non intensive : il cherchait à définir des schémas – des « types idéaux » pour reprendre sa propre terminologie – reposant sur un examen comparatif de la totalité, ou du plus grand nombre possible, de phénomènes historiques d'un même type connus en son temps. Il apporta donc également une foule d'informations pour établir un schéma structurel d'un type de pouvoir auquel on peut rattacher celui dont nous allons traiter ici. Dans son langage il faudrait sans doute classer le mode de pouvoir dont nous allons traiter dans la catégorie des formes de pouvoir traditionnelles, sur la voie menant du « patrimonialisme » au « sultanisme[4] », ou bien encore dans celle des « bureaucraties patrimoniales fortement centralisées[5] » dont il nous dit à juste titre que, contrairement à ce qui se passe dans la féodalité, un facteur que la recherche néglige toujours, le commerce, prend très souvent en elles une importance historique.

Mais du fait même de l'extraordinaire abondance d'observations détaillées dont il s'efforçait de rendre compte, le schéma de ce qu'il appelait le « patrimonialisme » n'est pas assez rigoureusement structuré. Il menaçait de se désagréger entre ses mains. Et pour la poursuite de la recherche, dans l'ensemble il s'est révélé moins fructueux que son schéma plus solide du pouvoir charismatique. Il nous fournit le modèle type de l'autocratie en temps de crise. Il porte, comme l'on sait, sur le type du personnage qui essaie de s'imposer contre les routines existantes et les groupes de pouvoir bien établis qui les maintiennent, avec l'aide d'autres groupes, le plus souvent constitués d'individus jusqu'alors marginaux. Le groupe central de l'autocratie absolutiste, que nous allons étudier, est à bien des égards le contraire d'une autocratie charismatique. Le schéma que nous établirons ici porte sur une autocratie dont la routine est solidement établie. Le matériau sur lequel il

3. *Wirtschaft und Gesellschaft, Grundriß der Sozialökonomie,* IIIe Section, Tübingen, 1922, p. 133 *sq.*, 628 *sq.*,
Économie et société, trad. J. Freund, S. Chavy *et al.*, Paris, Plon, 1971.
4. *Ibid.*, p. 133
5. *Ibid.*, p. 740

s'appuie est bien plus limité que celui qu'a utilisé Max Weber pour l'élaboration de son schéma type du pouvoir traditionnel non charismatique. Par opposition à l'étendue extensive des documents, l'analyse intensive d'un seul régime nous a paru présenter un certain nombre d'avantages pour la construction d'un schéma de régime autocratique non charismatique. Une telle étude permet en effet d'analyser dans le détail la répartition du pouvoir et les habitudes particulières qui permettent à un seul individu de se maintenir sa vie durant dans la position de l'autocrate détenteur d'un immense pouvoir, position toujours dangereuse et toujours menacée. Le schéma du mécanisme de la royauté, tel que nous allons l'établir, est au centre de la réponse que cette étude tente d'apporter à la question posée précédemment quant aux conditions d'une autocratie de ce type.

Si l'on veut échapper à l'aridité théorique, il faut montrer à l'aide d'études de détail et d'exemples comment ce mécanisme fonctionne dans la pratique de la rivalité des groupes de pouvoir ; il faut ensuite s'efforcer de l'observer directement au travail. C'est ce que nous avons fait ici. Comprendre qu'un roi ait pu même utiliser, comme instruments de pouvoir, des routines comme celles du lever et du coucher importe tout autant pour l'explication sociologique de ce type d'autocratie routinière que pour une compréhension plus générale de la structure du « mécanisme de la royauté ». C'est uniquement en approfondissant l'analyse de ces paradigmes spécifiques que l'on se fait une image exacte de ce qui a été préalablement formulé déjà avec une certaine précision théorique. Car les théories sociologiques qui ne se vérifient pas par un travail de sociologie empirique ne servent à rien. Elles ne méritent même pas le statut de théories. C'est uniquement par la vérification sur la réalité que l'on accède par exemple à une compréhension plus profonde de la menace permanente et du risque intégral qui pesaient même sur l'autocratie la plus puissante, ainsi que des mesures institutionnelles que l'autocrate et son groupe central prenaient pour répondre à cette pression du risque, souvent même sans en avoir explicitement conscience. Et c'est uniquement lorsqu'on a réellement perçu cet état de choses que l'on est capable de se représenter les rapports entre la position déterminée par la formation donnée et la personnalité d'un roi se développant dans cette position. Et alors seulement on dispose d'une base assez solide pour essayer de voir dans quelle mesure un schéma de la pratique autocratique ainsi défini peut aider à comprendre d'autres phénomènes sociologiques de type identique ou analogue — dans quelle mesure par exemple le schéma d'autocratie royale dans le cadre d'un système étatique dynastique de l'ère préindustrielle peut aider à comprendre une autocratie dictatoriale dans le cadre d'un État national industrialisé. Jusqu'à présent, comme l'on sait, dans l'image que l'on se fait d'un régime autocratique, précisément du fait qu'il s'agit d'un système dans lequel un individu se voit doté de par sa position sociale d'un immense pouvoir, toute l'attention se concentre sur le personnage occupant cette position. C'est en lui, dans les traits de caractère personnels de l'autocrate, que l'on cherche trop souvent, et même dans les études scientifiques, l'explication première, sinon l'unique explication, du caractère et de la marche du régime. Même dans ce contexte plus vaste, il peut être utile de mettre au point un schéma plus rigoureux et plus précis de l'autocratie à l'aide duquel on parvienne à comprendre comment et pourquoi, même dans le cadre d'une position sociale extrêmement puissante, les limites de l'élasticité de statut et de la marge de manœuvre que cette position confère à celui qui l'occupe se font toujours sentir. Comme toute autre position sociale, même celle d'un autocrate demande une stratégie de comportement très soigneusement pesée, si celui qui l'occupe veut s'assurer pour une longue période, et, dans le cas d'un roi, assurer à sa famille, la conservation du pouvoir attaché au trône. Et précisément du fait que l'élasticité de cette position et la liberté de décision qu'elle donne sont en l'occurrence extrêmement étendues, les risques d'arbitraire, de déviations, d'erreurs, pouvant conduire à long terme à une restriction du pouvoir, sont particulièrement importants. Il faut presque une assurance et une habileté de funambule pour, dans une telle position, avec toutes les tentations qu'elle présente pour celui qui l'occupe, prendre systématiquement les mesures appropriées pour que le pouvoir dont dispose celui qui occupe la position en question ne s'amoindrisse pas. Seule l'analyse du développement et de la structure d'une position sociale en tant que telle est susceptible de fournir une image plus claire du rôle que les particularités individuelles de la personne qui l'occupe jouent dans l'évolution de la position et dans l'exploitation de l'extensibilité de la marge de décision qu'elle offre. Alors, on peut sortir du labyrinthe des appréciations hétéronomes dans lesquelles le débat s'égare trop souvent tant que ses protagonistes utilisent la louange et le blâme de la personne de l'autocrate en guise d'explication de l'autocratie. En ce sens, une étude rigoureusement orientée sur l'appréciation autonome de l'élite du pouvoir d'un régime autocratique donné peut être développée comme schéma d'autres études du rapport entre dynamique de la position sociale et dynamique individuelle. Dans le cas de Louis XIV, on voit très bien par quelle extrême discipline personnelle, il parvenait à adapter ses démarches et ses inclinations aux exigences de la position de roi en agissant toujours dans un même sens, à savoir celui du maintien et du développement optimal des possibilités de pouvoir qu'elle offrait. Quelle que soit ce que l'on appelle la « grandeur » de Louis XIV, le rapport entre grandeur du pouvoir et grandeur individuelle demeure assez mal défini tant que l'on ne s'efforce pas d'analyser les convergences et les divergences entre les inclinations et les objectifs individuels et les exigences de la position du roi.

14. En d'autres termes, on se fait une image des rapports historiques non seulement incomplète mais aussi déformée, si l'on s'en tient à voir l'origine du rayonnement du siècle de Louis XIV, voire de la cour royale et de la politique de l'État français, dans le caractère unique et exceptionnel de la personnalité de certains hommes. La tendance idéologique qui fait que l'on considère les actes et les traits de caractères uniques et exceptionnels de certains personnages comme l'essentiel du processus historique consiste, entre autres choses, à prendre ce qui constitue tout au plus un aspect partiel, à un niveau bien délimité de ce que l'on cherche à expliquer, pour une vision globale de l'histoire et même pour *l'*histoire en général. L'image traditionnelle de l'individualité de la personne humaine, qui est à la base de la recherche historique centrée sur la réalité individuelle, inclut des présupposés qui peuvent être vérifiés et méritent de l'être. C'est l'image d'un être existant pour lui-même, et en lui-même, d'un être non pas tellement unique mais isolé, d'un système fermé. Or, ce que l'on observe en

réalité, ce sont des hommes qui évoluent dans et par le rapport avec les autres. La tradition individualiste de la recherche historique essentiellement axée sur l'« individu en soi » souffre manifestement de la peur qu'en partant logiquement de l'idée d'hommes dépendant des autres et dont les autres dépendent- — d'hommes ayant besoin les uns des autres et dont le degré d'interdépendance puisse être déterminé scientifiquement — on risque de minimiser, voire de détruire, la valeur de l'unicité de la personne humaine. Mais cette crainte provient elle-même de la conception trompeuse suivant laquelle le terme « individu » désigne des aspects de la personne humaine qui se situeraient en dehors des relations entre les hommes, qui existeraient en dehors de la « société », et le terme « société » par voie de conséquence, quelque chose qui existerait en dehors des individus, une sorte de « système de rôles » ou de « système d'actions ».

La définition conceptuelle générale du rapport entre l'individualité et la position sociale d'un roi à partir d'une étude détaillée de ce rapport, telle que nous tenterons de l'établir dans ce qui va suivre, contribuera peut-être à remplacer la représentation d'une telle dichotomie, qui est toujours prévalente dans l'usage des termes « individu » et « société », par des concepts dans un rapport d'adéquation plus étroite avec les faits observés.

Ce que nous venons de dire indique l'orientation générale du développement. On ne peut pas poser le problème comme si la personnalité individuelle de Louis XIV avait été quelque chose qui se serait développé indépendamment des positions sociales, qu'il occupa d'abord comme héritier du trône puis comme roi ; on ne peut pas non plus le poser comme si l'évolution de ces positions sociales avait été elle-même totalement indépendante de celle du personnage qui les occupait. Mais nous avons affaire, au niveau social de cette évolution, à un processus événementiel d'une autre force, qui demande une autre échelle dans le temps, que l'évolution au niveau individuel. Par comparaison avec le rythme d'évolution de la personne individuelle du roi, la position sociale de roi se présente comme quelque chose qui évolue plus lentement. Cette dernière est en revanche d'une autre force que la précédente car elle s'inscrit dans une formation regroupant des centaines de milliers d'hommes. Le propre poids de sa position sociale impose des limites au pouvoir individuel, fût-ce du plus puissant autocrate. Si l'on observe l'évolution de la position sociale avec un certain recul, on s'aperçoit facilement, qu'elle-même, tout comme l'évolution de l'État français dont elle fait partie, a ses aspects uniques et exceptionnels. Si la différence et le rapport entre l'unicité des personnes individuelles avec leur rythme d'évolution relativement rapide et l'unicité des formations sociales évoluant souvent bien plus lentement n'occupent généralement pas une place suffisante dans les recherches historiques et restent donc souvent voilés, c'est le fait de l'orientation idéologique qui préside à ce type de recherche historique.

15. La partialité du principe suivant lequel le niveau des événements uniques et exceptionnels et en particulier les actes, les décisions, les traits de caractères des personnes individuelles constitueraient les aspects principaux du processus historique, que les historiens devraient étudier avant tout, apparaît dans le seul fait que, dans la pratique de leur travail, les historiens eux-mêmes ne se limitent pratiquement jamais rigoureusement à la présentation de ces événements et de ces actes. Ils ne peuvent pas se passer, comme cadre de référence pour leur sélection de phénomènes individuels, de concepts qui se rapportent au niveau de la lente évolution sociale du processus historique. Ces concepts peuvent être définis de façon relativement réaliste, comme c'est par exemple le cas lorsqu'on parle de l'évolution économique, des mouvements démographiques, du gouvernement, des fonctionnaires et d'autres institutions étatiques, ou même de sociétés comme l'Allemagne et la France, où ils peuvent rester plus vagues et spéculatifs, comme, par exemple, lorsqu'on parle de l'« esprit de l'époque de Goethe », de l'« univers de l'empereur », de « l'arrière-plan social du national-socialisme » ou du « milieu social de la cour ». Le rôle et la structure des phénomènes sociaux dans le cadre de la recherche historique restent généralement indéfinis, parce que le rapport entre individu et société reste lui-même indéfini. Et la définition de ce dernier est elle-même compliquée et plus souvent qu'on ne le voudrait empêchée par des jugements de valeurs et des présupposés idéologiques, qui, considérés comme

indiscutables, commandent la plume et le regard dans le choix du sujet et son traitement.

C'est ce qui explique que, dans beaucoup d'études historiques, si depuis longtemps ce n'est plus le cas dans toutes, les phénomènes sociologiques, les formations liant entre eux de nombreux individus, ne sont traités que comme des coulisses au-delà desquelles les personnages individuels, apparemment seuls, seraient les véritables acteurs et maîtres des événements. C'est cette forme de la perception historique, l'accent mis sur les événements uniques et les personnages historiques individuels, se détachant nettement à l'avant-scène, tandis que les phénomènes sociologiques ne constituent qu'un arrière-plan relativement instructuré, qui empêche dans une très large mesure l'éclaircissement du rapport entre histoire et sociologie. La sociologie a pour tâche de faire précisément passer au premier plan ce que la recherche historique faisait jusqu'à présent apparaître comme un arrière-plan instructuré et de le présenter comme un ensemble structuré d'actes d'individus interdépendants accessible à l'étude scientifique. Dans ce changement de perspective, l'homme ne perd pas, comme on voudrait parfois le faire croire, sa valeur en tant que personne individuelle. Mais les individus n'apparaissent plus comme isolés, chacun étant avant tout indépendant de tous les autres et existant pour lui-même. Ils ne sont plus considérés comme des systèmes entièrement fermés sur eux-mêmes, dont chacun constituerait, en tant que commencement absolu, l'explication de tel ou tel événement historique et sociologique. Dans l'analyse des formations sociales, les individus se présentent dans une très large mesure comme on peut les observer : en tant que systèmes ouverts, systèmes propres organisés les uns par rapport aux autres, réciproquement liés les uns aux autres et qui, par les modes d'interdépendance les plus divers constituent entre eux, du fait de ces interdépendances, certaines formations spécifiques. Même les hommes les plus grands, du point de vue des jugements de valeur d'ordre spécifiquement sociologique, même les hommes les plus puissants, occupent une position donnée dans cette chaîne d'interdépendances. Même en ce qui les concerne, on ne peut pas comprendre leur position, la manière dont ils y sont parvenus, et dont ils ont réalisé leur œuvre et agi dans ce cadre, si l'on ne soumet pas

la formation elle-même à une analyse scientifique précise et
qu'on ne la considère au contraire que comme un arrière-plan
instructuré. Le fait que les formations que les hommes
constituent entre eux se modifient souvent bien plus lentement
que le hommes eux-mêmes qui les constituent respectivement,
et que par conséquent des hommes jeunes puissent prendre à
leur tour la position que leurs aînés viennent de quitter, bref,
le fait que des formations identiques ou similaires puissent être
constituées pendant de longues périodes par des individus
différents, donne l'impression que ces formations auraient une
sorte d'« existence » indépendamment des individus. L'usage
erroné des notions de « société » et d'« individu » qui laisse à
penser qu'il s'agirait de deux objets séparés, de substance
différente, provient de cette illusion d'optique. Mais si l'on
rapporte les schémas conceptuels à ce que l'on peut
véritablement observer, on s'aperçoit que les choses en
elles-mêmes sont assez simples et peuvent être conceptuellement définies sans ambiguïté : les individus qui constituent ici
et aujourd'hui une formation sociale spécifique peuvent certes
disparaître et laisser place à d'autres, mais même s'ils changent,
la société, la formation elle-même, est toujours constituée
d'individus. Les formations sociales ont une relative
indépendance par rapport aux individus pris isolément, mais
pas aux individus en général.

La manière dont certains historiens conçoivent leur démarche
laisserait penser que leur travail porte exclusivement sur des
individus, et même le plus souvent sur des individus hors de
toute formation, sur des hommes qui, d'une manière ou d'une
autre, seraient totalement indépendants des autres. La manière
dont certains sociologues conçoivent leur démarche laisserait à
penser que leur travail porte exclusivement sur des formations,
et sur des formations sans individus, sur des sociétés ou
« systèmes » qui, d'une manière ou d'une autre, seraient
totalement indépendants de l'individu humain. Ces deux
conceptions sont, ainsi que nous avons pu le voir, aussi erronées
l'une que l'autre. A l'observation plus approfondie, on
s'aperçoit que ces deux disciplines axent leur attention sur des
niveaux ou des couches différentes d'un seul et même processus
événementiel.

Les formes de rapport entre les événements sont à bien des

égards extrêmement différentes à ces deux niveaux. Les catégories conceptuelles et les méthodes de recherche que l'on emploie pour les explorer demandent donc une certaine spécialisation. Mais étant donné que les niveaux eux-mêmes sont purement et simplement indissociables, la spécialisation sans coordination serait là, comme dans bien d'autres cas, une erreur d'orientation du travail de recherche et un gaspillage d'énergie.

Les efforts entrepris pour parvenir à une coordination plus fructueuse de la recherche historique et de la recherche sociologique échouent, aujourd'hui encore, du fait de l'absence d'un cadre théorique général unitaire, auquel aussi bien la recherche sociologique que la recherche historique puissent se référer dans leur démarche. Sans ce cadre de référence on a trop facilement l'impression que l'on cherche à réduire le travail qui se fait à un certain niveau au travail à l'autre niveau. Ce que nous disons ici, à titre d'introduction, sur le rapport entre les deux disciplines, est un premier pas vers la définition d'un tel cadre théorique commun qui suppose certes – à long terme – un changement d'orientation des deux spécialités, qui ne sont pas coordonnées l'une par rapport à l'autre, mais ne signifie en aucun cas la fin de la spécialisation de chacune.

On pourrait dire qu'une pareille entreprise, se fondant sur une étude sociologique assez restreinte, insiste trop sur des questions théoriques fondamentales. Nous avons d'abord été incités à le faire par les éditeurs de cette collection qui estimaient, à juste raison, qu'en l'état actuel de la pensée et des connaissances, l'étude sociologique d'une époque passée et par conséquent qualifiée d'"historique" supposait une mise au point des rapports entre recherche sociologique et recherche historique. En outre, comme on le verra peut-être, il s'est révélé assez profitable d'associer à un travail empirique très délimité des considérations théoriques fondamentales. On voit bien mieux toutes les corrélations des détails de l'étude empirique, si l'on en saisit la signification théorique, et l'on assimile mieux les démarches théoriques, lorsqu'on dispose de données empiriques auxquelles elles s'appliquent.

Mais la rédaction d'une introduction impose à cette réflexion sur la sociologie et l'histoire des limites relativement étroites. Il serait sans doute intéressant de rendre compte des différents types de recherche historique et sociologique dans leurs rapports entre eux. Nous avons dû nous contenter ici de choisir quelques problèmes fondamentaux de la recherche historique revêtant une importance particulière pour son rapport aux problèmes de la sociologie. Leur exposé montre comment et pourquoi les études sociologiques font prendre une nouvelle orientation à celles de la recherche historique au sens où on l'entend jusqu'à présent. Il sera peut-être utile de rappeler pour finir trois points de cette introduction qui revêtent une importance considérable pour l'instauration d'une meilleure collaboration entre les disciplines et méritent une attention plus grande.

16. Les études historiques souffrent souvent de l'hétéronomie des jugements de valeur qui président. La distinction entre ce qui semble important au chercheur en fonction de l'échelle de valeurs de son époque, et surtout en fonction de ses propres idéaux, et ce qui est important du point de vue même de l'époque qu'il étudie — par exemple ce qui se situe à ce niveau supérieur ou inférieur dans l'échelle de valeurs des hommes qui ont vécu à cette époque -- est souvent très mal établie. L'échelle de valeurs personnelle de l'historien, conditionnée par son temps, prend généralement le dessus. C'est elle qui détermine dans une très large mesure la formulation des problèmes et le choix des documents. L'étude sociologique requiert une plus grande retenue en ce qui concerne les sentiments et les convictions personnelles du chercheur, autrement dit, elle demande une plus grande autonomie de jugement. Mais dans aucun des deux champs, le chercheur n'a aucune chance de progresser, et il s'enlise dans l'incertitude, s'il reporte sur l'époque qu'il étudie, comme si cela allait de soi, les valeurs politiques, religieuses et philosophiques de sa propre société, au lieu de viser dans le choix et la formulation des problèmes les rapports spécifiques et surtout les échelles de valeurs spécifiques des formations sociales qu'il étudie.

On trouvera dans cette étude de nombreux exemples où la priorité sur les valeurs de notre temps est donnée à celles de la formation sociale qui fait l'objet de la recherche. Le choix du sujet lui-même, le fait de traiter de la société de cour, en est déjà en lui-même l'illustration. Dans l'optique des valeurs politiques et sociales prédominantes à notre époque, la société de cour est une formation sociale à laquelle on n'accorde guère de signification et dont la valeur de marché est faible. C'est ce qui explique que, dans la hiérarchie des sujets d'histoire, les études de cours princières occupent un rang assez inférieur. Dans les tentatives actuelles de classification sociologique des différents types de société, la société de cour ne joue pratiquement aucun rôle en tant que catégorie autonome. Or, en tant que sujet de recherche, du point de vue même du processus événementiel, les cours princières et les sociétés de cour ne revêtent certainement pas, en tant que formations d'un type spécifique, une signification moindre que celle d'autres formations élitaires, auxquelles on accorde beaucoup d'attention, comme c'est le cas pour les parlements et les partis politiques, pour leur valeur d'actualité.

La même chose vaut pour certains phénomènes partiels caractéristiques de la société de cour. Le cérémonial et l'étiquette occupent un rang assez inférieur dans l'échelle de valeurs des sociétés bourgeoises. Et cela fait que nous manquons d'études systématiques de ces phénomènes. Mais dans les sociétés de cour, on leur accorde une grande signification. On ne peut guère espérer comprendre la structure de ces sociétés ni des individus qui les constituent si l'on n'est pas capable, dans l'étude d'une société de ce type, de soumettre à cet égard sa propre échelle de valeurs à celle qui y prévalait. Si on le fait, on se trouve immédiatement confronté à la question de savoir pourquoi les hommes de cette autre formation sociale accordaient une telle importance aux traditions du cérémonial et de l'étiquette, et quelle signification revêtent ces phénomènes dans le système d'une société de ce type. Si l'on se pose ce genre de questions, autrement dit si, dès la formulation du problème, on tient compte précisément et rigoureusement de l'autonomie de son objet de recherche, on n'a plus beaucoup de difficultés à définir la fonction de l'étiquette et du cérémonial dans le système de cet autre type de société. Ils apparaissent entre autres choses comme d'importants instruments du pouvoir et de la répartition du pouvoir. On accède par l'intermédiaire de leur étude aux problèmes structurels de la société de cour et des individus qui la constituent, problèmes qui, devant un jugement hétéronome, restent inaccessibles et cachés.

17. Le second point concerne le principe fondamental de l'indépendance ou de la dépendance des hommes. Sans que ce soit toujours clairement exprimé, il y a aussi une tendance à voir dans un certain type de recherche historique, essentiellement axée sur l'unicité et l'individualité en tant qu'entité en soi, le témoignage de l'indépendance et de la liberté ultimes de l'individu, et à voir au contraire dans la sociologie, essentiellement axée sur l'étude des sociétés, le témoignage de sa dépendance et de sa détermination ultimes. Mais cette interprétation des deux disciplines et de leurs rapports entre elles se soustrait elle-même à l'analyse scientifique. Ce sont des principes de base découlant d'un ensemble d'orientations politiques, religieuses, philosophiques et, en tout cas, extra-scientifiques. Car lorsqu'on utilise les termes « liberté » et « déterminisme » dans ce sens, on ne cherche pas à poser ouvertement un problème, qu'une recherche systématique permettrait de résoudre dans l'un ou l'autre sens, on utilise ces mots comme symboles de convictions préétablies. La liberté de décision d'un roi ou d'un esclave, si l'on s'en donne la peine, on peut mesurer exactement ce qu'elle est par une étude empirique scrupuleuse, et la même chose vaut pour les réseaux d'interdépendances entre les hommes. Lorsqu'on parle de « liberté » et de « détermination » dans l'absolu, on se place sur un terrain, où l'on opère avec des affirmations, qui ne peuvent être ni confirmées ni réfutées par un travail scientifique, et par conséquent pas non plus par une vérification systématique de l'information empirique. En dépit de leur caractère extra-scientifique, les convictions de cet ordre jouent un rôle non négligeable dans le fondement conceptuel de la recherche historique et dans la nature de ses rapports à la sociologie. L'historien qui, dans son travail, accorde toute son attention à l'individu en soi comme premier cadre de référence a bien souvent le sentiment de se faire ainsi le champion de la liberté de l'individu ; et l'acharnement du sociologue à mettre en lumière les rapports sociaux lui apparaît alors aisément comme une négation de la liberté, un effort menaçant d'anéantir l'individualité de la personne humaine.

On peut comprendre ce genre d'attitude, tant que l'on est persuadé que les problèmes scientifiques peuvent se poser et se résoudre en fonction d'options métaphysiques ou politiques préétablies. Mais en réalité, tant que l'on s'y prend ainsi, les problèmes restent insolubles. Les choses sont décidées, avant même que la recherche n'ait commencé. Si on veut vraiment, au lieu de se fonder sur des jugements dogmatiques préconçus, chercher l'approche d'une solution par une étude qui associe le niveau théorique et le niveau empirique, toujours en contact étroit l'un avec l'autre, la question que l'on pose en employant des termes comme « liberté » et « déterminisme » se formule d'une autre manière.

Ce que nous avons dit jusqu'à présent dans cette introduction et les études empiriques qui vont suivre montreront comment elle se formule. Même d'un homme comme Louis XIV, avec l'immense pouvoir qui était le sien, on ne peut en aucune manière dire qu'il était libre en un sens absolu. On ne peut pas davantage dire qu'il était « absolument déterminé ». Dès lors qu'on se rapporte aux données empiriques, la conception du problème que l'emploi de tels termes fait intervenir dans l'analyse des rapports entre recherche historique et sociologie, sous la forme d'une opposition entre liberté absolue et déterminisme absolu, n'est plus défendable. Il faut des schémas théoriques bien nuancés pour formuler le problème de manière à mieux saisir les rapports réels qui ressortent des documents.

Ainsi que nous avons pu le voir, au centre du problème, auquel on se trouve confronté, il y a le tissu d'interdépendances à l'intérieur duquel l'individu trouve une marge de choix individuel et qui en même temps impose des limites à sa liberté de choix. Si la claire définition conceptuelle de cet état de choses présente quelque difficulté, c'est que nos formes de pensée et nos formations conceptuelles sont exclusivement adaptées à la définition de rapports entre des phénomènes physiques qui n'ont aucune vie. Lorsqu'on pose le problème des liens d'interdépendance entre les hommes, sous la forme traditionnelle de l'opposition entre déterminisme absolu et indéterminisme ou « liberté » absolue, dans le fond, on situe encore le débat à un niveau où s'opposent un mode de pensée s'appliquant à l'observation de phénomènes physiques simples et un mode de pensée métaphysique isomorphe. Les tenants d'une position considèrent alors l'homme comme un simple corps physique du même genre qu'une boule de billard et affirment que son comportement est entièrement déterminé causalement, au même titre et de la même façon que celui d'une boule de billard, qui est mise en mouvement par le heurt avec une autre boule. Les tenants de l'autre position ne disent en définitive que quelque chose de négatif. Ils déclarent que le comportement de l'individu humain *n'est pas* déterminé de la même façon que celui d'une boule de billard ; qu'il *n'est pas* déterminé causalement au sens de la conception classique de la causalité physique. Cette affirmation est directement associée à l'idée qu'à tout instant de sa vie, l'homme est entièrement libre et entièrement maître de ses décisions. Mais cette idée n'est pas moins trompeuse que l'affirmation opposée selon laquelle l'homme n'aurait absolument aucune marge de choix et serait « déterminé » comme une boule de billard.

Si l'on approfondit véritablement les problèmes qui se posent dans la recherche sociologique et dans la recherche historique elle-même, on ne s'en sort ni avec les concepts servant avant tout à l'interprétation des phénomènes physiques, ni avec les concepts métaphysiques traditionnellement opposés. On a un premier soupçon de l'insuffisance de ce type de concepts pour éclairer des problèmes sociologiques et historiques, dès lors que l'on essaie par exemple d'exprimer que, dans bien des cas, la « liberté » d'un individu donné est un facteur du « déterminisme », autrement dit de la limitation de la liberté de manœuvre d'un autre individu. Tandis que le débat extra-scientifique, le débat métaphysique et philosophique part habituellement de *l*'homme, comme s'il n'y avait qu'un individu au monde, une analyse scientifique qui se fonde sur autre chose que de simples affirmations de principe sur la « liberté » et le « déterminisme » ne peut partir que de ce qu'elle observe, à savoir une multitude d'hommes, plus ou moins dépendants les uns des autres et en même temps plus ou moins autonomes et se dirigeant eux-mêmes. Tant qu'un homme est vivant, et en bonne santé, il dispose, même prisonnier, et même esclave, d'un certain degré d'autonomie, d'une marge de manœuvre à l'intérieur de laquelle il peut prendre des décisions. Inversement même l'autonomie, la marge de manœuvre du plus puissant monarque a des limites bien précises ; même le roi est pris dans un réseau d'interdépendances dont la structure s'analyse très précisément. A l'aide d'observations empiriques de ce type, on parvient à un schéma théorique qui rend compte de l'existence d'une multitude d'individus comme d'un des éléments fondamentaux à considérer dans la réflexion sur *les* hommes. Dans ce cadre, on montre aisément que l'augmentation de la marge de manœuvre d'un individu donné ou d'un groupe d'individus donnés peut entraîner la réduction de la marge de manœuvre, la réduction de la « liberté » d'autres individus. C'est ainsi par exemple que l'augmentation du pouvoir et de la liberté de décision donnés au rois de France ou à leur régents au XVIIᵉ siècle entraîna une réduction de la liberté et de la liberté de décision de la noblesse. Une affirmation de ce type est démontrable et vérifiable. Les affirmations concernant la liberté ou le déterminisme absolus de l'homme sont de pures spéculations indémontrables et ne valent même guère la peine que l'on ouvre à leur propos un débat sérieux.

Nous nous contenterons ici de montrer l'amorce d'interrogation à partir de laquelle on transforme un débat extra-scientifique sur la « liberté » et le « déterminisme » de *l'*homme, qui joue un rôle non négligeable à l'arrière-plan des analyses sur le rapport entre recherche historique et sociologique, en débat scientifique sur la relative autonomie et la relative dépendance des hommes dans leurs rapports les uns avec les autres. La structure des rapports d'interdépendance qui lient les individus les uns aux autres peut être soumise à une étude empirique de plus en plus approfondie, aussi bien en ce qui concerne chaque individu que dans l'ensemble du groupe humain. Une étude de ce type peut donner des résultats, qui se rassemblent sous la forme d'un schéma d'interdépendance, d'un schéma de formation. C'est seulement lorsqu'on dispose de ces schémas que l'on peut mesurer et tenter d'expliquer la marge de décision d'un individu donné dans la chaîne d'interdépendances, le domaine de son autonomie et la stratégie individuelle de l'orientation de son comportement. Cette révision de l'interrogation fait en même temps apparaître plus lumineusement le caractère extra-scientifique et purement idéologique de la conception selon laquelle la recherche historique axée sur les phénomènes individuels serait le porte-drapeau de la liberté humaine, la sociologie au contraire celui du déterminisme.

L'une des tâches auxquelles les études qui vont suivre

voudraient contribuer est l'élaboration de schémas de formation rendant plus accessibles à l'étude empirique la marge de liberté et la dépendance des individus. Ces études visent en partie à définir les rapports d'interdépendance entre les individus formant une société de cour et dans certains cas spécifiques, en particulier celui de Louis XIV lui-même, à montrer comment un individu donné utilise dans la stratégie de l'orientation de son propre comportement la marge de manœuvre que lui confère sa position au sein d'une formation spécifique.

La théorie sociologique qui s'est développée dans le sillage de ces études, et d'autres du même type, diffère considérablement, comme on peut s'en rendre compte, du genre de théories sociologiques actuellement prédominantes dont le plus éminent représentant est Talcott Parsons. Il suffira de laisser parler d'elle-même la double conduite de notre démarche au niveau théorique et au niveau empirique. Elle montre assez clairement par elle-même, sans plus amples explications, comment et pourquoi l'investigation sociologique est dans un rapport d'adéquation plus étroite avec le travail empirique de la sociologie, si l'on passe d'une théorie sociologique de l'action et du système comme celle de Talcott Parsons, qui implique en même temps qu'on laisse béant un gouffre entre l'individu et la société, à une théorie sociologique de la formation sociale, qui dépasse la représentation de ce gouffre.

Un autre point concernant la recherche historique mérite d'être mentionné dans cette *reprise*. Par le fait que les historiens partent aujourd'hui de l'idée que les processus événementiels qu'ils tentent d'analyser sont constitués en fait d'une accumulation d'actes indépendants d'individus isolés, comme nous l'avons dit, les phénomènes sociologiquement significatifs apparaissent souvent aux yeux de l'historien comme des phénomènes d'arrière-plan, instructurés. L'étude sociologique de la société de cour nous fournit un exemple du changement d'orientation nécessaire dans la formulation du problème, le choix des documents et même, dans l'ensemble, de la perception des phénomènes, pour faire passer ces phénomènes, de second ordre pour la recherche historique traditionnelle, au premier plan en tant que phénomènes structurés comme les autres. La cour de Versailles et la vie sociale des courtisans a incontestablement fait l'objet d'un assez grand nombre d'études historiques. Mais ces études historiques s'en tiennent généralement à une accumulation de détails. Ce que les sociologues visent, lorsqu'ils traitent de structures et de processus sociaux, paraît bien souvent aux yeux des historiens un pur produit de l'imagination sociologique. Les études sociologiques comme celles que nous présentons offrent une occasion de se faire une opinion sur ce point. A l'intérieur de la recherche historique elle-même, de fortes tendances se font aujourd'hui sentir pour faire entrer dans le champ d'observation, à côté de cette strate de l'univers humain que l'on voit lorsqu'on axe son regard sur les actes d'individus isolés et éphémères, celle des formations d'individus dont le courant d'évolution est beaucoup plus lent. Mais il n'y a pas encore de fondement théorique à cet élargissement de la perspective sociologico-historique, et ce en partie parce que, bien souvent, dans leur travail de recherche, les historiens eux-mêmes espèrent pouvoir se passer de fondement théorique explicite. Il est peu vraissemblable qu'à long terme on puisse empêcher que la démarche sociologique vienne compléter la démarche historique. Et il est relativement indifférent que cet élargissement des perspectives historiques soit dû aux efforts des sociologues, des historiens, ou à une collaboration des deux.

18. Le troisième point qu'il faut souligner enfin est très lié aux deux précédents. Nous nous sommes demandé pour commencer qu'est-ce qui, dans la recherche historique, faisait que l'histoire devait toujours être récrite. La réponse que nous avons donnée à cette question reposait sur le décalage entre le haut niveau de la documentation et de l'étude historique de détail et, par conséquent, de la connaissance du détail historique, d'un côté, et le niveau relativement bien inférieur de l'interprétation scientifique des rapports entre ces détails et, par conséquent, de la connaissance de ces rapports, de l'autre côté. Le fonds de connaissances historiques de détail s'enrichit, mais le progrès de la connaissance des rapports entre ces données ponctuelles ne suit pas le même rythme. Étant donné que, pour l'historien traditionnel, il n'y a pas de base sûre pour la présentation de ces rapports historiques, elle reste dans une

très large mesure laissée à l'arbitraire du chercheur. Les lacunes de la connaissance des rapports entre des données ponctuelles bien connues sont toujours comblées par des interprétations commandées par les jugements de valeur et les idéaux à court terme du chercheur. Ces jugements de valeur et ces idéaux changent de leur côté avec les mutations des grandes questions qui font les polémiques de l'époque. Si l'histoire est toujours récrite, c'est que la manière dont les historiens voient les rapports entre les faits historiques connus est commandée par leur position dans les polémiques extra-scientifiques de leur temps.

Il est à peine besoin de dire l'urgence d'assurer au travail de recherche historique et sociologique cette même continuité sur des générations, qui caractérise le travail scientifique dans d'autres branches, et sans quoi ce travail perd une grande part de sa signification. Ce que nous avons dit ici suffit pour commencer à montrer que, sans faire abstraction des jugements de valeur et des idéaux à court terme, sans retrait de ces éléments, si l'on ne remplace pas les appréciations hétéronomes par des appréciations autonomes, l'effort pour parvenir à une plus grande continuité du travail de recherche n'à guère de chances d'aboutir.

C'est la raison pour laquelle il peut être utile de déterminer à cet égard la valeur de schémas de processus d'évolution sociologique à long terme comme celui du processus de civilisation et de la formation des États[6], ou de schémas de formations spécifiques à l'intérieur de ces processus, par exemple celui de la société de cour. Ils sont tous issus de la volonté de découvrir les rapports inscrits dans la réalité empirique. Ils correspondent à une tentative d'établissement d'analyses sociologiques dans lesquelles l'autonomie de l'objet étudié ne soit pas oblitérée par des jugements préconçus et des convictions idéologiques du chercheur liées à son époque. Ils ne prétendent pas constituer les schémas définitifs, être la vérité ultime de ce que l'on peut dire sur les processus et les formations étudiées. Aucune théorie ni aucune analyse ne peuvent jamais se prétendre, dans aucun domaine de recherche,

---

6. N. Elias *Über den Prozeß der Zivilisation*, Bern et Bâle, 1969, vol. 2, p. 123.

absolument définitives. Et en l'occurrence, il s'agit indubitablement plutôt d'un commencement que d'une fin. Ce sont des schémas dont l'élaboration pourra être poursuivie, quelles que soient les fluctuations auxquelles sont soumises les convictions idéologiques passagères, conditionnelles et extra-scientifiques du chercheur, pourvu qu'il s'efforce seulement, dans la démarche de sa recherche, de tenir à l'écart, dans toute la mesure du possible, ces appréciations qui lui sont extérieures, et de donner toujours priorité à l'effort visant à rétablir les rapports tels qu'ils étaient réellement. Il est bien évident que le chercheur ne peut pas parvenir à une telle réserve quand les temps sont trop agités, les tensions trop grandes, les conflits trop exacerbés. Mais lorsque les angoisses de crise et les menaces que les hommes font peser les uns sur les autres ne sont pas excessives, on ne voit pas pourquoi, en se donnant une dimension supplémentaire, la dimension sociologique, la recherche historique ne chercherait pas à s'assurer ce progrès continu dans le temps qui, aujourd'hui encore, lui fait défaut.

*Pour ILJA NEUSTADT
et tous mes amis et collègues
du département de Sociologie
de l'université de Leicester.*

Introduction

L A cour princière de l'ancien régime ne pose pas moins de
problèmes aux sociologues que les autres formations
sociales, telle la société féodale ou la société citadine, qui
ont déjà fait l'objet d'études sociologiques approfondies. Les
cours princières réunissaient des centaines, parfois des milliers
de serviteurs, de conseillers, de séides de rois qui croyaient
gouverner leur pays en maîtres absolus et de la volonté
desquels dépendaient dans une certaine mesure et dans certaines limites, la destinée, le rang, l'entretien, l'ascension
ou la chute de tous ces hommes. Ils se trouvaient liés les
uns aux autres par d'étranges contraintes qu'ils exerçaient
ou subissaient. Un ordre hiérarchique plus ou moins rigide,
une étiquette minutieuse leur servaient de lien. La nécessité
de s'imposer et de se maintenir au sein d'une telle formation
sociale leur donnait un caractère particulier, celui de l'*homme
de cour*. Quelle était la structure du contexte social au centre
duquel une telle formation a pu surgir? A la suite de quel
partage des chances de puissance, de quels besoins créés
artificiellement par la configuration de la société, de quels
rapports de dépendance les hommes ont-ils pu se réunir,
pendant des générations, sous le signe de cette formation
sociale, de la cour, de la *société de cour*? Quelles exigences
découlaient de la structure de la société de cour pour ceux
qui désiraient y réussir ou seulement s'y maintenir? Voilà,
sommairement, les questions que l'institution sociale de la
cour et de la société de cour sous l'ancien régime pose au
sociologue.

Ce n'était certes pas un libre choix qui rassemblait les hommes de cour, qui cimentait leur union, qui réunissait, après les pères et les mères, les fils et les filles sous le signe de la cour. Ce n'était certainement pas non plus l'idée géniale d'un individu isolé, d'un roi par exemple, qui avait créé un groupe humain structuré de cette façon. A partir de la Renaissance, l'importance de la cour n'avait cessé d'augmenter rapidement dans tous les pays d'Europe, et s'il est vrai que l'*organisation* des cours européennes au XVIIᵉ et au XVIIIᵉ siècle s'inspirait essentiellement de la cour de France et plus spécialement de la cour de Louis XIV, la « cour » comme telle était l'expression d'une structure sociale déterminée, qui ne devait pas son existence à l'initiative, à la volonté, à l'intention d'un individu ou d'un groupe d'individus, pas plus d'ailleurs que l'Église, la ville, l'usine, la bureaucratie, pour citer quelques autres formations sociales typiques. De même qu'il est impossible de comprendre la structure de notre société occidentale et des entités nationales qui la composent, sans étudier le processus qui concentra des masses croissantes dans les « grandes villes », de même on ne peut se faire une idée précise de l'époque précédente sans expliquer par les structures sociales qui la caractérisent ce qui a produit dans leur sein la « cour », en d'autres mots, ce qui a attiré un nombre sans cesse croissant d'individus dans ce champ social.

Il existe dans chaque structure sociale des organes plus ou moins représentatifs, plus ou moins centraux. Ainsi, la ville et, plus spécialement, la grande agglomération urbaine est un des organes les plus représentatifs de notre société contemporaine. Elle est, dans nos structures, la matrice qui imprime sa marque à un grand nombre de faits sociaux : en dépit de leur résistance acharnée, les habitants des districts ruraux sont incapables de se soustraire à son influence. Les types humains les plus marquants, les plus exemplaires, les plus influents de notre société sont originaires de villes ou en ont subi l'empreinte. Dans ce sens, les citadins sont représentatifs de notre société. La « cour princière », en tant qu'organe urbain particulier, continue, pour autant qu'elle existe encore, en Europe occidentale, notamment en Angleterre, à modeler la ville, mais elle ne détermine plus, comme la ville, les structures sociales de la société occidentale.

Or, la cour revêtait, dans la plupart des pays européens, au XVIIe et au XVIIIe siècle, un caractère représentatif et central. A cette époque, ce n'était pas la ville qui rayonnait sur tout le pays, mais la « cour » et la « société de cour ». La ville était, comme on disait au temps de l'ancien régime, le « singe » de la cour[1]. Cette remarque s'applique surtout à la cour de France[2].

Le souvenir des luttes de la bourgeoisie contre la cour et contre les hommes qui en portaient la marque, empêche de nos jours beaucoup de gens de se rendre compte du caractère représentatif des cours et de la société de cour dans les siècles passés, d'analyser sans rancune et ressentiment leurs structures, d'approfondir leur fonctionnement. Ce souvenir les empêche de les considérer comme des objets qui, à première vue, ne méritent pas plus d'être accablés de sarcasmes et de reproches que d'autres formations sociales telles que le « village », l'« usine », la « horde » ou la « corporation ».

L'exemple typique d'une description de la cour dictée par la passion est le tableau que nous en brosse Franz Oppenheimer et que nous reproduisons ici parce qu'il renferme, sous une forme bien déterminée, un jugement aussi significatif que répandu sur la cour de l'« ancien régime »[3] :

« Les cours précapitalistes extrêmement somptueuses et dépensières, surtout celle des Stuarts en Angleterre et celle des Bourbons en France, mais, dans une mesure moindre, aussi les dynasties allemandes et slaves, disposaient, grâce

1. *Cf.* entre autres le *Tableau du Siècle* par un auteur connu (SAINT-CYR), Genève, 1759, p. 132 : « La Ville est, dit-on, le singe de la Cour. »
2. Le sens du mot « cour » est variable selon l'époque à laquelle il se rapporte. Nous l'appliquons dans notre étude, de même que l'épithète « de cour », « curial », conformément à l'usage du temps, à *la cour princière*. Dans ce sens, le terme vaut surtout pour la France. Appliqué à l'Allemagne il faudrait l'assortir de quelques précisions. Car en Allemagne, surtout dans la partie occidentale, certaines maisons de nobles, par exemple de comtes, revêtaient également un caractère de cours. Étant donné qu'en Allemagne le pouvoir n'était pas détenu par une *seule cour princière*, les petites cours — parfois même celles de quelques gentilshommes campagnards — connaissaient une situation sociale et culturelle très différente de celle de formations comparables en France.
3. *System der Soziologie*, tome III, 2, Iéna, 1924, p. 922.

à leurs immenses domaines et aux contributions en nature de leurs « paysans immédiats » de tout ce qu'il fallait pour entretenir un certain confort rudimentaire. Mais elles convoi-taient les moyens de satisfaire les besoins d'un goût plus raffiné et d'un luxe pervers, ce qui les amenait à favoriser le déve-loppement d'un fort artisanat autochtone et à se procurer les liquidités nécessaires au financement de la vie luxueuse de la cour, à l'entretien des parasites de la noblesse, qui n'avaient d'autres ressources que leurs pensions, et surtout à la poursuite des guerres interminables où leurs pays se trouvaient engagés pour satisfaire leur soif de prestige, leurs intérêts dynastiques, leurs superstitions confessionnelles. »

Voilà les aspects essentiels de la « cour » en tant que struc-ture sociale, vus par *Oppenheimer* dans un ouvrage qui pré-tend résumer la variété infinie des formes sociales! Pour ce qui est de la France, ce jugement se fonde — si l'on fait abstraction des « paysans immédiats » et de leurs « contri-butions en nature », présentées ici comme la principale res-source de la cour royale des Bourbons [1] — sur des faits incontestables, mais la perspective qui fonde leur interpré-tation et leur appréciation ne permet pas de voir le contexte qui seul pourrait les expliquer.

Max Weber fait preuve de plus de pénétration quand il dit : « Le « luxe », par lequel il faut entendre ici le refus d'une orientation utilitariste de la consommation, n'était pas, dans la classe dirigeante féodale, du « superflu » mais un moyen d'auto-affirmation [2]. »

Par cette petite remarque, Max Weber s'est contenté d'évo-

---

1. Du temps des Bourbons, les revenus des terres domaniales ne contri-buaient plus que pour une partie infime aux dépenses de la cour royale (si on les compare à d'autres revenus, notamment aux impôts). Une partie importante des domaines avait été monnayée pendant les périodes de guerre et de détresse au XVIe et même déjà au XVe siècle. Sully et, après lui, Richelieu ont souvent exprimé leurs doléances à ce sujet. Tous deux se sont efforcés en vain de racheter les domaines royaux. *Cf.* MARION. *Dictionnaire des Institutions du XVIIe et du XVIIIe siècle*, Paris, 1923, art. « Domaine ».

2. *Cf.* Max WEBER, *Wirtschaft und Gesellschaft*, Tübingen, 1922, p. 750. Son exposé des données du problème — il ne s'agit guère d'autre chose — va plus loin que l'étude de Th. Veblen, à qui revient le mérite d'avoir donné pour la première fois, dans son ouvrage *Theory of the Leisure Class* (1899), (tr. fr. *Théorie de la classe de loisir*, Paris, Gallimard, 1971), aux problèmes de la consommation d'une classe une dimension sociologique.

quer un des problèmes de la cour. La vérification de cette vue et la tentative de contribuer à la solution du problème ainsi posé est une des tâches que nous nous sommes assignées en entreprenant cette étude.

C'est une tendance générale d'attribuer une importance particulière aux couches actives du passé, qui, de nos jours encore, assument des fonctions importantes. Ainsi, on s'intéresse souvent en premier lieu aux idées et à l'organisation économiques de l'époque des cours princières : on l'appelle l'époque du *mercantilisme*. Mais on l'envisage aussi sous l'angle étatique et on lui donne alors le nom d'époque *absolutiste*. Si, par contre, on porte son regard sur le mode de gouvernement et l'administration, on parle de l'époque du *patrimonialisme*. Il s'agit dans tous ces cas, de niveaux d'intégration qui occupent une place importante dans notre société. Peut-on affirmer que la « coupe » à travers ces niveaux d'intégration touche les lignes structurelles et les formes d'intégration décisives de ces époques passées? Ou bien les niveaux d'intégration et les formations sociales émergent et disparaissent-ils, de sorte qu'un niveau d'intégration, à nos propres yeux peu important, constituait jadis la couche révélatrice, décisive, tandis qu'une couche aujourd'hui essentielle faisait figure, dans le passé, de zone marginale?

Dans son autopsie de l'ancien régime, Weber se penche d'abord sur l'administration. Par conséquent, c'est toujours le problème de l'administration et du mode de gouvernement dans les différents systèmes de fonctionnariat qui lui cache la vue de la cour. Ainsi, il nous donne des informations précieuses et souvent éclairantes sur la structure du gouvernement et de la société de cour; mais la « cour » ne figure pas parmi les types de socialisation qu'il cite expressément.

Ce qui intéresse de nos jours les chercheurs qui se penchent sur la « cour » en tant que phénomène social, c'est un aspect particulier : c'est le luxe, phénomène important et caractéristique en soi qu'on oppose à l'attitude de l'homme moderne, sans vraiment approfondir la structure sociale de la « cour » dans son ensemble, structure qui seule permet de comprendre le phénomène du luxe.

Autrement dit : alors que l'on est capable de caractériser

la structure d'une simple ethnie en tant que formation sociale
autonome, en faisant abstraction de ses propres goûts et pré-
férences, cette attitude de recul est infiniment plus rare quand
il s'agit d'apprécier des structures sociales qualifiées d'« historiques », parce que la science historique telle qu'elle se pratique de nos jours s'incline encore volontiers devant des
jugements hétéronomes.

Il serait faux de croire que cette perspective est nécessairement stérile. Sombart, par exemple, qui examine le phénomène de la « cour » en tant que « foyer de luxe » et son
incidence sur la naissance du capitalisme moderne, expose
très nettement les données du problème : son chapitre intitulé
« Die Fürstenhöfe als Mittelpunkt der Luxusentfaltung »
(Les cours princières en tant que centres de luxe [1]) commence
par la réflexion suivante :

« La naissance de grandes cours princières, au sens que nous
donnons aujourd'hui à ce terme, est une conséquence importante mais en même temps une des causes déterminantes
des transformations que subissent à la fin du Moyen Age la
constitution des États et les affaires militaires. Dans ce
domaine comme dans beaucoup d'autres, ce sont les princes
de l'Église qui font figure de pionniers et de modèles. Il se
peut que la première « cour » moderne fût la cour d'Avignon,
puisque c'est là que se rencontraient et s'imposaient les deux
groupes d'individus qui composeront aux siècles suivants ce
qu'on appelle la « société de cour » : des gentilshommes sans
autre métier que celui de servir les intérêts de la cour et de
belles femmes « souvent distinguées par les manières et
l'esprit [2] », qui imprimèrent leur marque à toutes les activités sociales...

... Les autres princes italiens rivalisèrent avec la cour des
papes. Mais ce qui a infléchi de manière déterminante l'histoire de l'organisation des cours fut la naissance, en France,
pays plus grand et plus puissant, d'une cour moderne qui,
à partir du XVIe siècle, a été pour deux cents ans le modèle
incontesté de la vie de cour. »

1. W. Sombart, *Der Moderne Kapitalismus*, 5e éd. Munich et Leipzig,
tome I, 2, p. 720-721.
2. En français dans le texte.

Ce bref résumé — qui nous a servi aussi à préciser nos intentions — expose dans ses grandes lignes l'institution de la cour en même temps que les données du problème qu'elle soulève : à un certain niveau de l'évolution des sociétés européennes, des individus se groupent dans les « cours », qui leur impriment des caractères très particuliers. Quelle est donc cette force qui les a ainsi rassemblés et marqués de cette manière?

L'empreinte de la cour fut de celles qui nous marquent le plus aujourd'hui. La société aristocratique de cour représente une figure centrale de ce palier historique, qui fut supplanté, après des luttes acharnées, de manière brutale ou progressive, par la période de la bourgeoisie professionnelle- citadine-industrielle. Elle s'est survécu dans la vie sociale et culturelle de cette même bourgeoisie, partie comme héritage, partie comme image renversée de la civilisation de cour. En démontant les rouages de la société de cour, dernière grande formation non bourgeoise de l'Occident, on s'ouvre l'accès à une meilleure compréhension de notre propre société.

CHAPITRE PREMIER

Structures et signification de l'habitat

Ce que nous entendons par «cour» de l'ancien régime est en premier lieu la maison et le ménage des rois de France, de leurs familles, de toutes les personnes qui, de près ou de loin, en font partie. Les dépenses de la cour, du vaste «ménage» des rois sont consignées au registre des dépenses du royaume de France sous la rubrique significative de «Maisons Royales [1]». Il importe d'en prendre d'emblée conscience, pour mieux saisir la ligne évolutive qui a abouti à cet élargissement du ménage royal que nous appelons la «cour». La «cour» de l'ancien régime est une dérivation hautement spécialisée de cette forme de gouvernement patriarcal, dont «le germe se situe dans l'autorité d'un maître à l'intérieur d'une communauté domestique [2]».

A l'autorité des rois en tant que maîtres de leur cour répond le caractère *patrimonial* de l'État absolutiste, dont l'organe central n'est autre que la «maison du roi» au sens large du terme, c'est-à-dire la «cour».

« ... Lorsque le prince, explique Max Weber [3], organise son pouvoir politique... selon les mêmes principes que l'exercice de sa puissance domestique, nous parlons d'une structure d'État patrimoniale. La plupart des grands empires continen-

---

1. B. Forbonnais, *Recherches et considérations sur les finances de France,* 6 vol., Liège, 1758, où figure un grand nombre de ces relevés.
2. M. Weber, *W.u.G.*, p. 679.
3. *W.u.G.*, p. 684.

taux ont conservé jusqu'au seuil des temps modernes et même
au-delà leur caractère patrimonial.

L'administration patrimoniale vise primitivement à la satisfaction des besoins purement personnels, en grande partie
d'ordre privé, du ménage du maître de la maison. La conquête
d'une domination « politique », c'est-à-dire de la domination
d'un maître sur d'autres personnes non soumises à son pouvoir domestique, se traduit par l'adjonction au pouvoir domestique de nouveaux rapports de domination, qui se distinguent,
au point de vue sociologique, par le degré et le contenu, mais
non par leur structure. »

C'est donc dans ce sens qu'on a pu définir plus haut la
cour comme « l'organe représentatif » des structures sociales
de l'ancien régime. La domination du roi, sur le pays n'était
qu'une extension de l'autorité du prince sur sa maison et sa
cour. Louis XIV, point culminant et tournant de cette évolution, n'avait donc d'autre ambition que d'organiser le pays
comme une propriété personnelle, comme une extension de
sa cour. Pour bien saisir le sens de cette entreprise, il faut
avoir présent à l'esprit que la cour était pour Louis XIV —
plus sans doute que pour les rois qui avaient lutté personnellement à la tête de leur armée contre l'ennemi — son champ
d'activité premier et immédiat, le pays n'occupant dans son
esprit qu'une place secondaire, où son action s'exerçait
par des intermédiaires.

Rien de ce qui venait de sa « propriété élargie », du royaume,
ne pouvait approcher du roi sans passer d'abord par le « filtre »
de la cour; et rien ne pouvait, sans passer par le « filtre » de la
cour, parvenir du roi au pays. Même le roi le plus autoritaire
n'agissait sur le pays qu'en se servant des hommes vivant à
sa cour. Ainsi la cour et la vie de cour se trouvaient à l'origine
de toutes les expériences, de l'idée que les rois absolutistes
de l'ancien régime se faisaient des hommes et du monde.
Pour cette raison, la sociologie de la cour est en même temps
une sociologie de la royauté.

Il va sans dire que le champ d'action par excellence des
rois, la cour, ne pouvait échapper aux conséquences de
l'élargissement progressif et de l'extension incessante du
domaine sur lequel s'exerçait l'autorité royale. L'obligation

où se trouvait, à la fin de cette évolution, le « chef de la maison royale » de gouverner à travers sa cour l'immense pays eut pour effet inévitable de transformer, par contrecoup, cette cour, cette « Maison du roi ». Le produit le plus visible de cette interaction entre la grandeur du royaume et la grandeur de la cour royale fut le château de Versailles, la cour de Versailles, où même les actes les plus « privés » du roi prenaient le caractère cérémonieux d'une action d'État, tout comme chaque action d'État y revêtait le caractère d'un accomplissement personnel du roi.

Toutes les unités et formes d'intégration sociale ne sont pas en même temps des unités d'habitat et de résidence. Mais elles sont toutes reconnaissables à certains types d'organisation de l'espace. Elles sont toujours des *unités d'humains* ayant des rapports entre eux, liés les uns aux autres par un réseau d'interdépendances. S'il est vrai que le genre ou le type de ces rapports ne saurait s'exprimer d'une manière essentielle et exhaustive par des catégories spatiales, ces dernières ont toujours *aussi* une signification précise. Car à toute « réunion » d'êtres humains répond une certaine organisation de l'espace leur permettant de se retrouver sinon dans leur totalité du moins par unités partielles. C'est pourquoi le reflet d'une unité sociale dans l'espace, le type de son organisation spatiale, représentent d'une manière concrète, au sens le plus strict du terme, ses particularités. Envisagée sous cet angle, l'habitation des hommes de cour nous donne une idée sûre et claire de certaines relations sociales caractéristiques de la société de cour.

Notons d'abord une particularité curieuse de la manière des hommes de cour de résoudre le problème de leur habitation : la grande majorité d'entre eux avaient un appartement dans la « Maison du roi », c'est-à-dire au château de Versailles, et un « hôtel » à Paris. Nous pouvons faire abstraction des maisons de campagne qu'ils possédaient en plus.

On ne peut comprendre le rôle du château de Versailles, résidence de la cour royale, de la noblesse française et du roi, si on l'envisage comme une unité isolée. Le château de Versailles symbolise en quelque sorte le sommet d'une société

hiérarchisée jusque dans ses moindres manifestations. Il
faut se pencher sur la vie de la noblesse dans son habitat,
pour comprendre comment le roi habitait et rassemblait
autour de lui ses grands. En effet, ce sont les hôtels des
nobles en ville qui nous montrent d'une façon relativement
claire et simple les besoins — sociologiquement significatifs
— de cette société en matière d'habitation. L'habitation des
grands — multipliée, champignonnante, compliquée par les
fonctions gouvernementales et représentatives des rois —
détermine aussi la forme du palais royal, habitacle de cette
société dans son ensemble.

La résidence qu'occupait la noblesse de cour de l'ancien
régime s'appelait, selon le rang social de son propriétaire,
« hôtel » ou « palais ». L'Encyclopédie [1] reproduit le plan
d'un tel « hôtel [2] ». L'explication du plan et les articles qui
s'y rapportent complètent l'image que le plan permet de
se faire des fonctions imparties aux différents locaux et
corps de bâtiment. Quel est l'enseignement qui s'en dégage
pour le sociologue?

Nous voyons un bâtiment dont les différents corps sont
groupés autour d'une grande cour carrée. Un des petits côtés
de la cour est fermé, du côté de la rue, par une colonnade,
au milieu de laquelle un « porche » s'ouvre aux visiteurs et
aux carrosses. Cette colonnade se prolonge à droite et à gauche
de deux ailes principales jusqu'au bâtiment central, ce qui
permet de gagner celui-ci à pied sec par n'importe quel
temps. Ce bâtiment central, derrière lequel et à côté duquel
s'étend un vaste jardin, héberge les salons et salles de réception; dans les ailes qui lui font suite se trouvent les « appartements privés ». Derrière les appartements privés s'étendent,

---

1. Ici, et par la suite, nous citerons toujours l'édition de 1777 ss., publiée
à Genève, de l'*Encyclopédie ou Dictionnaire raisonné des sciences,* etc., de
DIDEROT et d'ALEMBERT.

2. *Encyclopédie Rec. de Planches,* tome II, section architecture, planche 23.
Le plan reproduit est l'œuvre de Blondel, architecte du roi. Il est évident
que tous les « hôtels » du XVIIIᵉ siècle ne répondaient pas, dans le détail, à
ce plan; mais nous pouvons tirer grand profit de l'étude de ce plan considéré
à l'époque comme un modèle du genre; il nous montre en effet comment
un architecte expérimenté envisageait la solution des problèmes que posait
l'habitat de la noblesse.

séparés par une large galerie ou par les salles de bain et cabinets de toilette, à gauche et à droite, deux petits jardins d'agrément. Dans les parties des ailes situées du côté de la rue sont installés les écuries, cuisines, logements des domestiques, chambres à provisions. Ils sont groupés autour de deux petites cours appelées « basses-cours », séparées des jardins d'agrément devant les fenêtres des « appartements privés » par d'autres constructions. C'est dans l'enceinte de ces petites cours, où se faisait une partie du travail de cuisine, où l'on entreposait les carrosses des visiteurs après que ceux-ci avaient mis pied à terre dans la grande cour, que se déroulait la vie des « domestiques ».

On se rend bien compte que les hommes de cour avaient créé avec leurs « hôtels » un type de résidence citadine assez particulier. Il s'agissait bien de maisons de ville, mais on sent qu'elles dérivent de l'ancienne gentilhommière. La cour de ferme existe toujours, mais elle est devenue une simple voie d'accès pour les carrosses, un espace « représentatif ». On retrouve encore les écuries, les communs, les bâtiments des domestiques, mais ils font corps avec le bâtiment central. Le jardin remplace la campagne environnante.

Les réminiscences campagnardes de l' « hôtel » ont une valeur de symptôme [1]. Il est certain que les hommes de cour sont des citadins, la vie citadine les a marqués dans une certaine mesure. Mais leurs liens avec la ville sont bien moins solides que ceux de la bourgeoisie exerçant une activité professionnelle. La plupart sont propriétaires d'une ou de plusieurs résidences campagnardes. C'est d'elles qu'ils tirent en général leur nom, une bonne partie de leurs revenus, c'est là qu'ils se retirent parfois.

Leur société est toujours la même, si le lieu de résidence change. Tantôt ils vivent à Paris, tantôt ils rejoignent le roi à Versailles, à Marly ou dans quelque autre château, tantôt ils séjournent dans un de leurs manoirs, ou bien ils s'installent dans la gentilhommière d'un ami. Cette situation curieuse, l'attachement inébranlable à leur société — leur vraie patrie — et les fréquents changements de résidence, marquent aussi le

---

1. Cf. JOMBERT, *Architecture moderne*, Paris 1728, p. 43 ss.

caractère de leurs maisons. Leur structure (nous en reparlerons plus loin) atteste les liens étroits des hommes de cour avec la société de cour. Rien, si ce n'est le désir de réunir toutes les fonctions *dans un seul complexe*, n'indique un lien fonctionnel avec la ville. On pourrait transplanter une telle maison sans grands changements à la campagne. Son propriétaire n'appartient au tissu urbain qu'en sa qualité de consommateur, si l'on fait abstraction de son insertion dans la société de cour parisienne. Si l'on pouvait trouver à la campagne un nombre de domestiques suffisant, tous les besoins de consommation des grands seigneurs pourraient être satisfaits tout aussi bien à la campagne. Ce qui dénote l'influence de la ville, c'est le raffinement de la consommation, ce qu'on a appelé le « luxe » de cette société.

Pour pouvoir changer sans cesse de résidence et de lieu de séjour, les grands seigneurs et les grandes dames avaient besoin d'une armée de domestiques. La condition sine qua non de leur mobilité relative était la possibilité de disposer d'un nombreux personnel, de l'intendant et des maîtres d'hôtel chargés de l'administration des finances, de l'entretien et du confort du ménage, de la surveillance des domestiques jusqu'aux cochers et laquais commis aux transports. Ainsi les hommes de cour étaient toujours disponibles pour les tâches parfois fort difficiles qu'entraînait pour eux la vie à la cour, souvent itinérante.

Les hommes de cour n'ont pas l'habitude de parler beaucoup des innombrables bras qui les servent : les domestiques vivent pour ainsi dire derrière le décor devant lequel se joue la pièce. C'est pourquoi nous ne nous étendrons pas beaucoup sur eux. Mais en examinant l'habitation de la noblesse de cour, nous sommes amenés à jeter aussi un bref regard dans la coulisse.

Quand on porte son attention sur la vie et l'activité autour des deux « basses-cours [1] », on est frappé non seulement par

----

1. « Basse-cour... on appelle ainsi dans un bâtiment construit à la ville une cour séparée de la principale autour de laquelle sont élevés des bâtiments destinés aux remises, aux écuries ou bien où sont placés les cuisines, offices, communs, etc. Les basses-cours doivent avoir des entrées de dégagement par les dehors, pour que le service de leurs bâtiments se puisse faire commodément *et sans être aperçu des appartements des maîtres et de la cour princi-*

l'abondance du personnel mais aussi par la variété des tâches qui lui incombent et qui sont aussi typiques des exigences et des goûts que des besoins culturels de cette société. Ainsi nous voyons d'abord le maître d'hôtel, qui surveille le personnel et annonce à ses maîtres quand la table est servie. Nous trouvons dans l'« hôtel » d'un grand seigneur — pour ne citer que quelques éléments particulièrement caractéristiques — une « grande cuisine » et un « garde-manger », où l'on enferme la viande et surtout les volailles, denrée très périssable [1]. Il y a un « office » muni de fours et d'ustensiles où l'on confectionne les compotes, confitures et pâtisseries fines; l'« office » est administré par un « chef d'office », qui ne se confond pas avec le « chef de cuisine »; un autre four à chaleur douce sert à la fabrication des biscuits et gâteaux secs; à l'office est installé le « laboratoire d'office » où l'on fait la glace et, pour citer les termes de l'*Encyclopédie* [2], « des autres ouvrages qui donneraient de l'humidité dans les pièces précédentes ». Il existe encore une autre pièce qu'on peut fermer à clef, l'« office paré », où est gardée l'argenterie sous la surveillance d'un « officier d'office », qui est chargé

---

pale » [Toutes les citations d'époque sont en français dans le texte. Nous n'avons pas cru indispensable de le signaler à chaque fois. *(N. de l'E.)*] (Souligné par l'auteur.) *Encyclopédie*, art. « Basse-cour ». Tandis que dans toutes les couches et formes sociales où la maîtresse de maison exerce en même temps la fonction de ménagère, où les maîtres entendent assurer eux-mêmes, sous une forme ou une autre, la surveillance du personnel, les offices et locaux de service sont disposés de telle manière que leur contrôle soit facilité, on note ici une séparation relativement stricte entre les locaux de service, notamment les cuisines, et les appartements des maîtres, séparation qui indique que ceux-ci ne tiennent pas à entrer en contact avec ce qui se passe derrière les décors. La dame de cour n'est pas une maîtresse de maison! L'éloignement de la cuisine hors de son cercle d'influence nous en fournit la meilleure preuve. Tout cela ressort plus nettement encore de la description d'une habitation d'une nature très différente. Un auteur du XVIe siècle (Olivier DE SERRES, *Théâtre d'agriculture*, chap. V : « Dessin du bastiment champestre », tome I, p. 21) nous décrit le plan d'une gentilhommière campagnarde de la façon suivante : « Vostre cuisine sera posée au premier étage de la maison au plan et près de vostre salle, de laquelle entrerez dans vostre chambre; par ainsi ceux qui sont dans la cuisine, par l'approche de la salle et de la chambre où vous estes souvent, *s'en trouvent controllés et réprimés les paresses, crieries, blasphèmes, larcins des serviteurs et servantes.* »

1. *Cf. Encyclopédie*, art. « Garde-manger ».
2. *Cf. Encyclopédie*, art. « Office ».

aussi des couverts et de la table. C'est là que le maître de céans prend parfois avec ses amis le déjeuner.

D'autres points de vue que nous allons exposer plus loin nous incitent à insister ici sur les charges extrêmement différenciées qui se rattachaient à ce qu'on appelait à cette époque la « bouche », c'est-à-dire toute nourriture solide et liquide. S'il est vrai que la maison d'un « grand seigneur » ne comportait qu'une ou deux pièces consacrées à cet usage, un appartement tout entier lui était réservé dans la « Maison du roi ». Ainsi, l'administration d'une section de la « Bouche du roi », par exemple de la « fruiterie », où des fruits de toutes espèces étaient préparés pour la table, de la « sommellerie » ou de la « paneterie », où le vin et le pain étaient conservés, gardés et distribués, étaient à la cour des charges très convoitées et bien rémunérées. Ainsi, presque tout ce qui se trouvait sur une grande échelle dans le ménage du roi se rencontre en plus petit dans celui du grand seigneur. Une petite pièce près de l'entrée d'un côté, des écuries et remises de l'autre formaient le « Logement des Suisses ». Mais on peut supposer que tous les nobles n'ont pas engagé d'authentiques Suisses pour faire garder leurs maisons. On se contentait souvent de laquais qu'on affublait d'uniformes de Suisses [1].

Nous venons de voir que les locaux destinés aux activités de service et les logements du personnel étaient strictement séparés des appartements privés et des salons de réception. La distribution des espaces réservés aux maîtres mettait également en évidence que la société de cour avait pour fondement la présence d'une armée de serviteurs et de domestiques. En effet, pour se rendre de l'entrée aux différents appartements et salons de réception, on était obligé de traverser une ou plusieurs antichambres. Les chambres à coucher du maître et de la maîtresse de maison étaient ainsi précédées d'antichambres, de même que la « chambre à coucher de parade » et la « salle de compagnie ». L'*antichambre* symbolisait en quelque sorte la « bonne société ». C'est dans l'antichambre que se tenaient en permanence des laquais, avec ou sans livrée, à l'affût des ordres de leurs maîtres. Rien n'est

---

1. *Cf.* A. Schulz, *Das häusliche Leben der europäischen Völker*, Munich et Berlin, 1903, p. 60.

plus caractéristique de l'attitude de ces derniers à l'égard
de leurs domestiques qu'une remarque de l'*Encyclopédie*,
dans l'article sur l'antichambre : « Comme la première
antichambre est presque toujours destinée à la livrée, on y
trouve rarement des cheminées. On se contente de poêles
qu'on place devant la porte, pour protéger toutes les parties
de l'appartement de l'air froid que l'ouverture des portes
conduisant dans les chambres des maîtres y fait pénétrer. »

Quand on lit un texte de ce genre, il ne faut jamais oublier
que l'élite de la noblesse, que le « monde » du XVIIIe siècle
était à mille lieues de penser que tous les hommes étaient,
en quelque sens du terme, « égaux ». L'*Encyclopédie*, beaucoup
plus ouverte à de telles idées, spécifie dans son article sur
les « domestiques » que, l'esclavage étant aboli en France,
il faudrait considérer les domestiques non comme des esclaves
mais comme des « hommes libres ».

Mais cette *Encyclopédie* tente encore de justifier la loi qui
punissait de mort tout vol dans la maison du maître [1]. Elle
invoque des arguments rationnels pour corroborer ce qui,
dans la perspective du « seigneur », était, indépendamment
de toute motivation raisonnée, la conséquence de sa convic-

---

1. « Le vol domestique est puni plus sévèrement qu'un autre vol, parce
qu'il renferme un abus horrible de la confiance et que les maîtres sont obligés
de laisser beaucoup de choses entre leurs mains. » VOLTAIRE s'est violemment
élevé dans un livre paru plus tard, *Prix de la justice et de l'humanité* (1777),
contre l'usage barbare de tuer un homme pour une bagatelle, parce qu'il a
volé quelque objet de son maître. Un incident rapporté par le secrétaire
de Voltaire, Longchamp, l'ancien valet de chambre de son amie, la marquise
DU CHATELET, dans ses *Mémoires*, illustre bien le mépris dans lequel sont
tenus les domestiques, même par les intimes de Voltaire. La marquise ayant
profondément troublé son valet de chambre en lui dévoilant, au bain, sa
nudité, lui reproche sur un ton insouciant d'être négligent et de ne pas
l'arroser convenablement d'eau chaude. Brandes, qui rapporte l'anecdote
dans son livre sur Voltaire (traduction allemande, Berlin, s.d., tome I,
p. 340-341) ajoute ce commentaire : « Elle n'éprouve aucune gêne à se
montrer nue devant son laquais ; en tant que femme de la haute société, elle ne
voit pas vraiment en lui un homme... » Cet incident éclaire un aspect important de l'homme de cour. Le fait qu'il eût à ses ordres toute une couche
sociale dont les pensées ne l'intéressaient pas le moins du monde, avait
pour conséquence que les membres de la couche seigneuriale se gênaient
bien moins, dans leurs gestes intimes, en s'habillant et en se déshabillant,
au bain et à d'autres occasions, que des personnes moins entourées de
domestiques. La noblesse de cour ne s'impose pas plus de retenue devant ses
domestiques que le roi devant ses nobles.

tion de l'inégalité des couches sociales, inégalité tenue pour
une évidence. Notons que cette conviction n'impliquait
nullement que les domestiques fussent mal traités par leurs
maîtres. Elle s'exprimait même parfois par une sorte de
familiarité. Mais ce qui transparaissait toujours en filigrane
dans les relations entre maîtres et domestiques, c'était la
distance qui les séparait, c'était le sentiment profondément
ancré dans la mentalité des maîtres que tous ces hommes
et femmes, dont la présence continuelle dans la maison
donnait à la vie des hommes de cour une atmosphère très
particulière, appartenaient à une race étrangère, au « commun ».
Même l'*Encyclopédie* emploie ce terme. La disposition des
locaux, qui prévoit pour chaque chambre une ou plusieurs
antichambres, est donc *l'expression de ce voisinage spatial
doublé d'une grande distance sociale, de ce contact intime allant
de pair avec une séparation rigoureuse de deux couches sociales* [1].

Ces dispositions étranges se retrouvent, avec des modifications, à un niveau différent de la hiérarchie sociale, dans
la maison du roi. Là, les grands seigneurs et les « grandes
dames » qui, dans leurs propres demeures relèguent leur
personnel dans l'antichambre, font eux-mêmes figures de
serviteurs et de servantes, attendant dans l'antichambre un
signe de leur maître, le roi.

Nous avons vu qu'il y a dans chacune des deux ailes d'un
« hôtel particulier », faisant suite aux corps de bâtiment
situés devant les « basses-cours », deux « appartements privés »,
l'un pour le maître, l'autre pour la maîtresse de maison.
L'un se trouve à gauche, l'autre à droite de la grande cour.
Les deux appartements sont presque identiques. Les chambres

---

1. Si la chambre d'un seigneur comportait une deuxième antichambre,
celle-ci était réservée aux hommes « au-dessus du commun » (*Cf. Encyclopédie*, art. « Domestique »), autrement dit « au-dessus du personnel ». Il ne
faut pas entendre par là des visiteurs d'un rang égal ou légèrement inférieur.
De telles personnes étaient introduites — quand il s'agissait des appartements privés des maîtres de la maison — dans la chambre à coucher ou —
quand il s'agissait des salons de réception — dans le salon faisant suite à
l'antichambre. Quelques scènes de la vie de Mme d'Épinay (THIRION, *La Vie
privée des financiers*, 1895, p. 306) nous montrent les gens qui se rassemblaient
dans l'antichambre (ou quand il y en avait deux, selon le rang social des
personnes, dans les antichambres) de la chambre à coucher d'un riche
seigneur.

à coucher se font exactement face. Mais elles sont séparées
par toute la largeur de la cour. Cependant, les habitants
ne peuvent communiquer par les fenêtres, car elles donnent
— pour épargner aux habitants le bruit des carrosses cir-
culant dans la cour, selon l'avis de l'*Encyclopédie* [1] — sur
le jardin d'agrément. Le maître et la maîtresse de maison
disposent, à côté de leur chambre à coucher, d'un cabinet
où ils peuvent recevoir, après leur toilette, des visiteurs,
ainsi que d'une antichambre et évidemment d'une garde-robe.

On ne pourrait mieux caractériser la position de l'homme
et de la femme dans cette société qu'en attirant l'attention
du lecteur sur la séparation absolue de leur appartement
respectif, l'un et l'autre étant, par ailleurs, aménagés d'une
manière absolument identique. Nous avons affaire ici à une
forme de la vie conjugale et familiale dont les théories sociologiques n'ont pas suffisamment tenu compte jusqu'ici.

« Comment vit-elle avec son mari? » demande le nouveau
valet à la femme de chambre de Madame [2].

« Pour le moment, très bien, lui répond-elle, il est un peu
pédant, mais très ambitieux; elle a beaucoup d'amis; ils ne
fréquentent pas les mêmes sociétés, ils se voient très rarement,
mais ils ont une vie commune très honnête. »

Il s'agit là d'un cas d'espèce. Chaque homme de ce milieu
n'est pas ambitieux et pédant, chaque femme n'a pas beaucoup d'amis. Mais nous reconnaissons un trait fort caractéristique de la structure de cette société. Elle évolue dans un
champ si vaste que l'homme et la femme peuvent fréquenter
des cercles différents. C'est une des raisons — mais pas la
seule! — pour laquelle la marge d'indépendance d'une personne mariée est plus grande que celle d'une personne vivant
dans un milieu plus étroit.

D'un autre côté, les convenances, les conventions, les
exigences de la représentation entraînent un certain nombre
de contacts entre les époux. Ce minimum de contacts exigé
par la société impose des limites à l'indépendance de l'un
et de l'autre. L'exemple suivant nous montre dans quel

1. *Encyclopédie*, art. « Appartement », p. 49.
2. Duc DE LAUZUN, *Pariser Gespräche*, cité par Blei, *Geist des Rokoko*,
Munich, 1923.

domaine se situent les exigences qu'un grand seigneur doit
formuler à l'égard de sa femme. Se rendant tard dans la
matinée dans l'appartement de celle-ci et la trouvant encore
au lit, il lui fait faire la commission suivante par la femme de
chambre, qui tout à l'heure avait satisfait la curiosité du
valet nouvellement engagé : « Dites-lui que pendant huit
jours nous portons le deuil de Mme de Saucourt et qu'elle
doit rendre visite à ma mère qui est souffrante. Je m'en vais
à Versailles. Je serai de retour demain ou après-demain. »

Les devoirs envers la société — dont fait partie la visite
à la belle-mère malade, — autrement dit, et plus largement,
le souci du prestige et de l'honneur de la « maison », sont
les fondements d'une communauté dépourvue de liens personnels, où, en l'absence d'affection réciproque, les époux
profitent largement de la marge de liberté que la société
leur accorde [1].

Les rapports, sanctionnés publiquement, entre l'homme et
la femme trouvent, dans la société bourgeoise, leur expression
dans l'aménagement et le concept de la « famille ». Dans la
haute noblesse de l'ancien régime ils sont concrétisés dans
la notion de « maison ». On ne parle pas seulement de la
« Maison de France », pour caractériser l'unité de la dynastie
royale à travers les générations, mais chaque grand seigneur se
réfère volontiers à sa « maison ». Dans l'usage de l'ancien régime
la notion de « famille » s'applique plus ou moins à la haute
bourgeoisie, tandis que la notion de « maison » est réservée
au roi et à la haute aristocratie. L'*Encyclopédie* constate
expressément cette différence d'usage en la désapprouvant
pour des raisons compréhensibles [2]. Il ne s'agit pas, comme
on voit, d'une « manière de parler » mais d'un usage traduisant une réalité, à savoir la différence structurelle des rapports
légitimes entre les sexes dans la haute noblesse et la bourgeoisie d'un certain niveau [3]. Ce n'est pas la place d'appro-

---

1. *Cf. Encyclopédie*, art. « Mariage » (droit naturel), où l'auteur précise
que la femme parvient par le mariage « à la liberté ».
2. *Cf. Encyclopédie*, art. « Famille », « Maison ».
3. Signalons toutefois que les deux réalités déteignaient quelque peu l'une
sur l'autre, si bien que le type réel du mariage aristocratique n'était pas
strictement limité à la « maison », de même que la notion de « famille »

fondir ce problème. Qu'il nous suffise de rappeler que le mariage aristocratique dans la société de cour ne prétendait pas ouvrir la voie à ce qu'on appelle dans la société bourgeoise une « vie de famille ». En se mariant, l'aristocrate de cour entendait en premier lieu « fonder » et « maintenir » une « maison », en lui donnant le prestige et les relations en accord avec son rang, et augmenter, dans la mesure du possible, le rayonnement de cette « maison », dont les deux époux étaient les représentants. C'est dans cette perspective qu'il faut comprendre les rapports entre le maître et la maîtresse. Le contrôle social portait essentiellement sur cet aspect des rapports conjugaux : les conjoints représentaient leur maison aux yeux d'autrui. Pour tout le reste, ils étaient libres de s'aimer ou de ne pas s'aimer, d'être fidèles ou infidèles, de limiter leurs contacts au minimum compatible avec leur devoir de représentation. On voit que ce contrôle n'était pas très astreignant. Le plan de l'appartement seigneurial constitue donc une solution optimale du problème d'habitation posé par ce type de mariage — on ne peut pas employer le terme bourgeois de « famille ».

En parcourant de cette manière le champ domestique des grands seigneurs et des grandes dames de l'ancien régime, on aperçoit du même coup la nature du *réseau des relations* dans lequel ils se trouvaient impliqués. Ainsi, le caractère particulier de leurs relations avec les domestiques ressort de l'isolement des locaux groupés autour des « basses-cours » et de la présence d'antichambres. La distance séparant les « appartements privés » permet de juger de la nature des rapports conjugaux de leurs occupants. Finalement, la disposition des salons et salles de réception reflète leur insertion dans la « société » de leur époque. Le fait que les « locaux sociaux » soient situés dans la partie centrale du rez-de-chaussée, partie la plus représentative du bâtiment, qu'ils s'étendent sur une plus grande surface que les deux appartements privés réunis témoigne déjà du rôle primordial que la « société » tient dans la vie de ces hommes et de ces femmes. Voilà le centre de gravité de leur existence!

ne s'appliquait pas exclusivement à la famille bourgeoise confinée dans un espace réduit et riche de contacts humains.

Le corps de bâtiment central est divisé en deux parties distinctes. Au milieu se trouve, englobant souvent aussi l'étage supérieur, le *grand salon* orné de colonnes corinthiennes : c'est là que bat le cœur de la vie sociale et mondaine de la noblesse de cour. L'invité quittant son carrosse escalade le perron, traverse un large vestibule rectangulaire, s'avance dans le grand salon circulaire. Sur un des côtés de celui-ci se trouve, accessible aussi par le vestibule, l' « appartement de société », précédé d'une antichambre et d'une garde-robe. Suivent : la « salle de compagnie », un petit salon ovale, une salle à manger avec une office. De l'autre côté du « grand salon », s'étend l' « appartement de parade », comprenant quelques petits salons et cabinets de parade, un salon, une grande galerie qui sépare — en dépassant largement l'aile contiguë du bâtiment — le grand jardin du petit jardin d'agrément. L' « appartement de parade » comporte également quelques « chambres à coucher de parade » avec leurs dépendances.

La division en deux parties des locaux de société a une signification sociale bien déterminée. L' « appartement de société » est sans doute réservé aux relations plus intimes du maître et surtout sans doute de la maîtresse de maison. C'est là qu'ils reçoivent, en général dans l'après-midi, des visiteurs venus leur tenir compagnie. C'est dans ces locaux, dont le premier objectif n'est pas la représentation mais le confort, que se déroulent les réceptions, où l'étiquette passe tant soit peu au second plan et qui constituent ce qu'on a appelé, en parlant du XVIIIe siècle, la « vie de salon ».

L'appartement de parade, par contre, est le symbole de cette position publique assez étrange qu'occupent les grands de l'ancien régime, même quand ils n'assument aucune charge publique. C'est là qu'ils reçoivent, en général en fin de matinée, les visites officielles d'égaux ou de personnages d'un rang plus élevé. C'est là que se traitent toutes les « affaires » qui les mettent en rapport avec des membres de la société de cour avec lesquels ils n'entretiennent pas de relations étroites. C'est là qu'ils accueillent, en leur qualité de représentants de leur « maison », des personnes venues s'entretenir avec eux. La « chambre à coucher de parade » avec son antichambre et ses cabinets reçoit les hôtes de haut rang que l'on tient à honorer. C'est là aussi que la maîtresse de maison, installée sur son « lit de parade » accueille en sa qualité de « représentante de la maison » les visiteurs officiels venus la saluer à certaines occasions solennelles, par exemple après un accouchement. Cette intégration dans la vie sociale de certains aspects de l'existence que nous considérons comme faisant partie de la sphère intime, est très caractéristique des structures de cette société. C'est elle qui nous fournit la clef de la division des locaux de société en « appartement de société » et « appartement de parade ». Le haut rang de tous ces personnages sans profession et les obligations de représentation qui découlent de leur position, confèrent dans certains cas à la vie sociale, à une visite, un sérieux et une gravité que la bourgeoisie professionnelle réserve exclusivement aux visites d'affaires et aux démarches professionnelles, rarement aux visites « privées ». Les « visites professionnelles » des milieux bourgeois — nous incluons évidemment aussi les visites « privées » dont le but est indirectement utilitaire — tirent leur importance de leur incidence sur les chances de profit et de promotion professionnelle, sur le maintien ou l'amélioration de la position sociale. La division des locaux sociaux de la société seigneuriale en un appartement pour les visites relativement intimes et un autre pour les visites officielles correspond, dans une certaine mesure, à la division de l'habitation bourgeoise en locaux privés et locaux professionnels. Cette différenciation nous fait toucher du doigt une réalité sur laquelle nous aurons l'occasion de revenir à plusieurs reprises. Si l'on applique au style de vie de l'homme de cour les critères de la bourgeoisie, cette vie de cour dans son ensemble doit être rangée dans la catégorie de la « sphère privée ». Or, en procédant de la sorte, nous obtenons une image déformée. Comme les aristocrates de cour n'avaient pas, au sens où nous l'entendons, de vie professionnelle, la distinction entre vie professionnelle et vie privée est sans objet. Mais la nécessité de défendre sa position sociale, le désir d'accéder à un rang et à une dignité plus élevés imposaient à l'homme de cour des obligations sévères, l'astreignaient à certains gestes inévitables, parfaitement comparables à ceux

auxquels l'homme moderne se soumet pour défendre ses
intérêts professionnels.

C'est pourquoi la vie sociale et mondaine à la cour et dans
la société de cour était investie d'une fonction double. Elle
était d'une part l'équivalent de notre vie privée, elle assurait
à ces hommes et à ces femmes détente, plaisirs, divertisse-
ments. En même temps elle tenait lieu de notre vie professionnelle, elle était l'instrument direct de l'autodéfense et de
la promotion des hommes de cour, le milieu où se décidait
leur ascension ou leur chute. Elle incluait nécessairement
l'acceptation de toutes sortes de contraintes, l'accomplissement de tâches sociales ressenties comme autant de devoirs.
Il se pouvait que dans telle ou telle manifestation, l'un ou
l'autre élément prédominât. Mais il était bien plus facile
d'en éliminer le premier que le second. Ce double aspect
trouve son expression dans la division des locaux à vocation
sociale. Les réunions dans les « appartements de société »
mettaient sans doute l'accent sur le côté divertissement et
plaisir; mais l'autre côté ne faisait jamais défaut. Quant aux
réunions dans l' « appartement de parade », elles mettaient
en avant le caractère public de la vie des « grands », le souci
des intérêts et des aspirations de la « maison » du seigneur.

A la fin de l' « ancien régime », le duc de Croÿ disait :
« Ce sont les maisons qui ont écrasé la plupart des grandes
familles [1]. »

On conçoit mal que des gens se ruinent par et pour leur
maison, si l'on ne prend pas conscience du fait que, dans la
société de l'aristocratie de cour, la grandeur et la magnificence de la maison n'étaient pas en premier lieu une marque
de richesse, mais une marque du rang. L'apparence de la
maison de pierre dans l'espace est pour le grand seigneur et
toute la société seigneuriale le symbole de la position, de
l'importance, du rang de la « maison » dans le temps, c'est-
à-dire du lignage, dont le maître de la maison est le représentant vivant.

Un haut rang social oblige son détenteur à posséder une
maison et à lui assurer une belle apparence. Ce qui, aux yeux

---

1. *Cf.* d'AVENEL, *Histoire de la fortune française*, Paris, 1927, p. 302.

de la morale économique du bourgeois, n'est que du gaspillage
(« S'il doit contracter des dettes, pourquoi ne réduit-il pas son
train de vie? ») est en réalité l'expression de l'éthos propre à
l'ordre des seigneurs. Cet éthos découle des structures et de
l'activité de la société de cour. En même temps il en assure le
fonctionnement. Il n'est pas l'expression d'un libre choix.

Cela ressort déjà des dénominations des différents types de
maisons. La maison d'un commerçant n'était pas un « hôtel ».
Le terme d' « hôtel » était réservé aux demeures de la haute
noblesse de cour. Il se peut que cette désignation ait perdu un
peu de son prestige au cours du XVIIIᵉ siècle, qu'elle ait été
appliquée aux maisons des riches fermiers généraux. Notons
cependant que l'*Encyclopédie* est formelle : « Les habitations
prennent différents noms selon les différents états de ceux qui
les occupent. On dit la « maison » d'un bourgeois, l' « hôtel »
d'un grand, le « palais » d'un prince ou d'un roi. » Le terme de
« palais » était expressément réservé à la demeure d'un roi ou
d'un prince. On donnait ce nom aussi aux sièges des hauts
tribunaux, puisqu'ils étaient en quelque sorte les dépendances
de la maison du roi. Peu à peu l'usage se répandit de qualifier
de « palais » aussi les résidences du haut clergé.

« A l'exception de ceux-ci, explique l'*Encyclopédie* [1], aucune
personne de quelque rang qu'elle soit n'a le droit d'inscrire
le mot « Palais » au-dessus de la porte de sa maison. »

Il va sans dire qu'à ces désignations différentes selon le
rang du propriétaire correspondait aussi un aménagement
approprié de l'habitation. Quand on réfléchit bien à ces différences, il est possible, en abordant le problème sous un
angle déterminé, de se faire une idée d'ensemble des structures de cette société. En effet, l'immense majorité des
habitations citadines portaient le nom de « maisons particulières [2] ». Ce terme est significatif : en les rangeant dans
la catégorie des « maisons privées », on rend mal leur caractère
social. De nos jours, le terme de « privé » s'oppose — non
pas exclusivement, mais souvent — au terme de « profes-

---

1. *Cf. Encyclopédie*, art. « Palais ».
2. Nous avons emprunté ce terme ainsi que les documents utilisés dans
notre exposé à *Encyclopédie Rec. d. Pl.*, vol. II, « Architecture ».

sionnel ». Ainsi, on qualifierait de « maison privée » la résidence
d'un haut fonctionnaire, à condition qu'elle lui appartienne
en propre et qu'il ne l'utilise pas à des fins professionnelles,
en y installant par exemple ses bureaux. Sous l'ancien régime,
on appelait « maisons particulières » les nombreuses maisons
appartenant à des professionnels, *surtout* s'ils y exerçaient
leur métier. En leur donnant ce nom, on voulait les distinguer
des résidences de ces couches sociales dont la renommée ne
se fondait pas sur un métier ou une profession dans le sens
que nous donnons aujourd'hui à ces mots, mais sur le rang
plus ou moins élevé qu'elles occupaient sur l'échelle sociale,
donc en premier lieu des résidences des aristocrates, du haut
clergé, des magistrats, des avocats et plus tard aussi des
grands financiers, c'est-à-dire des fermiers généraux.

L'usage du temps met en évidence que l'on savait fort
bien distinguer entre couches professionnelles et ordres privilégiés : « Se faire prêtre ou officier, choisir la robe ou la
finance[1], explique un auteur[2] des années cinquante, s'appelle
prendre un état. Les autres fonctions des citoyens, c'est-à-dire
les plus utiles, se contentent du nom humiliant de *profession
ou métier*. »

Cette remarque nous fait immédiatement comprendre comment, sous le couvert de la couche des ordres privilégiés,
ont pu naître, d'abord méprisées par ceux-ci, puis grandir
les couches professionnelles. Les hommes appartenant aux
ordres privilégiés et plus encore les aristocrates de cour qui
y tiennent la première place, en tête les princes et les « grands »,

---

1. Le fait que les fermiers généraux et leur suite aient été considérés
comme faisant partie des ordres privilégiés ne peut nous étonner que dans la
perspective faussée de notre temps. Ceux qui ambitionnaient une charge
dans la finance aspiraient avant tout à un haut rang social, à un état élevé,
à un regain de prestige. Ils voulaient pour eux-mêmes ou leurs descendants
un titre de noblesse et tenaient à mener un train de vie aristocratique,
c'est-à-dire visant en premier lieu au prestige. Cette constatation est importante, car elle démontre que la possession de capitaux ou plus exactement
d'argent n'aboutit pas nécessairement à une mentalité et un train de vie
« capitalistes ». La question de savoir quels objectifs les familles des classes
moyennes en pleine ascension espèrent atteindre et atteignent effectivement
par l'acquisition de capitaux dépend essentiellement de la structure générale
de la société.

2. DANGEUL, *Remarques sur les avantages et les désavantages de la France*,
1754, p. 72.

ont le sentiment de mener une vie plus ou moins « publique [1] », une vie consacrée à la « society », au « monde ». Ils forment au sens propre du mot le « public » de l'ancien régime. Tous ceux qui évoluent en dehors de ce cercle mènent une vie « particulière ».

Vus dans la perspective de la société de cour, les hommes appartenant aux différents groupes professionnels sont des « marginaux ». Leur existence se déroule « en marge » du « monde » — le mot est significatif — en marge du « grand monde ». Ce sont les *petites gens*. Leurs maisons n'ont pas le caractère public des hôtels et des palais, leurs familles n'ont rien de représentatif. Ils s'agit de « maisons privées », aussi insignifiantes que leurs occupants.

Aux différentes fonctions sociales répondent les aménagements architecturaux des maisons [2].

Les hommes de cour ont développé, dans le cadre d'une certaine tradition, une sensibilité aiguë pour les attitudes, manifestations et réalisations qui servent ou desservent leur prestige dans la société. L'attention soutenue que l'on porte à tout ce qui émane d'un homme, et donc à sa maison aussi, pour vérifier qu'elles sont bien en accord avec son état, sa position dans la hiérarchie sociale, l'effort conscient que l'on fait pour discerner ce qui augmente la valeur sociale et le prestige, correspondent parfaitement à l'appareil de domination curial-absolutiste et à la structure hiérarchique d'une société centrée autour du roi et de la cour. Cette attention et cet effort conscient font figure, dans la couche dominante, d'instrument d'auto-affirmation et de défense contre la montée des éléments inférieurs. Pour cette même raison, ces personnes attachent à certains aspects de l'existence que nous avons tendance à traiter comme des bagatelles ou des formalités, une importance qui échappe à notre entendement. C'est grâce à un effort de réflexion sociologique que nous pouvons redécouvrir la toile de fond des contraintes sociales,

---

1. « Particulier » s'oppose ici à « public ». *Cf. Encyclopédie*, art. « Particulier ».

2. *Cf.* les plans des différentes maisons que nous avons consultés à des fins de contrôle entre autres chez JOMBERT, *Architecture moderne*, Paris, 1728.

derrière l'attitude de respect et souvent aussi la lutte pour
ces « bagatelles » et ces « formalités ».

Les renseignements que l'*Encyclopédie* nous fournit sur le
caractère des maisons destinées aux différents ordres et
groupes sociaux sont très révélateurs à cet égard. Elle fixe
d'abord les principes devant présider à la construction des
maisons pour les couches inférieures, les couches professionnelles : « La symétrie, la solidité, la commodité et l'économie. »
Que ces principes expriment une discrimination de rang et
d'état ne nous semble pas évident, car les qualités exigées
pour les maisons des petits artisans et commerçants sont
celles-là mêmes que de nos jours un vaste mouvement exige
de *chaque* construction. Le fait qu'elles constituaient, à cette
époque, les critères des maisons destinées aux couches inférieures, que surtout l'« économie » y figure en bonne place,
n'est pas moins caractéristique de l'évolution de l'habitation
que la constatation — confirmée par un grand nombre d'observations — que l'« économie », c'est-à-dire la rentabilité et
l'emploi modéré des matériaux, ne jouait aucun rôle dans
l'architecture des couches dominantes de cour. Il n'en est
nulle part question.

Les couches sociales inférieures n'ont pas besoin de « représenter », elles n'ont pas d'obligations de classe. L'aspect de
leurs habitations est déterminé par des traits qui ne font
pas nécessairement défaut aux autres, mais qui disparaissent
souvent derrière des fonctions de représentation et de prestige. Des valeurs utilitaires telles que le confort et la solidité
s'affichent crûment dans les couches professionnelles. Le souci
de l'économie frappe déjà dans l'apparence extérieure des
demeures.

On comprend un peu mieux ces faits, si l'on jette un regard
sur les attributs que l'usage social concède à la catégorie
d'habitations immédiatement supérieure. L'échelon suivant
de la hiérarchie des habitations est occupé par les « maisons
particulières », où les riches bourgeois comptent s'installer à
demeure : ces maisons « doivent avoir un caractère qui ne
tienne ni de la beauté des hôtels, ni de la simplicité des maisons ordinaires (appartenant au groupe précédent). Les ordres

d'architecture [1] ne doivent jamais entrer pour rien dans leurs décorations, malgré l'opulence de ceux qui les font élever. »

La mentalité qui transparaît dans ces règles est une mentalité hiérarchique qui s'inspire des vues de la couche supérieure de l'ancien régime! Les dimensions et les décorations de la maison ne dépendent pas de la richesse de son propriétaire, mais exclusivement de son rang social et de l'obligation de « représenter » qui en découle.

Quand on examine le plan d'une telle maison [2], on retrouve *grosso modo* les mêmes éléments que dans l'« hôtel ». L'habitation de l'aristocratie sert aussi de modèle à l'habitation de la haute bourgeoisie. Ce qui a changé, ce sont les dimensions de l'ensemble. La cour est petite, de même les « basses-cours »; par conséquent, les pièces réservées aux travaux du ménage groupées autour des « basses-cours » sont également petites; on ne trouve, dans ce type de maison, qu'une seule cuisine, un garde-manger, une office minuscule. On a beaucoup rapproché les appartements de Monsieur et de Madame, dont la proximité est le symbole et un des fondements de l'étroitesse relative du mariage bourgeois, mesuré aux vastes espaces dans lesquels se déroule la vie conjugale de l'aristocratie de cour. Ce qui a presque complètement disparu, ce sont les salons et les salles de réception. L'« appartement de parade » fait défaut. Le salon circulaire est maintenu, mais ses dimensions sont plus modestes, il ne comprend qu'un seul étage. Il est flanqué d'un côté d'une pièce rectangulaire qui réunit les fonctions d'un cabinet et d'une galerie; de l'autre d'un petit boudoir, du troisième d'une « salle de compagnie ». L'antichambre qui précède le salon est en même temps la salle à manger de la famille. Si elle est utilisée à cette fin, on renvoie le personnel dans le vestibule. Il n'y a pas d'autres « locaux de société ».

La différence entre la structure de la société bourgeoise

---

1. L'ancien régime connaissait cinq « ordres d'architecture » : l'ordre ionien, l'ordre dorien, l'ordre corinthien, l'ordre « composite » qui s'apparentait à l'ordre corinthien, l'ordre toscan. Le contenu expressif de ces styles par rapport aux différentes couches sociales est expliqué en détail (*Encyclopédie*, art. « Ordre ».)

2. On trouve ces plans dans l'*Encyclopédie (loc. cit.)*, pl. XXV et XXVI.

et celle de la société aristocratique de cour qui se révèle
ainsi à nous est riche d'enseignements. Les mondanités
prennent beaucoup plus de place et de temps dans la vie
des hommes de cour que dans celle de la bourgeoisie professionnelle. L'homme de cour est obligé de recevoir beaucoup
plus de monde que le bourgeois, son habitation est aménagée
en conséquence. Quant au représentant de la bourgeoisie
professionnelle [1], il reçoit moins de visites privées et ne peut
en recevoir autant que l'aristocrate. Ce dernier consacre
beaucoup plus de temps à la vie sociale. Son réseau de relations directes a des mailles plus fines, ses contacts sociaux
sont plus fréquents, ses *liens directs* avec la société plus
étroits que ceux du bourgeois exerçant une profession, chez
lequel les *contacts indirects* par l'intermédiaire de l'argent
et des marchandises ont la priorité.

Quels sont donc les attributs que le « grand monde » juge
dignes des hôtels, « demeures des grands seigneurs »? « Le
caractère de leur décoration, explique l'*Encyclopédie* [2], exige
une beauté assortie à la naissance et au rang des personnes
qui la font bâtir, néanmoins ils ne doivent jamais annoncer
cette magnificence réservée pour les palais des rois. » Des
créations culturelles que nous envisageons, sous l'angle purement esthétique, comme des variantes d'un style donné,
étaient ressenties par les hommes du temps comme l'expression hautement différenciée de certaines qualités sociales.
Chacun de ces hôtels est construit d'abord pour un maître
d'œuvre déterminé, pour une « maison » (= lignée) déterminée. L'architecte s'efforce de rendre visible par l'aménagement et la décoration le statut social de son propriétaire.

La demeure d'un prince chef d'armée — nous explique-t-on
—, d'un cardinal, d'un « premier magistrat » (c'est-à-dire d'un
fonctionnaire investi d'une haute autorité juridictionnelle),
d'un « ministre éclairé » chargé d'une fonction gouvernemen-

---

1. Il va sans dire que nous ne pouvons prendre en considération les
couches intermédiaires comme par exemple les financiers et les gens de
robe qui tout en étant d'origine bourgeoise tentent d'imiter la noblesse et
même de se livrer à de la surenchère. Pour bien comprendre ces « couches
intermédiaires » il importe également d'étudier d'abord la société de cour,
qui fait partout figure de modèle.

2. *Cf. Encyclopédie Rec. d. Pl.*, vol. II, Arch. V° partie.

tale, doit se distinguer par son aspect de l'hôtel d'un simple maréchal de France, d'un évêque, d'un « président à mortier », c'est-à-dire d'hommes de la noblesse, du clergé, de la robe ou de la plume occupant un échelon inférieur de la hiérarchie. Toutes ces personnes « ne tenant pas le même rang dans la société doivent avoir des habitations dont l'ordonnance annonce la supériorité ou l'infériorité des différents ordres de l'état. »

La demeure des princes s'appelle « palais » ou plus exactement « palais de deuxième classe » pour le distinguer du « palais royal », celle des autres « de grands hôtels ». Mais dans les deux cas la décoration doit s'accorder à la fonction sociale du propriétaire : « Pour la demeure du *militaire*, on devra faire présider un caractère martial, annoncé par des corps rectilignes, par des pleins à peu près égaux aux vuides, et par architecture qui puise sa source dans l'ordre dorique.

« Pour la demeure de l'homme d'église, on fera choix d'un caractère moins sévère, qui s'annoncera par la disposition de ses principaux membres, par des repos assortis et par un style soutenu qui ne soit jamais démenti par la frivolité des ornements.

« Enfin pour la demeure du magistrat, on saisira un caractère qui devra se manifester par la disposition générale de ses formes, et la distribution de ses parties, les seuls moyens de parvenir à désigner sans équivoque dès les dehors de l'édifice, la valeur, la piété, l'urbanité.

« Au reste, nous le répétons, il faut se ressouvenir d'éviter dans ces différents genres de composition la grandeur et la magnificence du ressort des palais des rois. »

Il est impossible de bien comprendre la structure d'une société si on ne sait pas la regarder à la fois dans notre perspective (en parlant d'elle à la *troisième* personne) et dans *sa* perspective (en écoutant ses membres parler d'elle à la *première* personne).

La recherche sur l'habitation des hommes de cour, sur la manière dont ils ressentaient l'aménagement de leurs demeures, et sur leur propre « image » nous fournit l'exemple d'une analyse d'une unité sociale faite à la fois à la troisième et à la première personne (nous les voyons... ils se voient). Les

règles sociales, ou — pour employer la terminologie traditionnelle — « le côté objectif de l'aménagement de l'habitation de l'homme de cour » nous servent de point de départ.
On peut les distinguer mais non les dissocier des aspects
« subjectifs », de la manière dont les groupes intéressés le ressentent et le motivent.

Vu sous cet angle, l'examen de l'aménagement de la maison
et de l'espace par la société de cour permet un premier regard,
encore limité, sur ses structures. La méthode nous révèle aussi
bien *sa* perspective que la *nôtre :* on voit cette société comme
une formation d'êtres humains dont nous parlons à la troisième personne, mais on la voit aussi comme ils se voyaient
quand ils parlaient d'eux à la première personne.

Cette société est une société d'ordres hiérarchisés. Mais la
société absolutiste se distingue de la société médiévale, dont
elle est issue, par le fait que la prédominance du roi sur tous
les ordres est devenue une évidence. La répartition relativement instable de la puissance dans la société d'ordres médiévale
a cédé la place à une répartition plus stable. Personne ne
saurait nourrir des doutes sur la prédominance absolue du
roi sur la noblesse, le haut clergé et les hauts fonctionnaires.
Elle trouve son expression symbolique dans le fait que personne, en dehors du roi, n'est capable ou ne pourrait risquer
de construire pour son propre usage une maison égalant et
encore bien moins dépassant la maison du roi par ses dimensions, son luxe, sa décoration. Suivent, dans l'ordre hiérarchique, les autres membres de la maison royale et les trois
piliers de l'État, la haute noblesse d'épée, le haut clergé, le
corps des magistrats et des administrateurs. Puis viennent,
toujours dans un ordre strictement hiérarchisé, les couches
moyennes et inférieures de ces trois états. Un peu en dehors
se tiennent les financiers, en général des bourgeois ayant
réussi à amasser d'immenses richesses. Les représentants les
plus illustres de ce groupe sont les fermiers généraux et
d'autres personnages finançant des entreprises d'État.

Le « tiers état » n'est plus à proprement parler un état,
mais un réceptacle de toutes sortes de groupements professionnels dont la structure sociale répond de moins en moins
à la fiction d'« état » que la hiérarchie s'efforce de maintenir.

La couche inférieure de cet « état » est le « peuple » — les paysans, les petits preneurs à bail, les petits artisans, les ouvriers, les laquais et autres domestiques. En font partie aussi — qu'on songe à la division des « maisons particulières » qui répond en quelque sorte à cette division du « tiers état » — les couches bourgeoises moyennes, dont il existe toute une gamme, des « négociants, fabricants, avocats, procureurs et médecins, comédiens, professeurs ou curés, fonctionnaires, employés et commis ». Quelques groupes particulièrement influents du « tiers état » se sont haussés au niveau de la « noblesse d'épée » — ce sont les magistrats et fonctionnaires de haut rang, les fermiers généraux, les intellectuels bourgeois. Ces trois groupes marquent en même temps les trois voies qui s'offrent aux membres de la bourgeoisie désireux de s'élever sur l'échelle sociale. Depuis longtemps déjà, la haute magistrature revendiquait les mêmes droits et le même prestige que la noblesse d'épée. Les fermiers généraux devaient se contenter de la dépasser en apparat extérieur. L'*Encyclopédie* place la haute magistrature au même rang que la noblesse du sang et le haut clergé [1]. Depuis la mort de Louis XIV, la puissance des hauts tribunaux et plus spécialement des parlements égale presque celle de la noblesse et du haut clergé. Ils formaient à l'intérieur des structures absolutistes une sorte de puissance d'opposition modérée. Ils luttent pour que leur statut soit reconnu et entouré de la puissance et du prestige auxquels ils prétendent. Mais ils n'arriveront jamais à s'imposer tout à fait. Si l'on fait abstraction de quelques familles anoblies sous Louis XIV, ils restent, sur le plan juridique, en dépit des privilèges dont ils bénéficient, des membres de la couche bourgeoise. Plus tard, leurs représentants les plus illustres forment une sorte de « noblesse à part », la « noblesse de robe », qui, en dépit de l'accroissement incessant de sa puissance, ne perdra jamais tout à fait son caractère de noblesse civile. Sur le plan des rapports mondains, les maisons de la noblesse de robe ne tiennent pas, du moins dans la capitale, dont nous parlons ici, le même rôle que les maisons de la noblesse de cour. C'est cette noblesse

---

1. *Cf. Encyclopédie*, art. « Noblesse d'épée ».

de cour qui, par obligation et inclination d'état, forme pendant toute la durée de l'ancien régime jusqu'à l'approche de la Révolution, le vrai noyau de la « bonne société de cour » du « monde », de la « bonne compagnie ». La « bonne compagnie » se compose d'un ensemble complexe de relations dont le groupe central, le plus respecté, le plus important est la haute noblesse de cour. Un peu en marge de cette « bonne compagnie » évoluent les milieux de la finance. Abstraction faite de quelques contacts occasionnels, par exemple dans le salon du président Hénault, la magistrature, vivier d'un jansénisme qui n'a jamais trouvé droit de cité dans la société de cour, forme à Paris un milieu à part [1].

Les autres bourgeois ayant accès, au XVIIIe siècle, à la bonne société, en premier lieu les représentants de l'intelligentsia bourgeoise, y font figure d'invités bien plus que d'hôtes, et ce fait est significatif de la structure de cette « society ». C'est bien dans les « hôtels », et non dans les maisons bourgeoises, qu'ils se réunissent, qu'ils trouvent à satisfaire leur besoin de contacts, qu'ils peuvent entretenir les traits distincts qui constituent le ciment de ce « monde » et le délimitent vers le bas : le code du « savoir-vivre » accepté par tous, l'unité de la culture et de l'esprit, la délicatesse et l'universalité du « goût ». C'est par de telles qualités immédiatement visibles et perceptibles que les membres du « monde » se distinguent de la foule. C'est dans le « monde » que se forme ce sens du prestige et de la représentation qui préside aussi à l'aménagement de l'habitation.

La différenciation des aspects extérieurs de la vie pour marquer la différenciation sociale, la représentation du rang par la forme, ne sont pas seulement caractéristiques des habitations, mais de toute l'organisation de la vie de la cour. La sensibilité des hommes de ce temps pour les rapports entre le rang social et l'organisation de tous les aspects visibles de leur champ d'activité, y compris leurs propres mouvements, est à la fois le produit et l'expression de leur position sociale.

Ce qui nous apparaît aujourd'hui comme du « luxe » est

---

1. *Cf.* documentation s'y rapportant chez Edm. et J. DE GONCOURT, « *La femme au XVIIIe siècle* », Paris, 1877 et V. du Bled, *La société française du XVIe au XXe siècle*, vol. V.

en réalité, comme Max Weber l'avait déjà noté, une nécessité dans une société ainsi structurée. Veblen a défini ce luxe comme *conspicuous consumption,* comme consommation ostentatoire. Dans une société où chaque attitude d'un individu a une valeur de représentation sociale, les dépenses de prestige et de représentation des couches supérieures sont une nécessité à laquelle on ne peut se soustraire. Elles sont un instrument indispensable d'auto-affirmation sociale, surtout quand une compétition continuelle pour les chances de rang et de prestige tient en haleine tous les intéressés, comme c'était le cas dans la société de cour.

Quand un duc se propose de faire construire une maison, celle-ci doit bien être la maison d'un duc et non celle d'un comte. Cette remarque s'applique à tous les éléments de son train de vie. Il ne peut tolérer qu'un autre s'entoure d'allures plus « ducales » que lui! Il doit veiller à ce que dans les rapports sociaux officiels il ait la préséance sur le comte. S'il avait un pays à gouverner, sa fonction réelle, sa puissance territoriale lui assureraient de toutes manières la préséance sur le comte. Mais même alors il serait important — sinon indispensable — que sa position privilégiée s'exprimât aussi dans ses rapports sociaux. Mais dans la société absolutiste les titres de noblesse ne comportent plus guère de fonctions de puissance; ces titres, c'est le roi qui, d'une manière générale, les décerne. S'ils se rattachent à certains domaines, ces domaines ne permettent plus d'exercer un pouvoir réel; ils sont des sources de revenus dont le porteur du titre peut disposer. Car toute la puissance appartient exclusivement au roi. Ainsi, le seul moyen de marquer son rang consiste à l'affirmer par la manière de se montrer dans la société. Affirmer son rang devient une nécessité absolue. Si l'argent fait défaut, le rang et partant l'existence sociale de son titulaire se trouvent grandement compromis. Un duc qui n'aménage pas sa maison comme il convient à un duc, qui, de ce fait, ne peut satisfaire aux obligations sociales d'un duc, a pour ainsi dire cessé d'être un duc.

C'est là qu'apparaissent les implications particulières qui permettent d'expliquer l'économie seigneuriale. Pour assurer son existence sociale, le commerçant doit régler ses dépenses

sur ses rentrées. Le grand seigneur de l'ancien régime, par
contre, doit accorder ses dépenses aux exigences de son rang,
s'il entend sauvegarder son existence sociale. L'adage « noblesse
oblige » exprime à l'origine un éthos qui se distingue essentiellement de celui des classes bourgeoises professionnelles, dont
l'orientation est essentiellement économique. L'antinomie de
l'existence sociale de cette noblesse de cour — antinomie
d'autant plus manifeste que l'économie française obéit de
plus en plus à la rationalité économique — réside donc dans
le fait que ses dépenses lui sont dictées — indépendamment
de ses ressources — par son rang et les obligations de représentation imposées par la société.

Cette situation de la noblesse se trouvait aggravée du fait
qu'au cours du xviiie siècle force lui était de rivaliser de plus
en plus avec les couches bourgeoises ascendantes, en particulier avec les financiers. Ce n'est pas sans motif qu'on les
range plutôt dans les ordres privilégiés que dans les couches
professionnelles, qu'on dit d'un homme qui embrasse la
carrière de la finance qu'il « prend un état ». Les financiers
ont plus ou moins adopté la mentalité et le comportement
de la société d'ordre. Leur rang — qui ne s'appuie encore
sur aucune tradition — aspire, comme tous les autres, à une
représentation appropriée. Les financiers appartiennent, de
même que la magistrature, aux couches bourgeoises d'état
et non professionnelles. Remarquons toutefois que les plus
hautes fonctions de la magistrature sont pour la plupart
tenues par des familles dont l'ascension et la séparation
d'avec les couches bourgeoises avaient débuté déjà au cours
du xviie siècle et qui formaient un ordre à part, tandis
les familles de financiers, dont on n'entend parler qu'au
xviiie siècle, n'ont commencé leur ascension qu'en ce siècle.
Mais leur comportement atteste qu'elles sont bien plus
poussées par des mobiles de rang, d'honneur et de prestige
que par des « intérêts » économiques, toutes sortes de mélanges
et de transitions pouvant exister concurremment.

Le désir de se différencier, de se distinguer de ceux qui ne
font pas partie du groupe, de bien marquer la distance sociale,
trouve son expression verbale dans des mots tels que « valeur »,
« considération », « se distinguer » et d'autres, dont l'usage

courant est en même temps un signe d'appartenance à un groupe social et un rappel des obligations qui découlent de l'adhésion aux mêmes idéaux sociaux. Les termes aussi bien que les attitudes et valeurs qu'ils symbolisent sont adoptés tôt ou tard aussi par les familles bourgeoises en passe de s'intégrer à la société de cour, à savoir les financiers. Dans leurs milieux aussi, l'« économie » et l'« intérêt » perdent la primauté. Ils sont remplacés, après une ou deux générations, par des considérations d'« honneur », de « distinction » et de « prestige ».

Le train de vie des financiers retentit sur celui des grands seigneurs. L'aiguillon de la mode, qui est maintenant fixée par les financiers, stimule aussi la noblesse. Ne pas s'y conformer équivaut à une perte de prestige. Or, les prix augmentent sans cesse. Les besoins d'argent de la noblesse s'accroissent, tandis que leurs rentes restent stationnaires.

CHAPITRE II

Le système des dépenses

Les implications de l'existence sociale d'une couche oisive ne sont pas moins impérieuses et inéluctables que celles qui mènent à la ruine une couche laborieuse. C'est ce que le duc de Croÿ a voulu dire en affirmant : « Ce sont les maisons qui ont écrasé la plupart des grandes familles. »

On ne saurait expliquer la différence entre l'attitude aristocratique et l'attitude bourgeoise face au problème des dépenses et des recettes, en invoquant simplement les carences et défaillances personnelles d'un grand nombre d'individus. Elle n'est nullement la conséquence de mesures arbitraires ou d'une baisse subite de la perspicacité et de la maîtrise des intéressés. En réalité, nous avons affaire à un système social de normes et de valeurs, aux exigences duquel l'individu ne peut se soustraire que s'il renonce à la fréquentation de ses semblables, à son appartenance au groupe en tant que tel. Ces normes ne s'expliquent pas par quelque secret enfermé dans le cœur d'un grand nombre d'individus, elles s'expliquent par les groupements spécifiques qu'ils forment et par les rapports spécifiques qu'ils entretiennent.

Nous avons d'un côté l'éthos social de la bourgeoisie professionnelle. Ses normes obligent chaque famille d'accorder les dépenses aux recettes et de maintenir, dans la mesure du possible, la consommation au-dessous du niveau des revenus, la différence pouvant être investie en vue d'augmenter les recettes futures. Dans un tel système, la consolidation de la position de la famille et, plus encore, le succès social,

l'accès à un statut plus élevé et plus considéré, dépendent de la
stratégie à long terme en matière de dépenses et de revenus,
et des efforts de l'individu en vue de subordonner la satisfaction de ses besoins immédiats à la nécessité d'épargner
pour s'assurer des gains futurs *(saving-for-future-profit ethos)*.

Ces règles de conduite de la bourgeoisie professionnelle
sont incompatibles avec la notion de *consommation de
prestige*. Dans les sociétés où prédomine l'éthos de la consommation en fonction du statut social *(status-consumption ethos)*,
la seule sauvegarde de la position sociale de la famille et plus
encore l'accroissement du prestige, le succès social, dépendent
de la volonté d'accorder les dépenses du ménage et la consommation en général avant toute autre chose au rang social,
au statut, au prestige qu'on détient ou que l'on convoite.
L'homme qui n'a pas les moyens de vivre selon son rang perd
la considération. Il est en perte de vitesse dans la course
ininterrompue pour les chances de promotion sociale et de
prestige, il risque d'être obligé de déclarer forfait et de quitter
le rang et le groupe social auxquels il appartient. L'obligation
de dépenser pour le prestige entraîne, sur le plan des dépenses,
une éducation qui se distingue très nettement de celle des
bourgeois professionnels. Nous trouvons un exemple de cet
état d'esprit dans un geste du duc de Richelieu rapporté par
Taine[1]. Le duc remet à son fils une bourse pour que le jeune
homme apprenne à dépenser l'argent en grand seigneur;
comme il rapporte la bourse pleine à son père, celui-ci s'en
empare et la jette, sous les yeux de son fils, par la fenêtre.
Cet exemple nous met en présence d'une socialisation dictée
par une tradition sociale qui exige de l'individu qu'il règle
ses dépenses en fonction de son rang. Dans la bouche d'un
aristocrate de la cour, le mot « économie », quand il signifie
harmonisation des dépenses et des revenus ou limitation
planifiée de la consommation en vue de l'épargne, garde
jusqu'à la fin du XVIIIᵉ siècle, et parfois même après la
Révolution, un relent de mépris. Il symbolise la vertu des
petites gens. Il est évident que Veblen n'a pas su se libérer,
dans son étude sur la consommation ostentatoire, de l'emploi

1. *Cf.* H. TAINE, *Les origines, Ancien régime*, tome I, chap. II, 2.

inconsidéré de critères bourgeois pour juger le comportement économique de sociétés différentes de la sienne. De ce fait, il se place dans l'impossibilité de procéder à une analyse sociologique de la consommation de prestige. Il ne discerne pas clairement les contraintes sociales qui la déterminent.

Or, on trouve dans beaucoup de sociétés des exemples de consommation de prestige, de consommations imposées par la lutte pour le statut social et le prestige. Un exemple bien connu est le *potlatch*, en usage dans quelques tribus nord-américaines de la côte nord-ouest, chez les Tlingit, les Haida, les Kwakiutl et quelques autres. Cette institution a pour but de mettre à l'épreuve et, si possible, en évidence, à des intervalles réguliers, le statut, le rang et le prestige d'une famille et les privilèges dont elle bénéficie, en l'obligeant à d'énormes dépenses sous forme de banquets ou de riches cadeaux à remettre de préférence à des rivaux. Comme en France, il y avait aussi dans l'Angleterre du XVIIe et du XVIIIe siècle, au sein des couches dirigeantes, une forte rivalité de rang et de prestige qui s'exprimait — entre autres — par la construction de demeures pompeuses (« stately homes » comme on les appelle aujourd'hui). Il est vrai qu'en Angleterre, le roi et sa cour ne constituaient pas un centre dépassant en puissance tous les autres. Les couches supérieures anglaises n'avaient, par conséquent, pas dans la même mesure que les couches supérieures françaises un caractère de « cour ». Les barrières sociales entre les couches supérieures aristocratiques et bourgeoises, barrières dont la consolidation était considérée par Louis XIV comme une des conditions essentielles de la sauvegarde de son pouvoir et dont il surveillait jalousement le maintien, étaient moins marquées et moins étanches en Angleterre. La couche typiquement anglaise des grands propriétaires terriens d'origine bourgeoise, la « gentry », se lançait, poussée par une rivalité de rang sans fin, avec autant de zèle dans la construction de résidences de prestige et d'une manière plus générale dans les dépenses ostentatoires, que les familles de la haute noblesse. En Angleterre aussi, de nombreuses familles se sont ainsi ruinées.

Vue de loin, la faillite de ces familles pourrait être imputée à des défaillances individuelles. Et, dans un certain sens, il

en est effectivement ainsi. Quand quelqu'un échoue dans une
course, il prouve par là qu'il ne court pas aussi vite que ses
concurrents. Or, une course est organisée de telle sorte qu'il
y a — sauf en cas d'*ex aequo* — des gagnants et des perdants.
Les couches supérieures animées d'un éthos de consommation
de prestige sont toujours organisées de telle manière qu'en cas
de forte émulation, un certain nombre de familles se ruinent.

Montesquieu a élaboré, dans le cadre de l'évolution européenne, un des premiers modèles expliquant la régularité
— observée par lui — avec laquelle des familles nobles se
ruinaient. Il présente cette décadence de certaines familles
de la noblesse d'épée comme une phase de la circulation
sociale des familles à l'intérieur des ordres. Il prend comme
point de départ de sa démonstration deux préalables, qui
sont aussi révélateurs de la structure de sa société que de
sa propre appartenance à un ordre donné. Il considère en
effet que toutes les barrières juridiques et autres qui se dressent
entre les différentes élites sociales doivent rester intactes.
A son avis, les distinctions entre les ordres dirigeants de la
société française et plus généralement entre tous les ordres
ne peuvent et ne doivent pas être abolies. Mais il reconnaît
qu'il existe, à l'intérieur de cette structure rigide des ordres
et de leurs élites, une circulation incessante de familles montantes et descendantes.

Une des barrières les plus importantes qui séparent les
deux catégories nobles de la société française, la noblesse
d'épée et la noblesse de robe, de la masse du peuple, est l'in-
terdiction légale faite à la noblesse de se livrer à des activités
commerciales. Augmenter de cette manière ses revenus passe
pour déshonorant et entraîne la perte du titre et du rang.
Montesquieu tient cette disposition légale pour une institution utile et même indispensable dans le cadre d'une monarchie absolutiste. A chacun des groupes de pointe revient
une récompense particulière qui se distingue de toutes les
autres. C'est cela qui leur sert de stimulant :

   « Le lot de ceux qui lèvent les tributs est les richesses,
et les récompenses de ces richesses sont les richesses mêmes.
La gloire et l'honneur sont pour cette noblesse qui ne

connaît, qui ne voit, qui ne sent de vrai bien que l'honneur et la gloire. Le respect et la considération sont pour ces ministres et ces magistrats qui, ne trouvant que le travail après le travail, veillent nuit et jour pour le bonheur de l'empire [1]. »

De telles remarques permettent de se faire une idée assez précise de la place de Montesquieu : il appartient au dernier groupe, à la robe. La rivalité entre la noblesse de robe et la noblesse d'épée apparaît très nettement dans son exposé. Chaque fois qu'il évoque la noblesse d'épée, il lui décoche quelques brocards ironiques. Mais, comparées aux remarques que d'autres représentants des deux noblesses rivales ont l'habitude de se lancer réciproquement, celles de Montesquieu sont modérées et inoffensives. Peu d'hommes ont vu avec autant de lucidité que lui que la régularité avec laquelle des familles de la noblesse d'épée se ruinent, n'est pas exclusivement le fait de défaillances individuelles, mais provient de leur situation sociale et surtout de l'échelle des valeurs sociales à laquelle elles se conforment.

Pour commencer, Montesquieu affirme que ce serait une grave erreur de permettre aux nobles de s'enrichir par le commerce. Car on priverait les commerçants du stimulant le plus important qui les pousse à amasser le plus d'argent possible : plus un commerçant est habile, plus il a de chance de pouvoir quitter l'état de commerçant en achetant des titres de noblesse. S'il réussit, grâce à sa richesse, à accéder d'abord à la noblesse de robe, sa famille pourra peut-être plus tard s'intégrer à la noblesse d'épée. Si elle y parvient, elle est obligée d'entamer son capital par des dépenses attachées à son nouveau statut social. « Car la noblesse d'épée, dit Montesquieu avec une pointe d'ironie, ce sont des gens qui songent toujours à faire fortune tout en s'imaginant que c'est un déshonneur d'augmenter son capital sans commencer aussitôt à le gaspiller. C'est cette partie de la nation qui dépense son capital initial au service de son pays. Lorsqu'une

---

1. MONTESQUIEU, *Esprit des Lois*, livre XIII, chap. xx.

famille s'est ruinée de la sorte, elle cède sa place à une autre qui se met à vivre de sa substance. »

Ainsi se referme pour Montesquieu le cercle qui conduit de la famille bourgeoise enrichie à la noblesse. Tombés dans l'indigence, les membres de la famille aristocratique sont peut-être obligés de gagner leur vie en travaillant et de réintégrer, après avoir perdu leur rang et leur prestige, la bourgeoisie, c'est-à-dire le « peuple ». Ce schéma simplifie la réalité, mais projette quelque lumière sur cette combinaison de barrières rigides entre les ordres hiérarchiques et leurs élites et de mobilité sociale relative. Celle-ci rend possibles l'ascension et la chute des familles et les fait passer d'un ordre et d'une élite à l'autre.

Pour bien comprendre cette combinaison de rigidité et de mobilité au sein d'une stratification sociale, il faut se souvenir qu'elle constitue — telle que la voit Montesquieu — un élément intégrant du gouvernement absolutiste de la France. Louis XIV avait appris à ses dépens, au cours de sa jeunesse, quel danger constitue pour la position du roi la collusion de la noblesse d'épée et des chefs de la magistrature et de l'administration, quand, surmontant leur aversion réciproque, ils font front contre le roi. Il se peut aussi que Louis XIV se soit inspiré de la leçon des rois d'Angleterre, dont l'autorité avait été menacée et grandement affaiblie par la résistance conjointe de groupes aristocratiques et bourgeois. Le fait est que le renforcement des différences, oppositions et rivalités entre les ordres, et plus spécialement entre leurs élites, et, à l'intérieur de chaque ordre, entre les différents degrés et niveaux de la hiérarchie de statut et de prestige, faisait partie des maximes inébranlables de sa stratégie de la domination. Il est manifeste que les oppositions et jalousies entre les élites les plus puissantes du royaume sont à la base même de la puissance royale telle qu'elle s'exprime dans les notions de « puissance illimitée » et d' « absolutisme ».

Le long règne de Louis XIV a beaucoup contribué à faire accepter par la sensibilité et la conscience des groupes intéressés comme un de leurs traits le plus caractéristique, la dureté et la rigueur qui ont marqué les différences d'ordres et le rang social, que le roi utilisait comme instruments de domination. Grâce à cet enracinement de la rivalité pour le rang, le statut et le prestige dans les convictions, les jugements de valeur et les idéaux des dominés, les tensions et jalousies ainsi exacerbées et exagérées ne cesseront de se reproduire entre les différents ordres et rangs et surtout entre les sommets en concurrence de cette société hiérarchisée. Elles continueront même lorsque, après la mort de Louis XIV, l'exploitation consciente de cet état de tension et son contrôle systématique par le roi céderont le pas à une stratégie plus lâche et moins conséquente. Comme si souvent en pareil cas, l'accoutumance de groupes d'individus à des comportements imposés ou renforcés par la dépendance et la sujétion, a contribué à transformer des tensions et des conflits en un état permanent.

Ce que nous révèle l'analyse des distinctions et conflits entre les différentes élites s'applique tout autant à la mobilité sociale qui, en dépit de toutes les rivalités et distinctions, assure les communications entre les couches. Cette mobilité, c'est-à-dire la montée et la descente de certaines familles au sein d'une société stratifiée en ordres, est également une donnée sociale. Elle n'a pas été créée par un roi ou par quelque autre individu. L'ascension et la chute de certaines familles sont, au même titre que la stratification sociale en ordres, des manifestations de la dynamique interne d'une telle société. Lorsque l'équilibre des forces tourne, après de nombreuses luttes entre les représentants des ordres et les rois, en faveur de ces derniers — comme cela s'est produit en France, après beaucoup de péripéties, au xviie siècle — le détenteur de la position de roi dispose de l'opportunité de diriger la mobilité sociale selon l'idée qu'il se fait des intérêts de la position royale ou, plus simplement, selon ses intérêts et goûts personnels. Louis XIV profite de cette opportunité d'une manière tout à fait consciente [1]. Après sa mort, son exploitation stratégique devient une sorte de routine. Pour finir, elle s'intègre de nouveau un peu plus à la lutte interne des élites de cour et d'autres élites pour la conquête du pouvoir.

Tant que la marge de manœuvre de la position royale

1. Cf. D. OGG, *Louis XIV*, Londres, 1967, p. 140.

est suffisamment grande, les rois et leurs représentants ont la possibilité de contrôler l'ascension sociale de riches familles bourgeoises, en leur décernant, si leur intérêt le leur conseille, des titres de noblesse. Comme ils sont eux aussi liés par l'éthos de la dépense de prestige, ils mettent à profit le droit d'anoblissement pour renflouer leur caisse d'une manière qui ne contrevienne pas aux règles de leur état.

De même qu'il est possible, dans le cadre d'un tel système social, de contrôler et de diriger à partir de la position royale l'ascension de certaines familles, de même le roi peut, dans certaines limites, contrôler et diriger leur chute. Ainsi, il lui est loisible de freiner ou même d'empêcher l'appauvrissement d'une famille aristocratique par des faveurs personnelles : il peut la secourir par l'octroi d'une charge à la cour ou une nomination militaire ou diplomatique. Il peut la faire bénéficier d'une des prébendes dont il dispose. Il peut lui faire un cadeau en numéraire sous forme de pension. La bienveillance du roi est donc une des chances essentielles dont disposent les familles de la noblesse d'épée pour échapper au cercle vicieux de l'appauvrissement provoqué par leurs dépenses de représentation. Il va sans dire qu'on ne tient pas à compromettre cette chance par une attitude susceptible d'indisposer le roi. Le roi amène ses sujets — pour reprendre une formule de Montesquieu — à penser « comme il veut ». En approfondissant le réseau de dépendances liant le roi et ses sujets on comprend les raisons de cette situation.

L'importance des constructions de la société de cour, l'importance de la décoration de ses habitations ne peuvent être saisies que grâce à une connaissance approfondie du réseau spécifique d'interdépendances où se trouvent pris leurs propriétaires et les cercles où ils évoluent. Or, ce réseau d'interdépendances échappe tant soit peu à notre entendement, parce que, dans les sociétés industrielles évoluées, il est possible de conserver un statut social élevé et un grand prestige social, sans en fournir la preuve publique par une représentation somptueuse et onéreuse, sans un grand déploiement de luxe dans le domaine de l'habillement, du ménage, du train de vie. Il est certain que la pression sociale poussant à l'affirmation de son rang et de son prestige par des dépenses somptuaires, symboles du statut social, n'a pas disparu de nos jours. Ce que nous avons dit à ce sujet de la société de cour nous rend plus attentifs aux analogies que l'on peut découvrir dans les sociétés industrielles et permet de mieux définir, sur le plan conceptuel, les similitudes et les différences structurelles entre les deux types de sociétés. Ainsi, on observe aussi, dans les couches supérieures des sociétés industrielles, une certaine pression sociale qui les pousse à se mettre en avant par des dépenses de représentation, à se livrer des combats acharnés pour des chances de statut ou de prestige, combats qui prennent souvent la forme de rivalités coûteuses et d'exhibitions de symboles relativement onéreux du statut et du prestige. On note cependant une différence essentielle : les dépenses de prestige et l'obligation de la représentation dans les couches supérieures des sociétés industrielles ont un caractère nettement plus privé que dans les sociétés aristocratiques de cour. Elles ne sont pas directement liées à la lutte pour les positions les plus puissantes dans les sociétés industrielles. Elles ne s'intègrent pas dans le mécanisme du pouvoir et ne servent plus guère d'instruments de domination. En conséquence, la pression sociale qui pousse à la dépense de prestige et à la représentation est relativement moins forte. Elle n'a pas un caractère inéluctable comme dans la société de cour.

Parmi les traits structurels distinctifs des sociétés industrielles, il en est un qui aurait sans doute le plus étonné les sociétés précédentes : même les groupes disposant des revenus les plus importants, les riches, économisent et investissent une partie de leurs disponibilités, si bien que — à moins d'un mauvais placement — ils sont obligés d'accroître leurs richesses, qu'ils le veuillent ou non. Les riches et les puissants des sociétés de cour employaient en général tous leurs revenus à des fins de représentation. Le relâchement de l'obligation sociale de représenter, même pour les élites les plus puissantes et les plus riches des sociétés industrielles évoluées, a eu une influence décisive sur l'aménagement des maisons, l'habillement et, d'une manière plus générale, sur l'évolution du goût en matière artistique. De surcroît, les puissants et les riches ne font pas seulement des économies comme les moins puis-

sants et les moins riches, mais ils travaillent! On pourrait
dire qu'à plus d'un égard, les riches vivent aujourd'hui
comme jadis les pauvres, les pauvres comme jadis les
riches.

Dans la société pré-industrielle, la richesse la plus considérée
était celle qu'on avait acquise sans travailler, pour laquelle
on n'avait pas besoin de travailler, autrement dit la richesse
reçue en héritage, surtout les rentes provenant de domaines
hérités. Les élites de cour des sociétés pré-industrielles ne
méprisaient pas le travail comme tel, mais le travail pour
gagner de l'argent et l'argent gagné par le travail. S'agissant
du XVIIᵉ et du XVIIIᵉ siècle, cette remarque s'applique en
premier lieu à la société de cour par excellence, la société
de cour française. Si Montesquieu affirme que beaucoup de
familles de la noblesse d'épée vivaient de leurs capitaux, il
veut dire par là qu'ils vendaient des terres reçues en héritage
et peut-être aussi des bijoux et autres objets de valeur pour
payer leurs dettes. Leurs rentes diminuaient, mais l'obligation de représenter ne leur laissait aucune possibilité hono-
rable de limiter leur consommation. Ils contractaient d'autres
dettes, vendaient d'autres terres, leurs revenus s'en trouvaient encore diminués. Les augmenter par une participation
active à des affaires lucratives et commerciales n'était pas
seulement interdit par la loi, mais considéré comme dégra-
dant sur le plan personnel. Il était tout aussi déshonorant de
mettre un frein aux dépenses du ménage et de la représentation. La pression de la compétition pour le rang, le prestige
et d'autres chances de puissance n'était pas moins contrai-
gnante dans la société de cour que ne l'est la pression de la
compétition pour l'augmentation du capital ou d'autres
chances de puissance économiques dans le monde des affaires
des sociétés industrielles. En l'absence d'héritages, de mariages
d'argent, de faveurs du roi ou d'un homme de cour influent,
l'emprunt semblait le moyen le plus normal pour des
familles ainsi acculées de maintenir, en dépit de la diminution de leurs ressources et pendant quelque temps au moins,
un train de vie en accord avec leur rang. Sans un tel emprunt,
une famille prise dans l'engrenage de la compétition pour le
statut social était condamnée à rester en arrière et à perdre,

avec l'estime de soi-même, l'estime des autres. Nous avons vu que la bienveillance du roi pouvait sauver une famille de l'abîme.

Or, toutes les familles de la société de cour ne s'engagent pas sur cette pente! Nous ignorons le pourcentage des unes et des autres. Ce qui importe, ce n'est pas leur nombre — bien qu'il ne soit pas dépourvu de signification — mais la structure des interdépendances à la pression desquelles les hommes de cette société sont exposés. L'ombre de la menace plane même sur les familles qui réussissent à piloter leur esquif au milieu des rapides. Il y a, à la cour, dans les corps diplomatiques, dans l'armée, dans l'Église, un grand nombre de postes réservés essentiellement aux membres de la noblesse d'épée. Pour les obtenir, il est souvent indispensable d'appartenir à la société de cour ou d'entretenir des relations avec des personnes fréquentant la cour. Ces postes assurent des revenus, mais entraînent en même temps des obligations de représentation. En fin de compte, quelques familles aristocratiques, surtout parmi celles dont le statut et le rang sont au-dessus de tout soupçon, s'affranchissent du tabou et commencent à s'intéresser à quelques entreprises industrielles de grande envergure. Notons que les entreprises et affaires de peu d'importance continuent d'avoir mauvaise presse.

D'aucuns s'étonneront que nous soyons partis des habitations pour explorer un réseau d'interdépendances sociales. Plus surprenant encore sera aux yeux de certaines personnes le lien que nous avons établi entre l'aménagement aristocratique des maisons et les structures du gouvernement absolutiste. Nous avons pris l'habitude de distinguer très strictement, sur le plan conceptuel, entre ce qu'on appelle la « société » et l'« État », sans que cette distinction implique toujours une idée très précise du lien entre les deux notions. On s'est accoutumé à l'idée que les phénomènes sociaux peuvent être rangés, sans égard pour leurs rapports réciproques, dans des catégories conceptuelles. On procède au classement de ces phénomènes en catégories politiques, économiques, sociales, artistiques et autres, comme à une opération qui s'impose d'elle-même, sans vérifier la concordance entre

ces catégories conceptuelles et les faits observés, ni établir
un schéma rationnel des rapports entre les catégories.
L'insouciance avec laquelle on applique ce schéma de classification, qui dérive sans aucun doute de la différenciation professionnelle propre aux sociétés industrielles, à des
sociétés d'un autre niveau de différenciation, rend plus
difficile la compréhension de ces dernières.

On ne diminue en rien le plaisir esthétique que peut donner
la contemplation des demeures aristocratiques ni leur importance artistique, en explorant la situation sociale des hommes
de cour et le rapport qui existe entre formation sociale et
forme architecturale. La remarque de l'*Encyclopédie* que la
décoration d'aucun palais ne doit ressembler au palais du
roi, est significative du réseau de dépendances dont s'était
entouré le gouvernement royal. Nous avons vu que cette même
règle s'applique à tous les rangs de la hiérarchie. Ainsi, il
va de soi qu'une famille de la haute noblesse de cour ne faisant
pas partie de la famille royale garde, dans la décoration de
sa résidence, une distance par rapport à celle d'un prince du
sang. Et ainsi de suite, de degré en degré, jusqu'au bas de
l'échelle sociale. Dans chaque cas d'espèce, c'est la répartition
effective de la puissance qui décide des dérogations éven-
tuelles à la règle, par exemple en faveur d'un riche financier.
Dans les sociétés qui nous sont plus familières, le rapport
entre la répartition de la puissance dans la société tout
entière et les différents aspects de ce que nous appelons la
« vie privée » — dont fait partie aussi l'aménagement de
l'habitation — est relativement lointain et indirect. Dans la
société de cour, il est infiniment plus direct. Les intéressés
en ont, en outre, pleinement conscience. Comme, d'autre
part, la différence entre les aspects « publics » et « privés »
de l'existence est moins marquée dans la société de cour que
dans les sociétés industrielles modernes, la distinction conceptuelle plus rigoureuse entre les domaines de la vie « publique »
et « privée », telle qu'on la pratique couramment dans les
sociétés industrielles, n'est pas de mise quand on a affaire à
l'homme de cour.

On saisit mieux le contexte social de sa propre vie quand
on approfondit la vie d'hommes ayant appartenu à d'autres

sociétés. L'analyse de la société de cour permet, mieux que la seule étude de sa propre société, de mettre en évidence que l'échelle des valeurs à laquelle on est soi-même attaché forme un des maillons de cette chaîne de contraintes sociales auxquelles chacun de nous est soumis. Certaines théories philosophiques et sociologiques présentent souvent ce que nous appelons des « valeurs » ou « jugements de valeur » comme des entités « ultimes » et « absolues » échappant à toute autre explication. On pourrait croire que les hommes ont toute liberté de décider quelles « valeurs » et quels « jugements de valeur » ils adopteront. On ne s'inquiète pas plus de la provenance des valeurs parmi lesquelles les hommes peuvent choisir que l'enfant ne demande où le Père Noël prend les cadeaux ou la cigogne les bébés. On a tendance à oublier aussi les limitations et contraintes auxquelles on s'expose du fait des valeurs auxquelles on adhère et des jugements de valeur qu'on prononce.

Ce que nous venons de dire de la société de cour nous permettra de mieux saisir les rapports entre structures de domination, structures sociales et jugements de valeur. Quand on grandit dans une société qui place l'acquisition d'un titre de noblesse plus haut que l'accumulation de richesses par son travail, dans laquelle l'appartenance à la cour et plus encore le privilège d'avoir accès à la personne du roi ouvrent — en raison des structures de puissance — des perspectives sociales particulièrement importantes pour toute la vie, il est difficile de se soustraire à la nécessité d'accorder ses ambitions personnelles aux valeurs et normes sociales en vigueur et de prendre rang dans la compétition pour ces chances, pour peu que la position sociale de sa famille et l'idée que l'on se fait de ses propres capacités s'y prêtent. Les objectifs que nous jugeons dignes de nos efforts persévérants ne sont jamais déterminés par la seule satisfaction personnelle ni par la valeur accrue que nous confère à nos propres yeux la progression vers le but que nous nous sommes assigné. Ils sont déterminés tout autant par notre espoir de voir confirmés par d'autres notre valeur ou l'accroissement de notre prestige personnel. Aucun être humain normalement constitué n'accepte que l'idée qu'il se fait de sa propre valeur et des valeurs vers les-

quelles il tend, ne se trouve pas confirmée par le comportement des autres.

Cette interdépendance constitutive des jugements de valeur
prononcés par de nombreux individus regroupés dans une
société rend difficile sinon impossible à chacun de rechercher
l'accomplissement de ses ambitions dans des actes qui n'ont
aucune chance de lui rapporter dans le présent ou le futur une
récompense sous forme d'estime, de reconnaissance, d'affection,
d'admiration — bref la confirmation ou l'accroissement de
sa valeur aux yeux des autres. Cette interdépendance des
valeurs rend improbable le développement d'un individu qui
n'assimile pas les jugements de valeur de la société dans
laquelle il grandit. Il est peu probable qu'un individu puisse
se tenir à l'écart, sans prendre part sous une forme ou une
autre à la lutte pour les chances dont il pense et sent que
d'autres les apprécient aussi, sans vouloir s'accomplir d'une
manière qui lui rapporte aussi la confirmation de sa valeur
par d'autres. Une bonne partie — mais non la totalité —
des opportunités pour la conquête desquelles les hommes de
la société de cour ont combattu de toutes leurs forces, ont
perdu aujourd'hui leur rayonnement et leur signification.
Mais il n'est pas nécessaire de partager leurs critères pour
comprendre qu'ils faisaient partie des contraintes de leur
existence sociale et qu'il leur était difficile, pour ne pas dire
impossible, d'abandonner la compétition pour les chances
sociales considérées comme essentielles. Dans la société de
cour, un duc considérait comme le sens de sa vie d'être un
duc, un comte d'être un comte, un privilégié de la cour d'être
un privilégié de la cour. Toute menace pour la position privilégiée d'une maison déterminée, toute menace pour le système des privilèges savamment hiérarchisés, était une menace
pour ce qui conférait aux hommes de cette société, à leurs
propres yeux et aux yeux de ceux qu'ils fréquentaient, valeur,
signification et sens. Toute perte dans ces domaines privait la
vie de sa signification profonde. C'est pourquoi les hommes
de cette société étaient obligés de satisfaire aux obligations
de représentation découlant d'une position ou d'un privilège.
Il y avait, en accord avec la graduation des rangs et des positions, des polarités de valeur de toutes sortes. Le système

était tout entier rempli de tensions. Il reposait sur les rivalités innombrables d'hommes obligés de défendre leur position par des barrières dressées contre ceux d'en bas et de l'améliorer en essayant de lever celles qui les séparaient de ceux d'en haut. La situation était partout explosive. Bien qu'il fût vrai que quelques groupes d'intellectuels commençaient à mettre en question le système même des privilèges, la masse des privilégiés, en tant que gens de cour, s'était prise à son propre jeu. Bien que les tensions et conflits autour de certains privilèges déterminés n'en finissent pas, toute atteinte au régime des privilèges comme tel était ressentie par la plupart des privilégiés comme une attaque générale contre ce qui donnait à leur vie sens et valeur. Comme dans d'autres sociétés, il y avait aussi dans la société absolutiste de France des enclaves où quelques individus cherchaient à se réaliser en tournant le dos aux valeurs reçues et en renonçant à les briguer. Les couvents et d'autres positions dans l'Église offraient de telles possibilités. Mais elles aboutissaient le plus souvent à d'autres formes de compétition pour le statut et le prestige.

Nous avons dit qu'un grand nombre de valeurs vers lesquelles tendaient les efforts des hommes de cour ont perdu depuis tout prestige et font presque figure de non-valeurs. Mais il n'en va pas ainsi pour toutes. Certaines ont conservé tout leur sens et tout leur rayonnement. Ainsi toute une série d'œuvres artistiques et littéraires, qui reflètent une forme du bon goût particulière à la société de cour. Ainsi aussi bon nombre d'habitations. On comprend mieux le langage des formes, si on a en même temps l'intelligence des obligations de représentation et de la sensibilité esthétique qui — en rapport avec la compétition pour le statut social — caractérisent cette société. Ainsi, des phénomènes sociaux qui n'ont pas perdu leur valeur en accompagnent d'autres qui l'ont perdue.

L'évolution de toutes les sociétés humaines permet de constater le gaspillage de vies humaines au service de valeurs futiles, considérées en telle période donnée comme éternelles. Mais il arrive que les victimes sacrifiées au service de valeurs futiles contribuent à la création d'œuvres humaines ou de formations humaines d'une valeur durable.

CHAPITRE III

L'étiquette et la logique du prestige

Pour comprendre l'attitude spécifique de l'aristocratie de cour et l'éthos de la « bonne société » de l'ancien régime il faut avoir une idée de l'organisation de la cour. Or, les relations de la « bonne société» avec la cour n'ont pas toujours été les mêmes.

Mesuré aux critères de notre vie sociale, le « monde » du xviiie siècle était une structure sociale extrêmement solide et cohérente. Mais il était d'une texture assez lâche, si on le compare au « monde » du xviie siècle, notamment avec la « bonne société » du temps de Louis XIV. Car sous Louis XIV la cour n'était pas seulement le centre décisif de la bonne société. Comme le roi était opposé — pour des raisons sur lesquelles nous reviendrons — à la dispersion de la vie mondaine (dispersion qu'il était incapable d'empêcher totalement), la vie sociale se déroulait pour une grande part dans le cadre de la cour même. Il s'agit là d'un processus qui aboutit après la mort de Louis XIV à la désagrégation du cercle [1]. Au début la vie mondaine tenait ses assises les plus distinguées au Palais-Royal, résidence du régent, au palais du Temple où demeurait encore au temps de Louis XIV le grand prieur de Vendôme (banni il est vrai de 1706 à 1714), descendant d'un bâtard de Henri IV, et, après lui, le duc de Conti, dans un des châteaux du duc du Maine, un des puissants bâtards de Louis XIV qui, après la mort de celui-ci, disputa au duc

---

1. *Cf.* aussi Taine, *Les origines..., l'Ancien Régime*, vol. I, chap. II, I, p. 195 : « La monarchie a produit la cour, qui a produit la société polie. »

d'Orléans le pouvoir politique, et de son épouse issue de l'illustre lignée des Condé, qui, en sa qualité de princesse du sang, dépassait même le rang de son mari. Tous ces cercles étaient en réalité de petites cours.

Sous le règne de Louis XV, le centre de gravité de la vie mondaine se déplaça partiellement dans les hôtels, résidences des aristocrates de cour, qui n'avaient pas le rang de princes. Mais la cour royale n'en perdit pas pour autant son rôle de centre. Car c'est là qu'aboutissaient tous les fils de la société, c'est là que se décidaient le rang, le prestige et jusqu'à un certain point les revenus des hommes de cour. Ce n'est qu'en sa qualité de centre de la sociabilité, de source de la culture, que la cour partageait de plus en plus ses fonctions avec les cercles aristocratiques. La sociabilité et la vie mondaine et culturelle étaient soumises à un lent processus de décentralisation. Partant des hôtels de la noblesse de cour, elle gagna jusqu'aux maisons des financiers. C'est précisément à ce stade de son évolution que le « monde » produisit le phénomène connu sous le nom de « civilisation de salon [1] ».

A l'époque du gouvernement faible de Louis XVI et de l'accroissement de la richesse bourgeoise, la cour perdit encore de son importance comme centre de la vie mondaine et sociale [2]. La « bonne société » se dispersa de plus en plus, sans toutefois effacer ses frontières vers le bas. Il est vrai qu'il est de plus en plus difficile de les apercevoir [3]. Pour finir, le raz de marée de la Révolution balaya tout l'édifice. A sa

1. Ce déplacement du centre de gravité de la bonne société et de la vie mondaine du palais royal vers les palais princiers, de là vers les hôtels de la haute noblesse et — avec une certaine distance — vers la riche bourgeoisie d'état se reflète aussi dans le style de la « bonne société ». Le passage du classicisme au rococo, du rococo au style Louis XV coïncide assez exactement avec le déplacement du centre de gravité et la transformation de la société de cour.

2. C'est sous son règne que, pour la première fois, une partie des grandes familles, les Rohan, les Noailles, les Montmorency et d'autres se retirèrent de la cour. Cf. BOEHN, *Frankreich im 18. Jahrhundert*, Berlin, s.d., p. 67.

3. Le fait qu'elles existent encore ressort de remarques comme celle-ci. Necker donne en sa qualité de ministre une fête brillante : « Il se trouve, lisons-nous dans un rapport contemporain, que cette fête lui a valu plus de crédit, de faveur et de stabilité que toutes les opérations financières. On n'a parlé qu'un jour de sa dernière disposition concernant le vingtième tandis qu'on parle encore en ce moment de la fête qu'il a donnée. » *Corresp. secrète*, V, *cit.* par TAINE, I, chap. II, 2, p. 108.

place se constitua, sous l'Empire, une autre « bonne société »,
dont le centre se trouve en général à la cour napoléonienne,
mais dont l'incidence sur tous les détails de la vie, dont la
minutie et la délicatesse de manières ne peuvent se comparer—
en raison des changements dans les conditions de vie — à
l'ancienne. Dorénavant la vie mondaine cultivée et le bon
goût ne vivront que sur l'héritage du XVIIIe siècle.
Les tâches nouvelles qui attendent les hommes se situent
dans d'autres domaines.

Il importe de bien discerner les grandes lignes de cette
évolution : les salons des aristocrates et des financiers du
XVIIIe siècle sont les descendants du salon royal de la deuxième
moitié du XVIIe siècle. La nouvelle société de cour se forme
effectivement à la cour de Louis XIV. On assiste à la conclusion d'un processus amorcé depuis longtemps : les chevaliers
et les épigones de la chevalerie s'y transforment en hommes
de cour au sens propre du terme, en hommes dont l'existence
sociale — y compris souvent les revenus — dépend de la
société de cour.

Nous avons vu la hiérarchie des habitations, symbole de
la hiérarchie sociale, des maisons locatives jusqu'aux « hôtels ».
Il nous reste à examiner le plus beau fleuron de cette hiérarchie, le palais du roi, centre officiel de la cour et de la société
de cour, où les aristocrates venus de tous les pays d'Europe
puisaient leurs inspirations.

Le palais royal le plus typique qui ait jamais été conçu
et réalisé est sans conteste le château de Versailles. Il importe
donc de soumettre, après les « hôtels » qui, sous Louis XIV,
ne voulaient être que des « dépendances » du palais royal,
avant d'assumer le rôle de centres d'une vie sociale relativement décentralisée, le château de Versailles, point de départ
de ce mouvement, à une analyse sociologique au moins
partielle.

Quand on embrasse du regard ce bâtiment, on est frappé
d'abord par un fait particulier : on aperçoit un complexe de
constructions capable d'héberger des milliers de personnes.
C'est la population d'une ville entière qui peut s'abriter
dans ses murs. Mais ces milliers de personnes n'y vivent pas
à la manière des habitants d'une ville. Les unités sociales

qui y résident ne sont pas des familles, dont les besoins et les limites modèlent des unités spatiales séparées les unes des autres. Ce complexe de bâtiments est d'abord la maison du roi et la résidence au moins passagère de la société de cour dans son ensemble. Une partie de cette société disposait toujours d'un appartement dans la maison du roi. Louis XIV aimait voir habiter ses nobles sous le même toit que lui, il était content quand on lui demandait un logis à Versailles. C'est surtout la haute noblesse qui, conformément au désir du roi, se trouvait presque en permanence à la cour. Beaucoup de nobles quittaient tous les jours leur hôtel en ville pour se rendre auprès du roi : « Je ne sortirai presque point de la cour, dit Saint-Simon quelque part, ni Mme de Saint-Simon non plus [1]. » Or, il est à noter que Saint-Simon n'occupait aucune charge officielle qui le liât étroitement à la cour.

Il est difficile d'évaluer le nombre de personnes qui habitaient ou qui pouvaient habiter au château de Versailles. Un rapport nous dit qu'en 1744 il y avait — domestiques compris — une population de dix mille personnes [2]. Cela permet de se faire une idée approximative des dimensions du château. Il est vrai que, dans ce cas précis, il était bourré de monde, des caves jusqu'aux combles.

Étant donné la grande unité des besoins en matière d'habitation et des usages sociaux de l'aristocratie de cour, on trouve au château du roi tous les éléments que nous avons reconnus comme caractéristiques de l'hôtel. Mais de même qu'ils ont passé sous une forme rétrécie dans les demeures bourgeoises, de même ils ont été amplifiés dans la maison du roi, et ceci non seulement en raison de la multiplication des besoins, mais aussi comme symbole de la position de puissance du roi, comme expression de son prestige. Cette remarque s'applique déjà à la cour d'entrée. Il était évident que le roi avait besoin d'une cour plus vaste que les autres grands de son royaume, puisqu'aucun n'accueillait autant de carrosses. Mais de même que dans les échanges commerciaux, la valeur d'usage d'un produit s'efface devant sa valeur

1. *Mémoires*, Paris, Delloye, 1843, vol. XVII, chap. XXXV, p. 248.
2. *Cf.* BOEHN, *Frankreich im 18. Jahrhundert*, Berlin, s.d., p. 109.

d'échange pour ne plus représenter que la contre-valeur de telle somme d'argent, ainsi la valeur d'usage de la cour s'est trouvée masquée par sa valeur de prestige social.

En parlant d'une cour convenant à un grand hôtel, l'*Encyclopédie* affirme [1] qu'elle devait être conçue de telle manière qu'elle « indiquât par son aspect le rang du personnage qui devoit l'habiter ». Il faut se rappeler cette manière de comprendre la cour d'accès d'un château, quand on prend le chemin de celui de Versailles. En effet, *une seule cour* eût été incapable d'exprimer la dignité et le rang du roi : aussi a-t-on eu soin d'aménager d'abord une large *avant-cour* que doivent traverser à pied ou en carrosse les visiteurs venus de l'ouest. Cette cour ressemble bien plus à une place ouverte qu'à une cour au sens propre du terme. Sur ses côtés, deux allées conduisent au château; elles sont flanquées de deux ailes orientées d'est en ouest qui abritaient autrefois les appartements et bureaux des chanceliers et des ministres. Ainsi, on s'avance vers le château proprement dit. La cour se rétrécit. On traverse une cour carrée, qui débouche sur une deuxième cour plus petite, la « Cour royale »; de là on pénètre dans la « Cour de marbre » entourée, sur trois côtés, par la partie centrale du château. Cette partie centrale est si grande qu'elle comporte quatre autre cours, deux de chaque côté. C'est au premier étage de ce corps de bâtiment que vivaient le roi et la reine avec leur suite. La partie la plus importante de la « Cour royale » est formée par deux prolongements étroits du bâtiment central, à partir desquels se développent, vers le nord et vers le sud, les deux énormes ailes du château. Dans l'aile nord se trouve la chapelle et, séparé d'elle par une petite cour, l'opéra; l'aile sud contenait les appartements des princes du sang et du frère du roi. C'est l'ensemble de ces bâtiments, avec leurs centaines d'appartements, leurs milliers de pièces, leurs innombrables couloirs grands et petits, clairs et sombres, qui constituait — du moins au temps de Louis XIV — le siège proprement dit de la cour et de la société de cour.

Il peut être intéressant de savoir quelle destination le

1. *Encyclopédie Rec. d. Pl. Archit.* Vᵉ partie, p. 25.

propriétaire d'une maison veut souligner en lui assignant la pièce ou les pièces centrales. Cette remarque s'applique à plus forte raison à l'ancien régime, où la couche supérieure, le roi le premier, ne venait pas louer et occuper des locaux tout faits, exigus, produits d'un calcul rationnel de rentabilité. Ici les considérations d'espace et de prestige déterminaient dès le début les dépenses, et, de ce fait, les aménagements de la construction.

Il est donc intéressant de constater que la pièce du milieu du premier étage, des fenêtres de laquelle on embrassait du regard toute la voie d'accès, la « Cour de Marbre », la « Cour royale » et toute l'étendue de l'avant-cour, était la chambre à coucher du roi.

Il est permis de ne voir dans cette disposition que la reprise d'un usage commun dans la plupart des manoirs campagnards. Là aussi, la pièce centrale du premier étage servait souvent de chambre à coucher [1]. La reprise de cette disposition au château de Versailles prouverait donc combien le roi se sentait le maître de la maison. Mais les fonctions de roi et de maître de maison se confondaient dans la personne de Louis XIV à un degré qui nous semble à peine croyable. L'étendue de son autorité royale se manifestait dans l'organisation de ses fonctions domestiques. Si le roi était en quelque sorte le « maître de céans » dans tout son royaume, il se sentait aussi le souverain du pays jusque dans les recoins les plus privés de ses appartements. L'aménagement intérieur de la chambre à coucher du roi reflète cette situation. Cette chambre était, comme on sait, le théâtre d'un cérémonial particulier, dont la solennité ne le cédait en rien à celle d'une cérémonie d'État. Ce cérémonial révèle d'une manière immédiate la fusion intime, chez Louis XIV, des fonctions de maître de maison et de roi.

Les cérémonies de la chambre à coucher du roi ont été souvent décrites. Il ne suffit pas de les regarder comme une pièce de musée poussiéreuse, qui frappe l'imagination du spectateur par son caractère étrange et exotique. Il faut les faire revivre, une à une, pour pouvoir mieux comprendre les

---

1. *Cf.* Blondel, *De la distribution des maisons de plaisance*, Paris, 1937.

structures et les fonctions du cérémonial de la cour, dont
elles constituent un des éléments, et, à travers elles, les
manières d'être des hommes qui les accomplissaient et qui
en étaient marqués.

Voyons en détail — comme on décrit une fabrication, les
méthodes de travail d'un bureau, le rituel royal d'une tribu
primitive — une des cérémonies qui se déroulaient dans la
chambre à coucher du roi. Elle éclaire directement l'importance
de cette chambre et indirectement aussi la manière de gouverner de Louis XIV. C'était « le lever du roi [1] ».

C'est en général à huit heures, ou à un autre moment fixé
d'avance par le roi, que Louis XIV est réveillé par le premier
valet de chambre, qui dort au pied du lit royal. On ouvre les
portes pour laisser entrer les pages de la chambre [2]. L'un des
pages court avertir le « grand chambellan [3] » et le premier
gentilhomme de la chambre, un autre la bouche [4], un troisième
prend position devant la porte et ne laisse entrer que les
seigneurs qui jouissent de ce privilège.

L'accès à la chambre à coucher du roi était strictement
hiérarchisé. Il y avait six catégories de personnes à pouvoir,
l'une après l'autre, y pénétrer. On parlait des différentes
« entrées ». La première était l'« entrée familière ». Y avaient
droit en premier lieu les fils et petits-fils légitimes du roi
(les « Enfants de France »), les princes et les princesses du
sang, le premier médecin, le premier chirurgien, le premier
valet de chambre et le premier page du roi.

La deuxième entrée, appelée « grande entrée » était réservée
aux « grands officiers de la chambre et de la garderobe [5] »,
ainsi qu'aux nobles à qui le roi avait accordé cette faveur. La

1. *Cf.* à ce sujet MARION, *Dictionnaire des Institutions de la France aux
XVIIe et XVIIIe siècles*, Paris, 1923, art. « Étiquette », ainsi que SAINT-
SIMON, *Mémoires*, 1715.

2. La description de SAINT-SIMON diverge sur ce point : selon lui, on fait
entrer d'abord le médecin et — tant qu'elle vivait — la nourrice du roi,
qui le frictionnaient.

3. La charge de « grand chambellan » est une des grandes fonctions de
la cour; c'est le grand chambellan qui surveille tous les « officiers de la
chambre du roi »; *cf.* *Encyclopédie*, art. « Chambellan ».

4. C'est le nom de la cuisine de cour.

5. Toutes ces charges de cour s'achetaient; il est vrai que l'accord du roi
était obligatoire; au temps de Louis XIV, ces charges étaient exclusivement
réservées aux nobles.

« première entrée », qui succédait à la « grande entrée »,
comportait les lecteurs du roi, l'intendant des plaisirs et
festivités, et d'autres privilégiés. La quatrième, ou « entrée
de la chambre », comprenait tous les autres « officiers de la
chambre », le « grand-aumônier », les ministres et secrétaires
d'État, les « conseillers d'État », les officiers de la garde du
corps, les maréchaux de France, etc. L'admission à la cin-
quième entrée dépendait dans une certaine mesure du bon
vouloir du premier chambellan et, évidemment, de la bienveillance du roi. Participaient à cette « entrée » les nobles,
hommes ou femmes, qui avaient la faveur du roi et que le
chambellan voulait bien laisser entrer; ils jouissaient ainsi
du privilège de s'approcher du roi avant tous les autres. Il
y avait encore une sixième entrée, la plus recherchée de toutes.
Ceux qui y avaient droit, les fils du roi, même illégitimes,
et leurs familles, les gendres du roi, le puissant « surintendant
des bâtiments », ne passaient pas par les grandes portes mais
par une porte de derrière. Faire partie de ce groupe était
une grande faveur; car les personnes ainsi privilégiées avaient
le droit d'entrer à tout moment dans les cabinets du roi,
sauf quand il tenait conseil ou travaillait avec ses ministres;
elles pouvaient rester auprès de lui jusqu'à ce qu'il se rendît
à la messe, et même quand il était malade.

Tout était donc fort bien réglé. Les deux premiers groupes
étaient admis alors que le roi se trouvait encore au lit. Mais
il portait déjà une petite perruque; il ne se montrait jamais
sans perruque, même au lit. Lorsqu'il s'était levé et que le
grand chambellan aidé du premier valet de chambre avait
apporté ses habits, on appelait le groupe suivant, la « première
entrée ». Après avoir chaussé ses souliers, le roi réclamait
les « officiers de la chambre » et on ouvrait les portes pour
l'entrée suivante. Le roi saisissait alors son habit. Le « maître
de la garderobe » tirait la chemise de nuit par la manche droite,
le premier valet de la garderobe par la manche gauche. Après
avoir enfilé sa chemise, le roi se levait de son fauteuil, le
« maître de la garderobe » bouclait les souliers, attachait
l'épée, l'aidait à passer l'habit, etc. Habillé, le roi priait
quelques instants pendant que l'aumônier — ou, en son
absence, un autre ecclésiastique — récitait à voix basse une

prière. Pendant ce temps, toute la cour s'était rassemblée dans la grande galerie. Celle-ci occupait, côté jardin, sur toute la largeur du bâtiment central, le premier étage du château [1].

Ce qui frappe le plus dans ce cérémonial est son ordonnance méticuleuse. Il ne s'agissait pas, bien entendu, d'une organisation rationnelle au sens moderne du terme, mais d'un type d'organisation dans laquelle chaque geste avait une valeur de prestige et symbolisait la répartition du pouvoir. Ce qui, dans le cadre de nos structures sociales modernes, a, la plupart du temps — mais pas toujours —, le caractère de fonctions secondaires, revêtait sous l'ancien régime le caractère de fonctions essentielles. Le roi mettait à contribution ses gestes les plus intimes pour marquer des différences de rang, pour accorder des distinctions, des faveurs, pour manifester son mécontentement. Il apparaît donc que l'étiquette assumait dans cette société et dans cette forme de gouvernement une fonction symbolique d'une grande portée.

L'attitude perceptible dans la hiérarchie des habitations ressort ici avec plus de netteté encore. On voit se dessiner au moins les grandes lignes des contraintes sociales qui ont suscité et rendu nécessaire une telle attitude. Le roi était bien obligé d'ôter sa chemise de nuit et d'enfiler sa chemise de jour. Mais ce geste indispensable avait été investi d'une signification sociale. Le roi en avait fait un privilège dont il honorait ses nobles. C'est le grand chambellan qui avait le droit d'aider le roi à changer de chemise, et le règlement spécifiait qu'il ne devait le céder qu'à un prince [2]. La permission ou le droit de participer à une des « entrées » obéissait à des règles aussi strictes. Il faut répondre par la négative à la question — qui se présente aussitôt à l'esprit — de l'*utilité pratique* de participer à ces entrées. En réalité, chaque

---

1. Des constructions analogues, de grandes terrasses se rencontraient aussi dans les demeures campagnardes de la haute noblesse. Il est intéressant de voir de quelle manière on a exploité au château de Versailles une coutume architecturale pour les besoins de l'étiquette de la cour. La « galerie » ou « terrasse » (*cf.* BLONDEL, *De la distribution des maisons de plaisance*, Paris, 1737, p. 67) était ailleurs sans doute un lieu de réunions ou de rencontres amicales. Elle assume ici en même temps le rôle d'une antichambre et d'un local officiel. Comme cette galerie était à Versailles particulièrement grande, on s'en servait pour rassembler la cour tout entière.

2. *Cf. Encyclopédie*, art. « Chambellan ».

geste de cérémonie avait une valeur de prestige hiérarchisée, qui retombait sur la personne chargée de porter la chemise ou autorisée à prendre part à telle entrée. Il se transformait — comme tout à l'heure l'aménagement de la cour ou la décoration d'une habitation de noble — en *fétiche du prestige*. Il servait d'indicateur de la place de chacun dans le jeu d'équilibre auquel tous les hommes de la cour étaient soumis, équilibre extrêmement instable que le roi réglait à son gré. L'utilité immédiate, l'avantage qu'on pouvait se promettre de chacun de ces gestes passaient au second plan, ils étaient de toute manière négligeables. Ce qui leur conférait leur sérieux et leur signification profonde était exclusivement la considération qu'ils rapportaient à tous les intéressés au sein de la société de cour, la position de puissance relative, le rang et la dignité dont ils étaient l'expression.

Il est certain que le caractère fétichiste de chaque détail de l'étiquette s'était précisé déjà au temps de Louis XIV. Mais le rapport avec certaines fonctions primaires n'en a pas moins été maintenu. Il était resté assez vivant pour permettre au roi d'éviter, par une intervention personnelle, le formalisme pur, l'éviction des fonctions primaires par des fonctions secondaires.

Plus tard ce rapport s'est souvent relâché et le caractère fétichiste des gestes s'est manifesté d'une manière brutale. Il est facile alors de mettre au jour le mécanisme qui a donné naissance à l'étiquette et qui l'a reproduite d'une manière continue dans cette société. La hiérarchie des privilèges ayant été créée dans le cadre de l'étiquette, celle-ci a été maintenue par la seule émulation des individus pris dans ses mailles, avantagés par elle, soucieux de sauvegarder les moindres privilèges et chances de puissance. Elle s'est reproduite d'une manière autonome, comme se reproduit un système économique indépendamment de la fonction de subsistance qu'il remplit. A l'époque de Louis XVI et de Marie-Antoinette, on observait *grosso modo* la même étiquette que sous Louis XIV. Toutes les personnes concernées, à commencer par le roi et la reine jusqu'aux nobles de toutes catégories, ne l'acceptaient plus qu'à leur corps défendant. De nombreux témoins ont attesté qu'elle avait perdu toute sa dignité pendant ce même processus de relâ-

chement évoqué plus haut. Il n'empêche qu'elle s'est maintenue, inaltérée, jusqu'à la Révolution. En l'abandonnant,
tous les intéressés — du roi jusqu'au valet de chambre —
auraient renoncé à leurs privilèges et perdu des chances de
puissance et des valeurs de prestige. L'exemple suivant montre
à quel point elle s'était vidée de toute substance, à quel point
des fonctions secondaires de puissance et de prestige, dans
lesquelles les hommes se trouvaient empêtrés, avaient pris
la place des fonctions primaires [1].

Le « lever de la reine » se déroulait selon un cérémonial
calqué sur celui du lever du roi. La dame d'honneur de service
avait le droit de passer à la reine sa chemise. La dame du
palais lui mettait le jupon et la robe. Si, par hasard, une
princesse de la famille royale survenait, c'était elle qui se
chargeait de la cérémonie de la chemise. Or, une fois, la
reine ayant été dévêtue par ses dames, la camériste présenta
la chemise à la dame d'honneur pour que celle-ci la passât à la
reine. A ce moment, la duchesse d'Orléans entra dans la
chambre. La dame d'honneur rendit la chemise à la camériste,
qui s'apprêtait à la confier à la duchesse, lorsqu'une dame d'un
rang plus élevé, la comtesse de Provence, survint. Aussitôt, la
chemise repassa dans les mains de la camériste qui la donna
à la comtesse de Provence; c'est à elle que revint l'honneur
d'en vêtir la reine. Pendant que ces dames se passaient et
repassaient la chemise, la reine attendait, nue comme Ève,
la fin de la cérémonie. Il est exclu qu'au temps de Louis XIV
les choses se fussent passées ainsi : l'étiquette n'aurait pu
occulter le sens rationnel de la cérémonie. Mais la mentalité
et les structures sociales qui ont abouti à ce cérémonial sans
âme, existaient déjà à son époque.

Il n'est pas sans intérêt de voir d'un peu plus près ces structures. Car c'est précisément dans de tels contextes qu'on
aperçoit les particularités des contraintes que des hommes
engagés dans des relations sociales s'infligent les uns aux
autres. L'exemple cité plus haut montre que l'étiquette et
le cérémonial ont été transformés en un « mouvement perpétuel » fantôme, actionné — comme un moteur inépuisable —

---

1. D'après un rapport de la camériste de Marie-Antoinette, Mme de
Campan, cité par BOEHN, *Frankreich im 18. Jahrhundert*, p. 75.

par la lutte pour les chances de rang et de puissance menée
par des hommes soucieux de se maintenir face à leurs pairs
et à la masse des exclus, ainsi que par leur désir d'une hiérarchisation rigoureuse du prestige. En dernière analyse, c'est
bien la nécessité de cette lutte pour les chances de puissance,
de rang et de prestige toujours menacées qui poussait les
intéressés, en raison même de la structure hiérarchisée du
système de domination, à obéir à un cérémonial ressenti par
tous comme un fardeau. Aucune des personnes composant
le groupe n'avait la possibilité de mettre en route une réforme.
La moindre tentative de réforme, la moindre modification de
structures aussi précaires que tendues aurait infailliblement
entraîné la mise en question, la diminution ou même l'abolition des droits et privilèges d'individus ou de familles. Une
sorte de tabou interdisait à la couche supérieure de cette
société de toucher à de telles chances de puissance, et encore
bien moins de les supprimer. Toute tentative dans ce sens
aurait mobilisé contre elle de larges couches de privilégiés,
qui craignaient, peut-être pas à tort, que les structures du
pouvoir qui leur conférait ces privilèges, ne fussent en danger
de céder ou de s'effondrer si l'on touchait au moindre détail
de l'ordre établi. Ainsi rien ne fut changé.

Il est certain que tous ressentaient le cérémonial comme
un fardeau plus ou moins pesant. « On se rendait à contrecœur à la cour, on se plaignait à haute voix quand on y était
obligé », raconte à la fin du XVIIIe siècle la comtesse de
Senlis [1]. Mais on y allait. Les filles de Louis XV devaient
être présentes au coucher du roi, à l'instant même où le roi
retirait ses bottes. Elles passaient alors sur leur déshabillé
une grande crinoline brodée d'or, nouaient autour de leur taille
la traîne prescrite à la cour, cachaient le reste sous une grande
mante de taffetas, couraient, pour ne pas être en retard,
avec les dames d'honneur, les chambellans, les laquais porteurs
de flambeaux à travers les couloirs du château, se précipitaient
dans la chambre du roi, et s'en revenaient au bout d'un quart
d'heure, comme une troupe sauvage [2]. On détestait l'étiquette,

---

1. *Cf.* BOEHN, *Frankreich im 18. Jahrhundert*, p. 75.
2. D'après Mᵐᵉ Campan, citée par BOEHN, *Frankreich im 18. Jahrhundert*
p. 73.

mais il était impossible de s'en écarter, non seulement parce que le roi l'imposait, mais parce que l'existence sociale des personnes qu'elle touchait en dépendait. Lorsque Marie-Antoinette commença à déroger à certaines règles traditionnelles, ce fut la haute noblesse qui protesta, ce qui était après tout fort compréhensible. Car si seule une duchesse avait jusquelà le droit de s'asseoir en présence de la reine, les duchesses ressentaient comme une humiliation cruelle le fait que d'autres femmes, d'un rang inférieur au leur, étaient autorisées à s'asseoir également en pareille circonstance. Et quand le vieux duc de Richelieu affirma un jour, vers la fin de l'ancien régime[1] : « Sous Louis XIV on se taisait, sous Louis XV on osait chuchoter, devant vous on parle à haute voix », il ne songeait pas à approuver cette évolution, il la blâmait. En rompant leurs chaînes, les nobles de la cour mettaient aussi un terme à leur existence d'aristocrates. Il va sans dire que tel homme de cour aurait pu dire : « Je ne prends plus part au cérémonial », et il est possible que quelques-uns l'aient dit. Mais cette attitude impliquait le renoncement à leurs privilèges, la perte de leurs chances de puissance, leur dégradation aux yeux des autres, bref une humiliation et, dans une certaine mesure, une abdication — à moins que la personne ne disposât d'autres titres pour fonder sa valeur, son estime de soi, son auto-affirmation — de son identité à ses propres yeux et aux yeux des autres.

Ainsi, dans les engrenages du mécanisme de la cour, la volonté des uns de s'imposer suscitait cette même volonté chez les autres. Lorsqu'un système bien équilibré de privilèges est parvenu à une certaine stabilité, aucun des privilégiés ne peut s'en évader sans ébranler les fondements mêmes de son existence personnelle et sociale.

Les privilégiés, prisonniers des filets qu'ils se jetaient réciproquement, se maintenaient pour ainsi dire les uns les autres dans leurs positions, même s'ils ne supportaient qu'à contrecœur le système. La pression que les inférieurs ou les moins privilégiés exerçaient sur eux les forçait à défendre leurs privilèges. Et *vice versa* : la pression d'en haut engageait les

---

1. *Cf.* Boehn, *Frankreich im 18. Jahrhundert*, p. 128.

désavantagés à s'en affranchir en imitant ceux qui avaient accédé à une position plus favorable; en d'autres termes, ils entraient dans le cercle vicieux de la rivalité de rang. Celui qui avait le droit d'être de la première « entrée », de tendre la chemise au roi, méprisait celui qui ne bénéficiait que de la troisième, ne voulait sous aucun prétexte lui céder. Le prince se sentait supérieur au duc, le duc supérieur au marquis, et tous ensemble en tant que membres de la « noblesse » ne pouvaient et ne voulaient céder le pas aux roturiers soumis à l'impôt. Une attitude en produisait une autre; grâce aux effets de l'action et de la réaction, le mécanisme social s'équilibrait, se stabilisait dans une sorte d'équilibre instable. C'est par l'étiquette que cet équilibre se manifestait aux yeux du monde. Elle était pour chacun un lien, mais aussi une assurance; assurance précaire, il est vrai, de son existence sociale sévèrement hiérarchisée et de son prestige. Car au milieu des tensions qui traversaient en tous sens ce tissu social et le maintenaient, chaque membre de la société était exposé aux attaques incessantes de ceux qui, d'un rang inférieur ou à peu près équivalent ou en simples rivaux, essayaient par des prestations particulières, par la faveur du roi ou tout simplement par des manœuvres habiles, de provoquer des changements d'étiquette et, de ce fait, de l'ordre hiérarchique.

Il n'y avait pas de changements hiérarchiques qui n'eussent entraîné des changements d'étiquette. Inversement, la moindre modification du rôle imparti à tel personnage dans le cérémonial équivalait à une modification de son rang à la cour et dans la société de cour. C'est pourquoi les hommes de cour étaient si sensibles à la moindre atteinte à leur statut, et veillaient, en observant les moindres nuances, à ce que l'équilibre hiérarchique fût maintenu, à moins qu'ils ne fussent en train de l'infléchir à leur avantage. C'est ce que nous entendions dire en décrivant ce mécanisme comme un étrange « mouvement perpétuel », animé par les besoins de prestige et les tensions qui, dès le moment qu'ils existaient, se reproduisaient sans arrêt par le mécanisme de la compétition.

Ce n'est certainement pas Louis XIV qui a mis en place la machinerie du cérémonial. Mais il a su, grâce aux chances particulières de sa fonction sociale, l'utiliser, la consolider, l'aménager dans une perspective qui se distinguait essentiellement de celle de la noblesse qui en constituait les rouages. Un exemple concret de la manière dont il se servait de l'étiquette illustrera le tableau plutôt général que nous en avons brossé et mettra en lumière son importance pour le roi.

Saint-Simon avait démissionné de l'armée à la suite d'une querelle d'ordre hiérarchique. Au roi, il avait expliqué qu'il était obligé, pour raison de santé, de renoncer au service. Le roi avait mal accueilli cette décision. Saint-Simon avait appris confidentiellement que le roi avait dit en lisant son message : « Et encore un qui nous quitte! »

Peu après, Saint-Simon assista une fois de plus au « coucher du roi ». Pendant la cérémonie, un ecclésiastique portait un certain chandelier, bien que la pièce fût brillamment éclairée. Le roi désignait alors une personne, à laquelle l'ecclésiastique en charge devait remettre le chandelier. Le port du chandelier était considéré comme un honneur. Un cérémonial détaillé réglait la scène : « On retirait, écrit Saint-Simon, un gant, s'avançait, tenait le chandelier pendant que le roi se couchait et le rendait au premier valet de chambre. » Pour des raisons faciles à comprendre, Saint-Simon fut étonné de se voir désigné par le roi, bien qu'il eût donné sa démission.

« Le roi, note Saint-Simon, le fit parce qu'il était irrité contre moi et ne voulait pas le laisser voir. Mais c'était tout ce que j'avais obtenu de lui pendant mes trois années de service. Pendant ce temps, il utilisait la moindre occasion pour me manifester sa disgrâce. Il ne parlait pas avec moi, ne me regardait que comme par hasard et ne me dit pas un mot sur mon départ de l'armée. »

L'attitude de Louis XIV dans cette affaire est significative : on voit que pour lui l'étiquette n'est pas encore ce « mouvement perpétuel fantôme » que personne ne contrôle plus; bien au contraire, dans la perspective du roi, l'étiquette obéit à une finalité très précise. Le roi ne s'en tient pas simplement à l'ordre hiérarchique transmis par ses prédécesseurs. L'étiquette lui laisse une certaine marge de manœuvre, dont il se sert pour déterminer la part de prestige de chacun, même dans les affaires de peu d'importance. Il tire profit des aménagements psychologiques qui reflètent les structures hiérarchiques et aristocratiques de la société; il tire profit de la rivalité des hommes de cour, toujours en quête de prestige et de faveurs, pour modifier, grâce au dosage savant de ses marques de faveur, le rang et la considération des membres de la société de cour en fonction des nécessités de son pouvoir, pour créer des tensions internes et déplacer à son gré les centres d'équilibre. Le mécanisme de l'étiquette ne s'est pas encore figé, il est encore, dans les mains du roi, un instrument de domination extrêmement souple.

En examinant l'esprit qui présidait à l'aménagement de l'habitation des hommes de cour, nous avons pu nous rendre compte avec quel soin, quelle intentionnalité, quel souci calculé du prestige on procédait à l'aménagement et à la décoration des lieux. La scène du « coucher du roi » telle que la rapporte Saint-Simon montre, dans un contexte différent, un comportement analogue. Elle dévoile plus clairement la fonction des différences et nuances qui marquent toutes les manifestations de la société de cour : le roi est irrité, mais il ne manifeste pas bruyamment son mécontentement, il se domine et exprime ses relations avec Saint-Simon par une attitude mesurée, qui rend à une nuance près le degré de disgrâce qu'il juge utile d'extérioriser. La petite distinction, qui tranche avec le peu d'attention qu'il prête en général à Saint-Simon, est la réaction nuancée à la décision de celui-ci de quitter l'armée. Ce sens de la mesure, cette évaluation méticuleuse des relations qu'on entretient avec les autres, cette maîtrise caractéristique de l'affectivité, sont typiques de l'attitude du roi et de l'homme de cour en général.

Qu'est-ce qui produit cette attitude? Tentons de mettre en lumière d'abord la fonction de ce sens de la mesure, de ce comportement calculé, de cette observation des nuances dans les relations d'homme à homme pour l'ensemble des hommes de cour.

Tous dépendaient plus ou moins de la personne du roi. La moindre nuance dans l'attitude du roi à leur égard avait donc de l'importance, puisqu'elle marquait d'une manière visible leur place aux yeux du roi et leur position dans la société de cour. Mais ce rapport de dépendance déterminait aussi, à travers beaucoup de chaînons intermédiaires, le comportement des hommes de cour les uns envers les autres.

Il est vrai que le rang de chacun était en premier lieu tributaire du rang de leur « maison », de leur titre officiel. Mais il s'établissait, interférant avec cet ordre et le modifiant, un autre ordre infiniment plus nuancé, non encore institutionalisé, beaucoup plus changeant et actuel, qui dépendait, lui, de la faveur du roi, de la place plus ou moins importante que chacun occupait à l'intérieur du tissu social — toujours tendu à l'extrême — de la cour. Il y avait par exemple un ordre hiérarchique institutionnel parmi les ducs, ordre qui dépendait de l'ancienneté de leur lignée. Cet ordre était fixé par des règles juridiques. Mais il se pouvait aussi qu'un duc d'une maison moins ancienne jouît, grâce à ses relations avec le roi, la maîtresse du roi, ou un groupe puissant, d'une plus grande considération qu'un duc d'une maison plus ancienne. La position *réelle* d'un homme dans le tissu de la société de cour était toujours déterminée par les deux facteurs à la fois : le rang officiel et la position de puissance effective. Mais le deuxième facteur était en dernière analyse le plus important. La position qu'un homme de cour occupait dans la hiérarchie de la cour était extrêmement fluctuante. Celui qui avait réussi à accéder à une plus grande considération s'efforçait aussitôt d'améliorer aussi son rang officiel. Or, toute amélioration du rang de l'un entraînait de fait la dégradation de quelqu'un d'autre. Les ambitions de cette nature ouvraient la voie à un genre de combat qui n'existait plus — si l'on fait abstraction d'exploits de guerre au service du roi — que dans la noblesse de cour : au combat pour la position à l'intérieur de la hiérarchie des rangs.

Un des combats les plus intéressants de ce genre fut celui que le duc de Luxembourg livra contre seize ducs et pairs de France d'un rang d'ancienneté supérieur. Saint-Simon commence sa description détaillée de ce combat par ces mots qui illustrent de manière convaincante ces deux aspects de l'ordre hiérarchique de la cour et la manière dont ils s'influençaient réciproquement :

« M. de Luxembourg, fier de ses succès et de l'applaudissement du monde à ses victoires, se crut assez fort pour se porter, du dix-huitième rang d'ancienneté qu'il tenait parmi les pairs, au second, et immédiatement après M. d'Uzès[1]. »

L'ordre hiérarchique de fait à l'intérieur de la société de cour était donc fluctuant. L'équilibre à l'intérieur de cette société se signalait par son instabilité. Des secousses parfois minimes et à peine perceptibles, parfois importantes et fort sensibles, modifiaient sans cesse la position et la distance des hommes de cour par rapport à leurs semblables et au roi. Suivre de près ces secousses, s'informer de leurs causes et conséquences était pour l'homme de cour une nécessité vitale. Car il était dangereux de manquer d'égard à un homme dont les actions étaient en hausse. Il était tout aussi dangereux de marquer sa préférence pour un homme en perte de vitesse, à moins qu'on ne le fît avec des intentions précises. Il fallait donc, dans ses rapports avec les autres hommes de cour, régler son attitude sur la situation du moment. L'attitude que les hommes de cour jugeaient appropriée dans leurs rapports avec tel autre permettait à tous les observateurs de se faire une idée précise de la considération dont il jouissait aux yeux de la société. Comme cette considération s'identifiait à son existence sociale, les indices extérieurs qui en témoignaient revêtaient une importance exceptionnelle.

Ce mécanisme a une certaine ressemblance avec la Bourse. Là aussi, on assiste à la formation d'opinions changeantes sur certaines valeurs. Mais à la Bourse, il s'agit de valeurs d'entreprises dans l'opinion des bailleurs de fonds, à la cour il s'agit d'opinions sur la valeur des hommes qui en font partie. A la Bourse, les moindres fluctuations peuvent être exprimées par des chiffres, à la cour la valeur d'un homme s'exprimait en premier lieu par des nuances dans les rapports sociaux et mondains qu'il entretenait avec ses semblables. Les nuances de la décoration des maisons, qui reflétaient le rang de leurs propriétaires, nuances dont l'*Encyclopédie* affirme qu'on ne peut les apprendre que par la fréquentation de la « bonne société », sont grossières — aussi grossières que la division de la société en « états » ou « ordres » — si on les compare aux nuances de comportement nécessaires à l'expression de l'ordre hiérarchique effectif et vivant au sein de la cour.

1. Saint-Simon, *Mémoires*, tome I, chap. xvi.

Ce sont de tels phénomènes qui permettent de bien saisir le type spécifique de rationalité qui se crée à l'intérieur de la société de cour. Comme chaque type de rationalité, celui-ci découle également de certaines contraintes aboutissant à la maîtrise de l'affectivité de chacun. Une formation sociale à l'intérieur de laquelle on assiste à une transformation relativement fréquente de contraintes extérieures en contraintes internes [1] est un préalable indispensable à la production de formes de comportement dont on tente de cerner les caractères distinctifs par le concept de « rationalité ». Les concepts complémentaires de « rationalité » et d'« irrationalité » se rapportent alors à la part relative que les affects à court terme et les projets à plus long terme prennent dans le comportement réel de l'individu. Plus est grande la part de ceux-ci dans l'équilibre instable introduit entre les réactions affectives immédiates et le traitement des données sur le long terme, plus le comportement est « rationnel ». A condition que le contrôle des réactions affectives n'aille pas trop loin; car leur pression et leur saturation sont des éléments intégrants de la réalité humaine.

Mais il y a différents types d'appréhension mentale de la réalité à exercer une influence sur le contrôle du comportement humain. Ils varient en effet en fonction de la structure de la réalité sociale elle-même. Ainsi, la « rationalité » des hommes de cour se distingue de celle d'hommes appartenant à la bourgeoisie professionnelle. Une étude approfondie mettrait en évidence que la première appartient à un stade évolutif antérieur et qu'elle est une condition sans laquelle la seconde n'est pas possible. Ce que toutes deux ont en commun, c'est la prépondérance des projets à long terme sur les réactions affectives immédiates, dès lors qu'il s'agit de contrôler, dans certains secteurs sociaux, dans certaines situations sociales, au milieu des fluctuations d'équilibre et de tension, son propre comportement. Mais dans le type de contrôle bourgeois-professionnel — étant donné la rationalité propre à ce type — le calcul des gains et pertes de chances monétaires joue un rôle primordial; dans le type aristocratique c'est le calcul des chances de puissance par le moyen du prestige et du statut. Nous avons vu que les milieux de la cour ont parfois accepté une perte de chances financières pour s'assurer un accroissement de leurs chances de prestige et de statut. Ce qui, pour une mentalité de cour, se présentait comme « rationnel » et « réaliste » était considéré dans la perspective de la bourgeoisie professionnelle comme « irrationnel » et « irréaliste ». Les uns et les autres réglaient leur comportement en fonction des chances de puissance qu'ils espéraient s'assurer, *chances que chacun interprétait à sa manière, conformément à la position sociale des individus.*

Nous ne pouvons guère que poser le problème. Il montre combien est insuffisante, dans ce cas aussi, une antithèse conceptuelle simpliste, d'allure absolue, entre deux pôles, antithèse qui ne laisse pas de place pour une définition conceptuelle des stades intermédiaires qui se multiplient entre les deux termes purement fictifs de « rationalité » et d'« irrationalité ». Il faut sans doute, pour rendre compte de la multiplicité des faits, des concepts infiniment plus subtils, plus différenciés.

La « rationalité de cour », si l'on veut lui donner ce nom, ne tire son caractère spécifique ni, comme la rationalité scientifique, du souci de connaître et de maîtriser les forces naturelles extra-humaines, ni, comme la rationalité bourgeoise, de la stratégie réfléchie de l'individu qui veut s'assurer, dans la compétition, des chances de puissance économique; ce qui la caractérise est plutôt une planification calculée du comportement de chacun en vue de s'assurer, dans la compétition et sous une pression permanente, des chances de statut et de prestige par un comportement approprié.

La rivalité pour les chances de prestige et de statut s'observe dans beaucoup de formations sociales; il est même possible qu'elle existe peu ou prou dans toutes les sociétés. Ce que nous voyons dans la société de cour n'est qu'un exemple. Nous avons en effet affaire ici à une formation sociale qui entraîne les individus dans une compétition particulièrement sévère et ordonnée pour des chances de puissance liée au « statut » et au « prestige ».

Quand on est confronté à ce genre de phénomènes, on se contente en général d'explications puisées dans la psychologie individuelle. On dira par exemple que les personnes constituant telle société se signalent par un besoin particulièrement développé « de se mettre en valeur ». Mais les explications de ce genre souffrent d'un défaut fondamental. L'idée que, par le plus grand des hasards, il y avait dans cette société un grand nombre d'individus affligés par la nature d'un « besoin tout particulier de se faire valoir » ou de toutes autres qualités individuelles les prédisposant à la concurrence pour le statut et le prestige, telle qu'elle s'était développée à la cour, est une des nombreuses tentatives d'expliquer quelque chose d'inexpliqué par quelque chose d'inexplicable.

On se place sur un terrain infiniment plus solide, si l'on prend comme point de départ non pas une quantité d'individus mais le système social que constituent ces individus. A partir de là il n'est pas difficile de se rendre compte de l'adéquation parfaite des attitudes, des gestes judicieusement calculés, des propos nuancés, en un mot, de comprendre la forme spécifique de rationalité qui était devenue pour les membres de cette société une sorte de deuxième nature, qu'ils savaient manier avec aisance et élégance et qui — au même titre que le contrôle des affects qu'elle postulait — était un instrument indispensable dans la compétition permanente pour le statut et le prestige.

De nos jours, on est tenté de demander : Pourquoi ces hommes de l'époque absolutiste tenaient-ils tellement aux apparences, pourquoi étaient-ils si sensibles au « manque de savoir-vivre » des autres, à la moindre violation ou mise en question d'un privilège purement formel, et — d'une manière plus générale — à tout ce que nous tenons aujourd'hui pour des bagatelles? Mais cette question, le qualificatif d'« apparences » et de « bagatelles » appliqué à ce que l'homme de cour considérait comme l'essentiel, porte bien la marque de certaines structures déterminées de l'existence sociale.

Nous pouvons de nos jours nous permettre — au moins jusqu'à un certain point — de jeter un voile ou de laisser planer l'équivoque sur les différences sociales réelles, parce que les relations qu'établissent entre les hommes les chances financières et professionnelles et la différenciation sociale qui en découle conservent toute leur efficacité et toute leur réalité, même si elles ne se manifestent pas d'une manière univoque dans le comportement public.

Il est surtout inutile et même nuisible, étant donné les structures de la société moderne, que l'étendue des chances financières dont un homme peut disposer éclate aux yeux de tous, car, si l'on établit une comparaison de notre époque avec celle de Louis XIV, on constate qu'à la suite de la démocratisation la puissance des couches moins fortunées s'est quelque peu accrue par rapport à celle des couches fortunées. Mais dans la société de cour où la réalité sociale résidait dans le rang et la considération que la société — et à sa tête le roi — voulaient bien concéder à un homme, où un homme ignoré ou peu prisé de la société perdait aussi le sentiment de sa propre valeur, dans une telle société le fait de précéder un autre, de s'asseoir quand un autre était obligé de se tenir debout, d'être reçu d'une manière aimable, ne pouvait être rangé parmi les « bagatelles ».

Ce sont des « bagatelles » dans une société où la réalité de l'existence sociale consiste en fonctions financières et professionnelles. Dans la société de cour, ces « bagatelles » sont en réalité l'expression de l'existence sociale, de la place que chacun occupe dans la hiérarchie en vigueur. Monter ou descendre sur l'échelle hiérarchique avait le même sens pour l'homme de cour que pour l'homme d'affaires gagner ou perdre de l'argent. L'affolement de l'homme de cour devant la perspective d'une perte de rang ou de prestige n'était pas moindre que l'affolement d'un négociant confronté à une perte de capitaux ou d'un cadre supérieur ou d'un fonctionnaire menacés de la perte de leurs chances d'avancement.

Si l'on creuse plus profond, on arrive à l'observation suivante : là où les fondements de l'existence sociale sont essentiellement d'ordre financier ou professionnel, l'entourage social de chaque individu peut être remplacé avec une facilité relative. Il est certain que l'estime et l'appréciation des hommes avec lesquels un individu entretient des relations professionnelles jouent toujours, dans sa vie, un rôle plus ou moins important, mais il est possible de s'y soustraire dans une certaine mesure. La profession et l'argent sont des bases d'existence relativement souples. Il est possible de les trans-

planter — au moins dans une société bourgeoise-professionnelle
— d'un lieu à un autre. Ils nè sont pas irrémédiablement
liés à un environnement précis.

Il en allait tout autrement des fondements de l'existence
dans la société de cour. Des particularités typiques — dans
une certaine mesure — de toute « bonne société » s'y trouvaient développées à un très haut degré. Dans chaque « bonne
société », c'est-à-dire dans chaque société tendant à la ségrégation et à l'isolement par rapport à l'environnement social,
dans toute société aristocratique ou patricienne, l'isolement,
l'appartenance à cette « bonne société » sont les fondements
de l'identité personnelle aussi bien que de l'existence sociale
de chaque individu. Il existe dans ce domaine des « degrés »,
qui dépendent de la cohésion de la « bonne société ». Cette
cohésion est lâche quand la « bonne société » se détache d'un
environnement bourgeois et professionnel, elle est plus serrée
dans une société aristocratique de cour. Les règles qui président à la constitution de la « bonne société », la formation
d'un « éthos de caste » sont des phénomènes sensibles dans
toutes les « bonnes sociétés », bien que sous des formes et à
des degrés variables. Quand on porte son attention sur la
« bonne société » aristocratique, on se rend immédiatement
compte à quel point l'individu y dépend de l'opinion des
autres membres de cette société. Quel que soit son titre de
noblesse, il ne fait effectivement partie de cette « bonne
société » que pour autant que les autres en sont *convaincus*,
qu'ils le considèrent *comme un des leurs*. En d'autres termes :
dans une telle société l'opinion sociale a une autre importance
et une autre fonction que dans une vaste société bourgeoise
professionnelle. Elle fonde l'existence. Cette importance et
cette fonction de l'opinion dans toute « bonne société »
transparaissent d'une manière significative dans la notion
d'« honneur » et dans ses dérivés. Dans notre société bourgeoise et professionnelle, elle s'est transformée en accord
avec son caractère et a revêtu une signification nouvelle. Il
est certain qu'au début le terme d'« honneur » exprimait
l'appartenance à une société aristocratique. On avait son
« honneur » tant qu'on passait aux yeux de la société en question, et de ce fait aussi dans son propre esprit, pour un de

ses membres. « Perdre l'honneur » c'était perdre son appartenance à la « bonne société ». On la perdait par le verdict de l'« opinion » de ces cercles souvent très fermés ou, parfois, par le verdict de délégués spéciaux de ces cercles réunis en « tribunal d'honneur ». Ils jugeaient au nom d'une morale aristocratique spécifique, dont l'impératif essentiel était le maintien des distances séparant les couches aristocratiques des couches inférieures et l'affirmation de la manière d'être noble comme d'une valeur en soi.

Lorsqu'une « bonne société » de ce genre refusait à un de ses membres le titre de « membre », il perdait son « honneur » et avec lui un élément intégrant de son identité personnelle. De fait, il arrivait souvent qu'un noble risquât sa vie pour sauver son « honneur »; il préférait perdre sa vie que perdre son appartenance à sa société et la distance qui le séparait de la foule; sans cette distance sa vie n'avait aucun sens.

L'« opinion » que les « autres » se faisaient d'un individu décidait souvent de la vie et de la mort, sans recourir à d'autres moyens de coercition, comme la déchéance du statut, l'exclusion, le boycottage. L'opinion de l'ensemble d'une société sur chacun de ses membres était donc d'une efficacité et d'une « réalité » redoutables. Nous avons affaire à un autre type de « réalité » sociale que celle qui préoccupe la société bourgeoise professionnelle. Bien que dans nos « bonnes sociétés » la menace de la perte du « statut de membre » ou de l'exclusion soit loin d'avoir perdu toute efficacité, les membres ainsi mis en quarantaine peuvent continuer à asseoir leur existence et leur « réalité » sur leurs capitaux, leurs fonctions professionnelles et leurs chances d'une activité professionnelle lucrative. Dans les sociétés urbaines, notamment dans les grandes villes, il existe en outre des substituts possibles, qui diminuent sensiblement la gravité et le sérieux du contrôle social par la bonne société locale, contrairement aux milieux ruraux moins mobiles et encore bien plus à la société de cour d'un État absolutiste [1]. Aux yeux de l'aristocratie de cour la détention de capitaux était, nous l'avons vu, un simple moyen dans la poursuite d'un objectif. Elle était importante surtout pour

1. *Cf.* pour un exemple analogue dans une cité ouvrière N. Élias, W. Scotson, *The Established and the Outsiders*, Londres, 1965.

permettre le maintien d'une « réalité » sociale au centre de laquelle figurait le sentiment de planer au-dessus de la «masse», de faire partie d'une couche privilégiée, de se distinguer dans toutes les situations de la vie par une attitude particulière, bref d'être un membre de la noblesse.

Comme les chances d'accéder à la possession de biens personnels ne constituaient pas, dans cette société, une « réalité» sociale, qui, elle, dépendait entièrement de l'opinion des autres, comme c'était la reconnaissance par les autres de la qualité de membre de cette société qui, en dernière analyse, décidait de cette qualité même, l'opinion que les hommes se faisaient les uns des autres et l'expression de cette opinion par le comportement considéré comme instrument de formation et de contrôle, jouaient dans cette « bonne société » un rôle particulièrement important. C'est pourquoi aucun membre ne pouvait échapper à la pression de l'opinion sans compromettre en même temps sa qualité de membre, son identité en tant que représentant de l'élite, raison principale de sa fierté personnelle et de son honneur.

Cette remarque s'applique surtout aux membres d'une « bonne société » réunie en un même lieu, comme c'était le cas de la noblesse de cour en France — alors que la noblesse campagnarde y passait pour mal dégrossie — et, d'une manière plus générale, de la société aristocratique qui se rassemblait à Paris, à Versailles ou en tout autre lieu où résidait le roi.

Elle s'applique — avec quelques réserves — aussi à la « bonne société » anglaise dont les membres, c'est-à-dire les « bonnes familles » de la noblesse et de la riche « gentry » bourgeoise passaient une partie de l'année dans leurs propriétés de campagne pour s'installer — avec quelques fluctuations et interruptions depuis le début du XVIIe, de façon régulière depuis le XVIIIe siècle — pendant quelques mois, pendant la « Season », dans leurs résidences urbaines à Londres, où ils constituaient directement, grâce à des contacts personnels, la « bonne société » du pays, la « society », la « Bourse » de l'opinion. C'est là que, se jugeant et se jaugeant réciproquement à l'occasion d'innombrables réjouissances mondaines, auxquelles se mêlaient les grands jeux des luttes politiques

et parlementaires, ils augmentaient, diminuaient ou per-
daient leur « valeur marchande individuelle », leur renommée,
leur prestige, bref leurs chances de puissance selon le code en
vigueur. Or, en raison de la répartition de la puissance dans la
société anglaise, la cour et la société de cour ne formaient
pas le centre, mais tout au plus *un des centres* de la « bonne
société ». On constatait souvent que d'autres grandes maisons
aristocratiques les éclipsaient comme centres politiques et
mondains de la « society ». Le Parlement et le jeu des partis
dans les deux Chambres tenaient, dans ce système de domination, un rôle décisif en tant qu'institution intégrante des
élites sociales.

Tout aussi évidente est l'existence de rapports analogues
entre système de domination d'une part, et structure de la
société aristocratique et plus généralement de la « bonne
société » de l'autre, en Allemagne. En raison d'un déplacement
de la puissance qui désavantageait le pouvoir central impérial
et avantageait au contraire beaucoup de seigneurs régionaux,
la noblesse allemande ne s'est jamais fondue en une société
de cour unique et faisant autorité comme en France ; elle
n'a jamais formé non plus une « society » comme en Angleterre.
Jusqu'en 1871 et — si l'on va au fond des choses — jusqu'en
1918, les « bonnes sociétés » régionales et locales, qui se grou-
paient autour de certaines « cours » régionales ou qui constituaient le milieu mondain de certains seigneurs campagnards,
contrôlaient, en liaison étroite avec les corps des officiers
de quelques régiments illustres ou les associations d'étudiants
réputées, le comportement, l'appartenance à l'élite, l'honneur
des individus. Bien que la société aristocratique d'Allemagne
fût — si on la compare à l'aristocratie française ou anglaise —
infiniment plus ramifiée et diversifiée, les grandes familles
de l'Empire n'ont jamais perdu le sentiment de leur solidarité
ni l'habitude d'évaluer la valeur en rang et en prestige de
celles qui en faisaient partie. L'absence d'une élite sociale au
centre, du genre de la « société de cour » française ou de la
« society » anglaise, qui aurait pu faire office d'école unique
de la bonne tenue, de lieu d'échange de l'opinion publique
sur la « valeur marchande » des personnes en faisant partie,
de centre de vérifications personnelles par des contacts

d'homme à homme, était compensée — si l'on fait abstraction de la haute noblesse assez peu nombreuse pour entretenir des relations personnelles même au-delà des limites régionales et territoriales et dont les membres se rencontraient souvent — par un contrôle sévère de l'ascendance grâce à des livres et registres généalogiques, par une éducation qui informait chaque génération de la manière la plus précise sur les origines, le statut de chaque famille et la valeur en prestige qui s'y rattachait (cette éducation était toujours faite dans la perspective du rang et de l'appréciation de chaque famille par la société régionale). Elle était compensée aussi par les innombrables connexions qui s'établissaient entre les sociétés aristocratiques régionales fortement structurées. Notons que la tendance à la ségrégation de beaucoup de groupes aristocratiques allemands, qui ne se bornaient pas à observer strictement les différences de rang, mais tenaient à « rester entre eux » et à exclure purement et simplement les bourgeois de toute la vie sociale et mondaine des nobles, empêcha en Allemagne la pénétration des manières et attitudes aristocratiques dans les couches bourgeoises, pénétration qui s'est produite pendant un certain temps en France aussi bien qu'en Angleterre. Ce n'est que dans quelques secteurs bien délimités que la haute bourgeoisie allemande adopta le genre de vie de la noblesse : c'est ainsi que les officiers et les étudiants lui empruntèrent la notion d' « honneur »; que le mépris traditionnel de toute activité lucrative passa également, par l'adoption de certaines formules toutes faites, de l'aristocratie à la bourgeoisie; que celle-ci partagea aussi le mépris de la vie citadine, mépris que l'on perçoit dans l'usage, même par de vieux milieux citadins, de termes tels que *Verstädterung* [1].

La diversité des « bonnes sociétés » allemandes et l'absence de tout critère unique en matière de rang et de statut sont visibles enfin dans les « bonnes sociétés » des élites bourgeoises des villes. Il y en avait et il y en a encore beaucoup en Alle-

---

1. Employé dans ce sens, le terme allemand de *Verstädterung* (urbanisation) est intraduisible, puisqu'il comporte une nuance péjorative; il désigne alors l'ensemble des attitudes et comportements citadins dans ce qu'ils ont de moins recommandable. *(N. d. T.)*

magne. Même après l'accession de Berlin au statut de capitale de l'Empire, aucune « bonne société » ne pouvait prétendre servir aux autres de centre et de modèle ni assurer à ses membres un prestige accru. La « society » berlinoise n'a jamais eu la cohérence ni la préséance sur les « bonnes sociétés » de province qui caractérisaient par exemple la « society » londonienne, qui réunissait des éléments de l'aristocratie campagnarde, de la noblesse de cour, de la bourgeoisie campagnarde et citadine. La plupart des grandes villes allemandes développèrent et possèdent encore de nos jours leur propre « bonne société» bourgeoise. Chacune a sa propre hiérarchie locale en matière de rang et de statut. Ainsi, une famille isolée peut essayer de passer, par exemple, de la « bonne société» de Munster à celle, de structure très différente, de Hambourg. Mais jusqu'à l'époque la plus récente — où l'on assiste à un certain changement des mœurs, à cet égard — les nouveaux venus n'étaient acceptés que pour une période d'essai. En règle générale, ils étaient considérés comme inférieurs aux « bonnes vieilles familles ». Le fait d'appartenir depuis longtemps à une « bonne société » et d'y être respecté et connu depuis de longues années constituait une valeur de prestige dont il était toujours tenu compte, quand on assignait à une famille sa « place » dans une « bonne société».

S'il est vrai que le caractère et la structure des « bonnes sociétés » allemandes sont divers et changeants, il existe pourtant — ou il a existé jusqu'il y a peu — des critères bien déterminés et acceptés par tous sur l'appartenance à la « bonne société ». Parmi ces critères, un des plus caractéristiques était — et est peut-être encore — en Allemagne la *Satisfaktionfähigkeit*, c'est-à-dire le droit de provoquer en duel. Le concept d'honneur personnel avait pris naissance dans les cercles aristocratiques à forte tradition militaire. Il impliquait l'obligation de défendre cet honneur les armes à la main, quand l'offense émanait d'un personnage de même rang, tandis qu'on traitait par le mépris les offenseurs d'un rang inférieur, ou qu'on les faisait rosser par ses valets (aventure qui arriva un jour à Voltaire, après qu'il eût provoqué en duel un noble qui l'avait offensé). Ce concept d'honneur s'est répandu rapidement en Allemagne, même dans les milieux bourgeois, surtout parmi les officiers et les milieux de l'université. Tous les hommes, de la haute noblesse jusqu'aux étudiants et aux « anciens », membres des corporations et des associations reçues, et même jusqu'aux hommes d'affaires, à condition qu'ils fussent officiers de réserve, tous pouvaient se provoquer en duel. On ne pouvait se soustraire à une demande de réparation par les armes, formulée par l'un d'eux, de quelque région d'Allemagne qu'il vînt. Ainsi, l'appartenance à la « bonne société », facile à vérifier s'il s'agissait de nobles, était subordonnée, pour les roturiers, à leur appartenance à tel régiment ou à telle association, appartenance qui déterminait aussi le choix des témoins. La diversité et l'hétérogénéité de tant de « bonnes sociétés » allemandes se trouvaient en quelque sorte compensées par leur insertion dans le réseau des groupements et associations relativement connus, dont les membres pouvaient se demander réparation par les armes. Ce trait les séparait aussi de la « masse » des autres.

Ce rapide parallèle entre les « bonnes sociétés » de plusieurs pays et leurs caractères distinctifs peut suffire pour donner à l'analyse d'une « bonne société » déterminée, la société de cour de l'ancien régime, une dimension supplémentaire. Peu importe qu'on émette un jugement positif ou négatif sur le phénomène de la « bonne société », qu'on préfère telle « bonne société » à telle autre. Des jugements de valeur de ce genre empêchent de discerner leur fonctionnement et leurs causes.

La comparaison des différentes sociétés a en outre l'avantage de nous faire mieux comprendre pourquoi les hommes de cour dépendaient étroitement de l'opinion dominante de leur société. Plusieurs autres « bonnes sociétés » laissaient à leurs membres, au moins dans une certaine mesure, la liberté de se soustraire à la pression de leur opinion. Il n'en était pas de même de la société de cour de l' « ancien régime »! Car elle s'auréolait d'un prestige inégalé et en faisait bénéficier ceux qui en faisaient partie. L'homme de la cour de l'ancien régime n'avait pas la possibilité de changer de lieu, de quitter Paris ou Versailles et de continuer de donner à sa vie, dans une société équivalente, sans perte de prestige à ses propres yeux, la même valeur et la même signification. Il n'existait aucune autre société au sein de laquelle il aurait pu sauvegarder ce qui, dans sa propre conscience, conférait à son existence un sens et une orientation, sa vie en tant qu'homme de la cour, sa distance par rapport au commun des mortels, son prestige — élément central de son « image de marque », de son identité personnelle. *Il ne se rendait pas à la cour parce qu'il dépendait du roi, mais il acceptait sa dépendance par rapport au roi parce que seule la vie à la cour et au sein de la société de cour lui permettait de maintenir son isolement social par rapport aux autres, gage du salut de son âme, de son prestige d'aristocrate de la cour, en d'autres mots, de son existence sociale et de son identité personnelle.* S'il avait convoité en premier lieu des chances financières, il aurait pu mieux réussir en choisissant une activité commerciale ou la carrière de financier. Mais ce qui importait avant toute autre chose à l'homme de cour c'était d'assurer son appartenance à l'élite et son rang : c'est la raison pour laquelle *il ne pouvait* éviter la présence à la cour et sa dépendance *directe* du roi. Il se trouvait dans l'impossibilité d'échapper à la pression de l'opinion de la société de cour. Comme il était enchaîné à cette société aussi longtemps qu'il ne renonçait pas à son existence sociale d'aristocrate, l'opinion des autres et les manifestations extérieures de cette opinion revêtaient pour lui l'importance capitale que nous avons signalée.

S'il est vrai que la nécessité de bien marquer sa distance par rapport au reste du monde poussait l'homme de cour vers les engrenages de la cour, c'est l'âpreté de la compétition qui le faisait avancer sans cesse au sein de la société de cour. C'était, fondamentalement, une compétition pour le prestige. Il ne s'agissait pas de prestige tout court, mais de chances de prestige strictement hiérarchisées, en accord avec la structure hiérarchisée de cette société : en d'autres termes, il y allait de *chances de puissance*. Car le plus ou le moins de prestige dont un homme dispose dans une formation sociale, est l'expression de son *poids* dans l'équilibre multipolaire des tensions qui agitent son groupe, de sa chance d'exercer son influence sur d'autres ou d'être obligé de se soumettre à leur influence.

Or, tout ce qui compte dans les relations entre humains se transformait dans cette société en chances de prestige : le

rang, la charge héréditaire, l'ancienneté de la « maison »,
l'argent que l'on possédait ou que l'on recevait. La faveur du
roi, l'influence qu'on avait sur la maîtresse du roi et sur les
ministres, l'appartenance à telle clique, les prouesses comme
chef d'armée, l'esprit, les bonnes manières, la beauté du
visage, tout se transformait en chances de prestige, se conju-
guait dans tel cas particulier avec d'autres qualités, et déterminait la place dans la hiérarchie de la société de cour.

Ainsi se manifeste une manière curieuse des hommes de
cour de juger et de se comporter, que Saint-Simon définit par
la phrase suivante : « ... On ne juge jamais des choses par ce
qu'elles sont, mais par les personnes qu'elles regardent [1]. »
Une fois de plus nous voyons le sens que la noblesse de cour
donnait à l'étiquette et au cérémonial. Toute cette machinerie
nous semble inepte, parce que sa motivation objective nous
échappe, que nous ne voyons pas l'avantage ou la finalité
extérieure auxquels elle se rapporte, nous qui avons l'habitude
de considérer toute personne selon sa fonction objective. La
société de cour procédait par une démarche inverse : alors
que nous objectivons et matérialisons souvent tout ce qui
est personnel, les hommes de cour avaient tendance à per-
sonnaliser aussi les objets; car ce qui leur importait toujours
d'abord, c'était les personnes et leurs interrelations. En se
soumettant à l'étiquette, ils ne s'unissaient pas « pour l'amour
d'une chose ». Leur être, la manifestation de leur prestige,
la distance qui les séparait des inférieurs, la reconnaissance
de cette distance par les supérieurs, tout cela était pour eux
une fin en soi. Or, c'est dans l'*étiquette* que cette *distance
en tant que fin en soi* trouvait son expression la plus parfaite.
Elle était un argument scénique de la société de cour, où
s'alignaient des chances de prestige hiérarchisées. Les acteurs
successifs jouaient dans la pièce le rôle de supports de ces
chances de prestige. Ils rendaient ainsi visible le rapport
qui marquait la distance, qui les unissait et les distinguait, et
mettaient à l'épreuve la hiérarchie toujours présente à
l'esprit de tous, le « cours coté » qu'ils s'accordaient réciproquement.

---

1. SAINT-SIMON, *Mémoires*, tome X, chap. CLXXXV.

L'étiquette « en action » est donc une « autoreprésentation » de la cour. Chacun — le roi le premier — s'y voit certifier par d'autres son prestige et sa position de force relative. L'opinion sociale dont est fait le prestige de chacun s'exprime, selon des règles bien déterminées, par le comportement de chacun à l'égard de chacun, dans le cadre d'une action commune. Par cette action commune se révèle d'une manière immédiate le lien existentiel qui rattache les hommes de cour à leur société. Ce prestige tire toute sa valeur de sa confirmation par le comportement. L'importance qu'on attache à la démonstration du prestige, à la stricte observation de l'étiquette, n'est pas une chasse aux « apparences », mais la confirmation de ce qui est essentiel pour l'identité individuelle d'un homme de cour.

Comme chaque société établit toujours dans la sphère qu'elle tient pour essentielle les différenciations les plus subtiles et les plus approfondies, nous observons dans la société de cour une gamme de graduations et de nuances que la société bourgeoise professionnelle réserve à des domaines très différents. Dans la société de cour de l'ancien régime, la précision de la mise en place de chaque cérémonie, de chaque action soumise à l'étiquette, le soin avec lequel la valeur de prestige de chaque démarche est cernée et calculée, sont à la mesure de l'importance vitale qu'on attache à l'étiquette et, d'une manière plus générale, à la manière de se traiter réciproquement.

Nous allons montrer au chapitre suivant pourquoi le roi ne soumettait pas seulement la noblesse à l'étiquette mais s'y conformait lui-même. Mais il s'agit d'abord de dégager les motivations et les contraintes qui ont amené la noblesse à s'attacher à l'étiquette et, de ce fait, à la cour. La contrainte *essentielle* n'avait pas pour origine l'exercice de fonctions de domination; car la noblesse française se trouvait dans une large mesure écartée de toutes les fonctions politiques de ce genre. Il ne s'agissait pas non plus de chances financières, car il existait, sous ce rapport, des débouchés plus prometteurs que la cour. Ce qui poussait en premier lieu les hommes de la cour était la nécessité de se distinguer de la noblesse campagnarde méprisée, de la noblesse de robe et du peuple, de sauvegarder et d'augmenter un prestige conquis de haute lutte. Une petite anecdote illustrera notre pensée.

Dans un camp militaire se trouvaient réunis le roi d'Angleterre, quelques grands d'Espagne, un prince français. Le prince français est scandalisé par la manière désinvolte dont les Espagnols en usent avec le roi d'Angleterre et il décide de leur donner une bonne leçon. Il invite le roi et les seigneurs espagnols à dîner. Tout le monde entre dans la salle à manger; à la grande surprise des invités, la table est mise pour une seule personne. Il n'y a qu'une chaise. Le prince français prie le roi d'Angleterre de prendre place. Les autres invités sont priés de se poster à quelque distance de la table, le prince s'apprête à s'installer derrière le roi pour le servir. Tout cela était conforme au cérémonial français : le roi mangeait seul, la haute noblesse le servait à table. Les autres se tenaient à une distance respectueuse et le regardaient manger. Le roi d'Angleterre proteste vivement, les Espagnols parlent d'affront. Mais le maître de la maison leur explique qu'après le repas du roi les autres invités trouveront une table richement garnie dans une autre salle. On discerne fort bien les intentions du prince. Il tient à l'étiquette et à ses servitudes; son humble soumission, l'observation d'une distance respectueuse par rapport au roi, attitude que l'Anglais n'exige pas, est pour le Français une confirmation de son propre rang de prince. Il insiste sur le maintien de l'étiquette même là où elle n'est pas imposée d'en haut, parce que sa suppression abolit aussi bien la distance qui le sépare du roi que celle qui sépare de lui les personnes d'un rang inférieur.

Nous avons fait la lumière sur un aspect bien déterminé de la dépendance personnelle et sociale qui caractérise les hommes de cour. Nous avons vu que ce ne sont pas des interdépendances économiques qui sont en cause, bien qu'elles entrent aussi pour une certaine part dans les structures de la vie de cour. La volonté de ségrégation et de prestige ne trouve pas son explication dans le désir de s'assurer des chances économiques, bien que ce désir puisse résulter d'une certaine situation économique. L'éthos de l'homme de la cour en tant que membre d'un ordre n'est pas un éthos économique camouflé, il s'en distingue essentiellement. En effet, le sentiment de faire partie d'une élite, d'être auréolé de prestige, bref d'être un homme de la cour est pour l'homme de cour une fin en soi.

Voilà une attitude dont l'analyse sociologique revêt une portée générale. En effet — et nous insistons sur le caractère de règle que revêt la structure de ce genre d'unités — dès qu'un groupe, une caste, une couche sociale réussit à occuper une position élitaire stable et à vivre à l'écart de la masse, tout en subissant des pressions d'en bas et parfois aussi d'en haut, le simple fait d'en faire partie a, pour les personnes qui en font partie, dans une mesure plus ou moins totale, le caractère d'une valeur absolument autonome, d'une fin en soi. Le maintien des distances est donc le mobile décisif de leur comportement et le moule où il se forme. Pour les membres d'une telle élite, la valeur de leur existence n'a pas besoin de justification, elle n'a surtout pas besoin d'être expliquée par quelque motif utilitaire. Les questions qu'on se pose sur cette existence ne cherchent jamais à lui trouver une raison d'être plus profonde et plus terre à terre. Dès qu'on assiste à la formation d'élites, même isolées, on observe le même phénomène.

L'appareil conceptuel, la manière de penser de telles élites sont déterminés par ces règles structurelles, par cette attribution d'une valeur autonome à l'existence sociale comme telle, par cet existentialisme non réfléchi. Les symboles et idées par lesquels elles expriment le but ou les motivations de leur comportement ont, pour cette raison même, toujours un caractère de fétiche de prestige. Ils renferment en quelque sorte sous une forme substantialisée ou ramassée la totalité du prestige que cette société revendique en sa qualité d'élite.

Il suffira de revenir encore une fois sur le symbole de l'« honneur » comme motivation de certains actes. La contrainte qu'il exerce est une contrainte visant à sauvegarder l'existence du membre d'une élite en tant qu'individu prenant ses distances avec le commun des mortels. L' « honneur » se présente comme une *valeur en soi*, dont le rayonnement profite à celui qui s'en inspire; il est inutile et impossible de l'expliquer par des motivations placées en dehors de lui. Mais certains éléments de l'éthos d'élite, que nous avons reconnu

comme différent de l'éthos économique des couches bourgeoises professionnelles guidées par le profit, envahissent
et imprègnent dans certaines conditions aussi l'éthos économique. Dès que se manifestent dans les couches bourgeoises
professionnelles des tendances à la ségrégation et à la formation
d'élites, ces dernières s'expriment également par des symboles
de prestige visant au maintien de l'existence du groupe en
tant qu'élite et à la glorification de cette existence. Dans ces
symboles, cette existence se présente comme une fin en soi
entourée d'une auréole de prestige, bien que dans les couches
bourgeoises professionnelles des valeurs utilitaires, des
intérêts économiques viennent se mêler aux valeurs de
prestige. Il est donc fort intéressant d'examiner la structure
et les interdépendances de la société de cour. Car la motivation par le prestige, qui de nos jours se présente comme
une motivation parmi d'autres et jamais comme la motivation
principale, prévaut de manière évidente dans la société de
cour.

C'est de cette manière que l'on peut comprendre l'étiquette :
elle n'a nullement besoin d'être expliquée par des avantages.
*Par l'étiquette, la société de cour procède à son autoreprésentation,
chacun se distinguant de l'autre, tous ensemble se distinguant
des personnes étrangères au groupe, chacun et tous ensemble
s'administrant la preuve de la valeur absolue de leur existence.*

« La vie de la cour est un jeu sérieux, mélancolique,
qui applique ; il faut arranger ses pièces et ses batteries,
avoir un dessein, le suivre, parer celui de son adversaire,
hasarder quelquefois, et jouer de caprice ; et après toutes
ses rêveries et toutes ses mesures on est échec, quelquefois
mat [1]. »

La vie dans la société de cour n'était pas une vie de tout
repos. Le nombre des personnes évoluant continuellement
et inéluctablement dans le même cercle était élevé. Elles se
bousculaient, elles luttaient pour des chances de prestige,
pour leur position dans la hiérarchie de la cour. Les scandales,

---

1. La Bruyère, *Caractères, De la Cour*, p. 178, Firmin-Didot, 1890.

intrigues, disputes pour la faveur de tel ou tel n'en finissaient jamais. Chacun dépendant de chacun, tous dépendaient du roi. Chacun pouvait faire du tort à chacun. Celui qui hier tenait un rang élevé pouvait le perdre demain. Il n'y avait pas de sécurité. Chacun était obligé de conclure des alliances avec des personnes d'un rang élevé, d'éviter des inimitiés inutiles, de bien arrêter sa tactique dans le combat avec les ennemis irréductibles, de doser chaque mouvement d'approche ou d'éloignement en fonction de sa propre position et de son propre « cours [1] ».

En raison de cette structure particulière, la société de cour cultivait avec soin d'autres qualités chez ses membres que la société bourgeoise-industrielle. Nous en citerons quelques-unes :

1. *L'art d'observer ses semblables*

Il ne s'agit pas de « psychologie» au sens scientifique du terme, mais de la faculté, née des nécessités de la vie de cour, de se rendre compte avec précision du caractère, des motivations, des capacités et des limites des autres. Qu'on songe à l'art de ces hommes d'interpréter les dessous des gestes et expressions de chacun, de sonder les moindres propos entendus pour dégager leur signification, leur dessein secret. Un exemple :

> « Je m'aperçus bientôt — note Saint-Simon en parlant d'une certaine personne — qu'il se refroidissait; je suivis de l'œil sa conduite à mon égard pour ne pas me méprendre entre ce qui pouvait être accidentel dans un homme chargé d'affaires épineuses et ce que j'en soupçonnais. Mes soupçons devinrent une évidence qui me firent retirer de lui tout à fait sans toutefois faire semblant de rien [2]. »

1. « Qu'un favori s'observe de fort près; car s'il me fait moins attendre dans son antichambre qu'à l'ordinaire, s'il a le visage plus ouvert, s'il fronce moins le sourcil, s'il m'écoute plus volontiers, et s'il me reconduit un peu plus loin, je penserai qu'il commence à tomber, et je penserai vrai. » (LA BRUYÈRE, *Caractères, De la Cour*, p. 185.)

2. SAINT-SIMON, *Mémoires*, tome XVIII, chap. XXXI, p. 172.

Cet art curial de l'observation des hommes est d'autant plus réaliste qu'il ne vise jamais à considérer l'autre comme un être recevant ses règles et ses traits essentiels de son propre Moi. Dans l'univers de la cour, on regarde l'individu toujours avec ses implications sociales, *dans ses rapports avec les autres*. Ce trait révèle aussi les liens étroits entre l'homme de cour et la société. Mais l'art de l'observation ne s'applique pas uniquement aux autres, il englobe aussi l'observateur. Nous assistons à la création d'un genre particulier d'*auto-observation* : « Qu'un favori s'observe de fort près », dit La Bruyère. Il s'établit une correspondance entre l'observation de soi-même et l'observation des autres. L'une sans l'autre serait dépourvue de sens. Nous n'avons pas affaire à une auto-observation de type essentiellement religieux, consistant à observer son « Moi », à s'abîmer en soi-même, à s'isoler pour scruter et discipliner, dans un acte de soumission à la volonté de Dieu, ses mouvements les plus secrets, mais à un retour sur sa propre personne pour mieux discipliner ses relations sociales et mondaines.

> « Un homme qui sait la cour est maître de son geste, de ses yeux, et de son visage; il est profond, impénétrable; il dissimule les mauvais offices, sourit à ses ennemis, contraint son humeur, déguise ses passions, dément son cœur, parle, agit contre ses sentiments [1]. »

Or, rien ne porte l'homme de la cour à se faire illusion sur les mobiles profonds de ses actes. Bien au contraire. De même qu'il est obligé de découvrir derrière la dissimulation et la maîtrise de soi des autres leurs motifs et pulsions véritables, qu'il est perdu s'il n'arrive pas à deviner derrière l'attitude impassible de ses concurrents les passions et intérêts agissants, de même il doit connaître ses propres passions pour pouvoir les dissimuler. L'idée que l'égoïsme est le mobile profond de nos actes n'est pas une découverte du milieu bourgeois-capitaliste et de son climat de concurrence : elle a été formulée pour la première fois dans l'univers concur-

---

1. LA BRUYÈRE, *Caractères, De la Cour*, 2.

rentiel de la cour; c'est lui qui nous a donné les premières
descriptions modernes, sans le moindre fard, des passions
humaines. Il n'est pour s'en convaincre que d'ouvrir les
« maximes » de La Rochefoucauld.

Le corollaire de l'art d'observer les hommes est l'art de
les *décrire*. Le livre et la rédaction d'un livre n'avaient pas,
pour l'homme de cour, le même sens que pour nous. Il ne
cherchait pas à s'interpréter, à se représenter en se justifiant
ou en exposant les raisons de ses actes. Ce que nous avons
dit plus haut de l'attitude de l'homme de cour s'applique
aussi à ses écrits. Ils étaient une fin en soi et pouvaient et
devaient se passer de toute motivation ou justification.

L'homme de cour se représentait *d'abord* dans ses paroles
et dans ses actes — actes d'un caractère particulier; ses livres
sont également des instruments directs de la vie sociale [1],

1. On comprend facilement que la société aristocratique de la cour
n'offrait pas un terrain fertile aux belles-lettres et aux formes de la connaissance qui contrariaient la vie sociale et mondaine et le souci de ségrégation
sociale. Les formes littéraires et scientifiques qui la caractérisent répondent
à ses besoins et exigences. Ce sont surtout les *Mémoires*, les collections de
lettres, les aphorismes (maximes), certains genres lyriques, bref des formes
littéraires issues directement ou indirectement de la conversation ininterrompue de cette société et qui s'y intègrent; à partir du XVIIIe siècle apparaissent des ouvrages sur des sujets scientifiques appréciés de la société
et dont la connaissance facilitait l'accession à une charge à la Cour ou dans la
diplomatie. Ainsi, nous lisons dans les *Mémoires* de celui qui sera plus tard
le cardinal de Bernis : « L'étude de l'Histoire, de la fortune et de la morale
était dorénavant ma seule occupation; car je voulais habituer les hommes
*imperceptiblement à me considérer comme quelqu'un de sérieux, comme un
homme propre aux affaires* » [i.e. au service diplomatique]. Très caractéristique est dans ce contexte une autre phrase des *Mémoires* du cardinal de
Bernis, lui-même descendant d'une vieille famille de seigneurs : « Il faut bien
admettre que les grands sont de nos jours moins ignorants qu'au bon vieux
temps. Il n'est pas rare de rencontrer parmi eux de bons écrivains, mais
parmi les anciens qui ne savaient souvent même pas lire et écrire, on trouvait
d'excellents chefs de guerre et d'habiles ministres. *Ce ne sont pas les livres
qui font les grands hommes, mais les événements, la noblesse du cœur et le
sens de l'honneur.* » Un passage de la correspondance de Mme de Staal,
femme de chambre sagace et acrimonieuse de la duchesse du Maine, nous
montre le genre de littérature et de connaissances qui convenait à cette
société. Un jour, on voit arriver en pleine nuit, à Anet, dans la résidence
de la duchesse, Voltaire et son amie, Mme du Châtelet. On a quelque peine à les
caser; le lendemain, ils ne se montrent ni l'un ni l'autre... « Ils apparurent,
écrit Mme de Staal le 15 août 1747 à la marquise du Deffand, hier à dix heures
du soir. Je ne pense pas qu'on les voie guère plus tôt aujourd'hui. L'un est
à écrire de hauts faits [il s'agit du «siècle de Louis XIV»], l'autre à commenter
Newton. *Ils ne veulent ni jouer, ni se promener. Ce sont bien des non-valeurs*

des fragments de conversation et des jeux de société, ou
— comme la plupart des mémoires d'hommes de cour —
des conversations n'ayant pas eu lieu, parce que pour une
raison ou une autre le partenaire approprié faisait défaut.
Tous ces ouvrages témoignent de l'attitude que leurs auteurs
adoptaient dans la vie.

Comme l'art d'observer les hommes était d'une importance
vitale pour tous ceux qui vivaient à la cour, on ne saurait
s'étonner que les *Mémoires*, lettres et aphorismes des aristocrates de cette époque aient poussé à la perfection l'art du
portrait humain.

La route ainsi tracée a été empruntée en France (pour
des raisons que nous ne pouvons examiner ici, mais qui ont
peut-être quelque rapport avec le fait qu'une certaine « bonne
société parisienne », héritière directe des mœurs de la société
de cour, s'est maintenue au-delà de la Révolution jusqu'à
nos jours) par toute une lignée de romanciers et d'hommes
de lettres [1].

2. *L'art de manier les hommes*

L'observation de l'homme telle que la pratiquaient les
aristocrates de la cour ne découlait pas de leur propension
aux méditations théoriques, mais des nécessités de leur existence sociale, des exigences de leurs rapports sociaux. L'art
d'observer les hommes était la base même de l'art de les manier

---

dans une société où leurs doctes écrits ne sont d'aucun rapport »... Le 20 août
1747, Mme de Staal écrit de Mme du Châtelet : « Elle persiste à ne se montrer
qu'à la nuit close. Voltaire a fait des *vers galans* [i.e. entre autres une « Épître
à Mme la duchesse du Maine sur la victoire, remportée le 2 juillet à Laweld »]
qui *réparent un peu le mauvais effet de leur conduite inusitée.* » Les écrits
savants sont sans prise sur la vie sociale de cette société. Ils en détournent le
lecteur, ce qui est une maladresse. Mais les « vers galans » font partie de cet
univers. C'est par eux que Voltaire répare son faux-pas et celui de son amie.
Cette anecdote nous renseigne autant sur la sociologie de Voltaire que sur la
sociologie des formes littéraires et scientifiques de la société seigneuriale,
sociologie que nous ne pouvons approfondir ici.

1. Contentons-nous d'une simple indication : Une ligne droite conduit
des portraits de Saint-Simon en passant par Balzac, Flaubert et Maupassant
jusqu'à Marcel Proust pour lequel la « bonne société » était à la fois espace
vital, champ d'observation, et matière à littérature.

et *vice versa*. C'est dans l'art de manier les hommes que l'art
de les observer trouvait sa confirmation, les deux disciplines
se fécondant réciproquement. On s'appliquait donc à calculer
avec précision, en tenant compte du but à atteindre, la manière
d'en user avec ses semblables. Un exemple illustrera ce « calcul
stratégique du maniement des hommes ». Il s'agit d'une
conversation de Saint-Simon avec le Dauphin, petit-fils de
Louis XIV [1]. Saint-Simon indique qu'il tenait à attirer
l'attention du futur roi sur les brimades auxquelles était
exposée sa propre caste, les ducs et pairs, les « grands » de
tous rangs, de la part des princes du sang, y compris le roi,
et des ministres. Saint-Simon nous raconte lui-même la scène :

> « Je m'étais principalement proposé de le sonder sur
> tout ce qui intéresse notre dignité; je m'appliquai donc
> à rompre doucement tous les propos qui m'écartaient de
> ce but, à y ramener la conversation, et à la promener sur
> tous les différents chapitres... Je le touchai là-dessus par
> ce que j'avais reconnu de sensible en lui sur ce point [2].
>
> ... Je le fis souvenir de la nouveauté si étrange des pré-
> tentions de l'électeur de Bavière avec Monseigneur... Je
> lui fis faire les réflexions naturelles sur le tort extrême que
> la tolérance de ces abus faisait aux rois et à leur couronne...
> Je lui montrai fort clairement que les degrés de ces chutes
> étaient les nôtres...
>
> « Je vins après à la comparaison des grands d'Espagne
> avec les ducs-pairs et vérifiés, qui me donna un beau champ...
> Me promenant ensuite en Angleterre, chez les rois du Nord
> et par toute l'Europe, je démontrai sans peine que la France
> seule entre tous les États qui la composent, souffre en la
> personne de ses grands ce que pas un des autres n'a jamais
> toléré... Le Dauphin, activement attentif, goûtait toutes
> mes raisons, les achevait souvent en ma place, recevait
> avidement l'impression de toutes ces vérités. Elles furent
> discutées d'une manière agréable et instructive.... Le Dau-
> phin.... prit feu [3]... et gémit de l'ignorance et du peu de

1. Saint-Simon, *Mémoires*, tome XVIII, chap. cvi, p. 11 ss.
2. Il commence à évoquer un point qui touche aussi les intérêts du Dauphin.
3. Le caractère typique de cette démarche apparaît avec netteté quand on

réflexion du roi. De toutes ces diverses matières, je ne faisais presque que les entamer en les présentant successivement au Dauphin, et le suivre après pour lui laisser le plaisir de parler, de me laisser voir qu'il était instruit, lui donner lieu à se persuader par lui-même, à s'échauffer, à se piquer, et à moi de voir ses sentiments, sa manière de concevoir et de prendre des impressions, pour profiter de cette connaissance, et augmenter plus aisément par les mêmes voies sa conviction et son feu. Mais cela fait sur chaque chose, je cherchais moins à pousser les raisonnements et les parenthèses qu'à conduire sur d'autres objets, afin de lui montrer une modération qui animât sa raison, sa justice, sa persuasion venue de lui-même, et sa confiance, et pour avoir le temps aussi de le sonder partout et de *l'imprégner doucement et solidement de mes sentiments et de mes vues sur chacune de ces matières*, toutes distinctes dans la même... »

Bien des points dans cette conversation sont caractéristiques d'une situation unique : l'aristocratie d'opposition cherche à établir des contacts avec le Dauphin, dont la position semble le prédisposer à une attitude récalcitrante. La tactique est dangereuse, surtout pour Saint-Simon. Il faut « sonder » avec précaution les dispositions du prince pour savoir jusqu'où il peut aller. Mais sa manière de procéder est caractéristique aussi du maniement des hommes dans la société de cour. Le récit de Saint-Simon fait apparaître la calme assurance avec laquelle il cherche à atteindre son but, ainsi que le plaisir qu'il prend à s'acquitter avec maestria de sa tâche. Il met en évidence comment et pourquoi c'est précisément le plus faible en rang qui doit reconnaître toutes les ressources de l'art de la conversation. C'est lui qui court les plus grands dangers. Le prince peut à tout moment tourner le dos à ce « jeu utilitaire » qu'est la conversation

lit les recommandations suivantes dans *l'Homme de cour* de Gracian : « La sûreté de la prudence consiste dans une modération intérieure. Les pièges qu'on tend à la discrétion sont de contredire, pour tirer une explication et de jeter des mots piquants pour faire prendre feu. » (Traduction française de La Houssaie, Paris, 1691, p. 217, maxime 179.)

de la cour. Il lui est loisible de changer de sujet sans risquer grand-chose. Pour Saint-Simon une telle conversation peut avoir des conséquences très graves; il est donc pour lui d'une importance capitale qu'il fasse preuve d'une grande maîtrise de soi et d'une grande supériorité, mais de telle manière que l'interlocuteur ne s'en aperçoive pas. Placé dans une telle situation, l'homme qui laisse transparaître l'effort qu'il fait pour se dominer, pour cacher sa tension intérieure par une attitude crispée, aura toujours le dessous. Amener l'autre, surtout s'il est d'un rang plus élevé, d'une main légère et sans qu'il s'en rende compte, à penser selon ses propres désirs est le premier commandement du commerce avec les hommes de la cour. S'il peut être utile, dans une conversation entre égaux, dans un échange d'idées commerciales ou scientifiques, en milieu bourgeois, de souligner avec plus ou moins de discrétion son propre savoir-faire par une remarque telle que : « Ne suis-je pas un type épatant ! », une telle attitude serait complètement déplacée dans la vie de la cour : « Ne parler jamais de soi-même » est le titre d'une maxime de Gracian [1]. D'où la nécessité d'avoir toujours présente à l'esprit la situation de l'interlocuteur avec tout ce qu'elle comporte, d'observer avec attention son attitude fluctuante et changeante, à mesure qu'elle évolue dans le cours de la conversation. L'art que nous nommons d'un terme restrictif « l'art de la diplomatie », s'apprend donc déjà dans la routine quotidienne de la société de cour. L'entretien entre Saint-Simon et le Dauphin nous en fournit un exemple éloquent. Les qualités qu'on exige aujourd'hui ouvertement surtout des représentants d'un pays à l'étranger, mais aussi de plus en plus des négociateurs des grandes entreprises et des partis politiques existent, grâce aux contraintes de la « bonne société » strictement hiérarchisée, plus ou moins dans tous ceux qui font partie de la cour.

Quand on a réfléchi ainsi sur l'art de manier ses semblables, on comprend mieux l'étonnement de l'observateur extérieur, issu d'un milieu bourgeois, et surtout de l'Allemand, quand il constate que pour la société de cour et la société française

1. Maxime 117 (dans la traduction d'Amelot de la Houssaie, p. 143).

en général qui en a gardé l'empreinte, le « comment » d'une démarche semble plus important que le « pourquoi ». Nous avons éclairé dans ce qui précède un des aspects du soin que la société de cour porte aux « apparences », aux manifestations extérieures d'un acte social : ce que nous appelons « attachement aux apparences » ou « formalisme » est en réalité une manifestation de la primauté qu'on accorde en tout ce qui est et se fait aux chances de statut ou de puissance de la *personne* qui agit, en tenant compte de ses rapports avec les autres. Ainsi comprise, cette attitude que nous qualifions d'une manière tout à fait inadéquate de « formalisme » ou d'« attachement aux apparences » veut simplement prendre le contrepied de la tendance bourgeoise professionnelle à l'objectivation et à la concrétisation, qui fait toujours passer l'objet avant la forme, qui se pique — souvent à tort — de ne regarder que l'« *objet* » et de négliger la *personne* et les « formalités » visant la personne.

Nous discernons un aspect analogue — sous un angle légèrement différent — dans l'entretien entre Saint-Simon et le Dauphin. La tactique mise en œuvre par Saint-Simon vise à s'assurer estime et puissance en gagnant la confiance du Dauphin, avec lequel il veut se lier : l'élément « objectif » en apparence, c'est-à-dire ses doléances sur le tort fait à sa caste, est en réalité un souci très « personnel ». Comme Saint-Simon ne peut, compte tenu de la structure de la société de cour, se mettre en valeur qu'en se référant sans cesse aux intérêts du Dauphin et à la volonté de se faire valoir de ce dernier, il est obligé d'étudier soigneusement la *forme* de son propos et d'attacher à celle-ci une importance particulière. Le but d'un entretien de ce genre n'est jamais exclusivement d'ordre objectif : il ne s'agit pas, par exemple, d'obtenir la signature d'une convention, mais de créer des liens privilégiés entre deux partenaires. Dans cette perspective, le maniement des autres n'est jamais purement *utilitaire*, il est toujours aussi une fin en soi; la forme et la tactique, la « manière [1] »

---

1. *Cf.* GRACIAN, *loc. cit.*, maxime XIV : « La chose et la manière. Ce n'est pas assez que la *substance*, il faut aussi la circonstance. Une mauvaise manière gâte tout, elle défigure même la justice et la raison. Au contraire une belle manière supplée à tout, elle dore le refus, elle adoucit ce qu'il y a

d'engager la joute avec le partenaire, ont toujours la valeur d'une mise à l'épreuve du rapport des forces qui s'établit entre eux; si tous deux y trouvent leur compte, il peut en sortir une relation assez durable.

Il est vrai que l'homme exerçant un métier, le négociant par exemple, a aussi sa tactique et sa manière de manier les autres. Mais il ne vise que rarement la personne de l'autre dans sa *totalité*. Car l'homme de cour entretient en général avec tous les membres de sa société des rapports pour toute la durée de sa vie. Les hommes de cour dépendent, dans une mesure plus ou moins grande selon leur position dans la société de cour, comme amis, comme ennemis, comme simples voisins, les uns des autres, sans aucune possibilité de rechange. Ce fait seul commande la plus grande prudence dans chaque contact. C'est pourquoi la prudence et la réserve tiennent pour l'homme de cour une si grande place dans l'art de commercer avec ses semblables. Comme toutes les relations sont dans cette société des relations durables, le moindre propos irréfléchi peut avoir des effets durables. Les hommes qui exercent une profession ou un métier visent en général dans leurs tractations avec d'autres personnes un objectif limité, dans le temps et matériellement. L'intérêt qu'on porte à l'autre est directement ou indirectement lié à l'objectif de la rencontre, il ne s'adresse qu'en second lieu à sa personne. La rencontre est annulée, les relations se défont, les hommes se quittent, si les chances matérielles que l'autre représente ne semblent plus en valoir la peine. Ce qui détermine donc d'une manière décisive les rapports entre hommes de métier est le caractère révocable et temporaire de leurs liens. Les relations durables se limitent, chez l'homme de métier, à la vie privée. Comme on sait, les relations privées tenues

d'aigre dans la vérité, elle ôte les rides à la vieillesse. Le *Comment* fait beaucoup en toutes choses... Ce n'est pas assez que le grand zèle dans un Ministre; que la valeur dans un Capitaine; que la science dans un homme-de-lettres; que la puissance dans un Prince, si tout cela n'est accompagné de cette importante formalité. Mais il n'y a point d'emploi où elle soit plus nécessaire que dans le souverain commandement. Dans les supérieurs c'est un grand moïen que d'être plus humains que despotiques. Voir qu'un Prince fait céder la supériorité à l'humanité, c'est une double obligation de l'aimer. » (Traduction de La Houssaie, p. 14.)

pour durables sont soumises, dans les sociétés bourgeoises professionnelles, à l'influence de la révocabilité et à l'instabilité des relations personnelles dans le domaine professionnel.

3. *La rationalité de la société de cour et le contrôle des affects*

Ce qui est « raisonnable » ou « rationnel » dépend essentiellement des structures de la société. Ce que nous appelons, par un souci d'objectivation, la « raison » n'est autre chose que notre effort pour nous adapter à une société donnée, nous y maintenir par des calculs et des mesures de précaution, et y parvenir en dominant provisoirement nos réactions affectives immédiates. La prévision quantitative ou *rationalité* n'est qu'un cas particulier d'un phénomène plus général. Max Weber a montré dans ses études sur la sociologie religieuse que la rationalité n'est pas un trait exclusif du bourgeois professionnel occidental. On n'a, en revanche, pas assez insisté sur le fait qu'il y a eu — et qu'il y a encore — en Occident, à côté de la rationalité bourgeoise-professionnelle, d'autres types de rationalité nés d'autres impératifs sociaux.

Quand on entreprend l'analyse de la société de cour, on découvre précisément un de ces types de rationalité non bourgeoise. Nous avons donné plus haut une série d'exemples mettant en scène la rationalité spécifique de la cour : le calcul méticuleux des mesures et de la décoration d'une demeure, la cérémonie du « lever » et d'une manière générale la mise en place de «l'étiquette », l'attitude modérée du roi à l'égard de Saint-Simon pendant la cérémonie du « coucher », etc.

On comprend aisément pourquoi cette attitude est d'une importance vitale pour l'homme de la cour. La réaction affective est difficile à doser, son effet malaisé à prévoir. Elle découvre les vrais sentiments et peut, pour cette raison même, avoir des conséquences nuisibles. Elle peut fournir aux concurrents des arguments. Mais elle est avant tout un signe d'infériorité. Or c'est la position d'infériorité que l'homme de cour craint par-dessus tout. *La compétition de la vie de cour oblige les hommes qui en font partie à maîtriser leurs passions, à s'astreindre, dans leurs rapports avec autrui, à un comportement judicieusement calculé et nuancé.* Les structures de cette société et la nature des rapports sociaux ne laissaient que peu de place aux manifestations affectives spontanées. Pour rendre « calculable » la vie, c'est-à-dire le commerce entre individus, on a procédé comme en économique quand on veut « quantifier » une phase de travail : on ne s'en est pas remis à la tradition, au hasard, à la fantaisie de chacun. On l'a rendu indépendant de l'individualité changeante des personnes concernées, des variations de leurs relations privées. On l'a « organisé » d'un bout à l'autre en le divisant en « phases ». Ainsi on est parvenu à une vue d'ensemble. Comme chaque phase se déroulait selon un concept préconçu et indépendamment des variations individuelles, le commerce social d'homme à homme devenait une affaire calculable. Grâce à la division du processus on a pu déterminer la valeur de prestige de chaque démarche, comme on détermine dans la société capitaliste la valeur en argent de chaque phase de travail. La réglementation méticuleuse de l'étiquette, du cérémonial, du goût, de l'habillement et même de la conversation avait la même fonction. Chaque détail avait la valeur d'une arme dans la lutte pour le prestige. La réglementation ne visait pas seulement à la représentation extérieure, à la conquête d'un meilleur statut et d'une plus grande puissance, à une ségrégation par rapport au commun des mortels, elle marquait mentalement les distances qui séparaient sur le plan interne les membres de la société les uns des autres.

La rationalité bourgeoise-industrielle a son origine dans les contraintes des interdépendances économiques. Elle sert en premier lieu à calculer les chances de puissance fondées sur le capital privé ou public. La rationalité de la cour a son origine dans les contraintes de l'interdépendance sociale et mondaine des élites. Elle sert en premier lieu à calculer les relations humaines et les chances de prestige considérées comme des instruments de puissance.

La relation entre structure sociale et structure personnelle telle qu'elle se dégage de ce qui précède a des conséquences variées dans plusieurs domaines.

Le *style artistique* auquel on a donné le nom de « classicisme » tire son origine de cette même disposition d'esprit. Ce qui caractérise le classicisme, c'est la même ordonnance claire et rationnelle des structures, le calcul minutieux de l'effet et de la valeur de prestige de l'ensemble, l'absence de toute ornementation spontanée, de tout étalage non contrôlé de sensibilité. La même remarque s'applique aussi au théâtre classique français. Notons d'abord qu'il est un élément intégrant de la vie sociale à la cour, qu'il n'est pas un délassement. Les spectateurs sont installés sur la scène, ils en occupent le fond et les côtés. La pièce qu'on leur présente se signale par la même mesure, la même rigueur de développement qui caractérisent toute la vie de cour. Les passions peuvent être fortes, mais les éclats passionnés sont mal vus. Le contenu du drame importe peu; les sujets sont connus; ce qu'on apprécie, c'est l'art subtil avec lequel les protagonistes viennent à bout de leurs difficultés et de leurs conflits. C'est le reflet fidèle de la vie : dans la vie aussi, on attache la plus grande importance à la manière dont l'homme de la société de cour — qui sert de modèle à toutes les couches élevées — se rend maître de sa destinée. Comme la société de cour se trouve dans l'impossibilité d'agir autrement que par la parole, ou plus exactement par la conversation, le drame français classique ne représente pas non plus, à la différence du drame anglais, des *actions* mais des dialogues et des déclamations sur des actions qui échappent en général aux regards du spectateur.

Les liens étroits entre la rationalité de cour et le classicisme ne sont pas un phénomène typiquement français. Ils existent sous une forme légèrement différente aussi en Allemagne. La culture de Weimar est la seule culture de cour que les Allemands aient produite pendant la période moderne. Nous trouvons à Weimar — bien que les rapports entre les couches bourgeoises montantes et la cour n'y fussent pas comparables à ceux qui régnaient dans la France du XVIIIe siècle entre la bourgeoisie et la cour — une bonne partie des traits caractéristiques de l'aristocratie de cour, du moins sous une forme idéalisée : l'impassibilité, la modération des passions, le calme olympien, la réflexion, sans oublier cet air solennel par lequel l'homme de cour aime à montrer qu'il fait partie de l'élite [1].

La rationalité de la cour suscite en outre une série de réactions, qui se manifestent aussi dans le sein même de la société de cour. Il s'agit de tentatives d'émancipation du « sentiment », qui sont toujours aussi des tentatives d'émancipation de l'individu face à la pression sociale. Il est vrai que dans la France du XVIIe siècle elles ont toujours abouti, au moins en apparence, à des échecs (Mme Guyon, Fénelon, etc.). C'est précisément en tenant compte de ces réactions qu'il semble important d'examiner jusqu'à quel point la structure du champ social permet le libre épanchement du « sentiment » et dans quelle direction l'expression du sentiment peut s'exercer. Il s'agit d'autre part d'établir si sa structure répond à l'émancipation et à la libération du sentiment par l'élimination ou du moins par la dégradation du coupable sur le plan social.

On ne peut vraiment comprendre J.-J. Rousseau, son influence, les raisons de son succès, si on ne le considère pas comme un représentant de la réaction contre la rationalité de la cour et le refoulement du « sentiment » par la vie de la cour. Une analyse méticuleuse de la tendance au « desserrement » qui marqua, au cours du XVIIIe siècle, le « monde », peut nous fournir des éclaircissements sur les changements de structure qui, dans certaines couches de l'âme — mais nullement dans toutes — ont ouvert la voie à une émancipation relative des pulsions émotionnelles spontanées et à la création d'une théorie de l'autonomie du « sentiment ».

Signalons enfin que le rationalisme intellectuel du XVIIe et du XVIIIe siècle, que l'on désigne par le terme quelque peu équivoque de « philosophie des lumières » *(Aufklärung)*, ne s'explique pas dans le seul contexte de la rationalité bourgeoise-capitaliste, mais qu'il existe des liens évidents entre elle et la rationalité de la cour. Il serait facile par exemple d'en relever les traces chez Leibniz. Mais on pourrait les mettre en évidence aussi chez Voltaire.

Quand on voit quelques-uns des traits de la personnalité

---

1. Il n'est pour s'en rendre compte que de comparer les œuvres de Goethe avant et après Weimar. Il ne faut pas oublier cependant que la cour de Weimar était très petite et à plus d'un égard presque bourgeoise.

de base de l'homme de cour, procéder des structures sociales, de son rôle, du réseau d'interdépendances qui le tient prisonnier, quand on se rend compte qu'il exerce sa personne et sa conduite — d'une manière très fine et nuancée — dans une sphère et dans un sens fondamentalement différents des nôtres, parce que cette sphère revêtait pour lui une importance vitale, on aperçoit aussi une partie de la trajectoire qui a conduit de la formation de l'homme de cour à la formation de l'homme moderne, et on mesure les gains et pertes que cette évolution nous a valus.

La manière de vivre et les conditions de vie de l'ancien régime, de sa cour et de sa société privilégiée, semblent aussi lointaines à la plupart des membres des sociétés industrielles et des États nationaux que la manière de vivre et les conditions de vie des sociétés moins évoluées qu'explorent les ethnologues. Il faut faire un sérieux effort pour les percevoir du moins mentalement. Les quelques rares cours qui subsistent encore en Occident n'ont que peu de rapports avec les cours princières et les sociétés de cour du XVIIe et du XVIIIe siècle. Les cours modernes ne sont plus guère que des organes d'une société devenue bourgeoise. Or, la marque que la société de cour du XVIIe et du XVIIIe siècle a imprimée à ses membres a survécu dans beaucoup de choses dont les hommes du XIXe et même du XXe siècle s'entourent, qu'il s'agisse de meubles, de tableaux, de vêtements, de formules de salut, d'étiquette sociale, de théâtre, de poésie ou même des maisons qu'ils habitent. Mais ces survivances ont été soumises, de la part de la société bourgeoise, à une transformation étrange, qui leur a donné un caractère de fantômes. De fait, on a reçu l'héritage de la société de cour sous une forme plus grossière et dépouillée de sa vraie signification [1].

Car la cour et — gravitant autour de lui — la « bonne société » de l'ancien régime ont été, en Occident, les dernières formations sociales relativement cohérentes, où les hommes ne travaillaient ni ne calculaient — en tout cas pas au sens d'une économie publique et privée rationnelle. Elles étaient

---

1. Ainsi transformé, il est un des éléments essentiels de cette forme d'existence curieuse à laquelle on a donné — bien à tort dans un sens exclusivement péjoratif — le nom de « kitsch ».

— si on les définit selon les revenus de leurs membres — des sociétés de rentiers. Si leurs membres ont déployé des trésors de temps, d'amour et de soins pour aménager certains domaines de l'existence, qui ont perdu leur importance dans le courant du XIXᵉ siècle, à la suite du partage progressif de l'existence en sphère professionnelle et en sphère privée sous la pression de l'économie rationnelle, ils ont agi par nécessité, pour s'affirmer dans leur société. Pour les membres de la couche supérieure de l'ancien régime, l'élégance, la tenue et le bon goût, produits très élaborés d'une tradition sociale, étaient rendus possibles par leur existence de rentiers; mais ils étaient aussi indispensables pour leur assurer — dans un monde de conventions sociales et de compétition pour le prestige — considération et promotion.

Les bourgeois du XIXᵉ siècle dépendaient des impératifs d'un métier exigeant un travail plus ou moins régulier et une grande routine des réactions affectives. C'est donc le métier qui déterminait en premier lieu le comportement et les relations; c'est dans le domaine du métier que se situaient les interdépendances sociales dont l'influence se faisait sentir sur chaque individu. Il s'ensuivait non seulement une modification des qualités et comportements que la société induisait dans chacun des membres, mais la plupart des attitudes et relations qui avaient connu, dans l'ancien régime, un caractère particulier et un façonnage très poussé, se trouvaient transposées dans une sphère *n'appartenant plus* au noyau soumis au modelage de la société. Pour l'homme de la « bonne compagnie » de l'ancien régime l'aménagement plaisant de la maison et du parc, la décoration des chambres plus élégante ou plus intime, au gré de la mode, les relations différenciées et très sophistiquées entre époux, n'étaient pas seulement des initiatives agréables de tel ou tel individu, mais des *exigences vitales* de la vie sociale. S'y conformer était la condition *sine qua non* de la considération sociale, du succès dans le « monde », qui tenaient lieu de notre réussite professionnelle. Le spectacle de ces hommes de cour, sans occupation professionnelle, ne vivant que de rentes, permet de bien saisir l'effet de l'éclatement de la vie sociale en domaine professionnel et domaine privé, sur le caractère des hommes qui leur ont succédé et sur la manière dont ils ont assimilé l'héritage des siècles passés. Tous les faits et gestes élaborés par la société de cour du XVIIᵉ et du XVIIIᵉ siècle, la danse, les formules de politesse, les coutumes de la vie mondaine, les tableaux dont on orne sa maison, les formalités d'une demande en mariage, la réception matinale par une dame, tout cela a été peu à peu intégré dans la sphère privée, pour échapper au façonnage par la société. On ne saurait nier que la vie privée du bourgeois était également soumise à des contraintes sociales. Mais elle n'empruntait qu'indirectement sa forme à la sphère des interdépendances professionnelles. La véritable contrainte s'exerçait maintenant bien plus sur la vie professionnelle, sur ses formes et comportements, que sur la vie privée des hommes. C'était la vie professionnelle qui faisait l'objet de tous les calculs, nuances, mises au point.

Il est certain que le partage entre vie professionnelle et vie privée s'est manifesté déjà au XVIIIᵉ siècle, et même plus tôt dans des couches sans grande influence, mais il ne pouvait produire tous ses effets que dans une société de masse urbaine. C'est là seulement que l'individu pouvait — tout en restant soumis au contrôle de la loi — échapper jusqu'à un certain point au contrôle de la société. Pour l'homme de la société de cour — au sens le plus large du terme — du XVIIᵉ et du XVIIIᵉ siècle ce partage n'existait pas encore. Les effets heureux ou malheureux de son comportement ne se manifestaient pas dans la sphère professionnelle, pour déborder ensuite sur la vie privée. A toute heure de la journée son attitude pouvait décider de son succès ou de son insuccès social. C'est pourquoi le contrôle social s'exerçait aussi directement sur toutes les sphères de l'activité et sur tous les comportements. La société avait prise sur l'homme dans sa totalité.

Cette particularité de la société ancienne — qu'on la considère comme un modèle ou comme un antimodèle — nous fournit la clef du passé et du présent. Sur la toile de fond de l'ancienne société, le caractère très différent de la société de masse bourgeoise s'affirme de plus en plus. *Dans cette dernière, c'est dans la sphère professionnelle que s'exerce en premier lieu la pression des contraintes sociales et du façonnage social*. La vie privée est certes modelée en fonction de sa dépendance à l'égard de la situation professionnelle. Mais ses gestes et comportements ne sont pas imposés jusque dans les moindres détails.

L'homme de la société bourgeoise de masse sait en général fort bien comment il doit se comporter dans la sphère professionnelle. C'est cette sphère que visent tous les efforts de façonnage de la société. C'est dans la sphère professionnelle surtout qu'elle exerce ses contraintes. Tout ce qui se trouve relégué dans le domaine privé, l'aménagement de l'habitation, les rapports entre les sexes, le goût artistique, la table et les festivités ne sont plus façonnés de manière directe et autonome par le jeu des rapports sociaux et mondains, mais de manière indirecte et hétéronome, en fonction des préoccupations et intérêts professionnels soit de celui qui veut meubler ses moments privés, soit de personnes dont le métier est l'aménagement des loisirs des autres, soit enfin — et c'est le cas le plus fréquent — par une combinaison des deux possibilités [1].

1. Dans les sociétés industrielles plus évoluées, le temps consacré à l'exercice de la profession ou du métier se raccourcit continuellement, tandis que s'allongent les loisirs. Il est peut-être encore trop tôt pour étudier l'influence que cette tendance, si elle se précise, aura sur le comportement des hommes et leur tournure d'esprit. La contribution de N. ELIAS et E. DUNNING, *The quest for Excitement in Leisure*, à E. DUNNING, *The Sociology of Sport, A Reader*, London, Cass, 1968, p. 64, contient l'esquisse d'une théorie générale des loisirs.

CHAPITRE IV

Le roi au sein de la société de cour

ON serait tenté, après un premier examen de la question, d'expliquer l'étiquette par la dépendance de la noblesse par rapport au prince. A y regarder de plus près, on découvre une situation infiniment plus complexe. La volonté de la noblesse de former une élite dont la disparition équivaudrait à son autodestruction va au-devant des ambitions politiques du roi. Le désir de ségrégation des élites menacées est le point où le roi peut appliquer ses efforts pour plier la noblesse à sa volonté. La tendance à l'auto-affirmation de l'aristocratie et la domination du roi sont comme les maillons d'une seule et même chaîne.

Un homme de cour aurait-il dit : peu m'importent la « distinction », la « considération », la « valeur », l'« honneur », et tous les autres symboles du prestige et de l'appartenance à une élite, la chaîne se serait rompue....

Mais l'imbrication va plus loin : pour des raisons que nous allons exposer en détail, le roi était lui-même intéressé par le maintien de la noblesse comme couche distincte et séparée. Notons qu'il se considérait lui-même comme un « gentilhomme », comme le « premier aristocrate ». On disait, parfois, à la cour, de telle personne : « Il est fou ou le roi n'est pas noble ! » En abolissant la noblesse le roi aurait mis fin aussi à la noblesse de sa « maison ». Le fait même que le roi qui, en tant que chef de la noblesse se plaçait au-dessus d'elle, s'en disait néanmoins un membre, détermine sa position face à l'étiquette et explique l'importance qu'elle revêt à ses yeux.

Tout ce que l'étiquette nous a révélé quand nous l'avons envisagée du point de vue de la noblesse, apparaît de nouveau quand nous examinons ce qui concerne le roi : la « distanciation » en tant que fin en soi, la rationalité, le souci des nuances, la maîtrise des réactions affectives. Mais dans l'optique du roi, tout cela revêt encore un autre sens. Pour Louis XIV, la fonction de l'étiquette ne consiste pas seulement à marquer la distance qui le sépare de ses sujets, l'étiquette est aussi pour lui un *instrument de domination*. Louis XIV a exprimé cette pensée très clairement dans ses Mémoires : « Ceux-là s'abusent lourdement qui s'imaginent que ce ne sont là que des affaires de cérémonie. Les peuples sur qui nous régnons, ne pouvant pénétrer le fond des choses, règlent d'ordinaire leurs jugements sur ce qu'ils voient au-dehors, et c'est le plus souvent sur les préséances et les rangs qu'ils mesurent leur respect et leur obéissance. Comme il est important au public de n'être gouverné que par un seul, il lui est important aussi que celui qui fait cette fonction soit élevé de telle sorte au-dessus des autres qu'il n'y ait personne qu'il puisse ni confondre ni comparer avec lui, et l'on ne peut, sans faire tort à tout le corps de l'État, ôter à son chef les moindres marques de la supériorité qui le distingue des membres. » (II, 15)

Voilà l'idée que Louis XIV se fait lui-même du sens de l'étiquette. Pour lui, elle n'est donc pas un simple cérémonial, mais un moyen de dominer ses sujets. Le peuple ne croit pas à un pouvoir même réel, s'il ne se manifeste pas aussi dans la démarche extérieure du monarque. Pour croire il faut qu'il voie [1]. Plus un prince se montre distant, plus sera grand le respect que le peuple lui témoigne.

Pour la noblesse de cour qui n'assume plus aucune fonction gouvernementale la « distance » est une fin en soi. Cette remarque s'applique aussi au roi, puisque celui-ci tient sa personne et son existence pour le sens même de l'État.

___

1. Signalons en passant les affinités de cette attitude avec les usages de l'Église catholique; il nous est impossible d'approfondir ici les similitudes sans doute importantes entre le cérémonial de la Cour et le rituel ecclésiastique.

« Autrefois, explique un opposant [1], on ne parlait que des intérêts de l'État, des besoins de l'État, du maintien de l'État. Aujourd'hui un tel langage serait un crime de lèse-majesté. Le roi a pris la place de l'État, le roi est tout, l'État n'est plus rien. Il est une idole à laquelle on sacrifie les provinces, les villes, les finances, les grands, les petits, tout ! »

Tout comme pour sa noblesse, pour Louis XIV aussi sa vie de roi est une fin en soi. Or, un de ses attributs est le monopole du pouvoir. Si le roi considérait l'étiquette comme un moyen de domination, le but même de celle-ci était sa personne, son existence, sa gloire, son honneur. L'expression la plus visible de cette intégration totale de la domination à la personne du roi, de la hauteur et de la distance qui le séparaient de tous les autres humains, était encore l'étiquette.

Pour bien comprendre un instrument de domination, il faut connaître l'espace dans lequel cette domination doit s'exercer et les paramètres qui la déterminent. Ainsi, le sociologue se trouve confronté à une tâche très particulière : il doit examiner la cour comme une structure de domination, qui prescrit — comme toutes les autres structures de domination — à celui qui compte en faire l'instrument de son gouvernement, des méthodes et moyens spécifiques. Il est certain que la cour n'est qu'un secteur du champ d'action du roi. Elle constitue jusqu'à un certain point le noyau du système de domination par l'intermédiaire duquel il règne sur tout le royaume.

La première tâche du sociologue est donc d'expliquer les structures de ce champ d'action primordial du roi en tant que système de domination. La deuxième question qui se pose est de savoir par quel mécanisme cette cour s'est constituée parallèlement à l'édification du royaume et comment elle s'est reproduite, de génération en génération.

Il est possible de déterminer les structures d'un système de domination, conglomérat d'individus interdépendants, avec la même rigueur avec laquelle un homme de science peut

1. Jurieu, *Soupirs de la France esclave*, 1691.

déterminer la structure d'une molécule donnée. Mais cette affirmation n'implique pas l'idée d'une identité ontologique entre l'objet des sciences naturelles et l'objet de la sociologie. Ce n'est d'ailleurs pas notre propos de discuter ce problème. Si nous recourons à cette comparaison, c'est pour mieux expliquer l'idée que le sociologue se fait de son travail. Chaque champ de domination peut être pensé comme un réseau d'hommes ou de groupes humains interdépendants agissant dans un sens déterminé les uns avec les autres ou les uns contre les autres. Nous verrons qu'il est possible, selon l'orientation de la pression que les différents groupes d'un champ de domination exercent les uns sur les autres, selon les modalités et l'intensité de la dépendance relative des individus et groupes d'individus constituant le système de domination, de distinguer différents types de champs de domination. Quelles sont donc les interdépendances qui lient entre eux les hommes de la cour, champ de domination du roi?

Le roi jouit au sein de la cour d'une situation privilégiée : alors que tous les courtisans subissent des pressions d'en bas, d'en haut et de tous les côtés, le roi seul ignore toute pression s'exerçant sur lui d'en haut. Mais la pression à laquelle il est exposé de la part de ses sujets est certainement considérable. Elle serait insupportable, elle le réduirait à néant, si tous les groupes sociaux, et même si seulement tous les groupes de la cour se dressaient contre lui.

Mais leurs pressions ne sont pas convergentes : les potentiels d'action des sujets du roi, potentiels déterminés par les relations d'interdépendance, sont souvent dirigés les uns contre les autres, de sorte qu'ils s'annulent. Cette remarque s'applique dans un sens plus large à tout le territoire dominé. Pour le moment, il n'est question ici que de la cour, domaine et champ de domination privilégié du roi. A la cour, on n'assiste pas seulement à une émulation individuelle pour les chances de prestige, mais les différentes coteries sont également en concurrence les unes avec les autres; les princes et princesses du sang rivalisent avec les bâtards légitimés, ces derniers essaient de damer le pion aux « grands », ducs ou pairs. Les ministres, choisis en général dans la noblesse de robe, issus de la bourgeoisie, forment un groupe à part. Ils font eux aussi partie intégrante de la cour, où ils ne peuvent se maintenir que s'ils en connaissent les lois non écrites.

Tous ces groupes — et beaucoup d'autres — sont aussi en conflit avec eux-mêmes. Des hommes appartenant à différents groupes et rangs s'unissent et se liguent. Certains ducs, ministres, princes, parfois soutenus par leurs épouses, concluent des alliances. Le cercle du dauphin, la maîtresse, tous interviennent à droite et à gauche dans une structure polycéphale, toujours tendue et instable.

Cette situation impose au roi en tant que souverain une tâche bien déterminée : il doit veiller à ce que les tendances divergentes et opposées des hommes de cour s'exercent conformément à ses intérêts :

« Le roi, dit Saint-Simon, utilisait les nombreuses fêtes, promenades, excursions comme moyen de récompense ou de punition, en y invitant telle personne et en n'y invitant pas telle autre. Comme il avait reconnu qu'il n'avait pas assez de faveurs à dispenser pour faire impression, il remplaçait les récompenses réelles par des récompenses imaginaires, par des jalousies qu'il suscitait, par de petites faveurs, par sa bien-veillance. Personne n'était plus inventif à cet égard que lui. »

Ainsi, le roi « divisait et régnait ». Mais il ne faisait pas que diviser. On constate qu'il savait évaluer le rapport des forces à la cour, équilibrer les tensions, répartir judicieusement pressions et contre-pressions.

Contentons-nous d'indiquer quelques grandes lignes de cette tactique. Le roi protège, ce qui veut dire qu'il s'allie de préférence avec des hommes qui lui doivent tout et qui, sans lui, ne représentent rien. Son neveu le duc d'Orléans, le futur régent, le Dauphin, son petit-fils, représentent quelque chose, que le roi les favorise ou non. Ils sont des rivaux en puissance. Le duc de Saint-Simon, pour citer un autre exemple, auquel Louis XIV ne montre aucune bienveillance parti-culière, bien qu'on ne puisse parler, à son sujet, de disgrâce, gardait à la cour, en sa qualité de duc et de pair, une certaine influence. Il essaie à bon escient de s'allier au successeur du trône; si l'un vient à mourir, il cherche appui chez le suivant[1] :

---

1. SAINT-SIMON, *Mémoires*, tome XIII, chap. CCCLX.

« La cour changée par la mort de Monseigneur [ce qui veut dire : La mort de l'héritier du trône ayant bouleversé l'équilibre des tensions et l'ordre hiérarchique des hommes de la cour] il fut question pour moi de changer de conduite à l'égard du nouveau Dauphin. »

C'était *sa tactique personnelle*. Une haute noblesse assurait une certaine indépendance vis-à-vis du roi, qui, bien entendu, ne devait jamais prendre la forme d'une opposition active. C'est pour cette raison même que Louis XIV avait pris l'habitude de s'appuyer de préférence sur les personnes qui lui devaient exclusivement leur situation à la cour, qui, sans lui, retombaient dans le néant, comme par exemple la maîtresse, les ministres[1], les bâtards. Il aimait à se poser en protecteur de ses bâtards, ce qui indisposait surtout la haute noblesse.

Voilà donc une des méthodes par lesquelles le roi empêchait que la société de la cour ne se liguât contre lui, par laquelle il assurait l'équilibre et le maintien des tensions, conditions essentielles de l'exercice de son pouvoir. Nous nous trouvons en présence d'un type particulier de champ de domination et de forme de gouvernement : elle nous apparaît d'abord à la cour, mais elle englobe, de manière analogue, tout le domaine sur lequel s'étend le pouvoir du monarque absolu. Ce qui caractérise ce régime, c'est l'exploitation des antagonismes

---

1. Pour montrer dans quelle situation se trouvait un ministre de Louis XIV et à quel point était calculée et surveillée la puissance dont chacun disposait, nous citons un passage des *Mémoires* de SAINT-SIMON (tome XIII, chap. CCXXXIV). Notons l'emploi par Saint-Simon du terme de « crédit » pour définir le « cours » d'un homme de la cour. Saint-Simon décrit la lutte de certaines coteries contre Chamillart, un des ministres du roi : « Jamais, nous explique Saint-Simon en parlant de Chamillart, il n'avait ménagé Montseigneur [l'héritier du trône]. Le prince qui était timide et mesuré sous le poids d'un père qui, jaloux à l'excès, ne lui laissait pas prendre le moindre crédit. Chamillart, faussement préoccupé que, avec le roi et Mme de Maintenon pour lui, tout autre appui lui était inutile et que, sur le pied où était Montseigneur avec eux, il se nuirait en faisant la moindre chose qui, en leur revenant, leur donneroit soupçon qu'il voudrait s'attacher à lui, n'eut aucun égard aux bagatelles que Monseigneur désirait. » Le ministre qui s'appuyait sur le roi et Mme de Maintenon croyait pouvoir se dispenser de ménager Monseigneur, d'autant plus que le roi « jaloux à l'excès » n'aimait plus qu'on s'occupât trop de son successeur...

entre dominés pour augmenter leur dépendance par rapport au monarque.

Or, il existe des champs de domination d'une structure et d'un type totalement différents. On sait que Max Weber oppose — dans sa typologie des formes de domination — la domination corporative-patrimoniale, dont la royauté absolutiste française serait une simple variante, et une autre forme qu'il appelle «charismatique[1]». En analysant celle-ci selon les principes qui nous ont guidés dans l'analyse de la société de cour, on arrive à la constatation suivante : dans la domination charismatique, le souverain dispose également d'un domaine restreint où s'exerce par priorité son pouvoir, domaine qui — au moins en Occident où il tend à prendre la forme d'un organe politique — se situe au centre d'une sphère de domination plus vaste. Les rapports réciproques entre ces trois facteurs : souverain, noyau élitaire unique ou multiple et espace élargi de domination décident des structures et de la destinée du pouvoir charismatique.

On peut affirmer d'une manière générale que les processus de regroupement à l'intérieur d'un vaste champ de domination, que les transformations, le déplacement ou la suppression de l'équilibre des tensions qui s'y produisent, sont les préalables indispensables à l'apparition d'une domination charismatique. C'est cette transformation et ce bouleversement de l'équilibre qui offrent au bénéficiaire du « charisme » sa chance décisive; ce sont eux aussi qui confèrent à son ascension ce « caractère extraordinaire [2]» sur lequel Weber insiste à plusieurs reprises. Le pouvoir charismatique est un régime de crise. Il n'a aucune durée, sauf quand la crise, la guerre, la subversion sont devenues la règle dans une société. L'arrivée au pouvoir du chef charismatique a un caractère extraordinaire, si on la compare à l'émergence routinière d'une certaine organisation sociale du pouvoir. Sa rupture par l'intérieur, cachée ou ouverte, et les bouleversements structuraux qui l'accompagnent suscitent en général dans les hommes faisant partie du groupe central charismatique le désir de s'emparer

1. Cf. Économie et Société, tr. fr. Plon, 1971, p. 237 et 249.
2. Cf. Économie et société, p. 253 : « Dans sa forme authentique, la domination charismatique est de caractère spécifiquement extraordinaire. »

des leviers de commande. Mais la tâche qui attend le futur
chef charismatique — par l'accomplissement de laquelle il
doit précisément mettre en évidence ce que Max Weber
appelle le « charisme » — est très particulière et se distingue
essentiellement de celle du monarque absolutiste : tant que lui
et ses fidèles sont obligés de lutter pour imposer leur pouvoir,
le chef charismatique doit orienter, plus ou moins consciemment, *dans un sens déterminé* les efforts de ceux qui consti-
tueront par la suite le noyau de son pouvoir. Il groupera un
certain nombre de personnes provenant du champ social
désagrégé et déséquilibré, de telle manière que leur pression
sociale s'exerce extérieurement dans le même sens, qu'elle
déborde sur le domaine à dominer et s'y montre efficace.

Le détenteur du pouvoir absolutiste est également entouré
d'un groupe central, *la cour*, par l'intermédiaire duquel il règne,
tout comme le chef charismatique règne à travers *son* groupe
central. Le monarque absolutiste se voit confronté à la tâche
de maintenir, à l'intérieur du champ social dont les structures
effectives lui offrent une grande chance d'équilibrer les
tensions sociales, aussi bien ces tensions que cet équilibre ou
de le rétablir le cas échéant. Cela est vrai de sa sphère de
domination au sens le plus large, mais cela est vrai aussi de
son « groupe central ». Nous avons vu qu'il doit exploiter
avec prudence les tensions, susciter des jalousies, maintenir
les dissensions au sein des groupes, orienter le sens de leurs
efforts et partant de leur pression; il doit laisser libre cours,
jusqu'à un certain point, aux actions et réactions et les utiliser
sciemment au maintien des tensions et de l'équilibre; il lui
faut, pour y parvenir, une haute dose de calcul.

Tout autre est la situation de l'autocrate chargé de mettre à
exécution un bouleversement ou un regroupement social, *le chef
charismatique*. Quand on l'observe pendant sa période d'ascension, on fait la constatation suivante : pour lui, les jalousies,
les rivalités, les tensions au sein de son groupe constituent
une menace. Il va sans dire qu'elles existent toujours sous
une forme ou une autre. Mais il ne faut pas qu'elles apparaissent trop au grand jour. Il faut les réprimer. Le premier souci du chef charismatique sera donc de les diriger
sur un objet extérieur, de faire dévier la pression sociale

de ce groupe vers le champ social désagrégé, vers le domaine qu'il s'agit de conquérir. C'est dans la bonne exécution de cette tâche que réside le secret de cette forme de direction et de gouvernement que Max Weber a appelée le gouvernement *charismatique*. Le chef doit instaurer une unité d'intérêt et d'action entre lui et son groupe central (groupe toujours fort restreint si on le compare aux vastes dimensions du champ social), de manière à faire apparaître les actions de chaque collaborateur comme le *prolongement* pur et simple de l'action du chef.

La situation dans laquelle se trouve le candidat au gouvernement charismatique limite d'emblée ses possibilités de calcul, parce qu'il lui est bien plus difficile qu'au monarque absolutiste de prévoir la marche des événements. Pour l'acteur sur la scène humaine et sociale, une chose est d'autant plus prévisible qu'elle s'insère mieux dans un champ social d'une structure donnée et parcouru de tensions connues. Le chef charismatique, qui bénéficie précisément d'un équilibre instable, fluctuant, ou peut-être même profondément troublé, se présente souvent — mais pas toujours — comme le nouveau venu dans le champ social, qui promet de renverser sur son passage toutes les attitudes et motivations dominantes, routinières, prévisibles. Cette remarque s'applique dans une certaine mesure aussi au groupe central qui le soutient. Tous deux, le chef et son groupe de partisans, s'avancent en quelque sorte en terrain inconnu et imprévisible. C'est pourquoi leur finalité prend souvent le caractère d'une « foi ». Ils sont obligés de se servir de moyens, d'attitudes, de comportements relativement peu éprouvés. Un examen approfondi pourrait sans doute mettre en évidence les points précis où leurs comportements et leurs objectifs se rattachent à des phénomènes existants. Quoi qu'il en soit, le risque calculable de leur entreprise fait partie de ses particularités structurales. Les membres du groupe se dissimulent l'incertitude et l'étendue du risque qui, s'ils en avaient pleinement conscience, les paralyseraient, et mettent leur confiance dans la bénédiction du ciel, dans le « charisme » de leur chef, candidat au pouvoir. Le mépris, par le groupe charismatique, d'un grand nombre de règles, prescriptions et comportements consacrés, grâce

auxquels les souverains ont guidé jusque-là les sujets de
toutes les conditions et nuances, place celui-ci devant une
tâche spécifique : le pouvoir ne peut être assuré principalement
par la filière des intermédiaires éprouvés et relativement
immuables, il doit l'être par l'action sans cesse renouvelée du
chef et de quelques sous-chefs, autrement dit par des contacts
plus ou moins personnels et directs entre le chef charismatique et ses fidèles du « groupe central ».

Certes, tous les « ligués » portent la marque de leur couche
d'origine, car elle s'intègre toujours aux caractères de l'individu. Mais quand il s'agit des interrelations, de l'ordre d'importance d'un personnage et surtout de la promotion des
membres du groupe social, ce ne sont plus le rang social, tel
qu'il s'était établi dans l'ancienne sphère de domination, ni
l'auréole que le particulier en a tirée, qui décident. Ce qui
compte, ce sont les aptitudes individuelles qualifiant telle
personne pour les objectifs et ambitions du groupe central.
Ces mêmes aptitudes déterminent ainsi le choix du souverain
ou du chef; elles décident, bien plus que le rang social hérité
ou acquis, de ses rapports avec les autres membres du groupe
charismatique.

Une hiérarchie particulière s'établit aussi à l'intérieur du
groupe charismatique. Elle dépend, bien entendu, dans une
certaine mesure, des classes et strates sociales des domaines à
conquérir ou à investir. Mais la sélection interne s'opère selon
d'autres critères, dans d'autres formes que dans le territoire
dominé. Autrement dit, le groupe central charismatique
offre d'autres *chances d'ascension* [1]. Le commandement peut
échoir à des personnes qui jusque-là n'avaient pas grand-
chose à dire. Mieux : la simple appartenance à un groupe
charismatique signifie, même au niveau le plus bas, pour les

---

1. Le terme d' « ascension » peut évidemment avoir des significations
très différentes. Il s'agit d'un phénomène sociologique très général, qui n'est
pas soumis à la limitation qu'implique ce terme dans l'emploi bourgeois.
Le sauvetage de groupes isolés ou déterminés de couches en train de sombrer
peut également être qualifié d' « ascension »; elle peut avoir pour effet des
modifications spécifiques qui marquent en général l' « ascension » d'un groupe
ou d'un personnage. Nous entendons ici par « ascension » dans un champ
social tout changement qui entraîne pour le ou les intéressés une amélioration de leurs chances de prestige social et du sentiment de leur valeur.

personnes qui viennent du champ social environnant pour les rejoindre, une *ascension*. En effet, elles se sont hissées au-dessus de la masse et de sa routine pour intégrer le cercle restreint du groupe qui, de ce fait même, constitue une « élite » et en a conscience.

Le groupe central charismatique étant aussi un mécanisme de « promotion » auquel s'oppose — au moins dans une certaine mesure — le groupe central des hommes de la cour en tant que mécanisme de défense et de sauvegarde, on assiste à une modification importante du comportement et du caractère des hommes emportés par le courant ascensionnel : l'identification de l'individu avec la couche sociale ou le groupe d'où il est sorti, que ce soit le village, la ville, la famille, tel groupe professionnel ou corporatif, ou toute autre formation sociale du territoire dominé — pris ici dans un sens très large — s'affaiblit progressivement et même disparaît. Elle est remplacée peu à peu par une nouvelle identification avec le groupe central charismatique. Pour la sensibilité de ses membres, celle-ci fait fonction de « patrie sociale ».

L'aliénation plus ou moins marquée par rapport au groupe d'origine, l'identification avec une formation sociale considérée à un degré variable comme un instrument de promotion, le désir commun de réaliser les missions de conquête et de promotion du groupe, la nécessité d'assurer son caractère d'élite, c'est-à-dire de protéger la promotion accomplie ou en train de se faire contre les forces antagonistes, tout cela est la condition même de cette caractéristique par laquelle le groupe central *charismatique* se distingue si fort du groupe central *de la cour :* le groupe charismatique impose une sourdine aux tensions et dissensions internes — qui pourtant ne sont pas abolies —, elle canalise les efforts de tous ses membres vers l'espace extérieur aussi longtemps que l'accession au pouvoir n'est pas encore réalisée. Mais dès que l'objectif est atteint et le pouvoir conquis, tensions et dissensions internes se manifestent avec une violence accrue.

D'autre part, l'autocrate charismatique ne dispose en général, à la différence du monarque consolidé, d'aucun appareil de domination et d'administration en dehors de son groupe central. C'est pourquoi sa puissance personnelle, sa supério-

rité individuelle et leur mise à contribution à l'intérieur du
groupe charismatique sont, au début, la condition indispensable à l'exercice de son pouvoir. Ainsi se trouve fixé
le cadre à l'intérieur duquel le détenteur du pouvoir charismatique peut ou doit régner. Comme partout ailleurs, on
observe ici également un effet en retour du groupe social sur
son chef, effet en retour qui dépend, sur le plan fonctionnel,
de la structure et de la situation du champ social dans son
ensemble. C'est en effet avec cet autocrate ou chef, considéré
comme l'incarnation vivante du groupe, que s'identifie la
majorité de ses membres aussi longtemps que se maintiennent
vivants la confiance, l'espoir et la ferme conviction qu'il
s'achemine vers le but souhaité ou qu'il défend victorieusement les positions-jalons conquises. Alors que le souverain
absolutiste (entouré de sa « cour ») dirige les hommes de son
groupe social en s'appuyant sur leur désir de former une élite
et sur les rivalités internes qui en découlent, le chef charismatique domine le sien, pendant son ascension, par cette
ascension même, en lui dissimulant les risques et les vertiges
que provoque toute ascension. Les deux types de souverains
ont donc besoin, pour diriger leurs gens, de qualités tout à
fait différentes. Le premier doit mettre au point des mécanismes éliminant, autant que faire se peut, les risques et la
nécessité d'une intervention personnelle. Le second est obligé
de prouver à tout moment ses vertus et d'assumer les risques
d'une action dont il ne peut prévoir tous les prolongements.
Il n'y a pas, au sein du groupe charismatique, de position,
même pas celle du chef, il n'y a pas d'ordre hiérarchique,
de cérémonial, de rituel, qui ne soient déterminés par l'objectif commun du groupe, qui ne puissent être compromis
ou modifiés dans le déroulement des opérations dictées par
l'objectif à atteindre. Tout mécanisme auxiliaire que le chef
charismatique met sur pied pour diriger le groupe s'inspire
en premier lieu de cet objectif. S'il est vrai que la nécessité
d'équilibrer les tensions entre les coteries et membres isolés
du groupe central, qui, dans le gouvernement consolidé d'un
roi autocrate, occupe le premier plan du tableau, ne fait pas
complètement défaut dans le gouvernement charismatique
non consolidé, elle ne joue dans ce dernier qu'un rôle effacé.

Dans ce dernier cas, la configuration de l'ensemble n'est pas favorable à la formation de coteries consolidées qui s'équilibrent tant bien que mal. Une grande virtuosité dans le maniement des hommes, une stratégie calculant les effets lointains des mesures prises n'ont que peu d'importance; ce qui compte, c'est l'art du risque imprévisible, du saut dans l'inconnu, la certitude intuitive que tout débouchera sur la lumière et le succès. Il est permis d'affirmer qu'une des dispositions fondamentales du chef charismatique est sa conviction profonde qu'il est capable de prendre, au milieu des bouleversements sociaux et de l'insécurité générale, des décisions judicieuses en définitive et confirmées par le succès final, conviction qui échappe à toute motivation rationnelle et qui d'ailleurs s'en passe facilement. Un chef charismatique ressemble toujours un peu à ce cavalier de la légende qui traverse la nuit, sans le savoir, le lac de Constance [1]. S'il atteint, sain et sauf l'autre rive, plus d'un historien, fidèle à l'habitude si répandue d'attribuer le succès au talent, le créditera du don de prendre toujours la bonne solution dans les situations difficiles; s'il s'enfonce dans l'eau, lui et ses compagnons, il fait — dans la meilleure hypothèse — son entrée dans l'histoire comme aventurier malheureux. La capacité d'un tel personnage de communiquer aux autres la conviction inébranlable de son don inné de prendre en toutes circonstances la décision qui s'impose, est le ciment qui donne la cohésion nécessaire à son groupe, en dépit de toutes les rivalités et conflits d'intérêt. Cette conviction et cette capacité de la communiquer forment la substance même de la foi dans son charisme. L'homme qui dans des situations de crise imprévisibles prend des décisions heureuses prouve aux yeux des hommes du groupe et de la foule qu'il est un chef « charismatique ». Mais cette renommée ne l'accompagne

1. Allusion à une légende allemande *(Der Reiter übern Bodensee)* : par une sombre nuit d'hiver, en pleine tempête de neige, un cavalier cherche à se rendre dans un village de la rive du lac de Constance où il est attendu. Après avoir erré pendant de longues heures dans la plaine inhospitalière, il arrive dans un hameau et demande à un habitant de lui indiquer la direction du lac. Il apprend alors qu'il vient de traverser, sans le savoir, l'immense nappe gelée. Se rendant compte du danger auquel il vient d'échapper il tombe, mort de saisissement, de sa monture. *(N. d. T.)*

que pour autant que la situation lui permet de répéter son exploit. Quand la situation favorable ne se présente pas, il tente volontiers de la susciter : car les tâches qu'entraîne l'exercice d'un pouvoir consolidé exigent d'autres qualités et d'autres formes d'accomplissement que celles qui doivent entrer en jeu tant que la consolidation est encore un objectif à atteindre.

Le chef charismatique est donc obligé de puiser surtout dans son propre fond, quand il s'agit de faire face à une situation difficile. La rencontre avec le moindre de ses hommes peut être pour lui une épreuve. Aucune étiquette, aucune auréole, aucune mécanique ne saurait lui offrir le moindre secours. Dans toute rencontre, il doit faire appel à sa force individuelle et à son esprit inventif pour prouver sa supériorité, pour justifier sa qualité de chef.

Très différent était le cas de Louis XIV, qui, préoccupé exclusivement du maintien et de la sauvegarde de son pouvoir, peut être opposé au type charismatique, au chef qui monte : dans un certain sens, Louis XIV fait partie des « grands hommes » de l'histoire de l'Occident, de ces hommes dont le rayonnement a été exceptionnel. Mais sa valeur personnelle, son talent individuel ne dépassaient nullement une honnête moyenne. Loin d'être grand, il était médiocre! Ce paradoxe apparent nous ramène au centre même de notre problème.

Les hommes que nous qualifions de « grands » sont ceux qui, ayant réussi à résoudre certains problèmes posés par la situation sociale de leur époque, ont eu un grand retentissement : leur influence a pu se faire sentir pendant un temps très court avec une grande intensité, elle a pu aussi s'étendre sur une période de leur vie ou sur toute leur vie. Plus l'influence d'un personnage historique — influence dans l'espace et dans le temps (les deux coïncidant souvent mais pas toujours) — est durable, plus il nous paraît « grand ».

Le paradoxe de la « grandeur » de Louis XIV repose sur un phénomène fort curieux. Il existe des situations qui, pour être maîtrisées, requièrent non pas des hommes doués de ce que nous appelons, avec une pointe d'exaltation romantique, l'« originalité» ou la « force créatrice », non pas des personnages agressifs et dynamiques, mais des hommes dont la marque distinctive est une calme et égale médiocrité. C'est précisément le cas de Louis XIV. Nous avons déjà dressé la liste des tâches qui l'attendaient : à la différence des chefs charismatiques, il devait empêcher que la pression sociale de ses sujets ne s'exerçât contre lui.

Louis XIV avait connu pendant sa jeunesse la Fronde, conjuration contre l'ordre établi et contre sa dynastie. Tous les corps constitués s'étaient ligués contre le représentant de la royauté. Il est vrai que cette unanimité avait fait long feu. A l'époque de sa majorité, lorsqu'il monta sur le trône de France, la royauté avait reconquis le pouvoir absolu. Louis XIV hérita donc du pouvoir. La tâche à laquelle il était confronté ne consistait pas à conquérir et à accaparer, mais à protéger et à consolider les structures de la domination existante. Il s'agissait pour lui de surveiller soigneusement et d'entretenir les tensions qui opposaient les différents ordres et couches sociales. Un novateur génial aurait peut-être succombé; imprimant un mouvement déplacé à un mécanisme bien rodé, il aurait fort bien pu détruire un ensemble de conditions qui lui étaient très favorables. Louis XIV n'était pas un novateur et il n'avait nul besoin de l'être :

> « S'il avait été indolent et intermittent, les conflits des institutions entre elles auraient mis la monarchie en anarchie, comme il arrivera un siècle après; homme de génie et de vigueur, la lente machine compliquée l'aurait impatienté, il l'aurait brisée. Il était calme et régulier; point riche de son propre fonds, il avait besoin des idées d'autrui [1]. »

A en croire Saint-Simon, Louis XIV ne brillait pas par son intelligence. Il se peut que ce jugement soit partial. Mais elle ne dépassait certainement pas l'honnête moyenne!

A quoi vient s'ajouter le fait que son éducation, y compris son éducation intellectuelle, avait été négligée. Les troubles politiques qui avaient agité sa jeunesse n'avaient pas laissé

---

[1]. LAVISSE. « Louis XIV. La Fronde. Le Roi. Colbert », *Histoire de France*, vol. VII, I, Paris, 1905, p. 157.

à ses précepteurs, notamment à Mazarin, le temps de s'occuper beaucoup de sa formation.

« On l'a souvent entendu parler avec amertume de cette époque; il racontait lui-même qu'on l'avait trouvé un jour au Palais Royal dans un bassin où il était tombé. On lui avait à peine appris à lire et à écrire et il resta si ignorant qu'il n'était même pas informé des événements les plus importants de l'Histoire [1]. »

Louis XIV déclara lui-même un jour :
« On ressent un cuisant chagrin d'ignorer des choses que savent tous les autres [2]. »

Ce qui ne l'empêcha pas d'être un des plus grands rois et un des hommes les plus efficaces que l'Occident ait connus. Il n'a pas seulement été à la hauteur de la tâche particulière qui l'attendait, à savoir la défense et la consolidation du pouvoir dont il avait hérité, mais il semblait prédestiné à la remplir au mieux. En agissant comme il a fait, il travaillait aussi pour ceux qui, d'une façon ou d'une autre, bénéficiaient du rayonnement de son règne, même s'il les brimait à plus d'un égard :

« La grande puissance et l'autorité de Louis XIV viennent de la conformité de sa personne avec l'esprit de son temps. »

Il est intéressant de voir comment il définit lui-même la tâche qui fut la sienne, à savoir l'exercice du pouvoir, en parfait accord avec ses propres besoins et propensions :

« Il ne faut pas vous imaginer que les affaires d'État soient comme ces endroits épineux et obscurs des sciences qui vous auront peut-être fatigué... La fonction des rois consiste principalement à laisser agir le bon sens qui agit toujours naturellement et sans peine. Ce qui nous occupe est quelquefois moins difficile que ce qui nous amuserait

1. SAINT-SIMON, *Mémoires*.
2. *Cf.* LAVISSE, « Louis XIV », p. 125.

seulement... Tout ce qui est le plus nécessaire à ce travail est en même temps agréable, car c'est en un mot mon fils avoir les yeux ouverts sur toute la terre, apprendre nécessairement les nouvelles de toutes les provinces et de toutes les nations, le secret de toutes les cours, l'honneur et le faible de tous les princes et de tous les ministres étrangers, être informé d'un nombre infini de choses qu'on croit que nous ignorons, voir autour de nous-mêmes ce qu'on nous cache avec le plus de soin, découvrir les vues les plus éloignées de nos propres courtisans [1]. »

Louis XIV était donc comme obsédé du désir de connaître les pensées et motivations intimes des hommes qui, de près ou de loin, l'approchaient. Mettre au jour leurs ressorts les plus cachés était pour lui une sorte de sport qui lui donnait un vif plaisir. Mais c'était aussi une des tâches les plus urgentes que lui imposait sa fonction de souverain. Accessoirement on constate combien, dans la perspective de Louis XIV, le monde entier apparaissait comme une cour élargie, comme une entité qu'il était possible de diriger à la manière d'une cour. La direction des hommes est une des fonctions les plus importantes dans ce complexe de fonctions qui a nom « gouverner ». Aussi la direction des sujets est-elle la fonction de domination essentielle aussi bien dans le gouvernement « charismatique » et conquérant que dans le gouvernement « défensif » et conservateur d'un Louis XIV.

Mais la *manière* de diriger les hommes est très variable selon le cas. Les recommandations que Louis XIV adresse à son fils nous exposent le mode de gouvernement d'un souverain soucieux de défendre et de maintenir son pouvoir : il s'agit de bien connaître les passions, les faiblesses, les secrets, les intérêts de tous. Penser en fonction de l'homme, de l'homme *placé dans une situation donnée*, méthode que nous avons reconnue comme un des traits caractéristiques de l'aristocrate de cour, est utilisée aussi par le roi. Si elle sert au commun des hommes de cour exposés à toutes sortes de pressions pour se défendre et s'imposer dans la compétition pour le

---

1. *Cf.* Lavisse, « Louis XIV », ~ ₁34.

prestige, (« qui a des ambitions doit être bien informé [1] ») elle est entre les mains du roi, qui ne connaît que la pression d'en bas, un instrument de combat contre ses sujets, autrement dit un *instrument de domination*.

Le chef conquérant est obligé de se fier surtout à l'attachement sincère que lui vouent les membres de son groupe central. Il peut le faire, parce qu'il y a identité entre ses propres intérêts et ceux de ses fidèles. Les succès visibles des actions entreprises en commun compensent la pression qu'il doit exercer sur eux en vue de l'objectif commun.

Le souverain conservateur, en revanche, tel qu'il nous apparaît sous les traits de Louis XIV, qui a déjà expérimenté le danger d'une action venant d'en bas, qui vit sous la pression constante d'une nouvelle menace, ne peut compter, dans la même mesure, sur l'attachement sincère de ses sujets. Car la pression qu'il doit exercer sur eux pour maintenir son pouvoir ne trouve aucune compensation dans une action commune, sauf en cas de guerre. Ainsi, la surveillance et le contrôle de ses hommes sont pour lui et son pouvoir un moyen de défense absolument indispensable. Louis XIV se livrait à cette occupation avec d'autant plus de zèle qu'il y trouvait un vif plaisir. Nous en avons fait la démonstration en exposant sa doctrine. La manière dont il s'en est servi illustrera encore mieux comment le roi a su utiliser *contre* la noblesse, dans le but de mieux la dompter, la nécessité de l'observation psychologique, si caractéristique de l'aristocratie de cour et du roi absolutiste.

« Le désir du roi de savoir ce qui se passait autour de lui ne faisait que s'accroître; il chargea son premier valet de chambre et le gouverneur de Versailles d'engager un certain nombre de Suisses. Ceux-ci reçurent la livrée royale et ne dépendaient que des personnes nommées ci-dessus; ils avaient pour mission secrète de flâner jour et nuit, matin et soir par les couloirs et passages, cours et jardins, de se cacher, d'observer les gens, de les suivre, de voir où ils

1. Saint-Simon.

allaient et quand ils s'en revenaient, d'écouter leurs conversations et surtout d'en faire rapport [1]. »

Inutile de préciser que les tensions et dissensions revêtaient une importance particulière dans le cadre de cette surveillance générale et que le roi préoccupé de conserver et de consolider son pouvoir en tirait souvent profit. Le maintien des tensions était pour lui une question vitale; la perspective d'une entente parfaite entre ses sujets constituait une menace pour son existence même. Il est pourtant très intéressant de constater que le roi avait parfaitement conscience de cette situation et entretenait soigneusement — s'il n'allait pas jusqu'à les susciter — les dissensions et conflits au sein de sa cour.

« Il faut, disait-il à son fils, que vous partagiez votre confiance entre plusieurs, la jalousie de l'un sert souvent de frein à l'ambition des autres. Mais bien qu'ils se haïssent souvent les uns les autres, ils ont des intérêts communs, et peuvent s'entendre pour tromper le maître. Il faut donc que celui-ci prenne des informations hors du cercle étroit d'un conseil et qu'il entretienne une espèce de commerce avec ceux qui tiennent un poste important dans l'État [2]. »

Le souci de sa propre sécurité pousse le monarque à une activité fort curieuse. On pourrait presque parler de « passivité », si on la compare à l'attitude infiniment plus active d'un chef charismatique conquérant; mais « actif » et « passif » sont des notions trop grossières pour cerner une réalité sociale aussi nuancée. L'autocrate conquérant pousse lui-même ses fidèles à l'action. S'il défaille, souvent l'activité de son groupe s'effondre. Le monarque conservateur, par contre, s'appuie précisément sur les jalousies, oppositions et tensions du champ social d'où sa fonction a jailli : *il lui suffit d'exercer une action régulatrice sur ces tensions, de créer des organismes chargés de maintenir ces tensions et distinctions, de lui faciliter une vue d'ensemble de la situation.*

Or, la cour et l'étiquette faisaient précisément office, aux

1. SAINT-SIMON.
2. LAVISSE, « Louis XIV », p. 158.

yeux du roi, d'un tel mécanisme de régulation, de consolidation et de surveillance. En évoquant plus haut l'ancien régime, nous nous sommes servis de l'image du « mouvement perpétuel» appliquée au plan social : ce que nous avons appelé le « mouvement perpétuel » apparaît avec plus de netteté encore quand on compare l'ancien régime à un gouvernement charismatique. Le «groupe central» entourant le chef conquérant se désagrège d'autant plus rapidement qu'il est la victime de tensions internes, parce que les tensions sont *incompatibles* avec l'accomplissement de sa tâche. Le groupe central du gouvernement essentiellement défensif, dont la raison d'être n'est pas l'action et la conquête communes, mais la défense d'une position d'élite, se maintient et se reproduit lui-même — et avec lui aussi la vaste marge de décision du roi — grâce aux ambitions opposées des sujets, pour autant qu'elles restent sous le contrôle effectif du monarque. Dans ce système, l'un des compétiteurs s'approche — si on peut employer cette image un peu grossière — du roi et lui suggère à voix basse ce qui peut nuire à son concurrent; puis l'autre s'approche du roi et lui fait une confidence analogue et ainsi de suite, à tour de rôle. C'est le roi qui prend la décision; si cette décision fait du tort à un particulier ou à un groupe déterminé, tous les autres se rangent derrière lui, à condition qu'il ne mette pas en danger les fondements de l'existence commune et du système comme tel.

Il est inutile que le chef qui gouverne dans un tel système ait un esprit particulièrement inventif. S'il est solidement installé, il lui suffit d'avoir ce que Louis XIV a appelé lui-même le « bon sens » : il en avait assez pour exercer son action de contrôle et d'équilibrage. *Ce système a en outre l'avantage de permettre au souverain d'obtenir un maximum d'effet avec un minimum d'efforts personnels.* En effet, les énergies jaillissent de manière automatique par le « mouvement perpétuel » de la compétition — « la jalousie de l'un sert de frein à l'ambition de l'autre » pour citer une formule de Louis XIV — la tâche du roi consistant simplement à les canaliser. Le mécanisme ressemble à une centrale électrique : il suffit que le responsable actionne un levier pour déclencher des énergies sans commune mesure avec l'effort déployé par lui.

Le chef charismatique vit près de ses hommes, les encourageant, les précédant dans l'action, luttant sans arrêt pour imposer ses idées. Un monarque comme Louis XIV ne prenait jamais les devants; c'étaient toujours les autres qui s'approchaient de lui; on lui exposait telle affaire, on lui présentait telle requête; lorsqu'il avait entendu le pour et le contre de la bouche de plusieurs personnes de son entourage, il décidait. L'énergie lui était en quelque sorte apportée de l'extérieur; il se tenait à l'écart, mais savait s'en servir. Il n'avait pas besoin de grandes idées; il était d'ailleurs incapable de les concevoir; les idées des autres en tenaient lieu, il savait les mettre à profit.

« Personne ne savait comme lui monnayer ses paroles, son sourire et même ses regards. Tout ce qui venait de lui était précieux parce qu'il faisait des distinctions et que son attitude majestueuse gagnait par la rareté et la brièveté de ses propos. Quand il se tournait vers quelqu'un, lui posait une question, lui faisait une remarque insignifiante les yeux de toutes les personnes présentes se portaient aussitôt sur lui. C'était une distinction dont on parlait, qui apportait toujours un surcroît de considération... » « Aucun autre homme n'a jamais été plus courtois de nature; aucun ne respectait davantage les différences d'âge, d'état et de mérite, aussi bien dans ses réponses — quand il disait un peu plus que son « je verrai » — que dans son comportement [1]. »

Le roi évoluait dans une atmosphère de jalousie qui assurait l'équilibre social. Louis XIV savait en user en artiste. Son premier souci était le maintien d'un dispositif facile à survoler du regard et la direction d'une réunion d'hommes qui recélait sans doute beaucoup de matière explosive. Le souci du roi de garder toujours sous son contrôle le mécanisme de domination dont les énergies lui permettaient d'agir même à distance, de ne jamais perdre de vue la situation dans son ensemble et d'en calculer à l'avance toutes les données, est

1. *Cf.* SAINT-SIMON, *Mémoires*.

très caractéristique de la forme de gouvernement défensive
et conservatrice. Si le chef charismatique se trouve dans
l'impossibilité de se protéger de l'imprévisible, Louis XIV
avait organisé toute sa vie de telle manière qu'en fait d'événements imprévisibles seules la maladie et la mort pouvaient
le menacer. C'est à cette différence de structure et non à des
différences de personnes qu'on fait allusion, quand on parle
de la « rationalité » du gouvernement absolutiste et de l'« irrationalité » du gouvernement charismatique :

> « Avec un almanach et une montre, on pouvait, à trois
> cents lieues d'ici dire ce qu'il faisait », affirme Saint-Simon
> en parlant de Louis XIV [1].

Le moindre pas du roi et de son entourage était réglé
d'avance. Les actions d'un homme s'enchaînaient les unes
aux autres, de manière permanente.

Chaque individu faisant partie de l'engrenage était tenu
de veiller à l'observation fidèle et ponctuelle de toutes les
prescriptions : il était porté à y veiller pour des raisons de
prestige. Ainsi chacun exerçait son contrôle sur tous les autres,
dans le cadre de la formation sociale à laquelle il appartenait.
Tout écart par rapport à la règle offensait et lésait les autres.
C'est pourquoi il était si difficile pour une personne isolée de
prendre des initiatives non prévues au programme. Sans la
contrainte de l'organisation, de l'étiquette, du cérémonial, telle
personne aurait pu, par exemple, s'éclipser pour un temps plus
ou moins long ; elle aurait pu prendre certaines initiatives. Or,
le mécanisme de l'étiquette de la cour et du cérémonial ne
soumettait pas seulement les individus au contrôle rigoureux
du monarque ; il permettait aussi une meilleure surveillance
de groupes comptant parfois des centaines d'individus. Il
faisait l'effet d'un tableau de bord, où apparaissait chaque
écart personnel, parce qu'il gênait les autres et entamait
leur prestige ; il permettait aussi au roi d'en prendre connaissance par l'intermédiaire des autres.

La position du roi telle qu'elle avait fini par s'établir dans

---

1. *Cf.* LAVISSE, « Louis XIV », p. 124.

le champ social de l'ancien régime libérait les énergies de son détenteur d'une manière remarquable : le roi ne recevait pas seulement de l'argent — sous forme d'impôts et de produits de la vente des charges — , sans qu'il fût obligé de s'assurer des revenus par une activité professionnelle lucrative, il disposait aussi d'énergies sociales difficiles à évaluer quantitativement, sous forme de travail bénévole dont il pouvait user à son gré. Il est vrai que le roi n'était pas seul à en profiter, mais il en était le principal bénéficiaire, car le réseau des interdépendances sociales lui assurait une position de force; il pouvait aussi, dans une certaine mesure, les mobiliser pour lui par son emprise active sur le champ social. Comme, d'autre part, ces potentiels humains étaient disposés au sein de ce que les contemporains de Louis XIV appelaient eux-mêmes la « mécanique [1] », de telle manière qu'ils renforçaient en quelque sorte les énergies du roi, comme le roi pouvait dans le champ social, par un simple geste ou une parole, libérer infiniment plus d'énergies qu'il n'en dépensait lui-même, ses propres énergies, qu'elles fussent importantes ou non, étaient caractérisées par un haut degré de disponibilité.

Louis XV, qui avait hérité d'un gouvernement entièrement consolidé, qui n'avait jamais connu de menace directe contre son pouvoir, qui n'avait jamais dû lutter pour son maintien, qui n'avait jamais déployé les efforts qu'avait dû consentir son prédécesseur pour s'assurer la direction du gouvernement, utilisa une grande partie de son énergie disponible pour la recherche des plaisirs et réjouissances par lesquels il entendait chasser l'ennui et le désœuvrement, qui sont si souvent le lot d'héritiers d'une situation de tout repos.

De Louis XIV, par contre, l'exercice et la consolidation du pouvoir exigeaient encore de gros efforts. Il est vrai qu'à mesure que se prolongeait son règne, la distance effective qui, en sa qualité de roi, le séparait des autres était de moins en moins menacée et que la décision était tombée déjà avant son avènement au trône. Mais comme il avait connu, jeune homme, le danger, la conservation et la défense de sa fonction de

---

1. *Cf.* par exemple Saint-Simon, cité par Lavisse, « Louis XIV », p. 149.

souverain le préoccupaient d'une manière bien plus directe que Louis XV.

Ce que nous avons dit plus haut de la philosophie et de l'optique de l'homme de cour et plus généralement des couches conservatrices, marque bien plus encore Louis XIV : il avait un objectif qu'il poursuivait, mais cet objectif n'était pas situé en dehors de lui ou dans l'avenir. Il avait écrit un jour, dans un contexte un peu plus spécial : « Se garder de l'espérance, mauvais guide [1]. » Mais cette remarque a pour lui une validité universelle. Car il avait atteint un sommet. Sa position interdisait l'espoir. Ainsi, il assignait aux énergies dont il disposait grâce à sa position, la tâche d'assurer, de défendre, d'auréoler son existence présente.

« Louis XIV — et cela est visible dès ses premières paroles et ses premiers gestes — met donc simplement en lui-même le principe et la fin des choses... S'il a prononcé la parole : « L'État c'est moi » il a voulu dire tout bonnement : « Moi Louis qui vous parle [2]. »

Si l'on attribue à Louis XIV la création de l'État moderne, il faudrait au moins se souvenir — pour que cette affirmation ait la moindre justification — que, dans sa motivation personnelle, l'État en tant que fin en soi ne jouait aucun rôle. Il est incontestable que son activité a contribué à faire de la France un État fortement centralisé. Rappelons cependant, à ce propos, le passage cité plus haut de Jurieu : « Le roi a pris la place de l'État, le roi est tout, l'État n'est plus rien [3]. » Saint-Simon, qui avait parfois l'allure d'un « Whig » et qui, de toute manière, ne se départait jamais de son rôle d'opposant caché, fait quelque part l'éloge du Dauphin, dont il oppose d'une manière consciente l'attitude à celle de Louis XIV :

« Cette grande et sublime maxime : que les rois sont faits pour les peuples et non les peuples pour les rois ni aux rois, était si avant imprimée en son âme qu'elle lui avait rendu le luxe et la guerre odieux. »

L'État en tant que valeur autonome se présente ici comme une idée subversive. A cette idée s'oppose chez Louis XIV une attitude qui motive et actionne sous son règne toute la politique de la France : elle est fondée entièrement sur sa soif de prestige, sur son désir de ne pas seulement exercer son pouvoir sur les autres, mais de l'assurer et manifester par tous ses gestes et propos. Déjà pour Louis XIV, la manifestation publique et la représentation symbolique de son pouvoir étaient des valeurs en soi. Chez Louis XIV, les symboles du pouvoir s'animent et adoptent le caractère de *fétiches de prestige*. Le fétiche de prestige qui exprime le mieux le caractère de valeur autonome de l'existence de roi est l'idée de *gloire*.

De temps à autre, ce fétiche a déterminé la politique de la France jusqu'à ce jour. Mais il a été transféré sur la nation en tant que valeur en soi ou sur des personnes censées l'incarner. Aujourd'hui, il est étroitement lié à des motivations économiques utilitaires. Mais pour Louis XIV, la motivation du prestige avait, pour les raisons exposées plus haut, la priorité absolue sur toutes les autres motivations. Il est certain que des implications économiques ont souvent influencé les actes de Louis XIV, sans qu'il en ait toujours eu conscience. Mais il est impossible de bien comprendre l'enchaînement des événements, si on oublie que la structure suggérait aux détenteurs du pouvoir de placer les impératifs du prestige avant les considérations financières, de voir dans ces dernières en quelque sorte des « accessoires » venant s'ajouter au gain de prestige.

Pour comprendre la politique intérieure et étrangère de Louis XIV, il faut avoir présent à l'esprit ce rapport entre l'idée qu'il se faisait de lui-même et de sa gloire considérée comme une fin en soi d'une part, et la structure de la position sociale qu'il occupait en sa qualité de souverain et celle de son champ de domination de l'autre. Là aussi il y avait interrelation entre les chances et les tâches de sa position et ses inclinations naturelles. Sa « grandeur » repose en grande partie sur le fait qu'il a su tirer profit des chances que lui offrait sa situation, en mettant sans cesse l'accent sur la « gloire » et le prestige du roi — i.e. de sa propre personne — et que ses propres penchants allaient dans le même sens. Il n'a pas brillé par son intelligence, son ingéniosité, sa force créatrice, mais par le sérieux et la méticulosité avec lesquels il a su incarner par son comportement toute sa vie durant son propre idéal de la grandeur, de la dignité, de la gloire du roi de France.

Il a occupé la position de roi dans une phase de l'évolution sociale de la France qui lui permettait d'extérioriser avec éclat sa propre soif de réputation et de « gloire ». Par conséquent, ceux de ses sujets qui tenaient le rôle le plus important dans le jeu des forces en présence, c'est-à-dire les membres des élites et des couches sociales supérieures, dont la motivation la plus puissante était également le prestige, voyaient se réaliser en grand dans le roi ce qu'ils ambitionnaient en petit.

Ils le comprenaient; ils s'identifiaient au moins en partie, pendant quelque temps, avec le rayonnement de son règne, se sentaient grandis par son prestige.

Un historien moderne [1] a dit, en parlant de la monarchie de Louis XIV, qu'aux yeux de la France « l'absolutisme monarchique ne fut pas seulement la solution à la question du meilleur gouvernement, il fut aussi une grâce, un secours providentiel : s'idéaliser et s'adorer elle-même dans la royauté fut pour elle un besoin. Déjà absolue en droit, la royauté le fut aussi en fait, par une sorte de consentement universel qui resta longtemps le dogme politique essentiel de la nation. »

C'est la généralisation d'un phénomène de portée bien plus limitée. Notons d'abord que cette identification entre les sujets et le roi ne dura que tant que Louis XIV pouvait produire des succès visibles, que la misère ne pesait pas trop sur le pays. Mais le reproche principal qu'on peut faire à cette idéalisation du règne de Louis XIV, c'est qu'elle escamote l'ambivalence de l'attitude de tant de sujets du roi, ambivalence particulièrement caractéristique. Ce qui marquait la structure de ce champ social était précisément le fait que la plupart des groupes dominés s'identifiaient au roi, le considéraient comme leur allié et soutien, tout en se sentant en opposition avec lui, que cela leur plût ou non.

1. *Cf.* LAVISSE, « Louis XIV », p. 134.

A cette importante réserve près, on peut affirmer que le parfait accord mentionné plus haut entre la personne du roi et les objectifs des couches supérieures avait sa racine dans cette identité de la motivation primordiale, celle qui fondait tout sur le prestige. Il faut donner la parole au roi pour bien en saisir l'importance :

> « L'amour de la gloire va assurément devant tous les autres dans mon âme... La chaleur de mon âge et le désir violent que j'avais d'augmenter ma réputation me donnaient une très forte passion d'agir, mais j'éprouvai dès ce moment que l'amour de la gloire a les mêmes délicatesses, et, si j'ose dire, les mêmes timidités que les plus tendres passions... Je me trouvais retardé et pressé presque également par un seul et même désir de gloire [1]. »

Il fit des guerres parce que la « réputation » de conquérant est le plus « noble » et le plus sublime de tous les titres, parce que le roi est en quelque sorte obligé de faire la guerre par fonction et par destination. Quand il fait la paix, il se vante et affirme que son amour paternel pour ses sujets a pris le pas sur sa « propre gloire ».

La *gloire* était pour le roi ce que l'*honneur* était pour le noble. Mais l'autoglorification de son existence sociale et sa soif de prestige dépassaient en intensité celles de tous les autres « grands » de son royaume, dans la mesure même où sa puissance dépassait la leur. Le désir du roi de ne pas seulement exercer son pouvoir, mais de le *manifester* par des actes symboliques, d'en voir le reflet dans son triomphe sur les autres, dans leurs actes de soumission — c'était là la « gloire » — est une preuve de la force des tensions qu'il devait tenir en échec et manipuler avec une vigilance de tous les instants, sous peine de perdre le contrôle de son pouvoir.

Le violent désir du roi de mettre en avant sa propre valeur et d'entourer d'une auréole son existence, qui semblait planer très haut au-dessus de celle de tous ses sujets, était en même

---

temps une chaîne qui le liait impitoyablement à la mécanique sociale. Nous nous sommes demandé plus haut pourquoi le roi, non content d'atteler sa noblesse à la noria de l'étiquette et du cérémonial, s'y est soumis lui-même. Nous avons vu que son idéal consistait à régner, à donner à chacune de ses démarches une allure souveraine, de se présenter dans chacun de ses actes comme le chef suprême. La bonne compréhension des conditions de son pouvoir absolu, du besoin de prestige et d'autoreprésentation qui imprégnait sa pensée et sa sensibilité et qui répondait à son rang, aux idéaux de la société aristocratique de cour à laquelle il appartenait, nous livre aussi la clef de l'auto-engagement du roi : en effet, il n'aurait pu soumettre les autres à la contrainte de l'étiquette et de la représentation, instrument de sa domination, sans y prendre part lui-même.

Les interdépendances des hommes et les contraintes que leur impose leur dépendance réciproque ont toujours leur origine dans certains besoins et idéaux qui portent la marque de la société. Le mode de la dépendance réciproque varie en fonction des besoins sociaux, qui enchaînent les autres tout en créant de nouveaux liens de dépendance.

Nous avons montré comment la soif de prestige et de fier isolement de la noblesse fournit au roi le moyen d'enchaîner celle-ci au mécanisme de la cour. Ce que nous constatons maintenant, c'est l'effet en retour de ce mécanisme sur le roi. Après la mort du cardinal Mazarin, Louis XIV voulut assumer tout seul le gouvernement du royaume, réunir entre ses mains tous les fils du pouvoir et ne plus partager la gloire avec qui que ce fût. Que son attitude fût déterminée dans une large mesure par la situation de son prédécesseur découle déjà du fait que toute sa vie durant il n'a jamais accepté qu'un ecclésiastique fît partie de son conseil. Il ne voulait donner à personne l'occasion de devenir un second Richelieu! Pour lui, le moment le plus difficile de sa vie a certainement été celui où, après la mort de Mazarin, il déclara qu'il ne nommerait pas de « premier ministre » mais assumerait lui-même la direction du gouvernement. Il a dit lui-même plus tard de ses débuts de roi :

« Préférant sans doute dans mon cœur à toutes choses et à la vie une haute réputation, si je pouvais l'acquérir, mais comprenant en même temps que mes premières démarches ou en jetteraient les fondements ou m'en feraient perdre à jamais jusqu'à l'espérance [1]... »

Ce premier pas accompli, Louis XIV avait épousé à tout jamais le rôle du roi qui ne se contente pas d'occuper son trône mais qui entend gouverner le pays, rôle qu'il avait assumé dans l'intérêt de sa « haute réputation » : dorénavant, personne ne pouvait l'aider à diriger et à surveiller les hommes de son entourage. Ses propres démarches ne dépendaient plus de sa fantaisie ou de rencontres occasionnelles. Pour garder solidement en main les rênes du pouvoir, force lui était de se tenir lui-même solidement en main. De même qu'il s'évertuait à organiser son royaume et plus particulièrement son groupe central, la cour, selon des critères visibles et calculables, de même il soumettait sa propre vie à une organisation rigoureuse. Les deux « organisations » allaient de pair; l'une n'avait pas de sens sans l'autre.

Si le roi avait trouvé face à lui un « État », structure sociale douée d'une signification autonome et d'une valeur propre, il aurait peut-être pu dissocier aussi dans sa vie privée l'activité qu'il consacrait à l'État et celle qui ne regardait que sa propre personne. Mais comme l'État en tant que tel n'avait pour lui ni signification ni valeur propre, que dans le mécanisme social tout devait, de fait, concourir à la glorification de la royauté, valeur ultime et autonome — en raison même de son parti pris de motiver tout par son prestige — et qu'en fin de compte le peuple, la cour et même la famille n'étaient là que pour servir la « haute réputation » du roi, il ne pouvait y avoir dans sa vie aucune séparation entre action d'État et action personnelle. Il était le maître, et, de ce fait, le « sens de tout », il régnait dans le pays en tant que maître de maison, dans sa maison en tant que maître du pays. Le geste royal, le désir et la nécessité d'agir toujours en sa qualité de roi, de représenter partout la dignité royale,

---

1. *Cf.* LAVISSE, « Louis XIV », p. 139.

imprégnaient, nous l'avons dit, les réalités les plus privées de Louis XIV. Son « lever », son « coucher », ses amours étaient des actes aussi planifiés et organisés que la signature d'un traité d'État; ils servaient tous au maintien de son pouvoir personnel et de sa « réputation ».

Plus s'étendait le rayon de sa puissance, plus se précisait la condition de dépendance de ses courtisans, et plus affluaient les hommes autour de son trône. Louis XIV aimait cela, il voulait qu'on l'entourât. La foule qui se pressait autour de lui ajoutait à ses yeux à l'éclat de son existence. Mais il était perdu, s'il n'organisait pas cette foule. Chacun de ses gestes, propos, déplacements recélait une chance de prestige extraordinaire pour tous ceux qui venaient à lui : comme il détenait le monopole des chances que briguait la multitude des concurrents, force lui était — sous peine de perdre le contrôle du mécanisme tout entier — de calculer et d'organiser la distribution de ces chances, distribution qui avait pour lui des fonctions de prestige et de domination.

Si sa sphère de domination avait été plus petite, comme par exemple celle des rois de France du Moyen Age, qui, en abandonnant à leurs vassaux le gouvernement de vastes domaines, leur avaient livré ainsi une partie de leur pouvoir et de leur réputation, il aurait pu se contenter d'un engagement personnel moins total. Une petite sphère de domination peut être plus facilement contrôlée, le nombre de gens qui viennent voir le souverain en quête de faveurs ou de décisions est toujours limité. Plus le territoire dominé s'étend, plus s'accroît le nombre de ceux qui dépendent du roi, l'entourent, le pressent de demandes. Ainsi la pression de la sphère de domination sur le souverain augmente pour peu que le souverain administre le territoire agrandi, conformément à la tradition, à la manière du « maître de maison ». Or, plus la pression augmente, plus est grand l'effort qu'il doit consentir pour faire face aux obligations que sa fonction lui impose et qu'il s'impose à lui-même. Plus sa sphère est grande, plus est grande la « réputation » du souverain, plus est grand l'effort qu'il doit faire pour maintenir son pouvoir, plus sont sévères les contraintes auxquelles il est exposé. L'étiquette et le cérémonial qui, au milieu de la cohue, fixent avec précision la distance que chacun doit garder et qu'il doit garder en face de chacun, sont, dans cette perspective, l'expression des contraintes que l'exercice du pouvoir impose au souverain.

« Il ne manque rien à un roi que les douceurs d'une vie privée », dit La Bruyère [1]. Abstraction faite de l'obligation où il se trouve de maintenir intégralement les chances de puissance qu'implique sa position, c'est surtout ce « besoin de gloire », de prestige qui le force à organiser sa vie jusque dans les moindres détails. Sous l'aiguillon de ce besoin, Louis XIV fut sans doute le dernier souverain à accepter pleinement et totalement l'organisation de tous les instants de sa vie, conformément à une tradition qui ne séparait pas encore, dans la position de roi, les fonctions de « maître de maison » et de « maître du pays ». La disposition et la fonction de sa chambre à coucher font à cet égard figure de symbole. Louis XIV n'avait rien dans son château de Versailles qui eût mérité le nom d'« appartement privé ». S'il voulait échapper à la contrainte de l'étiquette qui réglait sa vie, il se rendait à Marly ou dans une autre propriété de campagne, où le cérémonial était moins écrasant qu'à Versailles, bien qu'encore terriblement astreignant pour notre goût.

Louis XV quitta — dans un souci d'allégement du cérémonial — la chambre à coucher de Louis XIV et se fit installer dans l'aile latérale de la Cour de Marbre un « appartement privé » plus intime, d'un caractère moins représentatif. Ainsi s'annonçait la séparation des notions d'État et de souverain, qui devait aboutir plus tard au concept d'État ou de peuple considérés absolument. Au bout de cette évolution, le chef de l'État est un fonctionnaire qui a une vie publique et une vie privée.

La position de Louis XIV en tant que roi nous fournit un exemple éloquent de l'association de deux phénomènes qui, sans référence à des faits observables, dans une perspective purement philosophique, semblent totalement incompatibles : sa marge de décision — qualifiée souvent de « liberté individuelle » — et sa soumission aux contraintes auxquelles

---

1. *Caractères*, « chap. Du Souverain et de la République. »

il ne pouvait échapper, étaient, dans son cas particulier, les deux aspects du même phénomène.

La plénitude des chances de puissance dont il disposait grâce à sa position, ne pouvait être maintenue que par une manipulation précise et calculée de l'équilibre multipolaire des tensions dans son champ de domination, au sens large et restreint du terme. L'étiquette et le cérémonial faisaient partie de l'outillage planificateur dont il se servait pour maintenir la distance entre tous les groupes et toutes les personnes constituant la société de cour, sa propre personne comprise, pour maintenir l'équilibre entre les groupes et les individus du noyau central. Ils n'étaient certainement pas les seuls instruments à sa disposition. Sans les autres moyens de puissance dont nous parlerons ailleurs [1], sans le contrôle de l'armée, sans la libre disposition des revenus de l'État, le contrôle de la société de cour à l'aide de l'étiquette, de la surveillance étroite de tout le monde, de la mise en concurrence des coteries, personnes et échelons, n'aurait pu se faire d'une manière permanente. Mais sans l'emploi judicieux des instruments de domination que lui offrait la cour, le roi risquait fort de tomber sous la coupe de groupes ou de personnes concurrents et de perdre en même temps une partie de son droit de disposer des monopoles fondamentaux de la force publique et des impôts.

Cet état de dépendance du personnage le plus libre et le plus puissant, lorsqu'il est installé à la tête d'une organisation géante, est un phénomène presque universel. Mais quand on parle de nos jours d' « organisations géantes », on pense exclusivement aux grandes organisations industrielles. On oublie facilement qu'il y a eu des organisations étatiques avant que des organisations industrielles n'aient vu le jour. Le fait que, dans la discussion et la recherche sur les problèmes d'organisation, l'organisation étatique joue un rôle infiniment moins important que les organisations industrielles s'explique sans doute par un souci de classification : les « États » sont considérés comme des phénomènes *politiques*, tandis qu'on

---

1. Les problèmes du monopole de la force publique et des impôts en tant qu'instruments de domination seront traités en détail par N. Élias dans *La Dynamique de l'Occident* (à paraître).

range les organisations industrielles dans la catégorie des phénomènes *économiques*. La recherche des types d'organisation n'occupe plus qu'une place secondaire dans l'étude des phénomènes politiques ou historiques. Quelle qu'en soit la raison, on peut apprendre beaucoup de choses sur les différents types d'États, si l'on se décide à les considérer comme de simples « organisations », dont on s'efforce d'approfondir la structure et le fonctionnement. En posant la question de cette manière, on discerne encore plus nettement le problème auquel Louis XIV se trouvait confronté. C'est un problème qui préoccupe toute personne occupant une position dirigeante dans une grande organisation : Comment un individu peut-il maintenir à la longue son contrôle sur une grande organisation polycéphale? Dans l'état actuel de l'évolution sociale, les chefs des rares organisations géantes dont la direction soit assurée par un seul individu — les grandes organisations industrielles — disposent d'une série de méthodes de contrôle impersonnelles. La compétence, le rang, l'autorité des différents cadres sont souvent fixés par des instructions et des règlements écrits. Les documents écrits ont toujours — en plus d'autres fonctions — des fonctions de contrôle. Ils permettent de vérifier de façon relativement précise ce qui a été décidé dans tel cas particulier et qui a pris la décision. De plus, il y a dans la plupart des grandes organisations des spécialistes du contrôle, dont la fonction exclusive est le contrôle de l'organisation et qui, de ce fait, allègent la tâche de contrôle des directeurs.

En dépit d'un cadre d'organisation fondé sur des contrats et des documents écrits — cadre qui, dans l'organisation étatique de Louis XIV, avait un caractère encore fragmentaire et partiel — on observe, même dans les grandes organisations de notre temps, y compris dans les grandes entreprises industrielles et commerciales, des rivalités de statuts, des ruptures d'équilibre entre groupements, l'exploitation habile par les chefs de rivalités internes et d'autres phénomènes qui nous ont frappés quand nous avons examiné le réseau d'interdépendances de la cour. Mais comme les règlements des rapports humains au sein des grandes organisations modernes ont, de nos jours, un caractère formel et impersonnel, tous ces phénomènes ont un caractère plus ou moins officieux et informel. C'est pourquoi on observe dans la société de cour, sur une grande échelle et au grand jour, des phénomènes qui, dans nos organisations modernes, se cachent volontiers sous les dehors d'une bureaucratie extrêmement perfectionnée.

Nous ne pouvons conclure notre analyse des servitudes d'un souverain aussi puissant que Louis XIV sans quelques explications sur le sens profond qui se dégage d'études de ce genre. Pour le sens commun, il semble parfois que les subordonnés dépendent de leurs maîtres, tandis que les maîtres ne dépendent d'aucune manière de leurs subordonnés. Il n'est pas facile de montrer que la position sociale d'un souverain, par exemple d'un roi, émane au même titre des interdépendances fonctionnelles d'une société que la position de l'ingénieur ou du médecin. Des observateurs clairvoyants comme Saint-Simon, habitués à vivre dans l'entourage d'un monarque, discernèrent souvent les dépendances pesant sur leurs décisions. Mais vus de loin, les souverains nous apparaissent souvent comme des moteurs indépendants de leurs décisions et actions. Dans l'historiographie, cette vision trouve son expression dans l'habitude fort répandue de faire jouer à certains détenteurs du pouvoir — Louis XIV, Frédéric le Grand ou Bismarck — le rôle de cause première d'événements historiques, au lieu de nous fournir — comme nous l'avons fait jusqu'à un certain point pour Louis XIV — une description analytique du réseau de dépendances qui constitue le cadre de leurs décisions et éclaire le caractère unique de leur marge de manœuvre. Ainsi, on présente souvent aux sujets les souverains, mais aussi les membres de quelques élites puissantes, comme les symboles de la liberté de l'individu et l'histoire comme un enchaînement d'actions de tels individus.

En sociologie, des idées analogues apparaissent sous forme de théories d'actions et d'interactions fondées — explicitement ou implicitement — sur l'idée que le point de départ de toute recherche sociologique se trouve dans les individus décidant librement, maîtres de leurs actes, « agissant les uns sur les autres ». Si une telle théorie de l'action ne parvient pas à résoudre les problèmes sociologiques, on la complète par une « théorie des systèmes ». Alors que la théorie sociologique de l'action part en général du concept de l'individu, sans aucune référence à un système social, la théorie du « système social » considère qu'il y a des systèmes sociaux se situant au-delà de l'individu.

Notre analyse de la cour et plus particulièrement celle de la position d'un personnage déterminé, le roi, contribuent à aplanir les difficultés conceptuelles auxquelles on doit faire face, quand on traite de tels problèmes théoriques sans références aux données empiriques, parce qu'on peut ainsi rattacher les concepts théoriques à des faits d'observation précis.

Une cour princière, une société de cour sont des entités qui se composent d'un grand nombre d'individus. On peut certes les qualifier de « systèmes ». Mais il n'est pas facile d'établir un contact réel entre ce terme et le phénomène auquel il est censé se rapporter. Il y a une sorte d'impropriété à parler d'un « système d'individus ». C'est pourquoi nous avons préféré le terme de « formation ». On peut dire qu'une cour est une « formation » composée d'hommes et de femmes, sans faire violence à la logique. Nous avons pu atténuer un peu la difficulté à laquelle se heurte aussi bien le théoricien soucieux d'attirer l'attention sur les individus comme tels que celui qui ne voit que la société, les deux positions se livrant des batailles toujours indécises.

La notion de « formation » a un autre avantage : à la différence de celle de « système », elle n'évoque pas l'idée d'une entité complètement fermée sur elle-même ou douée d'une harmonie immanente. La notion de « formation » est neutre. Elle peut s'appliquer aussi bien à un groupe harmonieux et paisible qu'à un autre soumis à des tensions et à des tiraillements. La société de cour est pleine de tensions, mais cela ne l'empêche pas d'être une formation spécifique composée d'individus.

Avons-nous fait avancer ainsi le problème des rapports entre l'individu et la société ? Il nous faut entreprendre quelques autres démarches pour nous engager au moins dans la direction de la solution. Les formations sociales ont la particularité de pouvoir subsister, avec de légères modifications, même si toutes les personnes qui, à un moment donné, en ont fait partie, sont mortes ou ont été remplacées par d'autres. Ainsi, il y avait en France une cour sous Louis XIV et sous Louis XV. Cette dernière était constituée d'autres individus que la première. Mais elle n'en est pas moins la continuation. Comment affirmer qu'il s'est agi dans les deux cas d'une formation spécifique répondant à la même terminologie, d'une « formation de cour », d'une « société de cour »? Qu'est-ce qui nous autorise à parler dans les deux cas d'une « cour » et d'une « société de cour », en dépit du remplacement des individus par d'autres, en dépit de certaines modifications qui suggèrent la notion d' « évolution de la cour »? Qu'est-ce qui assure la continuité en dépit des changements?

On est tout d'abord tenté de répondre que, si les hommes ont changé, la nature de leurs rapports n'a pas subi de modifications. Mais avec cette réponse on s'arrête à mi-chemin : car la notion de « rapport » peut facilement être expliquée comme une émanation de tel ou tel individu. Mais les rapports entre courtisans, entre le roi et les courtisans étaient déterminés — en dépit du nombre infini des variations individuelles — par des conditions particulières qui, elles, sont restées les mêmes pour tous les individus concernés, le roi compris.

La difficulté conceptuelle à laquelle on se heurte ici provient de ce qu'on fait de ces conditions des facteurs situés en dehors des individus, en les qualifiant d' « économiques », de « sociales » de « culturelles ». A y regarder de plus près, on découvre que ce qui lie les hommes dans une formation déterminée, ce qui donne à cette formation sa stabilité pendant plusieurs générations — en faisant abstraction de quelques modifications évolutives — sont des modes spécifiques de dépendances entre les individus ou — pour employer un terme technique — les « interdépendances spécifiques ». L'analyse des interdépendances que nous venons d'entreprendre montre qu'elles ne sont pas toujours harmonieuses et pacifiques. On peut dépendre autant de rivaux et d'adversaires que d'amis et d'alliés. Les équilibres de tension multipolaires, tels qu'ils sont apparus au cours de notre analyse de la société de cour, sont caractéristiques de beaucoup d'interdépendances : on les rencontre dans toutes les sociétés différenciées. On peut soumettre à une analyse minutieuse leurs modifications progressives et, dans certains cas, leur éclatement, l'effondrement d'un équilibre traditionnel et l'instauration d'un nouvel équilibre.

Voilà la réalité dont on se barre l'accès par l'emploi inconsidéré de termes tels que « conditions sociales », « esprit du siècle », « milieu environnant », etc. La notion d' « interaction » telle qu'elle est comprise de nos jours ne rend pas non plus justice aux faits observés. Tout comme les notions d' « action » et d' « activité », celle d' « interaction » n'est pas aussi évidente et univoque qu'il paraît au premier abord. De même que les deux premiers termes suggèrent que le caractère et la direction de l'action résultent exclusivement de l'initiative de l'individu qui agit, de même le troisième pourrait faire croire que ce que nous appelons l' « interaction » est dû à l'initiative de deux individus, d'un *Ego* et d'un *Alter*, d'un « Moi » et d'un « Autre », ou à la rencontre d'un grand nombre d'individus totalement indépendants.

Or notre analyse met en évidence pourquoi les théories de l'action et de l'interaction sont l'une et l'autre incapables de faire avancer la recherche *sociologique* empirique. Car elles se fondent — implicitement — sur la même idée de l'homme qui marque tant d'études *historiques* coulées dans le moule traditionnel : selon cette idée, l'individu serait absolument autonome, refermé sur lui-même, un *homo clausus*.

La théorie sociologique de l'*interdépendance* qui nous a servi de fil conducteur au cours de notre recherche et qui, chemin faisant, s'est précisée et clarifiée, tient mieux compte de la réalité. Elle se fonde sur l'observation que chaque individu est tributaire depuis son enfance d'une multitude d'individus *interdépendants*. C'est à l'intérieur du réseau d'interdépendances où l'homme s'insère à sa naissance, que se développe et s'affirme — à des degrés et selon des modèles variables — son autonomie relative d'individu indépendant. Si, dans la recherche historique et sociale, on s'arrête, sur le plan mental, aux actes et décisions de personnes isolées, comme si elles pouvaient s'expliquer sans recours aux dépendances liant les individus, on se barre l'accès aux aspects des rapports humains qui fournissent le cadre à leurs « interactions ».

Notre analyse ouvre à la recherche historique et sociale une voie grâce à laquelle la science historique peut accéder à une plus grande continuité. Les connexions qui se sont dégagées ne doivent pas leur existence à des idéaux préconçus du chercheur. Pour les discerner, pour les mettre au jour, le chercheur est souvent obligé de faire abstraction de ses propres idéaux. S'il ne s'agissait pas d'êtres humains, on pourrait dire : ici, on pénètre jusqu'au tuf des objets. Les interdépendances d'un roi et de ses courtisans sont des données que l'on peut trouver mais non inventer.

Accomplit-on, en mettant le doigt sur l'interdépendance humaine, une démarche intellectuelle qui dénie à l'homme toute « liberté » ?

Il est impossible d'expliquer le sens courant du mot « liberté », sans une meilleure compréhension des contraintes que les hommes exercent les uns sur les autres et des besoins sociaux qui les rendent dépendants les uns des autres. Les notions dont nous disposons pour expliciter des problèmes de ce genre et plus spécialement le concept de « liberté » sont trop peu différenciés pour décrire d'une manière claire et nette ce que nous voyons quand nous observons les hommes — nous-mêmes — *in vivo*, dans leurs rapports réciproques.

Un roi puissant dispose grâce à ses chances de puissance d'une marge de décision plus grande que chacun de ses sujets. Dans ce sens on pourrait peut-être dire qu'il est plus « libre » que chacun de ses sujets. Notre étude a mis en évidence qu'un souverain est « plus libre » que ses sujets, mais il n'est certainement pas « libre », si l'on entend par là qu'il serait « indépendant » des autres. Rien n'éclaire mieux le problème de l'interdépendance humaine que le fait que chaque action d'un souverain — action qui réalise peut-être au mieux l'idéal d'une décision prise en toute liberté — établit en même temps sa dépendance par rapport à ses sujets, parce que ces derniers peuvent s'opposer à son acte ou du moins y réagir d'une manière imprévisible. C'est exactement ce qu'exprime la notion d'*interdépendance*. Comme au jeu des échecs, toute action accomplie dans une relative indépendance représente un coup sur l'échiquier social, qui déclenche infailliblement un contrecoup d'un autre individu (sur l'échiquier social, il s'agit en réalité de beaucoup de contrecoups exécutés par beaucoup d'individus) limitant la liberté d'action du premier joueur. Chaque être humain vivant et tant soit peu sain d'esprit, même l'esclave, même le prisonnier aux fers, a une certaine autonomie ou, si l'on préfère un terme plus dramatique, une certaine marge de liberté. Le fait que même le prisonnier dispose d'une certaine autonomie a trouvé son reflet dans des déclarations romantiques destinées à administrer la preuve métaphysique de la liberté de l'homme. L'idée de la liberté absolue de chaque individu a pour elle qu'elle flatte la sensibilité de l'homme. Si l'on écarte les spéculations métaphysiques ou philosophiques sur le « problème de la liberté », qui se situent au-delà de tous les phénomènes observables et vérifiables, on se trouve confronté au fait qu'on peut déterminer les différents degrés de dépendance et d'indépendance des êtres humains, ou — pour employer une terminologie différente — des relations de puissance, mais qu'il n'y a pas de degré zéro dans un sens ou dans l'autre. En général, l'action relativement indépendante de l'un compromet l'indépendance relative de l'autre; elle modifie l'équilibre des tensions toujours mouvant, toujours instable. On peut affirmer sans risque de se tromper que dans une phase ultérieure de l'évolution humaine, les penseurs et les chercheurs se détacheront de plus en plus de polarités conceptuelles figées telles que « liberté-déterminisme » pour se pencher davantage sur les problèmes d'équilibre.

Mais nous abordons là un complexe de problèmes qui dépasse le cadre de cet ouvrage. Ce que nous venons de dire doit suffire à montrer que les termes de « liberté » et de « déterminisme » sont trop sommaires, pour être d'une utilité quelconque quand il s'agit d'expliquer des faits d'observation. La tradition qui domine encore le débat s'accroche à une manière artificielle et partant stérile de poser le problème. Elle place au centre l'individu isolé, n'existant que par lui-même, indépendant de tous les autres. On discute de la liberté ou du déterminisme de ce produit artificiel de l'imagination humaine. Pour arracher les recherches et discussions de la pénombre de ces imaginations collectives, il faut les asseoir sur une base sociologique solide, en d'autres termes, il faut remplacer l'homme indépendant par l'homme tel qu'il existe pour l'observateur, l'homme intégré à une multitude d'hommes interdépendants, constituant des formations spécifiques, telles que la cour. En posant le problème de la sorte, on abolit les barrières entre théorie et empirisme. L'étude détaillée d'une société déterminée nous fournit des éléments permettant d'élucider le problème théorique plus général de la dépendance et de l'indépendance des individus dans leurs relations réciproques. Et ce dernier problème projette quelque lumière sur le premier. A cet égard, les problèmes qui surgissent dans l'analyse sociologique d'un puissant souverain sont particulièrement éclairants. Si l'on place au centre de la recherche non pas deux termes absolus et diamétralement opposés comme « déterminisme » et « liberté », mais des considérations de degré et d'équilibre, on constate que le problème de la liberté et celui de la répartition effective de la puissance entre les hommes sont bien plus proches l'un de l'autre qu'on ne le pense généralement.

CHAPITRE V

Formation et évolution de la société de cour en France

CHAQUE forme de domination est le reflet d'une lutte sociale et la concrétisation du partage de la puissance qui en a résulté. L'époque de cette concrétisation, le stade de l'évolution sociale au moment de la naissance du régime déterminent sa forme spécifique et son évolution ultérieure. C'est ce qui explique, par exemple, que l'absolutisme prussien, qui s'est formé bien plus tard et qui a opéré bien plus tard l'assujettissement de la noblesse féodale, a pu créer des structures institutionnelles, qu'un régime absolu ne pouvait envisager au temps de la mise en place de l'absolutisme français, ni en France ni dans aucun autre pays occidental.

Ces deux structures absolutistes avaient été précédées de luttes entre les rois et la noblesse féodale. Dans un cas comme dans l'autre, la noblesse avait perdu son indépendance politique relative, mais les rois français du XVIIᵉ siècle n'entendaient pas utiliser la puissance qu'ils avaient acquise et consolidée de la même manière que les rois de Prusse au XVIIIᵉ siècle. Nous avons affaire ici à un phénomène historique assez fréquent : il arrive, en effet, qu'un pays dont l'évolution a été à certains égards plus tardive, résolve ses problèmes institutionnels d'une manière plus moderne que tel autre qui l'avait précédé dans cette voie. Un certain nombre d'institutions que Frédéric II a pu mettre au point dans son pays, telles la fonction publique et l'administration, n'ont trouvé leur équivalent en France que pendant la Révolution et sous Napoléon Bonaparte : mais la Révolution et Napoléon

ont de leur côté résolu certains problèmes, dont la Prusse et
l'Allemagne n'ont pu venir à bout que bien plus tard. La
question de savoir à quel moment — ce qui veut dire toujours
aussi de quelle manière — les grands pays occidentaux ont
posé et résolu des problèmes sociaux récurrents est extrêmement importante pour la destinée, pour la « physiognomie »
des peuples. Les rois s'inscrivaient dans la même ligne évolutive : c'est elle qui leur dictait leurs problèmes et leurs
tâches, c'est elle qui poussait leurs penchants naturels dans un
sens ou dans l'autre, c'est elle qui étouffait tel de leurs dons
innés et en portait à la perfection tel autre. Les rois étaient
exposés comme chaque individu aux contraintes de l'interdépendance humaine. Même leur pouvoir absolu en était
l'expression et la conséquence.

On est souvent tenté de prendre les rois pour des hommes
évoluant en dehors de toutes les contingences et interdépendances sociales, parce qu'ils ne semblent pas appartenir
par une filiation directe à une des couches sociales de leurs
peuples respectifs. On a tendance à expliquer leurs mobiles
et l'orientation générale de leur comportement et de leurs
actes par les traits de leur personnalité, par leurs dispositions
innées. Il est certain qu'autrefois leur position au milieu du
champ social, leur chance d'imposer leur originalité, bref leur
insertion dans le tout social étaient assez particulières. Mais
ils faisaient également partie du réseau des interdépendances
humaines. Un roi ou une dynastie avaient leur place dans une
tradition sociale bien déterminée. Grands ou petits, leur
mode de comportement, le type de leurs motivations et objectifs étaient toujours tributaires d'une carrière sociale spécifique, de leurs rapports avec des couches sociales et des générations bien déterminées. Quelques chefs comme Napoléon Ier
ou Frédéric II de Prusse étaient, en leur qualité d'artisans
d'une révolution sociale ou d'une transformation étatique et
de souverains en période de rupture de la tradition, ambigus
dans leurs motivations et leur comportement, tandis que
d'autres sont faciles à classer dans telle catégorie. Au nombre
de ces derniers comptent aussi les rois français de l'ancien
régime. Ils appartenaient, à en juger par le type de leur
comportement, de leurs motivations, de leur *éthos*, à la couche

des aristocrates de cour. On la qualifie de nos jours d'un terme péjoratif et terne, de « couche oisive », parce que notre langage bourgeois entoure d'un air de mépris et de blâme les qualités positives qui la paraient.

Pour bien comprendre pourquoi le roi de France avait le sentiment d'appartenir à la noblesse, pourquoi il se proclamait « le premier gentilhomme [1] », pourquoi il était élevé dans la mentalité et la tradition aristocratiques, pourquoi toutes ses pensées et actions en portaient toujours la marque, il faut remonter à l'origine de l'histoire des rois de France. Ce n'est pas notre propos. Il importe cependant de bien se rendre compte que dans un pays comme la France où — à la différence de beaucoup de pays d'Allemagne — la tradition et l'esprit aristocratiques s'étaient maintenus sans discontinuité à travers le Moyen Age jusqu'à l'époque moderne, le roi, lui-même un chaînon de cette tradition qui, dans ses rapports sociaux et mondains avait besoin d'hommes de la même tournure d'esprit que lui, se trouvait bien plus solidaire de cette couche que les rois de pays où il y a eu rupture entre l'époque médiévale et l'époque moderne, où l'esprit aristocratique était moins développé et moins original.

Un deuxième fait tout aussi important et étroitement lié au premier passe souvent inaperçu : les rois de France ont livré pendant des siècles, jusqu'à Henri IV, et dans une certaine mesure jusqu'à Louis XIV une bataille toujours indécise, certes non contre la noblesse tout entière — une importante partie de l'aristocratie ayant toujours combattu du côté des rois — mais contre la haute noblesse et ses partisans. Or, les structures du mode de vie aristocratique se transformaient nécessairement à mesure que la victoire penchait du côté des rois, que l'ancienne diversité faisait place à la concentration *en un lieu*, Paris, *en un organe social*, la cour royale. Les rois qui furent les artisans de cette transformation en subirent le contrecoup. Ils ne se sont jamais situés en dehors de la noblesse, comme plus tard la bourgeoisie. De cette dernière on peut dire avec quelque raison qu'elle s'est peu à peu détachée du modèle aristocratique, qu'elle a

---

1. Lemonnier, *La France sous Charles VIII, Louis XII et François Ier*, Paris, Hachette, 1903, p. 244.

fini par ne plus comprendre l'attitude des nobles, qu'elle a culbuté la noblesse de l'extérieur, en se faisant le défenseur d'une attitude absolument non aristocratique. Mais l'instauration de la royauté absolue, la mise au pas de la grande et de la petite noblesse par les rois de France du XVIe et du XVIIe siècle n'étaient, dans un certain sens, qu'un déplacement du centre de gravité à l'intérieur *de la même couche sociale*.

La noblesse répandue à travers le pays donna naissance à un noyau et à une puissance centrale, à la noblesse de cour groupée autour du roi. De même que la plupart des nobles passèrent de la qualité de chevaliers à celle de seigneurs et de grands seigneurs de la cour, de même les rois se transformèrent. François Ier était encore un « roi chevalier [1] »; il aimait les tournois, la chasse; la guerre était pour lui un jeu brillant et chevaleresque, où le chevalier courageux risquait sa vie; cela faisait partie des conventions de la chevalerie; c'était une question d'honneur. Le roi se sentait lié par cette loi comme n'importe quel autre chevalier.

Le cas d'Henri IV était analogue : en apprenant un jour, comme chef des Huguenots et grand vassal des rois de France, que son adversaire, le duc de Guise, se préparait à la guerre, il lui proposa de vider la querelle par un combat d'homme à homme. « L'inégalité de rang ne m'en empêchera pas. » Il proposa de combattre un contre un, deux contre deux, dix contre dix, vingt contre vingt, les armes à la main, comme l'exigeait l'honneur chevaleresque. Après son avènement sur le trône, il incarnait en quelque sorte la transition du type de roi chevaleresque au type de roi aristocratique de cour, dont le représentant le plus parfait fut Louis XIV. Ce dernier ne partait plus en guerre, à la manière des chevaliers, à la tête de ses hommes, mais s'en remettait, pour faire la guerre, de plus en plus à ses généraux. S'il est vrai qu'il s'exposait parfois aux balles ennemies, on se rendait bien compte qu'il n'était pas habitué à payer de sa personne, à se déchaîner au combat. Les tournois avaient également perdu sous Louis XIV leur caractère de combat d'homme à homme, de lutte personnelle. Ils étaient devenus une sorte de jeu courtois.

1. *Cf.* Lemonnier, *loc. cit.*, p. 188.

La description d'un tournoi en 1662 nous montre à quel point le roi se comportait lui-même en homme de cour, en aristocrate, bien que sa personne jouît d'un prestige particulier qui le distançait de tous les autres :

« Il y avait cinq équipes, dont chacune portait des couleurs différentes et représentait une nation différente; Romains, Perses, Turcs, Maures, Russes; chacune sous un chef du plus haut rang. Le roi conduisait la première, qui représentait les Romains; son emblème était le soleil, qui disperse les nuées. Des chevaliers de sa suite, le premier portait un miroir, qui réfléchit les rayons du soleil, un autre une branche de laurier, car cet arbre est consacré au soleil, le troisième un aigle, qui dirige son regard sur le soleil... [1] »

Ce tournoi a une valeur de symbole. Si au lieu de le considérer comme un fait isolé, on l'insère dans l'évolution de la balance des forces, si l'on compare le comportement de Louis XIV au tournoi à celui d'Henri IV, on touche du doigt la différence entre « le dernier chevalier » et Louis XIV, le premier roi aristocrate de cour. L'un comme l'autre appartiennent en tant que rois, par leurs manières, leurs comportements, leurs motivations à la société aristocratique. Cette société et la sociabilité qui la caractérisent sont des éléments indissociables de leurs modes d'existence. Mais la place des deux rois dans leur société n'est plus la même. Bien que la position d'Henri IV face à sa noblesse soit plus forte que celle de tous les rois qui l'ont précédé, elle n'est pourtant pas comparable à celle de Louis XIV. Henri IV n'avait pas encore pris du champ par rapport à l'aristocratie, la distance qui l'en séparait était moins grande.

Louis XIV, qui vivait au milieu de la société de cour, en était devenu, plus que tous ses prédécesseurs, le centre. L'équilibre des forces entre le roi et la société de cour s'était complètement déplacé. Une distance énorme le séparait des autres membres de la noblesse. Mais cette distance ne le

1. *Cf.* Pélisson, *Histoire de Louis XIV*, I, 26.

faisait pas sortir de la couche sociale à laquelle il appartenait.
Ce que le tournoi exprimait d'une façon symbolique était le
reflet de la position de Louis XIV à l'intérieur de la noblesse
de cour : cette noblesse était *sa* société. Elle lui appartenait,
il en avait besoin sur le plan de la sociabilité. Mais en même
temps, il s'en distançait en insistant sur sa position de force.

Ainsi, on observe dans l'attitude de Louis XIV envers la
noblesse de cour deux tendances intimement mêlées qui
déterminent la place de la noblesse dans ce système de domination. Ancrées dans les institutions, sans cesse reproduites
et imposées par les institutions, elles se sont maintenues
aussi sous les successeurs de Louis XIV jusqu'à la fin du
régime. La première visait à établir et à assurer le pouvoir
absolu et illimité du roi face à toutes les revendications de
puissance de la grande et de la petite noblesse. La seconde
visait à maintenir la noblesse en tant qu'ordre dépendant
du roi, soumis au roi, mais nettement séparé de toutes les
autres couches sociales; la noblesse faisait ainsi figure d'une
société animée d'un esprit particulier, la seule qui convenait
au roi et dont le roi avait besoin.

Cette attitude ambivalente du roi face à sa noblesse,
attitude qui devait peser dorénavant sur l'évolution des
structures aristocratiques, n'était pas l'expression du choix
arbitraire d'un souverain isolé. Elle s'était imposée peu à
peu au cours du XVIe siècle, qui avait privé la noblesse d'une
grande partie de ses chances économiques et compromis ses
fondements sociaux; pendant ce temps, les rois avaient su
profiter des chances nouvelles considérables qui leur étaient
offertes. Par leur origine et leur tournure d'esprit, les rois
étaient liés à la noblesse; par l'évolution sociale de la France,
ils étaient passés peu à peu du statut de *primus inter pares*
à celui de détenteur d'un pouvoir dépassant de loin celui
de tous les nobles. La *cour* avait pour fonction d'aplanir
les conflits nés de ce double statut du roi.

La lutte entre la noblesse et la royauté s'était poursuivie
pendant longtemps en France. Nous ne nous occupons pas
ici de ses causes jusqu'au XVIIe siècle. Retenons que ce
combat se termina au XVIIe siècle par la victoire de la royauté.
Cette victoire était due à des circonstances échappant pour

la plupart à la volonté, à la valeur personnelle, au pouvoir des rois. Après les guerres de Religion, la royauté échut à Henri IV; son succès s'explique partie par son habileté personnelle, partie par des circonstances relativement fortuites. L'accroissement continu et définitif de la puissance des rois par rapport à leur noblesse a été la conséquence de glissements sociaux indépendants de la volonté des rois ou d'individus et même de groupes d'individus. Ces glissements sociaux ont offert aux rois des chances notables — dont ceux-ci ont profité plus ou moins selon leurs capacités personnelles — tandis qu'ils ruinaient les bases économiques de la noblesse.

Les bouleversements des structures sociales de l'Occident dans le courant du xvie siècle ne furent sans doute pas moins importants que ceux qui, à la fin du xviiie siècle, apparurent aux yeux de tous. Il est certain aussi que l'afflux des métaux précieux en provenance des pays d'outre-mer et l'augmentation des moyens de paiement qui s'ensuivit — augmentation qui a eu des répercussions variables dans tous les pays occidentaux — n'a pas été la seule cause des bouleversements du xvie siècle. Disons que l'afflux des métaux précieux a joué un rôle de catalyseur. La pluie d'or et d'argent a favorisé l'éclosion d'un certain nombre de germes contenus dans l'évolution des sociétés occidentales, qui sans cette pluie se seraient développés plus lentement ou se seraient même étiolés. L'afflux de métaux précieux n'aurait d'autre part pas eu lieu si l'évolution des sociétés européennes n'avait pas atteint un degré où elles en avaient besoin et pouvaient en tirer profit. En France, on a élucidé dans une large mesure le problème des rapports entre l'augmentation des moyens de paiement et le sens du bouleversement social.

La première conséquence de l'augmentation des moyens de paiement fut une dépréciation considérable de la monnaie. Le pouvoir d'achat de l'argent baissa, selon une estimation contemporaine, dans la proportion de 4 à 1. Les prix montèrent en conséquence. Le capital mobilier s'accrut. Bien que la propriété foncière continuât à être la base de toute fortune, l'habitude se répandit de garder d'importantes liquidités à la maison. La dépréciation monétaire entraîna des conséquences très variables pour les différentes couches

de la population. Il est impossible de résumer la situation
d'une manière plus claire et plus succincte que ne l'a fait
Mariéjol :

> A partir de 1540 à peu près... « la livre tournois ne
> cessa pas de descendre et le prix des choses d'augmenter
> insensiblement. De ce phénomène on peut déjà signaler
> quelques conséquences sous le règne de François Ier :
> hausse des fermages et de la valeur vénale du sol; au contraire
> affaiblissement des revenus fixes, tels que les censives...
> Les résultats ne furent fâcheux ni pour les agriculteurs
> ni pour les industriels ou les commerçants, qui pouvaient
> monter leurs prix proportionnellement. Ils le furent en
> haut et en bas, pour les *seigneurs fonciers* et pour les
> ouvriers... Les seigneurs et les nobles cherchèrent les fonc-
> tions de cour ou du gouvernement; les bourgeois, les
> charges administratives ou les offices. Les uns se pressèrent
> autour du Roi, les autres se répandirent dans les emplois.
> Par là, se précipita le mouvement qui entraînait tout vers
> un régime d'absolutisme, de centralisation, d'aristocratie,
> de fonctionnarisme [1]. »

Faisons abstraction pour le moment des conséquences de
ces événements pour les autres couches sociales. Pour la
plus grande partie de la noblesse française, la dépréciation
monétaire entraîna un bouleversement sinon la destruction
totale de ses bases économiques. La noblesse française tirait
de ses terres des rentes fixes. Comme les prix montaient
sans arrêt, le produit des rentes contractuelles ne lui permettait plus de faire face à ses obligations. A la fin des guerres
Le Religion, la plupart des nobles étaient criblés de dettes.
des créanciers s'emparèrent de leurs terres. Ainsi, un nombre
important de propriétés foncières changèrent de main à cette
époque. La plupart des nobles ainsi dépossédés se rendirent
à la cour pour y chercher de nouveaux moyens d'existence.
On se rend bien compte que les événements sociaux ont
compromis les chances de toute une couche sociale et porté

---

1. MARIÉJOL, *Henri IV et Louis XIII*, Paris, Hachette, 1905, p. 2.

une grave atteinte à sa puissance, à sa renommée sociale, à sa distance par rapport aux autres couches.

Si l'on compte le roi au nombre des nobles, on peut affirmer qu'il était le seul noble du pays qui, grâce à sa fonction, ne vit pas diminuer sa base économique, s'effondrer sa position de force, dont le prestige social, loin de s'amenuiser, augmentait.

A l'origine, le roi tirait comme tous les nobles le plus clair de ses ressources du produit de ses terres. Mais cette situation avait depuis longtemps changé. Une part sans cesse plus importante des ressources du roi était constituée par les impôts et redevances de toutes sortes, qu'il prélevait sur la fortune de ses sujets. Ainsi, de possesseur et dispensateur de terres, le roi devient peu à peu possesseur et dispensateur d'argent.

Les derniers rois-chevaliers du xvi⁰ siècle représentaient des types intermédiaires. La royauté curiale du xvii⁰ et du xviii⁰ siècle était, sur le plan économique, fondée sur des revenus en argent. Tandis que la noblesse de la fin du xvi⁰ et du début du xvii⁰ siècle, qui ne participait que fort peu aux mouvements commerciaux de son temps, tombait dans la pauvreté par suite de la dépréciation de la monnaie, les revenus des rois s'accroissaient par plusieurs canaux, mais surtout par les taxes et la vente des charges. Le roi bénéficiait en outre de la richesse accrue de certaines couches sociales soumises aux impôts. Cette augmentation des revenus dont les rois bénéficiaient grâce à leur position particulière dans la structure générale de la société étatique et aux progrès de l'urbanisation et de la commercialisation du pays, est une des causes principales de l'augmentation relative de leur puissance. C'est en distribuant de l'argent selon les intérêts de leur pouvoir qu'ils mettaient en place le mécanisme de leur domination. Il ne faut pas oublier que ces revenus n'étaient pas, comme ceux des commerçants et des artisans, des revenus du travail, tirés d'activités professionnelles. Ces fonds provenant des revenus du travail des couches professionnelles prenaient le chemin de la caisse royale grâce à l'activité de fonctionnaires rétribués. C'était une des tâches des rois de diriger ces fonctionnaires, de coordonner leurs activités, de prendre des décisions au plus haut niveau de la société étatique. A la lumière de ces faits, on aboutit également à la conclusion que les rois étaient les seuls membres de la couche aristocratique à qui les changements de structure apportaient une amélioration de leurs chances. Car ils pouvaient se consacrer au maintien du caractère seigneurial de leur position, renoncer à toute activité lucrative, tout en augmentant leurs revenus en écrémant les richesses du pays.

Conséquence : pendant que le roi montait, la noblesse descendait. C'était là le déplacement d'équilibre dont nous avons parlé plus haut : la « distance » entre la royauté et la noblesse, au maintien de laquelle Louis XIV s'appliqua pendant toute la durée de son règne et qu'il institutionalisa entre autres par l'étiquette, n'était pas une « création » personnelle, mais le résultat de l'évolution sociale dans son ensemble.

Non moins importante pour l'évolution de la noblesse fut la transformation de la pratique de la guerre qui s'accomplissait à la même époque. Le poids relatif dont pesait la noblesse médiévale dans la balance des forces qui s'était établie entre elle et le prince suzerain, s'explique en grande partie par la dépendance de ce dernier par rapport à sa noblesse, quand il s'agissait de se lancer dans des entreprises guerrières. Si les seigneurs terriens qui étaient tenus de payer eux-mêmes leur équipement, celui de leurs hommes, armes et chevaux, avec le surplus de leurs domaines ou, dans certains cas, avec le produit de leurs entreprises de rapine, ne se rendaient pas à l'appel de leur suzerain ou — comme cela arrivait parfois — quittaient l'armée, après une période fixée par la tradition, pour regagner leurs châteaux forts ou leurs domaines, seule une expédition punitive pouvait les forcer à changer d'avis. Mais une telle expédition ou même la menace n'était efficace que si le suzerain disposait d'une force armée importante. Or, une telle force dépendait essentiellement de la confiance qu'il pouvait faire à sa noblesse militaire.

Dans le courant du XVIe siècle, on assiste à des changements dans le domaine militaire, qui s'étaient annoncés depuis longtemps et qui n'étaient pas sans rapport avec l'extension des opérations financières. Le texte ci-dessous nous révèle certaines particularités de la transition :

> « Les armées françaises du XVIᵉ siècle réunissaient les
> éléments les plus divers. En cas d'urgence seulement, et
> sans grand profit sur le plan militaire, on faisait appel aux
> nobles feudataires. L'ancienne armée de vasselage était
> bien morte. La noblesse en état de porter les armes se
> groupait dans les compagnies de la grosse cavalerie, les
> compagnies d'ordonnance, qui formaient la « gendarmerie » :
> les gendarmes fournissaient leurs chevaux et leurs précieuses
> armures; les hommes moins fortunés étaient incorporés
> dans ces compagnies comme tirailleurs à cheval... Les géné-
> raux avaient besoin de ces guerriers combattant pour
> l'honneur et ayant bénéficié d'une solide formation mili-
> taire, quand il s'agissait de lancer des charges puissantes ou
> d'obtenir des services personnels. Mais l'avenir n'appar-
> tenait plus à cette arme. Parallèlement à cette cavalerie
> se développait, à un niveau très inférieur, la cavalerie
> légère, entraînée de plus en plus à l'usage des armes à feu...
> Toute l'organisation de l'armée se fondait sur la solde. »

Dans la balance des tensions entre la noblesse militaire et
le prince suzerain, le poids se déplace aussi dans le domaine
de la guerre en faveur de ce dernier : l'afflux de fonds lui
permet de recourir de plus en plus à des mercenaires. Des
chefs de guerre, qui sont en même temps des entrepreneurs,
équipent des armées qu'ils recrutent dans les classes les plus
basses de la société. Plutôt que d'accorder des fiefs en échange
de services militaires, comme cela se pratiquait pendant les
phases moins monétaires, moins commerciales de l'évolution
sociale, les princes recourent à l'argent comptant, à la « solde »
pour rémunérer les guerriers. Ils engagent des « mercenaires » ou des « soldats » — le terme « soldat » reflète encore
aujourd'hui cette phase de l'évolution sociale... Ainsi les
princes se rendaient moins dépendants de la noblesse féodale,
mais leur dépendance par rapport à leurs sources de revenus
et à tout ce que cela impliquait augmentait sans cesse. Le

déplacement du centre de gravité dans le domaine de la guerre, les troupes formées d'hommes recrutés dans les classes inférieures prenant le pas sur les guerriers appartenant à la noblesse, était en outre favorisé par le développement des armes à feu. Notons que déjà les anciennes armes de jet comme les arbalètes avaient équipé les unités de paysans et d'autres combattants des basses couches de la population. Dans les batailles entre chevaliers ils jouaient le rôle de troupes auxiliaires, entre autres parce que l'armure protégeait cavaliers et chevaux contre les projectiles. Avec l'apparition d'armes de jet et surtout d'armes à feu capables de percer les cuirasses, le centre de gravité social se déplaçait au détriment de la vieille noblesse militaire. L'évolution générale des États, qui permettait aux princes de faire la guerre avec des armées de mercenaires, favorisait la mise au point d'armes à feu pour la piétaille et était favorisée par elle.

Le jour viendra où l'on représentera les transformations sociales de ce genre par des modèles plus précis et plus amples que cela n'a été possible et désirable dans le cadre de cette étude : pour ce faire on procédera à des recherches systématiques sur les interdépendances et les déplacements d'équilibre... Pour le moment, nous nous bornerons à souligner encore une fois que l'accroissement des chances financières que les souverains tiraient de leur position sociale, accroissement qui avait pour contrepartie la diminution des chances financières dont disposait traditionnellement la chevalerie terrienne, que les progrès continus d'une technique militaire fondée sur des troupes mercenaires équipées d'armes à feu — autre cause de la dégradation de la guerre chevaleresque — ont réduit la dépendance du souverain par rapport à sa noblesse tout en augmentant celle de la noblesse par rapport au souverain. Sur le plan théorique, il faut rejeter l'idée que le déplacement de l'équilibre des forces entre la noblesse et le roi aurait commencé dans un domaine isolé de l'évolution sociale. Ainsi, l'expansion du commerce est inconcevable sans une protection efficace des routes commerciales par l'État, sans une législation offrant des garanties aux commerçants, l'une étant tributaire de l'autre. Sans une armée suffisamment forte les rois ne pouvaient assurer la levée des impôts, sans rentrées fiscales, ils ne pouvaient financer de puissantes armées.

Le passage d'un partage des forces à l'autre, d'un équilibre des tensions à l'autre, soulève des problèmes variés. Quelques indications complémentaires étofferont un peu le tableau que nous avons brossé. Les relations qui s'établissent entre le roi et les nobles sont très différentes, selon qu'il attribue des terres dans un champ social fondé sur les échanges en nature ou qu'il accorde des rentes dans un champ social fondé sur l'économie monétaire. L'attribution des terres crée une distance dans l'espace entre le roi et l'inféodé. Tant que l'organisation du crédit était peu évoluée et peu souple, il n'a jamais été facile de subvenir à la longue à ses besoins en se tenant éloigné de ses terres. Pendant les campagnes et luttes qui devaient conduire Henri IV à la victoire, bien des gentilshommes quittaient l'armée et rentraient chez eux, si la victoire semblait lointaine et le butin aléatoire.

Mais quand le roi était à même de distribuer de l'argent, les bénéficiaires pouvaient et devaient souvent rester auprès du roi. S'il est vrai que la possession de terres produisant des rentes en nature poussait les nobles à s'y installer, une propriété, source de revenus en numéraire, permettait de rester loin de ses domaines. Quant aux rentes en argent, pensions et dons provenant directement de la cassette du souverain, et qu'il était libre de renouveler ou de supprimer selon son bon plaisir, ils encourageaient les bénéficiaires à s'assurer ses bonnes grâces par des services répétés. De la même manière, la dépendance qui découlait du don d'une rente en nature n'était pas la même que celle qui découlait de l'attribution d'émoluments, de pensions, de dons en espèces. La rente en nature garantissait une plus grande indépendance que les attributions en espèces. Car dans son fief, qu'il fût grand ou petit, le gentilhomme était un roi au petit pied. Une fois en place, le vassal jouissait d'une position assez solide; il n'était pas très facile de l'en déloger; il pouvait se dispenser de solliciter sans arrêt les faveurs du roi pour s'assurer la possession de son domaine.

Le renouvellement de dons en argent demandait pour ainsi dire des efforts ininterrompus : il était bien plus facile de supprimer à quelqu'un une pension que de lui reprendre un fief ou des rentes en nature quelque part dans le pays. Dans ce sens, les personnes vivant de rentes menaient une vie bien plus inquiète que celles qui avaient bénéficié d'un fief.

La faveur du roi sous forme d'une rente comportait pour les bénéficiaires un plus grand risque, elle offrait aussi de plus grandes chances de promotion sociale et exigeait de la part du bénéficiaire des attitudes plus habiles, plus différenciées. Les bénéficiaires devaient prendre leur parti d'un manque d'autonomie, d'une dépendance du roi plus pesante, plus directe, plus visible.

Le roi vivant au milieu de sa cour, attribuant des dons ou rentes en argent était, avec ses humeurs, ses actes, ses sentiments, sans cesse sollicité. Il rassemblait autour de lui plus de personnes qu'un roi récompensant les siens en nature. Son argent attirait les gens.

Il est parfaitement légitime d'opposer ainsi au roi distributeur de terres le roi distributeur de fonds; car le second type procède en ligne directe et graduellement du premier; il le continue dans sa manière de se comporter.

Autrement dit, il est impossible de comprendre l'attitude des rois de cour français, dispensateurs de fonds, face à leur noblesse, si on oublie que cette attitude dérive de celle qu'avaient adoptée les suzerains à l'égard de leurs vassaux et hommes liges. Les antiques liens entre le roi et la noblesse, dont nous trouvons l'écho dans le roi « premier gentilhomme » ou dans la noblesse se disant « la vraie force active, le corps vivant du pays », l'obligation établie du roi de conserver sa noblesse, celle de la noblesse de servir son roi, se sont maintenus *inchangés*. En étudiant l'économie des pensions dans l'ancien régime il ne faut jamais perdre de vue que les anciennes relations féodales sont toujours vivantes dans cette économie, bien que transformées. On peut considérer comme un des éléments constitutifs de cette attitude réciproque du roi et des courtisans qu'elle dérive en droite ligne des anciennes interdépendances féodales des rois-chevaliers et des vassaux et hommes liges.

Or, l'éthos du système féodal était fondé à l'origine sur la dépendance réciproque des partenaires. Quand cette dépendance était peu marquée, comme chez les grands vassaux, on passait souvent outre aux obligations que cet éthos imposait. Les vassaux avaient besoin du prince suzerain, qui faisait figure de chef et de coordonnateur suprême, de propriétaire ou dispensateur des terres conquises; le suzerain pour sa part recourait à ses vassaux et hommes liges quand il avait besoin de guerriers et de sous-chefs pour défendre ou agrandir ses domaines, pour mener à bien ses guerres et ses querelles. Quant au reste de la noblesse, le roi y puisait — indépendamment du fait qu'elle lui fournissait ses compagnons de chasse et de tournoi, ses partenaires dans la vie sociale et ses combattants — ses conseillers, qui étaient souvent des hommes d'Église. Du groupe des guerriers provenaient aussi les personnes qui, avec plus ou moins d'autonomie, administraient en son nom le pays, levaient les impôts, disaient le droit. Compte tenu de cette dépendance du roi par rapport à sa noblesse, de cette imbrication des intérêts royaux et aristocratiques, la distance entre le roi et les nobles ne pouvait être aussi grande que par la suite.

Peu à peu les seigneurs suzerains s'élevèrent au-dessus de la noblesse. Ils purent augmenter leur propre puissance au détriment des aristocrates, en confiant à des hommes d'un autre ordre, la bourgeoisie, dont les capacités ne cessaient de croître, des charges naguère réservées à la noblesse et au haut clergé. En France, les rois réussirent à écarter à peu près tous les nobles de ces postes et à les remplacer par des roturiers. C'est la roture qui détenait à la fin du XVᵉ siècle presque toutes les charges dans la magistrature, l'administration et même dans les ministères.

Que restait-il à la noblesse pour se rendre indispensable au roi? C'est là — comme on voit — la question cruciale. Car s'il est vrai que les relations vitales entre le roi et les nobles se sont perpétuées sous une forme modifiée à la cour, on peut néanmoins estimer que les anciennes obligations, que l'ancienne éthique n'auraient pas dû survivre à l'inégalité des chances du roi et de la noblesse dans un champ social régi par l'économie financière, où une noblesse en voie de paupérisation dépendait pour son existence même du seul roi, alors que le roi ne la considérait plus, à aucun égard, comme un ordre particulier et irremplaçable.

Nous abordons ainsi une autre question d'une portée beaucoup plus générale : chaque institution traduit une répartition bien déterminée de la puissance dans l'équilibre des tensions entre groupes humains interdépendants. L'institution n'est pas un *événement unique*. Une situation donnée produit la même institution *un grand nombre de fois* pendant un certain temps : l'institution comme telle survit à beaucoup d'individus. On est donc en droit de poser aussi au sujet de la cour de l'ancien régime la question *de la production et de la reproduction sociale de la répartition des forces*.

La question posée plus haut de l'interdépendance de la noblesse et du roi, interdépendance incarnée dans la cour, représente sous une forme un peu modifiée le problème de la production et de la reproduction sociale de la cour. De même qu'il est impossible de comprendre l'institution sociale d'une usine, tant qu'on n'a pas expliqué, par une analyse du champ social qui l'a produite, pour quelle raison les individus avaient et ont besoin de se mettre comme ouvriers à la disposition d'un entrepreneur et pourquoi l'entrepreneur avait, dans une certaine mesure, besoin de ces mêmes ouvriers, ainsi on ne saurait comprendre l'institution de la cour tant qu'on n'a pas trouvé *la formule des besoins*, c'est-à-dire le type et le degré des interdépendances qui ont réuni et qui réunissent à la cour différents individus et groupes d'individus.

C'est ainsi seulement que la cour nous apparaît comme ce qu'elle est : non pas comme un rassemblement historique d'individus réunis par une volonté ou par le hasard, dont la « raison d'être » échapperait à toute explication, mais comme une formation d'humains issus de couches déterminées, formation qui s'est sans cesse reconstituée de la même manière, parce qu'elle offrait aux individus dépendant les uns des autres des chances de satisfaire des besoins ou nécessités créés par la société.

Une évolution ininterrompue conduit de la cour des Capétiens et plus spécialement de celle de saint Louis (1226-1270) jusqu'à la cour de François Ier et à celle de Louis XIV et de ses successeurs. Le fait qu'en France la tradition de la cour ait pu se maintenir vivante du XIIIe au XVIIIe siècle, en dépit de la transformation profonde des structures sociales, est une des causes de l'affinement progressif et de l'organisation d'une vie de cour et, d'une manière plus générale, du développement d'une tradition typiquement « française ». Or, cette évolution a connu un tournant décisif aux XVe et XVIe siècles. Alors qu'aux siècles précédents un nombre sans cesse plus réduit de grands vassaux avaient eu, à côté de la cour du roi, leurs propres cours[1], dont quelques-unes avaient été plus riches, plus brillantes, plus influentes que celle du roi, la cour royale est devenue au cours de ces deux siècles, grâce à l'augmentation continuelle de la puissance royale, le véritable centre du pays. Vue dans la perspective de la noblesse, cette évolution revêtait le caractère du passage de la féodalité fondée sur les échanges en nature à une aristocratie de cour. Si l'on tente de déterminer le moment où ce tournant s'est dessiné plus clairement, on tombe sur le règne de François Ier.

Nous avons vu que François Ier représentait, sur la ligne menant de la royauté chevaleresque à la « royauté de cour », plutôt le premier type.

Pour la raison même qu'il s'agit d'un type de transition, il est difficile et, dans le cadre de notre étude, même impossible d'analyser plus en détail les structures de sa cour. Nous nous bornerons donc à signaler au lecteur quelques éléments structurels des cours de transition du XVIe siècle, pour mieux préparer l'explication de la cour caractérisée par l'accroissement des chances financières des rois dans sa forme la plus élaborée.

« Le XVIe siècle, affirme un historien français[2], a vu naître quelque chose de nouveau en France : la société aristocratique. La noblesse remplace définitivement la Féodalité, ce qui est une révolution. »

C'était en effet une révolution : l'aristocratie n'a pas été transformée, mais reconstruite sur de nouveaux fondements.

1. *Cf.* L'étude détaillée de ce processus dans N. ÉLIAS, *La Dynamique de l'Occident*, à paraître chez le même éditeur.
2. *Cf.* LEMONNIER, « La France sous Charles VIII, Louis XII et François Ier », Paris, 1903, Hachette, *Histoire de France*, vol. V, p. 243.

Il y avait encore sous le règne de François Ier quelques grands fiefs; mais le roi ne tolérait plus aucune indépendance; ses « baillis » bourgeois, ses cours de justice composées de roturiers, le parlement, évincèrent de plus en plus l'administration et la justice féodales.

François Ier créa en même temps, à côté de l'ancienne noblesse foncière, dont la hiérarchie correspondait à la hiérarchie des fiefs, une nouvelle titulature nobiliaire allant du simple gentilhomme au prince et pair de France. Ces titres de noblesse accordés par le roi étaient encore assortis de propriétés terriennes et de rentes foncières, mais le rang ne dépendait plus — ou ne dépendait plus exclusivement — du rang traditionnel d'un domaine; il constituait une distinction royale comportant de moins en moins de fonctions politiques; le roi prenait ses distances par rapport à une tradition essentiellement fondée sur le sol; il agissait selon son bon plaisir [1]. Les services que le roi récompensait de la sorte étaient en général d'ordre militaire. Ainsi, de nouvelles chances de promotion sociale étaient offertes aux *homines novi* et plus particulièrement aux guerriers. On assistait à la formation, partie à côté, partie à l'intérieur même de l'ancienne hiérarchie aristocratique, d'une hiérarchie nouvelle, dans laquelle les distinctions étaient bien plus déterminées par les titres décernés par le roi et les rentes en argent qui les accompagnaient que par l'importance du fief. Les conséquences pour la noblesse ne tardèrent pas à se faire sentir. Depuis la seconde moitié du xvie siècle, la plupart des familles nobles étaient d'origine récente.

Il va de soi que la noblesse était toujours un ordre de guerriers : c'est à ce titre surtout que le roi avait besoin d'elle. Mais compte tenu des chances accrues qui s'offraient à lui, il procéda à ce qu'on pourrait appeler — en employant un terme d'une époque ultérieure — une « rationalisation », à une « réforme éclairée » : il provoqua une rupture avec la tradition et restructura toute sa noblesse afin de mieux l'asservir à sa domination.

La meilleure preuve de l'augmentation des chances dont

---

1. Documents dans Lemonnier, « La France sous Charles VIII », p. 244 ss.

bénéficiait le roi nous est fournie par le fait qu'il dépensa beaucoup plus d'argent que ses prédécesseurs pour des dons, pensions, traitements, etc. Il est vrai que François Iᵉʳ pratiquait déjà cette « économie des dettes » qui caractérisera ses successeurs. Les réserves qu'on accumule à titre de « trésor de guerre » sont aussitôt dépensées, on procède à la création de nouvelles recettes par l'émission de rentes, l'augmentation des impôts, la vente de charges. Mais tout cela nous permet de voir de quelle manière le roi s'ouvre l'accès à de nouvelles chances de puissance en tirant profit de l'évolution du champ social et de sa position particulière dans ce champ.

Aussi le nombre de personnes gagnant la cour ne cessait-il d'augmenter. Le caractère transitoire de cette époque, pendant laquelle on commençait seulement de s'accommoder des formes nouvelles nées du développement de la société étatique, apparaît très nettement dans le fait qu'il n'y avait, du moins dans la première moitié du règne de François Iᵉʳ, aucun bâtiment capable d'accueillir la cour en expansion constante. Le fait qu'on fût obligé de construire et d'aménager sans cesse de nouveaux bâtiments pour cette cour fondée sur l'économie monétaire, jusqu'à ce qu'elle trouvât dans le château de Versailles, symbole de l'apogée et du plafond de cette évolution, une demeure adéquate, prouve le rapport étroit entre le développement de la cour royale et celui de la société dans son ensemble. A ce stade de l'évolution des sociétés étatiques, la cour royale est leur centre d'intégration le plus important. Les tâches d'intégration s'accroissent tôt ou tard, à mesure que se précise la différenciation qui accompagne l'évolution de la société étatique. Ainsi, la croissance de la cour royale peut servir de critère — à condition qu'on tienne compte de la répartition spécifique de la puissance dans les sociétés étatiques dynastiques — à la division du travail au sein de la société étatique.

Autre trait caractéristique de la cour pendant la phase de transition : les hommes qui s'y rassemblent dépendent déjà plus directement du roi que ce n'était le cas naguère, mais ils sont encore essentiellement des chevaliers et des guerriers, et non des courtisans qui font à l'occasion la guerre. L'époque est marquée par d'innombrables guerres et expéditions guerrières, qui portent dans la destinée humaine un élément d'insécurité. Qu'on songe à la captivité de François Ier. Sa cour avait toujours plus ou moins le caractère d'un camp.

A quoi s'ajoute une autre circonstance d'une grande portée : plus la cour s'agrandit, plus son ravitaillement, en un lieu donné, se révéla difficile. On sait qu'on a essayé d'expliquer par la concentration d'un groupe important de consommateurs à la cour des princes et des rois la naissance des centres urbains précapitalistes [1]. Nous avons là un exemple éloquent du caractère *fragmentaire* de toute explication de processus sociologiques *par une seule cause*. Toute explication se fondant sur le seul raisonnement causal est insuffisante. Ici encore il s'agit de mettre le doigt sur les interdépendances, par lesquelles l'évolution d'une structure sociale isolée s'insère dans l'évolution de la société tout entière. L'accroissement de la couche des consommateurs de la cour et avec lui celui de la ville précapitaliste ne répondent pas à une simple relation de cause à effet; ils sont des fonctions d'une transformation des structures de l'ensemble de la formation sociale. Seul un concours de plusieurs facteurs, les progrès de la circulation de l'argent et des marchandises, l'extension du commerce, la commercialisation du champ social ont permis de retenir un grand nombre d'individus *de manière permanente* en un lieu que ses environs immédiats n'auraient pas suffi à nourrir. Il fallait en outre que les revenus des propriétaires fonciers revêtissent directement ou indirectement le caractère de rentes en argent, que la circulation de la monnaie eût fait des progrès suffisants pour qu'une partie des propriétaires fonciers s'établissent en ville après avoir abandonné leurs domaines. La formation de la couche des consommateurs de la cour est, en d'autres termes, un processus partiel dans un mouvement infiniment plus vaste.

---

1. Sombart a déjà souligné l'existence et la portée de larges couches de consommateurs au XVIIe et au XVIIIe siècle : *Luxus und Kapitalismus*, Leipzig, 1913, chap. II. Selon lui, les villes sont en premier lieu des concentrations de consommateurs, de préférence des consommateurs de la société de cour. Il se réfère entre autres à la théorie des villes de Cantillon dont il cite les phrases suivantes : « Si un prince ou seigneur... fixe sa demeure dans quelque lieu agréable et si plusieurs autres seigneurs y viennent faire leur résidence pour être à portée de se voir souvent et jouir d'une société agréable, ce lieu deviendra une ville... »

Dans la mesure même où l'administration s'unifiait, où s'étendait le domaine qui fournissait ses ressources au roi, où augmentaient ces mêmes ressources à la suite de la commercialisation et du resserrement de l'administration civile et militaire de l'État, la société de consommateurs vivant et profitant directement ou indirectement des revenus et des possessions du roi pouvait s'étendre. La ville tirait avantage des sommes qui affluaient du royaume tout entier. C'est dans ce contexte qu'il faut comprendre la structure de la cour pendant la période de transition. Jusqu'au xviie siècle la cour ne s'était pas encore fixée en un endroit déterminé. Paris était bien la capitale des rois, mais d'autres villes rivalisaient avec Paris. Le processus de centralisation, la formation d'une *seule et unique* société aristocratique, le développement — qui en était le corollaire — d'un certain type humain servant de modèles à tous les autres, venait seulement de débuter. A l'époque de François Ier la cour était souvent en route, elle allait de château en château. Un long cortège de voitures et de serviteurs la suivait, on emportait même le mobilier, les tapis, les ustensiles de cuisine et la vaisselle.

Ainsi, les artères reliant les provinces à la cour, les campagnes aux villes, ne sont pas encore aussi sclérosées qu'elles le seront plus tard, bien que la sclérose se fasse déjà sentir, puisqu'une importante partie de la noblesse ne quitte plus la cour ou ne revient que rarement sur ses terres. Nous assistons là à un processus de distanciation. Tant que la cour est itinérante, les distances sociales ne sont pas encore figées.

L'organisation des départements et des charges de la cour annonce dans ses grandes lignes, bien qu'à une échelle plus réduite, celle de Louis XIV. Un « grand maître de l'hôtel » surveille toutes les charges de la maison royale. Il est, de même que par exemple le grand écuyer, le grand chambellan, le grand échanson et les autres détenteurs des grandes charges de la cour, un personnage important non seulement à la cour mais aussi dans le royaume. L'insertion progressive de la noblesse dans le ménage royal se manifeste notamment dans l'habitude du roi et des princes du sang, prise sous le règne de François Ier, de se laisser servir par des nobles aussi dans des fonctions subalternes, telles que celle de valet de chambre [1]. Il n'en reste pas moins qu'à cette époque toutes les relations sont encore fluctuantes, la hiérarchie des courtisans moins rigide, la transmission héréditaire des charges plus rare. La mobilité de la cour et les campagnes incessantes empêchent à ce stade la formation d'une étiquette rigide.

Mais on observe déjà sous François Ier une tendance dont les conséquences se feront sentir par la suite : la distance entre les membres de la cour et les personnes qui n'en font pas partie s'accroît, elle prend déjà une valeur sociale dans le champ social. A mesure que se perdent les fonctions traditionnelles du suzerain, du vassal, du chevalier, fonctions sur lesquelles s'était fondée jusque-là la distance séparant la noblesse des autres couches de la société, se précise l'avantage d'appartenir à la cour, qui procure à ses membres un surcroît de prestige et de valeur sociale. La ligne de partage qui s'établit ainsi divise aussi la noblesse elle-même. Une partie de l'ancienne noblesse s'intègre dans la nouvelle aristocratie, dont le critère est l'appartenance à la cour; une autre partie ne réussit pas à joindre ce nouveau groupe qui se referme sur lui-même. Simultanément, un certain nombre de bourgeois accèdent à la nouvelle élite et parviennent à y faire carrière. Ainsi s'opère la restructuration de la noblesse sur la base d'un nouveau principe de distanciation et de constitution.

L'existence conjointe et parallèle de ces deux formes de distanciation, l'une fondée sur une fonction aristocratique et féodale héritée ou sur des fonctions professionnelles, l'autre sur l'appartenance ou l'accès à la cour, situation qui trouve son expression dans l'existence d'une noblesse de cour et d'une noblesse ne faisant pas partie de la cour, et, plus tard, d'une bourgeoisie de cour ou fréquentant la société de cour et d'une bourgeoisie sans rapport avec la cour, a exercé une influence décisive sur les structures sociales de l'ancien régime.

---

1. « De ces temps (de François Ier), les rois et les grands princes du sang se servoient de gentilhommes pour vallets de la Chambre, ainsi que je l'ai ouy dire à force anciens. » (Brantôme, cité par Lemonnier, « La France sous Charles VIII », p. 207.)

« Les seigneurs des rois de France étaient au début non pas de simples conseillers mais des législateurs [1]. » Le fait que la puissance des rois face à la noblesse se soit, à partir de Philippe IV, avec certaines fluctuations, accrue d'une manière *progressive et continue*, qu'à l'époque de François Ier, que nous appelons l'époque de la Renaissance, et plus tard, au XVIIe siècle, sous Henri IV, s'achevât une évolution amorcée depuis longtemps, a contribué de façon décisive au maintien, dans l'ordre de la cour, bien que sous une forme modifiée, d'un certain nombre d'éléments de l'ordre médiéval-féodal. Les droits politiques de la noblesse, les revendications de cogestion des états généraux ont été lentement et graduellement écartés par les rois.

Au XVIe siècle, il y eut une sorte de réaction. L'assemblée des états fut plus souvent convoquée, la lutte des états avec les rois pour la répartition des chances de puissance s'aggrava. Il est difficile, sans une étude sociologique approfondie — qui reste encore à faire — de percer les dessous sociologiques des guerres de Religion en France, pour la bonne raison que, abstraction faite des partages religieux, les combats entre coteries et grandes familles pour la couronne, les combats de la noblesse ruinée et désagrégée par l'économie financière pour un nouveau statut, et les efforts d'une fraction de la noblesse et plus encore de la bourgeoisie des villes en vue de sauvegarder ou de rétablir les droits et les libertés des états, s'imbriquaient et s'entremêlaient de mille manières.

Quoi qu'il en soit, quand on affirme qu'à la fin des guerres de religion Henri IV avait remporté, avec la victoire, aussi la victoire de la royauté sur toutes les couches sociales y compris la noblesse, on résume assez correctement la situation, sans toutefois définir avec exactitude les fronts qui s'opposaient et les intentions qui animaient les combattants. En procédant de la sorte, on définit une situation de fait comme si elle répondait exactement à ce que certains individus ou groupes d'individus avaient voulu qu'elle fût. On considère certains individus comme les planificateurs, les créateurs et les auteurs d'événements qui ne s'expliquent en réalité

---

1. *Cf.* Koser, « Die Epochen der absoluten Monarchie in der neueren Geschichte », *Historische Zeitschrift*, vol. LXI, Munich-Leipzig, 1889.

que par l'imbrication sociale des hommes et de leurs volontés, par la position du champ social dans son ensemble, par les chances qu'il offrait aux uns et aux autres.

Henri IV était à l'origine un grand vassal du roi de France, une sorte de prince territorial, et il est peu probable qu'il sympathisait déjà comme tel avec l'idée de refouler tous les grands vassaux au seul bénéfice du pouvoir illimité des rois. Devenu roi — mais sans pouvoir royal et surtout sans le pouvoir financier des rois — ce fut lui qui combattit, à la tête d'une armée de nobles chevaliers à l'*ancienne*, des armées de mercenaires envoyés par le roi d'Espagne et par le pape. A cette époque, il aurait été incapable de mettre sur pied des armées de mercenaires de quelque importance. Ainsi l'homme qui devait ouvrir la voie au pouvoir absolu de la royauté, imposé aussi et surtout à la noblesse, a remporté la victoire avec l'aide de cette même noblesse, à la tête d'une armée de nobles, soutenu — il est vrai — par certaines puissances étrangères qui lui envoyaient de l'argent; d'autres circonstances, telles que la mort de Grégoire XIV et le manque d'unité de ses adversaires ont favorisé ses entreprises.

On est en droit d'affirmer qu'à la fin des guerres de Religion la lutte entre la royauté et la noblesse était en principe décidée, la voie de la monarchie absolue ouverte. Mais abstraction faite des mouvements sociaux déjà mentionnés, qui favorisaient le déploiement de la puissance d'un roi et lui fournissaient les moyens de consolider et d'organiser son règne, ce sont précisément ces dernières guerres de Religion — au cours desquelles une partie de la noblesse catholique royaliste combattait du côté des protestants de tous bords avec Henri IV contre l'autre, l'alliée des villes catholiques, du clergé, du roi d'Espagne et du pape — qui mettent en évidence un autre aspect de la situation sociale, dont est sortie la prépondérance de la fonction de roi sur les représentants de toutes les autres fonctions.

Les contemporains d'Henri IV ne voyaient souvent qu'un roi combattant à la tête de la noblesse contre une coalition composée de familles aristocratiques rivales, de corporations citadines, d'une partie du clergé. Les fronts n'étaient certainement pas très nets. Car il y avait aussi des villes protestantes qui soutenaient Henri IV. Il est tout aussi évident qu'une partie de la noblesse catholique, de tendance modérée, qui s'opposait violemment aux groupes catholiques radicaux, avait rallié les protestants d'Henri IV. Car le régicide, l'assassin d'Henri III, était sorti du camp des catholiques radicaux, qui le glorifiaient.

Comme toujours en pareil cas, les mobiles qui avaient poussé la majorité de la noblesse dans le camp d'Henri IV étaient multiples. Il nous semble d'autant plus intéressant de relever ici une des raisons les plus évidentes pour laquelle la noblesse était violemment opposée au clergé catholique, qu'on a toujours négligé cet aspect de la question. François Ier s'était assuré par un concordat le droit de disposer d'une grande partie des bénéfices ecclésiastiques en France. Il détenait ainsi, après la perte au moins partielle des domaines royaux, un fonds lui permettant de nouveau de récompenser richement les nobles méritants. Ainsi, un nombre important de nobles français étaient devenus les bénéficiaires des biens de l'Église, de même que de l'autre côté de la Manche une partie de la noblesse anglaise avait acquis, à la suite de mesures analogues d'Henri VIII d'Angleterre, certains biens ecclésiastiques. La politique des rois suscitait donc dans les deux pays une opposition entre une importante fraction de la noblesse et le clergé. Il serait intéressant d'examiner à la suite de quelles interdépendances une bonne partie de la bourgeoisie de la capitale anglaise vint rejoindre le camp des ennemis de la vieille Église, tandis qu'en France « Paris valait bien une messe ». Mais ce qui nous intéresse ici c'est la seule noblesse.

La mainmise de François Ier sur les bénéfices ecclésiastiques et leur utilisation pour récompenser les hommes qui avaient rendu des services au roi, créèrent une situation qui devait entraîner des conflits d'intérêt prolongés entre la noblesse et le clergé.

Brantôme nous a laissé une description si vivante de ces conflits que son texte est préférable à tous les commentaires :

« Ce qui a décidé le roi François à conclure le concordat avec le pape en vue de supprimer toutes les élections dans les évêchés, abbayes et prieurés et de s'assurer le droit de nomination, c'était en partie les abus monstrueux qui s'étaient glissés dans les élections, en partie le désir du roi de s'ouvrir de nouvelles ressources pour récompenser les nobles, le produit des biens de la couronne et des tailles n'étant plus suffisant parce qu'il servait à couvrir le coût de la guerre. Le roi était d'avis qu'il valait mieux remettre les biens de l'Église aux hommes méritants que de les laisser à ces moines paresseux qui, disait-il, ne faisaient que boire, manger, faire ripaille, jouer, et au mieux fabriquer des cordes en boyau, des souricières, ou attraper des moineaux.

« Je note que depuis quelque temps, surtout depuis la fondation de la Ligue, quelques personnes consciencieuses ou plus exactement quelques rusés flatteurs ont commencé de s'élever contre les nobles, détenteurs de biens d'Église. Ils prétendaient que ceux-ci ne leur revenaient en aucune manière puisque ces biens appartenaient au clergé et que cette spoliation était une grave erreur, une faute, qui devait peser sur la conscience du roi.

« Il serait acceptable que les nobles aient de tels biens d'Église à titre de propriété privée.... mais quel tort fait-il à ces ergoteurs ... si après l'Abbé, les moines, les pauvres, la dîme et d'autres redevances à remettre au roi les nobles obtiennent ce qui reste, quelques bribes tombant de la table du Seigneur (du roi) pour qu'ils le servent mieux [1]. »

Ailleurs, Brantôme ajoute :

« J'ai entendu exprimer plusieurs personnes sensées leur étonnement de ce que un grand nombre de gentilshommes aient rejoint, en France, les rangs de la Ligue car si la Ligue avait eu le dessus il n'aurait pas fait de doute que le clergé les eût dépouillés des biens ecclésiastiques [2]. »

Voilà en termes crus l'explication de l'attitude hostile qu'une grande partie de la noblesse affichait à l'égard de la « Sainte Ligue ». Mais aux côtés du clergé se tenaient aussi les villes, surtout Paris, qui s'était agrandi au cours du XVIe siècle et commençait, avec ses corporations bourgeoises,

1. Cité d'après « Brantôme's Biographische Fragmente », *in Allgemeine Sammlung Historischer Memoiren*, éd. par Friedrich Schiller, tome XIII, 2e sect., p. 193, Iéna, 1797.
2. BRANTÔME, *loc. cit.*, p. 197.

à jouer un rôle privilégié dans l'histoire de la France. Le parti de la Ligue comptait lui aussi quelques nobles. Ainsi, il y avait à sa tête des hommes issus de grandes familles convoitant le trône. Mais les « grands » de France n'ont jamais formé — pour des raisons faciles à comprendre — un front commun : ce petit groupe de familles rivales, en tête les princes du sang et la noblesse qui les suivait, se liait selon les circonstances avec d'autres grandes puissances sociales capables de faire avancer leur cause. Nous avons esquissé ce rapide tableau des fondements sociaux de ces combats, parce qu'il permet de mieux comprendre ce fait étrange que le système social en France a progressé d'une manière continue vers la monarchie absolue en dépit de tous les troubles, résistances et combats qui ont marqué ces siècles.

Ce que nous révèlent les combats des XVIe et XVIIe siècles, c'est — en résumé — l'existence de « groupements bourgeois » assez riches, nombreux, puissants et conscients de leur valeur pour opposer une résistance farouche aux revendications de domination de la noblesse, mais incapables de prétendre eux-mêmes au pouvoir. De l'autre côté, nous trouvons une noblesse encore assez forte pour tenir tête aux couches bourgeoises ascendantes et maintenir ses positions, mais bien trop faible, surtout sur le plan économique, pour installer son pouvoir face à la bourgeoisie. Le facteur décisif dans cette situation est le fait qu'à cette époque la noblesse avait déjà dû abandonner les fonctions administratives et judiciaires et que les groupements bourgeois, les parlements en tête, avaient pu donner naissance à une sorte de « couche supérieure » de la bourgeoisie. Ainsi, la noblesse, privée de sa base financière, avait besoin, pour faire face à la pression des couches bourgeoises et à leur richesse, des rois; les groupements bourgeois pour leur part avaient besoin des rois, qui les protégeaient contre les menaces et l'arrogance d'une noblesse encore ancrée dans la tradition chevaleresque, et empêchaient que cette dernière ne fût par trop privilégiée. Un équilibre aussi marqué de tensions, qui donnait aux deux ordres des droits à peu près égaux et ne permettait à aucun des groupes antagonistes de l'emporter sur l'autre, offrait à un roi légitime, se tenant en apparence à égale distance des uns et des autres, la chance d'agir en pacificateur, d'assurer le calme et la paix tant désirés aux partis en cause. Ce fut là une fonction qu'Henri IV assuma à un haut degré. Elle fut un élément décisif de sa victoire. Le roi faisait sans cesse figure d'allié de chaque couche et de chaque groupement contre d'autres couches et d'autres groupements, dont ni les uns ni les autres ne pouvaient se débarrasser par leurs propres forces.

Ce que nous avons dit plus haut du groupe central du roi absolutiste et de son champ d'action privilégié, la cour, s'applique avec quelques modifications aussi au royaume tout entier : le roi régnait parce que et aussi longtemps que les grands groupes sociaux de la bourgeoisie et de la noblesse y rivalisaient, avec des forces égales, pour leurs chances de puissance. Il faudrait examiner si c'est là une loi sociologique régissant d'une manière générale les structures de la société absolutiste de cour. S'il en était ainsi, nous serions en droit de dire : les chances du prince s'accroissent dans un champ social organisé en ordres, pour peu que la puissance sociale effective que les fonctions sociales confèrent — à la suite de la prédominance progressive de l'économie monétaire — aux groupes bourgeois et aux groupes aristocratiques interdit aux uns et aux autres, dans leur lutte pour la prépondérance, de l'emporter. Le prince gouverne, son gouvernement est absolu, parce que l'une et l'autre des couches rivales ont besoin de lui, parce qu'il peut se servir de l'une contre l'autre. Comme il peut s'appuyer à certains égards sur les groupes bourgeois, il cesse d'être un *primus inter pares* et prend ses distances à l'égard de la noblesse; mais comme il peut aussi s'appuyer sur la noblesse, il s'éloigne de la bourgeoisie. Et de même qu'il règne sur sa cour en marquant les distances, il tient en échec les ordres et groupes de son royaume en surveillant et en maintenant avec soin l'équilibre des tensions.

Peu importe si ces structures se trouvent aussi dans d'autres pays : en France, il est facile d'en prouver l'existence. En mettant le doigt sur les chances que leur champ social offre aux souverains, nous ne rabaissons pas la grandeur de tel monarque, nous nions encore moins sa valeur personnelle; il serait inutile de le souligner, si l'habitude ne s'était pas établie d'interpréter de telles démonstrations comme une atteinte aux mérites de l'individu. Bien au contraire : pour apprécier la grandeur d'un personnage, il faut connaître les interdépendances et les implications qui lui ont permis d'analyser la situation et d'agir en conséquence. Le rôle d'arbitre du roi éclaire aussi une autre particularité de l'attitude des couches supérieures en France face à leur roi : à savoir l'ambivalence qui se développe à mesure que les rois s'emparent, grâce à leur situation d'arbitre, de toutes les ressources du royaume.

Chacune des deux couches, la couche de pointe bourgeoise, les parlements, aussi bien que la couche de pointe de la noblesse, la hiérarchie de la noblesse de cour, aurait bien voulu limiter de son côté le pouvoir du roi. Les tentatives dans ce sens, ou plus précisément l'envie souvent réprimée d'entreprendre de telles tentatives, traversent en filigrane tout l'ancien régime, bien que sous Louis XIV elles soient peu visibles. Mais chacune des deux couches avait besoin de la puissance du roi légitime pour défendre sa position contre les menaces et atteintes multiples auxquelles elles étaient exposées en ces temps d'interpénétrations et d'interconnexions. C'est la raison pour laquelle bien des groupes de nobles se lièrent parfois avec les parlements contre les représentants de la royauté, par exemple pendant la Fronde. Mais ils se séparèrent toujours après avoir fait un bout de chemin ensemble, parce qu'ils craignaient l'accroissement momentané de la puissance de leur allié occasionnel, plus que la puissance des rois. Cette attitude nettement ambivalente et la situation conflictuelle qui en découlait rendaient possible pendant un laps de temps limité, une coalition des groupes de pointe contre le roi — la masse des bourgeois ne jouant, jusqu'à la Révolution, qu'un rôle plus ou moins passif et faisant figure d'instrument entre les mains de l'élite. Un peu plus tard les coalitions de ce genre se défaisaient, l'un ou l'autre groupe rejoignant de nouveau le parti du roi. C'est là, depuis la fin des guerres de Religion jusqu'à la Révolution, en dépit de tous les changements et déplacements du centre de gravité sur le plan social, une des *constantes* de cette phase de l'évolution des groupements sociaux.

A quoi s'ajoutait le fait que ni la bourgeoisie ni la noblesse

— sans même parler du clergé, dont l'attitude sur l'échiquier
des forces devrait faire l'objet d'une analyse à part — n'étaient
des entités homogènes. Les parlements par exemple, qui, au
XVIIe siècle, formaient encore le groupe supérieur de la roture,
constituaient déjà au XVIIIe siècle une couche intermédiaire
entre la noblesse et la bourgeoisie, *la noblesse de robe*. Ils se
servaient assez souvent de la masse du peuple, et protégeaient
la plupart du temps, quand ils croyaient y trouver leur avantage, les droits traditionnels, surtout ceux des anciens corps
de métier. Mais à la différence de beaucoup de villes, ils ne
tenaient pas spécialement à l'ancienne organisation des
ordres et à la convocation des états généraux. Car les membres
du parlement se prétendaient volontiers les authentiques
représentants de la nation et revendiquaient pour eux le
droit de faire, au nom de celle-ci, des objections ou des
représentations au roi, quand ils jugeaient illégitimes tels
décrets ou ordonnances; ils refusaient parfois l'enregistrement,
sans lequel les décrets n'avaient pas force de loi; ce faisant,
ils se référaient volontiers à leur qualité d'héritiers du « Conseil
du roi » et se considéraient comme supérieurs aux états
généraux. D'un autre côté, ils étaient, par leurs privilèges et
les charges qu'ils avaient achetées et qui représentaient leur
richesse, étroitement liés à la royauté. Ils dépendaient du
roi pour se défendre des tentatives d'autres ordres, surtout de
la noblesse, pour abolir la vénalité des offices et saper ainsi les
fondements de leur existence. Ils dépendaient aussi du roi,
quand des troubles et des révoltes — comme par exemple la
Fronde qu'ils avaient en grande partie suscitée — dépassaient
une certaine mesure et menaçaient leurs biens.

Le fait même que le prestige des fonctions officielles, que le
portefeuille de la grande robe, que l'appropriation des bénéfices
attachés à certaines charges présupposassent l'existence de la
royauté traditionnelle, donnait naissance à l'attitude ambiguë
des parlements et de toute la noblesse de robe à l'égard du roi :
ils auraient bien voulu limiter ses pouvoirs et assumer une
part du gouvernement, mais ils avaient *besoin* de la royauté,
seule garante de leur existence sociale et de la permanence
de leurs charges. Tant que la puissance du roi dépassait celle
de toutes les autres couches de la nation, les conflits entre les

membres du parlement et le roi se déroulaient en général selon un schéma typique : « Délibération de l'assemblée des chambres, arrêt du conseil, c'est-à-dire du roi, qui casse la délibération, résistance de la Compagnie, colère du prince, amertumes, regrets et finalement obéissance des rebelles [1]. » C'était au xviie siècle. Plus tard, quand la position des rois s'affaiblira progressivement par rapport à celle des autres groupes du champ social, quand les rois seront — après avoir tenu en échec et modéré les tensions et revendications des groupes — de simples pions sur l'échiquier des forces, ce qui les obligera à conclure des alliances pour se maintenir, autrement dit au xviiie siècle, ces conflits typiques obéiront à un schéma différent : ils se termineront de plus en plus souvent par la victoire du parlement. Nous avons là un exemple caractéristique de l'attitude d'une couche intermédiaire fortunée, qui sait faire face sur plusieurs fronts : contre la noblesse, contre le clergé, parfois contre le peuple, elle a besoin d'une royauté forte; contre le roi elle se sert souvent du peuple, parfois aussi de la noblesse, surtout de la haute noblesse avec laquelle elle partage la particularité de ne pas avoir, comme la masse de la noblesse, des intérêts directement liés à un état. Face au clergé et plus particulièrement aux jésuites, leur attitude est celle d'une hostilité implacable.

Cela nous montre à quels rivaux puissants issus de la bourgeoisie la noblesse d'épée de la cour, noblesse dépouillée de la plupart des fonctions administratives et judiciaires, avait affaire. On se rend compte en même temps combien elle avait besoin du roi, et de quelle manière les rois pouvaient fonder leur domination sur la balance de ces deux groupes de force à peu près égale, jusqu'au moment où la royauté se trouva elle-même engagée dans le réseau des tensions et interdépendances.

Comme le tiers état, la noblesse était elle-même divisée en plusieurs groupes, ce qui compliquait la situation et augmentait le nombre des fronts et alliances possibles. Nous pouvons laisser de côté la noblesse provinciale et campagnarde, qui, à l'époque s'étendant des guerres de Religion jusqu'à la Révo-

---

lution, ne jouait plus aucun rôle politique et ne détenait
plus aucun pouvoir.

Ainsi, les situations de la « haute noblesse » — des princes
et des ducs —, des « Grands [1] », de la foule des aristocrates

1. Le terme de « Grands », courant sous l'ancien régime, a besoin d'une
explication, car il n'y avait pas, en Allemagne, de groupe social correspondant
à celui des « Grands » en France et de ce fait, pas de mot pour les désigner.
L'absence d'un tel groupe est significative et éclaire le caractère différent de
l'équilibre social dans les deux pays. Si l'on se met à la recherche, en Allemagne, d'un groupe correspondant à peu près aux « Grands » de l'ancien
régime, on se tournera sans doute vers les petits princes régnants. Mais on
aperçoit alors aussitôt la grande différence de structure entre les deux
sociétés.

Charlotte-Élisabeth, princesse palatine, qui, par son mariage, fut trans-
plantée d'une cour princière allemande à la cour de France, a fait un certain
nombre d'observations qui éclairent assez crûment cette différence. C'est ainsi
qu'elle écrivait entre autres (cité par Ranke, *Französische Geschichte*,
4ᵉ éd., Leipzig, 1877, tome IV, p. 230) qu'elle « notait une très grande différence entre ce qu'on appelle en Allemagne et en France un « duc » : en
Allemagne ce terme désigne des princes de naissance et des seigneurs libres,
en France un simple rang décerné par le gouvernement (i.e. par le roi…) ».
Elle plaçait même les princes du sang, en dépit de leurs prétentions, bien
au-dessous des princes allemands. Le Grand Condé n'avait-il pas épousé une
nièce du cardinal de Richelieu, le prince de Conti la nièce du cardinal Mazarin,
qui étaient toutes deux rien moins que d'extraction noble? On parlait dans
ces maisons de « grandeur » sans savoir ce que c'était! Un *prince allemand*,
explique-t-elle, connaît bien mieux le sens du mot « grandeur », car il n'a pas
de parents bourgeois et n'est le *sujet* de personne.

On ne se rend pas toujours compte à quel point la tradition si particulière
de la noblesse allemande, qui exposait à de lourdes sanctions sociales un
noble qui épousait une jeune fille d'une couche sociale inférieure — tradition
qui, sous une forme « embourgeoisée », a été reprise par les nationaux-
socialistes, qui n'admettaient pas qu'un membre de la « noblesse populaire »
épousât une jeune fille considérée comme étant d'un rang social inférieur
— était tributaire du morcellement de l'Empire en d'innombrables terri-
toires autonomes. Au cours du processus d'intégration étatique, de la
centralisation progressive des monopoles essentiels, centralisation qui a
contribué de façon décisive à la formation d'un État unitaire, les fonctions
gouvernementales des seigneurs territoriaux disparurent peu à peu. Des
titres tels que « prince » et « duc » ne désignaient plus guère que le rang
héréditaire d'une famille. Même un prince était — à côté du roi — un simple
« sujet ». Le maintien des distances et des barrières entre la noblesse et la
bourgeoisie était en dernière analyse une affaire du roi. En Allemagne, la
noblesse se chargeait dans une large mesure elle-même du maintien de ces
barrières. Le déshonneur, la suspicion, le mépris, le préjudice qui frappaient
ceux qui se mariaient au-dessous de leur rang ou qui avaient une « tache »
à leur arbre généalogique ne pouvaient être compensés ni par une faveur du
roi ni par d'autres chances de puissance. Étant donné les rivalités des familles
aristocratiques, la vindicte sociale était bien plus impitoyable en Allemagne
qu'en France. Il va sans dire que les « mésalliances » existaient aussi en
Allemagne; la rigueur du tabou frappait bien plus le mariage des fils que

n'étaient absolument pas comparables. Car les « Grands » bénéficiaient d'un rang hiérarchique privilégié qui les rapprochait beaucoup du roi. Les proches parents du roi en formaient en quelque sorte le noyau; l'idée ne leur serait certainement pas venue de saper l'autorité et la plénitude de la puissance du souverain face aux couches inférieures et de scier ainsi la branche sur laquelle ils étaient assis. Car leur « réputation » était étroitement liée à la « réputation » du roi.

Mais ces « grands » — du fait même qu'ils vivaient toujours dans l'intimité du roi — étaient tentés de jalouser son autorité, de ressentir péniblement leur condition de subordination, leur « égalité » avec la foule des autres.

Marmontel nous a tracé le tableau de cette attitude ambiguë des « grands » dans un article, d'une orientation quelque peu idéologique, de l'*Encyclopédie*. Après avoir eu recours, pour prouver le bien-fondé de son analyse, à l'image fort utilisée au XVIIIe siècle de la machine, symbole de l'État, dont seule la parfaite synchronisation des rouages peut assurer la bonne marche, il décrit la situation des « Grands » par ces mots :

> « Premiers sujets, ils sont esclaves si l'État devient despotique; ils retombent dans la foule, si l'État devient républicain; ils tiennent donc au prince par leur supériorité sur le peuple; ils tiennent au peuple par leur dépendance du prince... Aussi les grands sont attachés à la constitution monarchique par intérêt et par devoir, deux liens indissolubles. »

celui des filles. Mais l'éducation mettait en garde les jeunes nobles contre le mariage d'un noble avec une bourgeoise, contre toute « souillure du sang », et les nobles en tenaient compte quand ils établissaient leur échelle des valeurs. Comme cela se produit si souvent, les couches inférieures ne tardèrent pas à calquer leur conduite sur celle des couches supérieures, même si elles n'en tiraient que du déshonneur : ainsi, de vastes cercles de la haute bourgeoisie allemande adoptèrent l'échelle des valeurs des aristocrates. Les sociologues seront bien avisés de se pencher un jour sur l'intéressante question de savoir pendant combien de temps des valeurs traditionnelles tendant — comme celles-ci — à maintenir dans la société de nettes distinctions de rang peuvent se maintenir dans une structure sociale au sein de laquelle elles n'assument plus aucune fonction proprement dite.

On ne saurait comprendre la situation de la noblesse française, si l'on n'a pas pris conscience du fait que le maintien des barrières entre les rangs de la hiérarchie aristocratique, entre la noblesse et la bourgeoisie, n'obéissait pas, dans les deux pays, aux mêmes structures.

Mais ces « grands » constituaient en même temps un grave danger pour le roi. Car des rivaux ne pouvaient surgir que de ce milieu. De fait, encore au temps de Louis XVI, le plan mûrit parmi les « grands » de contraindre le roi à abdiquer et de le remplacer par un de ses parents. Et s'il est vrai qu'au XVIIIe siècle les rois reprirent l'habitude de choisir leurs ministres parmi la petite et la moyenne noblesse, une tradition fermement établie depuis Louis XIV — et qui ne comportait que très peu de dérogations — exigeait d'écarter les « Grands » de toutes les charges gouvernementales, même indirectes.

« Cependant, l'ambition des « Grands », dit quelque part l'*Encyclopédie*, semble devoir tendre à l'aristocratie; mais quand le peuple s'y laisseroit conduire, la simple noblesse s'y opposeroit à moins qu'elle ne fût admise au partage de l'autorité; condition qui donneroit aux premiers de l'état vingt mille égaux au lieu d'un maître, et à laquelle par conséquent ils ne se résoudront jamais; car l'orgueil de dominer qui fait seul les révolutions souffre bien moins impatiemment la supériorité d'un seul que l'égalité d'un grand nombre [1]. »

Ces alternatives donnent une idée précise des aspects sociaux et psychologiques des structures de tensions, vues du point de vue des « Grands ». La « supériorité » du roi est leur meilleure garantie du maintien des distances vers le bas. S'ils engagent le combat contre la supériorité du roi, ils sont obligés de chercher des alliés dans les couches inférieures et leur orgueil s'offusque de la perspective de se mettre sur le même niveau qu'eux. Leur ambition de se distancer, de former une élite, de sauvegarder leur existence de « grands », les force à adopter une attitude ambivalente, pleine de répulsions et d'attirances vers le haut et vers le bas, attitude sans issue.
Un autre phénomène vient compliquer la situation des « grands ». Leur cercle est si petit et si intimement lié à la royauté que ses membres ne représentent pas à proprement

---

1. Art. « Grand », *Philosophie morale politique*.

parler les intérêts d'une « classe », d'un « ordre », de la noblesse dans son ensemble, bien qu'ils s'en fassent parfois les avocats ou commencent, comme l'avait fait le Régent, par faire quelques concessions à la noblesse. Mais au fond chacun s'agite dans son cercle restreint, où le voisin fait toujours figure de rival direct mettant en danger ses propres intérêts, c'est-à-dire les intérêts de sa « maison ». Le groupe des « grands » a de tout temps été divisé en maisons et factions ennemies et rivales. Chacune de ces « maisons » voulait, ouvertement jusqu'à l'avènement de Louis XIV et, plus tard, sous son règne et celui de ses successeurs d'une manière plus discrète et plus insidieuse, non pas accaparer le pouvoir du roi, mais — à la manière des grands vassaux — le partager avec lui.

Or dès qu'un des « grands » faisait une tentative dans ce sens, les événements prouvaient que le champ social avait toujours tendance à rétablir l'équilibre sous les auspices du roi légitime; certains facteurs changeaient de cas en cas, mais la structure fondamentale se manifestait toujours avec la même netteté, à savoir l'équilibre instable de ce champ social, avec ses innombrables couches et groupes sociaux, dont aucun ne disposait d'une base suffisamment puissante pour établir sa domination face aux autres groupes et face au roi.

Chaque usurpateur s'empêtrait tôt ou tard dans le réseau inextricable des différents groupes et fronts. Plus sa force s'affirmait, plus l'unité des autres se forgeait à ses dépens. Par rapport à l'usurpateur, le roi légitime ou l'héritier légitime disposait d'une chance immense : sa légitimité. Car celle-ci le distançait plus ou moins aussi de son propre groupe; comme il se tenait à égale distance de tous il semblait prédestiné à la fonction d'arbitre, de stabilisateur de l'équilibre toujours branlant du champ social.

L'itinéraire d'un des représentants les plus illustres de cette couche, le Grand Condé, nous fournit un exemple typique de cette situation. Les différents groupes sociaux décidés à briser dans la personne de Mazarin — qui régnait pour Louis XIV, mineur — la toute-puissance de la royauté avant la consolidation définitive de la monarchie absolutiste, avaient procédé à leur ultime rassemblement. Les parlements, la

noblesse d'état, les corporations des villes, les représentants
de la haute noblesse entendaient tirer profit de la faiblesse
momentanée de la royauté, incarnée par la Régente, qui
avait abandonné les leviers de commande au cardinal. Ce
fut la révolte de la Fronde. Elle se déroula selon le schéma
caractéristique exposé ci-dessus. Quelques groupes s'alliaient
contre le ministre, le représentant du roi. Une partie des alliés
engagent des négociations, trahissent l'alliance, combattent
leurs anciens alliés, les rejoignent parfois. Chacun de ces
groupes est animé de la volonté d'affaiblir la position du roi,
mais chacun craint en même temps de renforcer la position
d'un groupe rival. Le prince Louis II de Condé est une des
pièces les plus importantes sur cet échiquier. Ce qu'il veut,
au-delà de la Fronde, apparaît avec netteté : il réclame sa
part des chances de puissance des monopoles de l'État. En
octobre 1649, il exige « qu'aucun office important ne soit
pourvu à son insu et sans son conseil, ni à la cour, ni à la
guerre, ni pour les affaires extérieures, ni pour les affaires
intérieures, qu'en cas de vacance il soit tenu compte de ses
serviteurs et de ses amis, que dans aucune affaire importante
une décision ne soit prise sans son autorisation [1] ». Mazarin
promet de tenir compte de ces exigences, puis il s'allie avec
les ennemis de Condé. Pour le tromper, il adresse encore le
16 janvier 1650 une lettre au prince, par laquelle il lui promet
de ne jamais se séparer de lui et le prie de lui accorder sa
protection. Le 18 janvier, il le fait arrêter.

Cette décision amène un renversement de la situation. La
peur de Mazarin prend partout le dessus. D'autres « grands »
sont pris de panique à la pensée qu'ils puissent subir le sort
de Condé. Le parlement, l'Assemblée corporative des nobles
exigent la libération de M. le Prince. Le 18 février, celui-ci
reprend la route de Paris. Ranke qui n'a pas son pareil pour
brosser un tableau rapide d'une situation donnée, nous
raconte le retour du Grand Condé :

> « La situation avait complètement changé. Il ne sem-
> blait plus tenir qu'à Condé de s'emparer de la place qu'il

---

1. Document reproduit dans l'édition des *Mémoires* de Condé par Cham-
pollion. Collection de Michard, II, p. 205, cité par RANKE, *Franz. Gesch.*,
livre II, chap. IV.

avait briguée une année plus tôt, d'être le premier homme
du pays.... Mais pour exercer une grande autorité, il ne
faut dépendre que de soi. Or, Condé était prisonnier des
mille égards qu'il avait à prendre. L'amitié qu'il avait
promise à ses amis Frondeurs pesait sur lui comme un
pénible devoir [1]... Ne pouvant compter ni sur le parlement,
ni sur le ministère dont il n'était pas le maître, n'étant pas
sûr du duc d'Orléans, ni de la noblesse ni du clergé, qu'aurait-il pu faire de grand? [2]. »

L'analyse de la plupart des autres factions et groupements
révélerait sans doute l'existence de conflits semblables à
ceux qui ont agité cet homme et son groupe. Un autre passage
de Ranke (cité d'après Aubery) nous met en présence de cette
situation typique, où chacun observe l'autre pour qu'il ne
puisse renforcer sa position. Le prince s'était réservé « d'être
ami ou ennemi de celui, selon que sa conduite lui donnerait
sujet de l'un ou de l'autre... »

Qu'on se reporte au récit de Ranke, dont l'admirable précision n'a, pour l'essentiel, même pas été dépassée par l'historiographie française moderne, pour en apprendre davantage sur les actions du prince : profitant de ses nouvelles

---

1. Cette situation permet de mieux comprendre certains aspects de la
cour : la cour et la société de cour étaient sinon le champ de bataille du moins
la coulisse où se préparaient les alliances, les prises de position des différentes
factions avant leur mise en pratique. Il en allait ainsi à partir de l'époque
de Louis XIV. Il faut interpréter dans le même sens les souvenirs de d'Argenson rédigés en 1736, publiés seulement en 1787 sous le titre « Loisirs
d'un ministre ». Argenson dit de Condé, après avoir fait l'éloge de ses talents
de militaire, de son courage, de sa présence d'esprit au combat : « Ce
héros à la guerre n'a été à la Cour et dans les affaires qu'un très médiocre
politique. Il ne savait point prendre son parti à propos. » Argenson, l'homme
de cour, qui n'avait, en écrivant ces lignes, qu'une seule ambition, devenir
ministre, ne discerne pas, évidemment, le réseau de contraintes inévitables
qui enserre le prince de toutes parts; il conclut de tout ce qu'on lui rapporte
que le prince a fait ses preuves à la guerre mais non dans les intrigues de la
cour. C'est là une nouvelle démonstration de ce caractère particulier qu'on
attribue au courtisan, c'est-à-dire à son goût pour les louvoiements, les
manœuvres, les intrigues au sein du groupement auquel il appartient; ce
caractère est l'aboutissement de la lutte de nombreux groupes évoluant
parallèlement ou en rivaux. L'art de la guerre n'était d'aucune utilité pour
celui qui n'était pas en même temps versé dans l'art de la cour et de la politique de cour.

2. *Loc. cit.*, livre II, chap. IV.

alliances en France et en Espagne, ainsi que du front commun qui s'était formé contre Mazarin, il prend encore une fois le dessus; favorisé par la chance, il défait l'armée royale au faubourg Saint-Antoine et les bourgeois de Paris lui ouvrent les portes de la ville. Mais à l'instant même où il confie les postes importants à ses amis et partisans, les couches bourgeoises s'effarouchent de cette concentration de puissance entre les mains du prince. Le désir de faire reculer le pouvoir royal, incarné dans la personne particulièrement détestée de Mazarin, cède le pas à la peur que le prince devenu trop puissant ne puisse remettre en question l'ordre établi et garanti par la royauté légitime. Ainsi, la bourgeoisie laisse tomber son allié. L'équilibre se rétablit dans le pays au bénéfice du gouvernement consolidé du roi légitime.

Le déroulement de ces combats, les hauts et les bas qui les caractérisent prouvent, dans le sens indiqué plus haut, notre thèse : des groupes concluent des alliances, mais chacun craint toujours que les autres ne puissent accaparer trop de puissance. Chacun se sent menacé par le gain de puissance de l'autre. Cette division de la France en couches et groupements dont aucun ne dispose d'une nette prépondérance, les rend plus ou moins dépendants du roi, garant de la paix sociale, protecteur de chacun contre la menace que représentent les autres. S'il est vrai que cet équilibre des tensions entre des groupes de force à peu près égale conférait au monarque une chance unique, les revenus qui lui parvenaient des quatre coins du pays, l'armée que ces revenus lui permettaient d'entretenir et qui lui garantissait directement et indirectement la régularité des ressources puisées dans toutes les couches de la société, tout cet ensemble de faits et de circonstances mettait le roi à même de tirer profit de la balance des tensions et d'assurer à sa domination une grande marge de liberté.

« Louis XIV, écrit Ranke, eut comme Henri IV la chance de se présenter en libérateur d'un pouvoir *illégitime* qui avait accablé beaucoup de gens, ne donnant satisfaction qu'à quelques-uns. »

En réalité, la « chance » n'était pas seule en cause! Un usurpateur n'aurait pu s'imposer que si, à la suite d'un important déplacement des forces sociales, il avait pu se mettre à la tête d'une couche nouvelle, sortie renforcée du bouleversement, pour s'emparer du pouvoir à la manière d'un souverain charismatique, ou bien si sa supériorité financière lui avait permis d'engager assez de mercenaires pour défaire définitivement les armées du roi et briser la résistance de tous les groupements intéressés par le maintien de l'équilibre établi. En l'absence de ces deux préalables, la probabilité était grande que l'équilibre antérieur des forces en présence reprît tôt ou tard le dessus, que l'usurpateur fît figure de maître *illégitime*, c'est-à-dire de potentat mettant en grave danger l'équilibre établi : ses chances de s'imposer face au roi *légitime*, même représenté par un personnage peu apprécié, auraient été, dans ces circonstances, minimes.

Vue dans cette perspective précise, la « légitimité » ou la légalité d'un roi se révèle, dans cette formation, comme un facteur socialement important. On a souvent récusé la monarchie héréditaire comme irrationnelle, puisque le principe de sélection présidant au choix du successeur n'est pas sa *qualification* mais sa *descendance*. Or, sur le plan sociologique, ce procédé avait dans la France encore fortement ancrée dans la tradition, une fonction spécifique : il offrait à l'équilibre toujours instable de ses couches supérieures et politiquement actives, une certaine garantie que le roi avait le souci du maintien de l'ordre établi; il garantissait d'autre part à chacun des groupes de pointe qu'il n'avait pas d'une manière trop flagrante cause liée avec les intérêts du groupe antagoniste, puisqu'il n'était pas obligé, à la différence de l'usurpateur, de participer, en quête d'alliés, à la lutte des groupes sociaux. La descendance légitime du roi était censée *établir entre lui et tous les groupes sociaux du pays les mêmes distances.* Peu importait qu'il en fût réellement ainsi. L'essentiel était que la légitimité du roi le plaçait, dans la conscience des différentes couches et dans la sienne propre, au-dessus de la mêlée des groupes qui vivaient dans un état de tension continuel.

On peut analyser dans cette perspective la situation d'Henri IV ou de Louis XIV et établir ensuite un parallèle avec celle du Régent [1], qui se situe en quelque sorte aux

---

1. La phrase par laquelle Ranke commence son récit de la régence du duc d'Orléans laisse transparaître la loi structuelle exposée plus haut :

frontières de la légitimité : on constatera que les événements obéissent toujours à la logique de l'équilibre des forces dans une telle formation sociale.

Dans la mesure même où la légitimité du nouveau souverain est incertaine, le lien de parenté avec son prédécesseur lointain, il sera obligé pour régner de s'assurer par des alliances le concours de certains groupes, ce qui constituera une menace pour les autres et pour l'équilibre du champ social.

Le système de la succession héréditaire se traduisait pour le roi, après son accession au pouvoir, par ces pressions conjuguées des différents groupes en jeu, pour qu'il ne favorisât pas quelques-uns en leur accordant plus de puissance qu'aux autres. Comme la domination du roi reposait sur l'équilibre instable entre les groupes, tout gain de puissance d'un groupe particulier aurait compromis sa propre domination autant que la position des autres groupes et de tout l'équilibre social. C'est pourquoi les rois étaient les premiers *intéressés* par le maintien de l'équilibre toujours instable, toujours vacillant. Ils avaient beau être liés à la noblesse par leur descendance et leur mode de vie : ils ne pouvaient sous aucun prétexte lui accorder une prépondérance mettant en danger l'équilibre de la société étatique, de même qu'ils ne pouvaient favoriser les groupes bourgeois sans mettre en danger leur propre marge de puissance. Ils devaient conserver la noblesse pour assurer l'équilibre du royaume, mais ils devaient en même temps s'en distancer. Ainsi, nous avons répondu à la question posée plus haut sur les rapports entre le roi et la noblesse, sur les motifs du maintien de la noblesse par le roi, sur la fonction de la noblesse dans ce royaume.

L'idée que les rapports entre les différents groupes et couches d'un champ social sont en général faciles à définir, qu'ils s'expriment en termes d'hostilité, que leur histoire est une histoire de luttes entre classes, n'est pas absolument fausse, si on examine la question de près, mais elle est un peu unilatérale. Les relations ambivalentes entre couches sociales d'un même État, l'alternance entre la dépendance réciproque et l'hostilité

« Le duc ne réussit à s'emparer des leviers de commande qu'en faisant des concessions à ceux qui le soutenaient par leurs résolutions. » *Cf.* Ranke, *Franz. Gesch.*, Leipzig, 1877, tome IV, p. 323.

des différentes couches sociales, surtout au sein de formations sociales à strates multiples, où les différents groupes combattent sur plusieurs fronts à la fois, sont bien plus fréquentes que les recherches entreprises jusqu'ici ne pouvaient le laisser croire. L'ancien régime abondait en rapports ambivalents de ce genre. Il est particulièrement intéressant d'examiner comment, dans l'ancien régime, à la suite d'une transformation curieuse, l'attitude ambivalente de la bourgeoisie face à la noblesse a cédé le pas — au moins dans un grand nombre de milieux bourgeois, — à une franche hostilité à l'égard de la noblesse, du roi et d'une partie de la bourgeoisie. Mais la position du roi face aux couches sociales et plus particulièrement à la noblesse était également ambivalente. Pour la raison même que la noblesse était socialement proche des rois, plus proche que toutes les autres couches de la nation, que le roi était toujours un noble, les rois avaient de la peine à prendre leurs distances à l'égard de la noblesse. Pour la même raison, la noblesse constituait pour le roi une menace permanente, menace d'autant plus grave que le groupe en question occupait un rang hiérarchique élevé. Nous avons déjà signalé que les grands seigneurs, les « Pairs », et plus spécialement les princes du sang, n'étaient pas seulement portés comme les autres membres de la noblesse d'état et les élites de la pyramide bourgeoise, du fait de leur situation particulière, à mettre un frein à la puissance des rois, mais qu'il y avait entre ceux-ci, descendants d'anciens grands vassaux ou d'anciens rois, et les rois en exercice une authentique *rivalité*. S'il est vrai que les rois faisaient partie de la noblesse, qu'ils agissaient et sentaient en membres de la noblesse, qu'ils avaient par surcroît besoin de la noblesse, élément intégrant de leur dispositif de domination, qu'ils avaient à cœur *pour toutes* ces raisons le maintien de la noblesse, ils n'en savaient pas moins que la noblesse menaçait leur pouvoir, qu'ils devaient se tenir sur leurs gardes. Cette attitude ambivalente du roi face à la noblesse explique donc la nature particulière de la noblesse de cour de l'ancien régime et nous livre la clef de son comportement. Nous avons déjà signalé qu'à cette époque la noblesse de province avait cessé de jouer, sur ce plan, un rôle politique.

Nous avons donc exposé les raisons pour lesquelles le roi avait besoin de la noblesse : elle constituait subjectivement et traditionnellement sa « société », elle lui rendait des services personnels. Le fait que le roi se laissât servir par la noblesse le distançait de tous les autres citoyens de son royaume. Au fond, les charges militaires et diplomatiques de la noblesse n'étaient guère autre chose que des fonctions dérivées de leurs fonctions à la cour. Sur le plan objectif, le roi avait besoin de la noblesse pour faire contrepoids aux autres couches de son royaume. La destruction de la noblesse, l'abolition de la distance qui la séparait de la bourgeoisie auraient entraîné une telle augmentation de la puissance des couches bourgeoises, partant une telle dépendance des rois par rapport à celles-ci que les rois — sans toujours percevoir pleinement ce que signifiait pour leur propre position l'équilibre de toutes les forces sociales de leur royaume — veillaient jalousement au maintien des distinctions d'état et de la noblesse en tant que couche bien déterminée.

Toutefois, cet effort des rois devait se faire de telle manière que la noblesse ne constituât pas une menace pour la royauté. Une évolution très lente et progressive avait préparé la solution définitive de ce problème. Pour commencer, les rois évincèrent la noblesse, en confiant systématiquement à des bourgeois la plupart des fonctions judiciaires et administratives. Ainsi naquit la puissante couche de la robe qui, sans bénéficier du prestige social de la noblesse, l'égalait bien sur le plan de la puissance réelle. Il y avait à la base de cette tendance le souci permanent et sans cesse réactivé des rois de confier toutes les positions de force de leur domination à des personnes sans partisans et relations, dont la dépendance à l'égard de la royauté était totale. A la suite de cette politique, la grande majorité des nobles avait réintégré au XVIᵉ siècle leurs fonctions primitives de chevaliers et de propriétaires terriens. Les lents progrès de l'économie monétaire et les bouleversements qu'elle provoqua, ses conséquences pour l'organisation de l'armée, ébranlèrent les fondements économiques de la noblesse. Beaucoup de nobles tentèrent leur chance à la cour et finirent par tomber complètement sous la coupe du roi. Celui-ci sut tirer profit de cette situation. Ce n'est qu'ainsi formulée que la phrase de la « victoire de la royauté sur la noblesse » a un sens quelconque. A ne considérer que ce résultat, on est en droit d'affirmer que la lutte entre la royauté et la noblesse était décidée pour l'essentiel à la fin des guerres de Religion et que la voie était libre pour la « monarchie absolue ». Nous avons insisté sur le fait que la lutte entre la noblesse et la royauté n'a jamais affiché son véritable caractère.

Il est cependant significatif qu'Henri IV se soit frayé le chemin vers la monarchie absolue à la tête d'une armée de *nobles :* fait qui explique dans une certaine mesure les rapports entre la noblesse et cette monarchie. Si l'on fait abstraction des liens de dépendance existant entre la noblesse et le roi pendant la période d'instauration du nouvel ordre, on constate que l'ancienne tradition de solidarité entre les chevaliers et le roi et ses bases morales — qui n'auraient jamais pu se maintenir sans le lien de la dépendance réciproque, mais qui n'en avaient pas moins une certaine autonomie — a subsisté jusque dans la France de l'ancien régime; elles sont passées progressivement, sous le règne d'Henri IV, de la forme féodale à la forme « curiale » (absolutiste). L'organe social où vinrent se fondre, après les guerres de Religion, les fonctions de la « dépendance » et de la « distanciation » était la cour dans la forme définitive qu'elle avait prise sous Louis XIV. C'est à la cour et par la cour qu'une grande partie de la noblesse était dépouillée dorénavant de toute autonomie et maintenue dans la dépendance du roi, qui seul lui assurait sa survie.

La double face de la cour, instrument par lequel le roi asservissait et entretenait la noblesse en tant qu'aristocratie, répond avec précision au caractère ambivalent des relations entre la noblesse et le roi au sein de la cour. Mais cette double fonction, la cour ne l'assuma pas du jour au lendemain, à la suite de l'idée géniale d'un roi. Elle se développa lentement en fonction des transformations de la position de force réelle de la noblesse et des rois, jusqu'au moment précis où Louis XIV, saisissant les chances qui s'offraient à lui, fit de la cour sciemment l'instrument de sa domination, en lui assignant la double tâche d'asservir et d'entretenir la noblesse. Nous allons montrer les grandes lignes de cette transformation de la cour.

Sous Henri IV et même encore sous Louis XIII, les offices de la cour et la plupart des charges militaires étaient caractérisés par leur vénalité, marque distinctive du fonctionnariat de l'absolutisme seigneurial. Les charges étaient donc la propriété de ceux qui les détenaient. Même les postes de gouverneurs et de commandants militaires dans les différents districts du royaume n'échappaient pas à la règle. Il va sans dire que l'acheteur d'une charge ne pouvait l'exercer qu'avec l'accord du roi et que dans certains cas la charge pouvait être accordée par faveur, selon le bon plaisir du roi. Les deux méthodes étaient employées concurremment, vénalité et faveur royale se tenant la balance. Mais peu à peu la vénalité prit le dessus. Comme la plupart des nobles ne disposaient pas d'autant de liquidités que la bourgeoisie, le tiers état, ou du moins les familles qui en étaient issues, ou les nobles frais émoulus s'emparèrent peu à peu, mais par un processus inexorable, de ces charges et offices. Seules quelques très grandes familles de la noblesse disposaient — parfois grâce à l'étendue de leurs domaines, parfois grâce aux pensions que leur allouaient les rois — d'assez d'argent pour pouvoir participer tant bien que mal aux enchères [1]. Or il ne saurait faire de doute qu'Henri IV aussi bien que Louis XIII et Richelieu se sont efforcés de soutenir de leur mieux la noblesse : soucieux de l'écarter à tout prix de la sphère où se jouait la puissance politique, ils voulaient et devaient la sauvegarder comme facteur social.

Après l'assassinat de son prédécesseur, Henri IV dépendait au début totalement de la noblesse et confirma par un serment royal un pacte écrit dans lequel nous lisons entre autres :

« Nous lui promettons service et obéissance sur le serment et la promesse qu'il nous a faite par écrit que d'ici deux mois Sa Majesté interrogera et rassemblera lesdits princes, ducs et pairs, officiers de la couronne et autres sujets ayant

1. En considérant les fréquents mouvements de révolte de ces « grands » contre les rois jusqu'à Louis XIV, il ne faut pas perdre de vue cependant que leurs ressources étaient sans cesse en baisse par rapport à celles du roi et des couches bourgeoises.

été les serviteurs fidèles du roi défunt... pour que tous ensemble puissent tenir conseil et prendre des décisions sur les affaires du royaume jusqu'aux décisions des états généraux comme spécifié dans lesdites promesses de ladite majesté [1]. »

Il faut mettre ce texte en parallèle avec l'invitation par laquelle Henri IV, après sa proclamation, encore en train de reconquérir son royaume, propose aux chefs de la noblesse du Périgord « de s'assembler et de partir de leurs maisons pour le venir trouver et servir aux occasions qui se présentent en par-deçà [2] »; appelle « sa fidèle noblesse de l'Ile-de-France, Beauce, Champagne et Brie », et charge ses gouverneurs de Picardie de conduire vers lui « ses bons et affectionnés serviteurs [3] ». Ce fut pourtant lui qui entreprit les démarches décisives qui devaient aboutir à la transformation des anciens liens patriarcaux entre le roi et sa noblesse, de la solidarité entre suzerain, vassaux et hommes liges, en cette dépendance absolutiste, dont l'expression la plus typique est les rapports entre rois et courtisans, rapports auxquels Louis XIV a donné leur forme définitive. Car peu après se manifeste aussi chez Henri IV l'attitude nécessairement contradictoire des rois et des représentants des rois de ce régime envers la noblesse. Il est vrai qu'Henri IV conçoit encore comme une chose allant de soi la solidarité qui le lie à la noblesse. Sa vie se déroulait au milieu d'une société de nobles. Il plaignait ces nombreuses « bonnes et anciennes familles » que la situation menaçait de ruine, il s'efforçait de les sortir de leur endettement par des lois. Il ne ménageait pas sa peine pour se réconcilier ses compagnons de combat, y compris la noblesse protestante, dont il était devenu le chef catholique, à la suite de sa volte-face. Mais la logique immanente de sa position le forçait en même temps à réprimer tout mouvement de révolte parmi les nobles en train de

1. Cité d'après Koser, *Die Epoche der absoluten Monarchie in der Geschichte*, p. 263.
2. Avenel, lettres d'Henri IV, collection des documents inédits de l'*Histoire de France*, tome IV, p. 403.
3. N. Avenel, cité par De Vaissière, *loc. cit.*, p. 217.

perdre pied et qui plus d'une fois se croyaient mal récompensés
de leurs services. Au début tout au moins, le roi, se souvenant
sans doute des combats livrés en commun et des engagements
qu'il avait pris, se montrait humain et modéré. Il se contentait d'exiger des rebelles un acte d'autocritique et leur offrait
son pardon s'ils avouaient et regrettaient leur faute; ils rentraient alors en grâce et il ne leur tenait pas rigueur de leur
écart de conduite. Mais il était impitoyable sur ce point :
pas de rémission sans soumission, sans confession de la faute.
Il ne pouvait agir autrement. Ayant appris que le duc de
Biron tramait une rébellion, il l'invita au cours d'un entretien
en tête à tête à lui exposer ses plans séditieux, en lui faisant
comprendre qu'il pouvait compter sur une certaine indul-
gence s'il confessait et regrettait ses crimes. Comme le duc
refuse, Henri IV — sans tenir compte des services rendus
par le rebelle, que celui-ci ne cesse de rappeler avec insistance au roi — le fait traduire devant un tribunal et exécuter.
S'il est vrai que le roi se tira de ce conflit entre son devoir
de solidarité envers la noblesse et les exigences de l'exercice
de sa domination par une attitude ferme mais au fond modérée
et conciliante — attitude dont l'édit de Nantes est un
exemple — il fut emporté en quelque sorte vers la royauté
absolue par la force des chances qui s'offraient à lui : Henri IV
n'a jamais tenu sa promesse de convoquer les États Généraux.
« Il vouloit au maniement de ses affaires d'État estre creu
absolument et un peu plus que ses prédécesseurs n'avoient
faict », dit de lui un homme de robe [1].

Si Henri IV essaya de secourir et de se réconcilier la noblesse,
il y avait cependant un domaine capital où il ne pouvait
lui porter secours, même s'il l'avait voulu : il était incapable
d'améliorer sa situation économique!

Nous avons déjà exposé les conséquences qu'eurent pour
la noblesse l'afflux de nouveaux moyens de paiement
et la commercialisation progressive du champ social. Ce
fut pour beaucoup la ruine. Ruine d'autant plus complète
que les guerres de Religion produisirent sur les nobles en

1. Étienne PASQUIER, cité par MARIÉJOL, *Henri IV et Louis XIII*, Paris,
1905, p. 30.

perdition l'effet que produit toute guerre civile sur les couches descendantes : elles leur cachaient leur marche inexorable vers l'abîme! Les troubles et les bouleversements, l'auto-affirmation dans la lutte, les possibilités de rapines, la facilité du gain, tout cela donnait à la noblesse l'espoir et la conviction qu'elle pourrait sauver sa position sociale menacée, éviter la culbute finale, l'appauvrissement. Car les victimes n'avaient aucune idée des bouleversements économiques qui les emportaient dans leur tourbillon. Elles interprétaient les phénomènes nouveaux selon le schéma de leurs expériences passées, c'est-à-dire avec des instruments de pensée dépassés.

Pour nous faire une idée plus précise des illusions dont se berçait la noblesse, écoutons en quels termes un témoin de ces événements, noble lui-même, commente l'afflux inattendu de métaux précieux et ses répercussions :

« Tant s'en faut que ceste guerre [civile] ait appauvry la France, elle l'a du tout enrichie, d'autant qu'elle descouvrit et mit en évidence une infinité de trésors cachez soubz terre, qui ne servoient de rien, et dans les églises, et les mirent si bien au soleil et convertirent en belles et bonnes monnoyes à si grand' quantité, qu'on vist en France reluyre plus de millions d'or qu'auparavant de millions de livres et d'argent, et paroistre plus de testons neufz, beaux, bons et fins, forgez de ces beaux trésors cachez, qu'auparavant il n'y avoit de douzains...

« Ce n'est pas tout : les riches marchans, les usuriers, les banquiers, et autre raque-deniers jusques aux prebstres, quintenoient leurs escus cachez et enfermez dans leurs coffres, n'en eussent pas faict plaisir ny presté pour un double, sans de gros intérestz et usures excessives ou par achaptz et engagements de terres, biens et maisons à vil prix; de sorte que le gentilhomme qui, durant les guerres étrangères, s'estoit appauvry et engagé son bien, ou vendu, n'en pouvoit plus et ne sçavoit plus de quel bois se chauffer, car ces marauts usuriers avoient tout rafflé : mais ceste bonne guerre cilvile les restaura et mit au monde. Si bien que j'ay veu tel gentilhomme, et de bon lieu, qui paradvant marchoit par pays avec deux chevaux et un petit lacquays, il se remonta si bien, qu'on le vist, durant et après la guerre civile, marcher par pays avec six et sept bons chevaux... Et voilà comme la brave noblesse de France se restaura par la grâce, ou la graisse, pour mieux dire, de ceste bonne guerre civile [1]. »

En réalité, la plus grande partie de la noblesse française se trouva à son retour de cette « bonne » guerre civile, grâce à laquelle elle avait espéré « s'engraisser », plus ou moins endettée et ruinée. Le coût de la vie avait augmenté. Les créanciers, outre de riches marchands, d'usuriers, de banquiers, surtout des hommes de la robe, pressaient les nobles dépourvus et s'emparaient de leurs propriétés et souvent aussi de leurs titres.

Les gentilshommes qui avaient gardé leurs domaines constatèrent que les revenus ne couvraient plus les dépenses :

« Les seigneurs qui avaient cédé des terres à leurs paysans contre des redevances en espèces continuaient à percevoir le même revenu, mais qui n'avait plus la même valeur. Ce qui coûtait cinq sols au temps passé en coûtait vingt au temps d'Henri III. Les nobles s'appauvrissaient sans le savoir [2]. »

Comme il advient toujours aux couches supérieures en perte de vitesse, ce qui les menaçait n'était pas la paupérisation pure et simple, mais un rétrécissement de leurs ressources face aux exigences sociales et aux besoins traditionnels de l'aristocratie :

« Si les nobles qui ont perdu leurs revenus et qui sont incroyablement grevés de dettes voulaient user de prudence et de bon gouvernement, nul doute qu'avec la facilité de vie qu'ils ont, ils ne puissent espérer rétablir leurs affaires, sinon complètement, en grande partie pour le moins, car demeurant ordinairement en leurs domaines, ils y pourraient

---

1. Brantôme, *Œuvres complètes*, publiées par L. Lalenne pour la Société de l'Histoire de France, vol. IV, p. 328 à 330.
2. Mariéjol, *Henri IV et Louis XIII, loc. cit.*, p. 2.

vivre sans avoir, pour ainsi dire, à mettre la main à la bourse. Il n'en est aucuns, en effet, qui n'aient là du bois pour se chauffer, des champs pour récolter du blé et du vin, des jardins pour les fruits, avec de belles avenues couvertes de verts feuillages pour se promener, des garennes pour les lièvres et les lapins, la campagne pour la chasse, des colombiers pour les pigeons, une basse-cour pour la volaille, etc. [1].»

Si les nobles s'étaient décidés à vivre de leurs revenus en nature et à renoncer à l'argent et à tout ce que procure l'argent, pense l'auteur de l'ouvrage cité, l'ambassadeur de Venise, Duodo, s'ils avaient accepté de se transformer en « gentlemen-farmers », ils auraient fort bien pu s'en tirer. Mais comme beaucoup de nobles n'étaient pas disposés à changer de vie, comme ils préféraient lutter pour s'assurer un niveau de vie aristocratique, ils se ruèrent à la cour pour tomber dans la dépendance du roi. C'est ainsi que se termina ce qu'on a appelé — dans un certain sens à juste titre — la « lutte entre la royauté et la noblesse ». Dans l'enchaînement des événements qui lient la noblesse, tout se tient : les gentilshommes s'appauvrissent parce qu'ils sont obligés, aux termes d'une tradition et de l'opinion sociale, de maintenir leur niveau social et leur prestige, de vivre de leurs rentes, sans activité lucrative; or, la dépréciation de l'argent les met dans l'impossibilité de rivaliser avec les couches bourgeoises professionnelles; ou, plus exactement, la plupart des nobles sont acculés à l'alternative de mener la vie des paysans ou en tout cas une vie misérable, sans le moindre rapport avec l'idée qu'ils se font de leur valeur, ou bien de gagner la cour et d'asseoir leur prestige social sur d'autres bases. Une partie réussit, une autre échoue. La restructuration de la noblesse, sa réinstallation et son insertion dans la vie de cour, qui s'annoncent déjà sous le règne de François Ier, ne se font pas brusquement. La réorientation n'est pas terminée avec Henri IV. Car l'afflux de la noblesse provinciale et campagnarde à la cour, la tentative de ces milieux méprisés de

1. Rapport de Pietro Duodo, 1598, in Alberti, « *Relazioni Venete* », Appendice, p. 99, cité par De Vaissière, *Gentilshommes campagnards*, *loc. cit.*, p. 226.

s'intégrer dans la société de cour ne s'arrêtent jamais tout à fait sous l'ancien régime, mais le passage d'un groupe dans l'autre devient toujours plus difficile.

La cour régie par l'économie monétaire sert, tant que la transformation de l'ancienne économie fondée sur les échanges en nature n'était pas encore achevée, de collecteur à certains courants sociaux. Plus le collecteur se remplissait, plus il était difficile pour les hommes de la noblesse campagnarde et provinciale, mais aussi pour la bourgeoisie, de suivre un de ces courants. La conséquence était un déplacement des pressions à l'intérieur de cette circulation sociale dont l'organe central était la cour, jusqu'à ce qu'à la fin, après de multiples fluctuations et oscillations, le système tout entier éclatât, désagrégé par ses tensions internes.

Au début, ce n'est pas le roi qui, par une politique délibérée, engage de manière péremptoire les membres de la haute et de la basse noblesse, en quête de la faveur du roi, à s'installer en permanence à la cour. Il est peu probable qu'Henri IV ait disposé des moyens financiers nécessaires à la mise en place d'une cour gigantesque, avec tout son cortège de charges, faveurs et pensions. Il ne veut pas — comme Louis XIV — faire de la cour une société de nobles, un lieu où ils puissent trouver une base d'existence. La société de cour est encore en mouvement. Certaines familles nobles périclitent, des familles bourgeoises prennent le relais. Les ordres existent, mais il se produit entre eux une osmose; la barrière qui les sépare n'est pas étanche. L'habileté, la chance ou la malchance personnelles déterminent autant les destinées d'une famille que son appartenance à tel ou tel groupe social.

Peu à peu, les voies d'accès se bloquent qui permettent à des couches non aristocratiques d'accéder à la société de cour. La cour royale et la société de cour évoluent vers une formation sociale dont les mœurs, les usages, le parler, l'habillement et même les mouvements du corps et les gestes tranchent sur ceux des formations non curiales. Il est de plus en plus difficile pour un homme qui n'a pas respiré depuis sa plus tendre enfance « l'air de la cour » ou fréquenté de très bonne heure les milieux de la cour, de développer les traits de caractère par lesquels les aristocrates de la cour se distinguent des nobles et des bourgeois qui n'y ont pas accès et par lesquels ils se reconnaissent entre eux.

A mesure que la cour du roi de France évolue vers un groupe élitaire aux frontières rigoureusement délimitées, on assiste à la naissance — corollaire inévitable d'une formation sociale particulière en expansion continuelle — d'une « civilisation de cour ». Les protoformes de cette civilisation dans les gestes, le parler, l'amour, le goût — pour ne citer que celles-ci — ont existé déjà au Moyen Age à la cour royale et plus encore à la cour des seigneurs territoriaux. Si l'on s'en donnait la peine, on pourrait suivre pas à pas le développement de ce qu'on a appelé la « civilisation de cour », qui n'est qu'un des aspects d'une formation élitaire se détachant peu à peu du champ social. Une telle étude pourrait contribuer à rattacher le terme de « civilisation », dans laquelle on se plaît souvent à voir un phénomène indépendant et planant au-dessus des hommes, à l'évolution sociale de groupements humains, en dehors desquels il est impossible d'étudier les phénomènes culturels ou, pour employer un autre mot, les traditions sociales. La civilisation de cour accéda, aux XVIe et XVIIe siècles, peu à peu au rang de civilisation prédominante, parce que la société de cour devint, surtout en France, à la suite de la centralisation progressive des structures de l'État, la principale formation élitaire du pays. Le processus de distanciation et d'isolement de la société de cour était à peu près terminé sous Louis XIV. Pendant son règne, les chances de s'y intégrer, sans jamais tomber à zéro, se rétrécirent considérablement, autant pour les bourgeois que pour la noblesse de province.

Peu à peu, la cour prit le caractère d'un organisme de prévoyance pour la noblesse et d'un instrument de domination pour le roi. Auparavant, les groupes concernés avaient à de multiples reprises, dans des conflits ouverts et cachés, jaugé leur dépendance réciproque ainsi que les chances de puissance dont ils disposaient. Profitant de sa position de force, Louis XIV s'empara avec énergie et détermination de toutes les chances que lui offrait ce champ social. Pour mieux comprendre la nature de ces chances, il n'est que de lire une pétition que la noblesse adressa sous le titre « Requestes et

articles pour le rétablissement de la Noblesse » le 10 février
1627 au prédécesseur de Louis XIV [1] :

Après avoir expliqué que le maintien de la couronne était
dû, après l'aide de Dieu et l'épée d'Henri IV, en premier lieu à
l'attitude de la noblesse à une époque où la plupart des autres
couches sociales ne demandaient qu'à se laisser entraîner à la
révolte, la pétition constate qu'en dépit de cela :

« Elle [la Noblesse] est au plus pitoyable état qu'elle fut
jamais... la pauvreté l'accable... l'oisiveté la rend vicieuse...
l'oppression l'a presque réduite au désespoir. »

Le texte cite ensuite, parmi les causes de cette situation,
expressément la méfiance que quelques représentants de
cet ordre ont inspirée au roi par leur arrogance et leurs prétentions. De ce fait, les rois ont fini par croire qu'il était
nécessaire de réduire leur puissance en augmentant celle
du tiers état et en excluant la noblesse de toutes les charges
et dignités dont elle aurait peut-être mésusé, si bien qu'on ne
trouve pas plus de nobles dans l'administration de la Justice
et du Fisc que dans les Conseils du Roi.

Le document voit donc dans la politique du roi, consistant à
se servir d'un ordre contre l'autre, à jouer sur les tensions et
oppositions, une attitude conforme à la tradition.

Puis, la noblesse formule ses revendications en vingt-deux
articles : outre les postes de commandants militaires des
différents gouvernements du royaume, les charges civiles et
militaires de la maison royale — c'est-à-dire l'ossature de
l'organisation qui fera plus tard de la cour une institution de
soutien de la noblesse — devront cesser d'être vénales; tous
ces offices devront être réservés aux nobles. Faisant droit à
cette dernière requête, Louis XIV a effectivement assuré la
survie mais aussi l'asservissement de la noblesse. Il a réservé
les charges de la cour à la noblesse et les a distribuées selon
son bon plaisir, étant bien entendu qu'elles devaient être
payées si elles passaient d'une famille à une autre, puisqu'elles
étaient, comme n'importe quelle autre charge, propriété
personnelle de leur détenteur.

Mais la noblesse formule dans ces vingt-deux articles

1. MARIÉJOL, *Henri IV et Louis XIII*, p. 390.

encore bien d'autres exigences : elle réclame une certaine influence sur l'administration provinciale, ainsi que la nomination de quelques gentilshommes particulièrement qualifiés aux parlements, du moins avec une voix consultative et à titre honorifique. Elle demande qu'un tiers des membres du Conseil des Finances, du Conseil de la Guerre et d'autres organes du gouvernement royal soit choisi dans ses rangs. Mais de toutes ces revendications — si l'on fait abstraction de quelques points mineurs — seule la première fut prise en considération : les charges de la cour furent réservées aux nobles. Les demandes de la noblesse visant à une participation même modeste au gouvernement et à l'administration du pays furent écartées jusqu'à la mort de Louis XIV.

Nous avons là un tableau particulièrement instructif du déplacement de l'équilibre qui aboutit en France à l'institution de la cour en tant qu'organisme de soutien d'une partie de la noblesse. La solution contraire, celle qui apparaît aux yeux des Allemands comme la norme, est la solution prussienne de ce problème :

« Frédéric II, dit Taine quelque part [1] s'étant fait expliquer cette étiquette, disait que, s'il était roi de France, son premier édit serait pour faire un autre roi qui tiendrait la cour à sa place; en effet, à ces désœuvrés qui saluent, il faut un désœuvré qu'ils saluent. Il n'y aurait qu'un moyen de dégager le monarque : ce serait de refondre la noblesse française et de la transformer, d'après le modèle prussien, *en un régiment laborieux de fonctionnaires utiles.* » Nous sommes là aux antipodes du type de noblesse maintenu par l'attitude des rois de France.

Il est impossible de répondre à la question de savoir pourquoi l'évolution a pris telle direction en Prusse et telle autre en France, sans aborder le problème de la différence de l'évolution nationale dans ces deux pays. On pourrait mettre en évidence que l'organisation de la Prusse s'est ressentie du fait que la cour moderne du roi de Prusse a dû être créée *ex nihilo*, dans une large mesure sur des modèles étrangers, tandis que la cour des rois de France était l'aboutissement

---

1. *Cf.* TAINE, *Les origines*, vol. II, livre 4, chap. III, II, p. 170.

d'une évolution séculaire, qu'il n'a pas été nécessaire de la
« créer » au sens propre du terme. On pourrait montrer aussi
que l'absence de toute élaboration commune d'une mentalité
de cour, en accord avec une solidarité traditionnelle entre le roi
et la noblesse, a eu des conséquences précises en Prusse. Le
développement relativement modeste de la bourgeoisie
citadine conférait à la société étatique prussienne des traits
particuliers. Nous allons nous borner à l'évocation d'une seule
différence entre les deux structures sociales, en rapport
direct avec le problème de la formation de la cour des rois de
France. En Allemagne on note déjà à partir de la Réforme une
certaine tendance des milieux aristocratiques à se consacrer
aux études de droit et aux carrières administratives [1].

En France par contre, la noblesse était et demeurait
traditionnellement un ordre de guerriers sans activité professionnelle, dont les membres n'entraient à l'université que
s'ils voulaient embrasser la carrière ecclésiastique. Dans toute
l'histoire moderne de la France, on ne trouve guère juristes
appartenant à la « noblesse d'épée » [2]. Signalons en

---

1. *Cf.* par exemple Ad. Stölzel, *Die Entwicklung des gelehrten Richter-
tums in deutschen Territorien*, Stuttgart, 1872, p. 600. « Au XVIe et au
XVIIe siècle, la majeure partie des juges professionnels était originaire des
familles patriciennes des grandes et aussi des petites villes hessoises; les
hautes charges de l'État étaient réservées à la noblesse; pour y prétendre,
le nombre de jeunes nobles qui faisaient leurs études ne cessa de croître
depuis la Réforme. » Que l'utilisation de la noblesse dans la fonction publique
— il s'agissait sans doute surtout des cadets des familles aristocratiques — ait
commencé en Allemagne de très bonne heure peut être prouvé aussi par
d'autres documents. La cause de cette évolution est un problème encore mal
élucidé. On ne lui a jamais prêté l'attention qu'il mérite, alors que sa solution
éclairerait sans doute l'évolution des caractères nationaux français et
allemand et contribuerait à une meilleure compréhension de cette évolution.
L'état actuel de la recherche permet tout au plus d'émettre quelques hypothèses sur les raisons qui ont fait paraître à la noblesse allemande les études
universitaires comme compatibles avec l'honneur aristocratique, alors qu'il
n'en était pas ainsi en France. Il faudrait établir d'abord si seuls les nobles
protestants envoyaient leurs fils à l'université ou si cet usage était courant
aussi dans la noblesse catholique.

2. *Cf.* aussi Brantôme, *Biographische Fragmente*, Iéna, 1797, Allg.
Sammlung hist. Mem. Sect. II, vol. 13, p. 159 : « Le roi François affecta à son
conseil secret aussi plusieurs ecclésiastiques, mesure rendue nécessaire par le
fait que les nobles de son royaume, à tout le moins les fils cadets [i.e. les
seuls qui auraient pu faire des études], n'étudiaient pas et n'apprenaient
pas assez de choses pour pouvoir être utilisés et nommés dans ses parlements
et pour le grand ou le petit Conseil de l'État. »

passant que ce problème est étroitement lié à celui de la formation et du recrutement des intellectuels en France et en Allemagne. En Allemagne, l'université jouait le rôle d'un instrument de formation capital; en France, l'université de l'ancien régime n'a jamais été en contact avec la société de cour, pépinière de la civilisation proprement dite. En Allemagne, l'intelligentsia était dans une large mesure une intelligentsia de savants ou du moins d'universitaires; en France, la sélection ne se faisait pas à l'université mais dans la société de cour, dans le « monde » au sens restreint ou large du terme. En Allemagne le *livre* était, en dépit des relations sociales entre intellectuels, sinon le seul du moins le moyen de communication primordial; en France, les hommes communiquaient entre eux — en dépit de leur amour du livre — d'abord par la *conversation*. Ce sont là des données dont le rapport direct avec la position privilégiée de l'université en Allemagne d'une part, avec la séparation de l'université et de la civilisation de cour en France de l'autre, saute aux yeux.

Ce n'est pas seulement la structure de la *noblesse* qui diffère en France et en Allemagne ou, pour être plus précis, en Prusse, c'est aussi la structure de la *fonction publique*. Les deux phénomènes sont étroitement liés; l'un ne peut être compris sans l'autre. Ils éclairent aussi la transformation de la cour en un lieu de soutien de la noblesse. Bornons-nous à quelques indications. Un des traits les plus caractéristiques de la fonction publique de l'ancien régime était la vénalité des charges. Peu importe sa genèse; le fait est qu'elle entra dans les mœurs, avec quelques fluctuations, dans le courant du xvie siècle; à l'époque d'Henri IV il aurait été impossible de la supprimer sans de profonds bouleversements sociaux. Toute la royauté de cour de l'ancien régime était, du fait de ses structures, indissolublement liée à cette institution.

Il est inutile de demander si la vénalité des charges était, à la lumière des critères de valeur de notre époque, une institution « bonne » ou « mauvaise ». Notre époque représente un stade ultérieur de l'évolution; de ce fait, la question n'est pas seulement oiseuse, elle est aussi mal posée. Les critères de valeur qui marquent notre éthique de la fonction publique procèdent, de même que les structures modernes de la bureaucratie, de structures plus anciennes, parmi lesquelles il faut ranger aussi la vénalité des charges. Son introduction répondait au départ à des problèmes financiers bien déterminés : la vente des charges était pour le roi une importante source de revenus. Mais elle a été explicitement justifiée par leur souci de soustraire la fonction publique à l'emprise de la noblesse et empêcher toute mainmise féodale sur l'appareil de l'État. Ainsi, cette institution était dans un certain sens aussi une arme de la royauté dans son combat contre la noblesse et plus spécialement contre la haute noblesse.

Il aurait été absurde et incompatible avec la politique des rois de faire entrer la noblesse dans le circuit de la vénalité des charges, institution issue en partie des tensions entre le roi et la noblesse et définitivement légalisée par Henri IV. Une telle tentative aurait d'ailleurs été vouée à l'échec. Car seule la suppression pure et simple de la vénalité des charges — suppression pour laquelle la noblesse n'avait cessé de batailler — aurait pu ouvrir à celle-ci l'accès aux fonctions administratives, financières et judiciaires, puisque ses moyens étaient fort limités. Une telle réforme aurait d'autre part été extrêmement onéreuse, car le roi aurait dû ou rembourser les sommes versées ou confisquer sans contrepartie les biens qu'étaient les charges vénales; dans cette dernière hypothèse, il aurait porté un coup décisif à la bourgeoisie et de ce fait à la balance des forces. Quoi qu'il en soit, une telle réforme aurait été contraire aux intérêts du roi : la vénalité des charges était pour lui une source importante de revenus et sa suppression aurait compromis l'équilibre social de l'État.

Tant que dura l'ancien régime, toutes les tentatives visant à abolir la vénalité des charges ont toujours échoué pour des raisons financières ou à cause de la résistance farouche des propriétaires des charges. Il faut dire aussi que pendant la période cruciale de la restructuration de la noblesse française, personne n'a jamais envisagé sérieusement sa fonctionnarisation. Elle ne faisait pas partie des mesures possibles et raisonnables qu'on aurait pu prendre dans ce champ social, elle allait à l'encontre de ce que désiraient les divers centres d'intérêt, la robe, la noblesse d'épée, la royauté. La pétition de 1627, dont nous avons cité des extraits ci-dessus, passe en revue toutes sortes de méthodes pour secourir et sauver la noblesse, sans même mentionner cette possibilité. La noblesse n'exige que l'admission de certains nobles aux cours de justice et aux parlements à titre de « conseillers », sans rétribution : ce qu'elle cherche ce ne sont pas des emplois mais des positions de force.

Il ne restait donc à la noblesse comme moyens d'existence — si l'on fait abstraction des domaines, des pensions ou dons accordés par le roi — que les charges à la cour et quelques postes dans la diplomatie et dans l'armée. Les revendications de la noblesse visant à réserver certaines charges aux gentilshommes n'ont donc été satisfaites, dans une certaine mesure, que dans ces domaines précis : mais cela ne s'est fait que sous Louis XIV. Sous Louis XIII et Richelieu, époque pendant laquelle la pétition de la noblesse fut formulée, les temps n'étaient pas encore mûrs. La balance des forces n'avait pas encore définitivement penché en faveur de la royauté, les « Grands » du royaume, dont quelques-uns s'étaient placés à la tête du mouvement huguenot, menaçaient encore le pouvoir absolu du roi.

Si l'on essaie de se faire une idée des structures de la cour et du niveau des tensions sociales à la faveur desquelles elle s'est lentement formée, de l'antagonisme entre la royauté et ses représentants d'un côté et la noblesse serrée de près par un tiers état en pleine ascension de l'autre, sous le régime de Richelieu, le tableau qui s'offre à l'observateur est le suivant.

Les représentations de la noblesse en tant qu'ordre et, avec elles, la majorité de cet ordre ne jouaient pour ainsi dire plus aucun rôle autonome en tant que facteur politique dans la lutte contre la royauté. Les états généraux de 1614 apportèrent pour la première fois la preuve éclatante de la puissance du tiers état; ils mirent en évidence que la noblesse en tant qu'ordre, acculée par la bourgeoisie, dépendait déjà beaucoup trop de la royauté comme appui et arbitre, pour pouvoir tenir tête à ses exigences.

Les groupes de nobles, par contre, qui évoluaient dans le sillage du roi, la haute noblesse et à sa tête les princes du sang, les ducs et pairs de France, disposaient comme opposants d'une puissance redoutable. Il est aisé de voir sur quoi elle se fondait : s'ils étaient forts, ils le devaient en premier lieu à leurs fonctions de gouverneurs, de chefs militaires de leurs provinces et places fortes. C'étaient les dernières positions de force qui restaient à la noblesse après son éviction de toutes les autres structures de domination.

A quoi s'ajoutait que le roi et même Richelieu se montrèrent indulgents à l'égard des plus proches parents de la maison royale, notamment de la mère et du frère du roi. Il fallut l'expérience répétée de la menace que constituait pour le roi et son pouvoir l'immixtion de ses proches dans les affaires de l'État, il fallut la victoire sur ses propres faiblesses pour permettre à l'artisan de l'absolutisme, Louis XIV — en vertu d'une décision politique délibérée — d'éliminer rigoureusement la parentèle et de concentrer entre ses mains tous les fils du pouvoir. C'était là une démarche importante dans la phase dynastique [1] de la formation des États. Sous Louis XIII et Richelieu tous les soulèvements de la noblesse contre la royauté trouvèrent des appuis dans les places fortes militaires tenues presque sans restriction par des hommes ou des femmes de la haute noblesse. Grâce à eux, les factions de la cour, qui ont toujours existé mais qui, sans l'appui d'un centre militaire, n'étaient que des coteries insignifiantes ne présentant aucun danger pour la royauté, disposaient d'une puissance sociale non négligeable.

Il est significatif que le frère de Louis XIII, Gaston, duc d'Orléans, après avoir pris la tête des adversaires du cardinal et lui avoir formellement retiré son amitié, quitte aussitôt Paris et gagne Orléans, pour mieux combattre Richelieu et le roi à partir de sa place forte.

Dans des circonstances semblables, une faction s'était rassemblée autour du duc de Vendôme, bâtard d'Henri IV, frère naturel du roi. Son point d'appui était la Bretagne,

---

1. Une ligne évolutive extrêmement ramifiée mais très nette dans son orientation générale mène des formes anciennes de l'État dynastique, dont on trouve en Afrique des exemples jusqu'à nos jours, à ces formes tardives : dans les formes anciennes, la « maison » du souverain — dont l'autorité n'est pas contestée — et surtout sa mère exercent une influence déterminante et ancrée par la tradition sur certaines affaires de l'État. C'est surtout l'élection du successeur qui est souvent assurée par la dynastie.

dont il était le gouverneur; il croyait avoir acquis des droits sur cette province par son mariage.

Voilà comment survécurent sous Louis XIII dans la haute noblesse les anciennes prétentions des grands vassaux de la couronne. Le particularisme régional, joint à la décentralisation militaire assez poussée et à l'autonomie relative des gouverneurs militaires de province fournissaient une base matérielle à de telles prétentions. Nous rencontrons le même schéma dans toutes les tensions et luttes entre le représentant du roi, le cardinal de Richelieu, et la haute noblesse. La résistance émanait tantôt du gouverneur de Provence, tantôt du gouverneur du Languedoc, le duc de Montmorency. Les mouvements d'insubordination de la noblesse huguenote s'appuyaient sur des positions de force analogues. Comme l'organisation militaire du royaume n'était pas encore entièrement centralisée, comme les gouverneurs de province avaient tendance à considérer comme leur propriété privée les postes qu'ils occupaient et qu'ils avaient achetés et payés, comme même les commandants de forteresses et les chefs de places fortes jouissaient d'une autonomie considérable, la haute noblesse disposait d'une dernière position de force lui permettant d'organiser encore une fois la résistance contre le pouvoir absolu du roi.

Ce n'est certainement pas un hasard si l'assemblée des notables convoquée en 1627 sur les indications de Richelieu exigea avec insistance qu'aucune place forte ne fût laissée entre les mains des « grands », que toutes les forteresses ne servant pas directement à la défense du pays fussent rasées, que personne n'eût le droit de posséder ou de faire fondre des pièces d'artillerie sans l'autorisation de la couronne; elle accorda sans rechigner, après quelques tiraillements sur le mode de la collecte et le montant de la contribution des provinces, les sommes nécessaires à la levée d'une armée permanente de 20 000 hommes, dont il était expressément spécifié qu'elle devait servir — en plus de la défense contre l'ennemi extérieur — à la consolidation de la paix intérieure et de la réputation du roi. C'est dans ce sens que Richelieu mena le combat contre la dernière position de force de la haute noblesse. Les opposants périrent vaincus, en prison, sur les champs de bataille, en exil; Richelieu laissa mourir à l'étranger même la mère du roi. La haute noblesse était encore assez puissante pour résister au roi. Mais comme un personnage énergique avait pris en main la cause de la royauté, la puissance des « grands » toujours brouillés entre eux, toujours rivaux, ne suffisait plus pour remporter la victoire. Et si Richelieu ne réalisa pas son projet de remplacer tous les trois ans les gouverneurs de province, il les tenait néanmoins sous son contrôle sévère et les révoquait selon son bon plaisir. C'était les humilier assez!

Ainsi, il précise dans ses *Mémoires* :

> « De croire que pour être fils ou frère du roi ou prince de son sang, ils puissent impunément troubler le royaume, c'est se tromper. Il est bien plus raisonnable d'assurer le Royaume et la Royauté que d'avoir égard à leurs qualités qui donneroient impunité [1]. »

Il entendait donc subordonner la « qualité » de la noblesse aux exigences du pouvoir royal. Cette balance des forces entre la noblesse et la royauté déterminera aussi les structures de la cour telles qu'elles s'établiront sous Louis XIV. La cour s'était agrandie de l'afflux de beaucoup de nobles déracinés. Elle formait, comme déjà à l'époque d'Henri IV, une sorte de creuset où se touchaient et se mélangeaient par mariage des bourgeois qui avaient profité de la vénalité des charges, des membres de la robe nouvellement anoblis, des nobles de vieille souche [2]. A ce stade, la cour n'est pas encore le domicile permanent des « Grands » du pays et l'unique centre social de la France. Mais la vie chevaleresque qui assurait au gentilhomme un domaine campagnard, un domicile fixe et un camp itinérant, à son épouse un champ d'activité bien déterminé, a pris fin pour beaucoup de nobles.

Une partie de la noblesse n'assistait pas seulement à la dégradation progressive de sa base matérielle, elle voyait se rétrécir aussi son champ d'activité et l'horizon de sa vie. Tel noble en était réduit à une existence plus ou moins

---

1. *Mémoires* de RICHELIEU, VII, p. 177.
2. MARIÉJOL, « Les nobles épousent mais détestent », *loc. cit.*, p. 161.

miséreuse dans sa propriété de campagne. L'autre volet du diptyque, la vie de camp, les campagnes militaires, avait pratiquement disparu. L'épanouissement, le prestige qu'à la longue seule la vie à la cour pouvait donner, faisaient complètement défaut à cette fraction de la noblesse.

D'autres avaient trouvé à la cour royale, à Paris, ou à la cour d'un des grands seigneurs de province, une nouvelle demeure passablement instable. Pour ces nobles, tout comme pour les rois, les domaines campagnards prenaient de plus en plus le caractère de dépendances d'un « hôtel » en ville ou de la cour. Ils vivaient — pour autant qu'ils n'étaient pas bannis ou tombés en disgrâce — au moins temporairement à la cour, même si cette cour n'était pas encore leur domicile permanent. La société de l'époque de Louis XIII était déjà une société de cour. Un des traits caractéristiques était le rôle important qu'y tenaient les femmes; car sur le plan social, les hommes, dépouillés de la plupart de leurs attributs chevaleresques, n'étaient plus supérieurs aux femmes. Mais cette société de cour était encore relativement décentralisée. Le train de vie chevaleresque et son éthos spécifique n'avaient pas encore disparu, mais ils conduisaient lentement à la ruine la noblesse d'épée, dont ils furent jadis la source de tout prestige et de tout succès.

Le dilemme tragique où se trouvaient ces hommes, victimes de cette « perte de fonction », n'échappera à personne. Leur situation était telle qu'une attitude traditionnelle, correspondant à l'idée qu'ils se faisaient de leur propre valeur, qui avait conduit leurs pères et eux-mêmes peut-être au temps de leur jeunesse à la gloire et à la réussite sociale, les condamnait, dans un monde transformé à la suite d'événements qu'ils ne comprenaient pas, à l'échec et à leur propre perte. Une scène rapportée par Ranke illustre si bien la destinée d'un des derniers représentants de la tradition chevaleresque que nous ne résistons pas au plaisir de la reproduire ici. Le duc de Montmorency, fils d'un des principaux artisans de la victoire d'Henri IV, s'était révolté. C'était un homme connu pour ses qualités princières et chevaleresques, généreux et brillant, vaillant et ambitieux. Il servait aussi son roi, mais il ne comprenait pas pourquoi celui-ci, ou plus exactement pourquoi Richelieu était seul à gouverner. Ainsi, il choisit l'insurrection. Le capitaine du roi, Henri de Schomberg, avait pris position, face à ses troupes, dans une posture peu avantageuse. Mais écoutons le récit de Ranke :

« C'était un avantage dont Montmorency ne tint aucun compte; en avisant la horde ennemie, il proposa à ses amis de passer immédiatement à l'attaque. Car pour lui, la guerre était essentiellement une charge hardie de la cavalerie. Un compagnon expérimenté, le comte de Rieux, lui suggéra d'attendre que quelques pièces d'artillerie qu'on était en train d'amener aient désorganisé la formation ennemie. Mais Montmorency se sentait emporté par une envie irrépressible de se battre. Il déclara qu'il n'y avait pas de temps à perdre; son conseiller, bien qu'en proie à de sombres pressentiments, n'osa pas s'opposer à la volonté formelle de son chef : « Seigneur, s'écria-t-il, je voudrais mourir à vos pieds! » Montmorency était reconnaissable à son destrier, merveilleusement paré de plumes rouges, bleues et isabelle; il passa le fossé avec quelques compagnons qui assommèrent tous ceux qui croisaient son chemin; c'est en bataillant qu'ils atteignirent le gros de la formation ennemie. Un feu nourri de mousquets les accueillit : hommes et chevaux s'écroulèrent, blessés ou tués; le comte de Rieux et la plupart de ses compagnons furent fauchés par les balles; le duc de Montmorency, dont le cheval avait été touché, tomba à terre et fut fait prisonnier[1]. »

Richelieu le fit traduire devant un tribunal dont le verdict lui était connu d'avance; et c'est ainsi que fut décapité le dernier Montmorency dans la cour de l'hôtel de ville de Toulouse.

L'événement est banal et sans incidence sur le cours de ce qu'on est convenu d'appeler la « grande histoire », mais il est *typique* et a une valeur de symbole. Ce ne sont pas les

1. RANKE, *loc. cit.*, livre X, chap. III, p. 315-316.

armes à feu comme telles qui ont mis fin à l'ancienne noblesse, mais son incapacité à abandonner un mode de vie et de comportement sur lequel étaient fondés son auto-respect et son plaisir. L'exemple nous montre qu'un comportement naguère réaliste peut se transformer, du fait de la transformation du contexte social, en un comportement irréaliste, car les événements ont diminué les chances de tel camp et augmenté celles de l'autre. On comprend pourquoi la victoire du roi était inévitable et comment une noblesse de guerriers a pu se changer en une aristocratie de cour relativement résignée.

Lorsque, parvenu à sa majorité, Louis XIV monta sur le trône, le sort de la noblesse était déjà arrêté. L'inégalité des chances de la noblesse d'un côté, de la royauté de l'autre, l'énergie et la compétence du représentant du roi, qui engagea la lutte en tirant profit de ces chances, aboutirent à l'éviction de la noblesse de toutes ses positions de force.

Malgré la faiblesse insigne de leur position, Louis XIV se sentait tellement menacé par la noblesse et plus spécialement par la haute noblesse et les membres de sa propre maison, que ce sentiment, nourri par ses expériences de jeunesse, était devenu chez lui une seconde nature. Sa vigilance inlassable à l'égard de la noblesse — et de tous ses sujets — était un de ses traits dominants. Il quittait l'impassibilité affichée, avec beaucoup d'hommes de cour, à l'égard de la sphère économique — parce qu'ils n'avaient pas conscience qu'elle affectait la racine même de leur existence — dès que des questions de domination, de rang, de prestige et de supériorité personnelle étaient en jeu. Là, Louis XIV ignorait tout sang-froid; là il était toujours tendu et impitoyable, comme faisaient, au demeurant, les autres hommes de cour.

Jamais l'idée ou le désir ne lui vint de se débarrasser purement et simplement de la noblesse : la gloire et le prestige de son règne, sa réputation comme gentilhomme, son besoin de s'entourer d'une société et d'un « monde » distingués, sa descendance aristocratique le lui interdisaient autant que l'équilibre des structures de sa domination. Il n'était pas libre de maintenir ou de laisser tomber la noblesse. Nous avons vu qu'il en avait besoin à plus d'un égard. Sa remarque

sur le départ de Saint-Simon : « Encore un qui nous quitte! »
en est une preuve parmi beaucoup d'autres.

Rien d'étonnant que Louis XIV portât une attention
particulière à ceux qui lui étaient proches par le rang : on
observait à la cour de France cette particularité structurelle des États dynastiques qui crée, nonobstant toutes
les qualités personnelles, une sorte d'antagonisme entre les
prétendants au trône — souvent des parents du monarque
— ou même l'héritier direct et le prince régnant. Ainsi,
Louis XIV voyait d'un très mauvais œil que son fils aîné
tînt cour à Meudon, qu'il « partageât la cour », d'après
une expression de l'époque. Après la mort du Dauphin,
Louis XIV fit vendre en toute hâte le mobilier du château,
de peur que celui de ses petits-enfants à qui il reviendrait
n'en fît le même usage et ne « partageât ainsi de nouveau la
cour [1] ».

Cette inquiétude n'était selon Saint-Simon nullement fondée. Car aucun des petits-enfants du roi n'aurait osé déplaire
au monarque. Mais quand il y allait de son prestige et de la
consolidation de son pouvoir personnel, Louis XIV ne faisait
pas la moindre différence entre ses parents et les autres
nobles.

Quelques exemples répugnants permettent de se faire une
idée précise de ce mélange de refus et d'acceptation, de
solidarité et de distanciation qui caractérisait les rapports
entre le roi et la noblesse.

Un jour, le roi voulait, selon son habitude, se rendre de
son château de Marly à Versailles. Toute la cour, et plus
spécialement ses proches parents, étaient tenus de l'y suivre.
Or, la duchesse de Berry, l'épouse de son petit-fils, était
— pour la première fois — enceinte de trois mois. Elle ne
se sentait pas bien et avait une forte fièvre. Le médecin
personnel du roi et de la famille royale, Fagon, était d'avis
que le voyage à Versailles n'était pas compatible avec l'état
de la jeune femme. Mais ni celle-ci ni son père, le duc d'Orléans, n'osèrent en parler au roi. Son époux en glissa un mot

1. SAINT-SIMON, *Mémoires*, vol. XVII, chap. CVII, p. 24.

à Louis XIV, mais il fut mal reçu. On essaya de faire intervenir Mme de Maintenon; elle jugea l'entreprise fort risquée, mais finit par en référer au roi en s'appuyant sur l'avis du médecin. Sa requête fut repoussée. Mme de Maintenon et le médecin insistèrent, la discussion se prolongea pendant trois ou quatre jours. Le roi se fâcha mais capitula, en ce sens qu'il autorisa la duchesse souffrante à faire le voyage en bateau au lieu de voyager par le carrosse royal. La duchesse et le duc devaient quitter Marly un jour plus tôt et passer la nuit au Palais-Royal; après une journée de repos, le voyage devait être poursuivi. Le duc reçut la permission d'accompagner son épouse, mais le roi lui défendit de quitter le Palais-Royal, même pour aller à l'Opéra, bien qu'on pût se rendre directement du Palais-Royal dans la loge du duc d'Orléans...

« Je n'aurais pas fait état de cette bagatelle, ajoute Saint-Simon, qui s'est produite à l'occasion de ce voyage, si elle ne servait pas à mieux caractériser le roi [1]. »

Si le roi usait de tels procédés quand il y allait de son autorité et de son prestige dans le cercle étroit de ses familiers, il n'était évidemment pas moins brutal quand sa domination proprement dite était en jeu. Ainsi, il ne tolérait sous aucun prétexte qu'un de ses parents obtînt un poste qui aurait pu lui donner quelque influence. Louis XIV s'est toujours souvenu du soutien que les postes de gouverneurs avaient offert, par exemple sous le règne de son père, aux rebelles. Les difficultés que son oncle, Gaston d'Orléans, avait causées à Louis XIII, à partir de sa position de gouverneur, sont toujours restées présentes à son esprit. C'est pourquoi il répliqua à son frère, qui l'avait prié de lui accorder un gouvernement et une « place de sûreté » : « La meilleure place de sûreté pour un fils de France est le cœur du roi. » Cette réponse n'est pas moins typique de son langage que de son attitude.

La noblesse est donc apprivoisée. Comment supporte-t-elle son état de dépendance qui est en même temps une humiliation? Comment manifeste-t-elle sa résistance intérieure, puisque

1. Saint-Simon, *Mémoires*, vol. XVIII, chap. cccviii, p. 57.

toute résistance ouverte lui est interdite? L'attachement de
la noblesse au roi, sa dépendance complète à son égard se
reflètent directement dans la vie extérieure de la cour. La
noblesse était-elle intérieurement brisée et docile ou l'ambivalence de ses relations avec le roi se fait-elle jour parfois
même dans le cadre pacifié de la cour de Louis XIV?

Les nobles enchaînés à la cour de Louis XIV disposaient
d'un certain nombre de moyens pour répondre — toujours
dans les limites que leur assignait cette institution — aux
situations conflictuelles résultant de leur attitude ambivalente à l'égard du roi, et pour réaliser leurs vies en se réalisant
eux-mêmes.

Ils pouvaient se tenir pour si bien récompensés des tracas-
series et humiliations qu'ils supportaient au service du roi
par la conscience d'être influents à la cour, par les chances
de gains financiers et de prestige dont ils bénéficiaient, que
leur antipathie pour le roi, que leur désir de s'affranchir du
joug se trouvaient plus ou moins refoulés; ils ne se manifestaient alors que par des voies détournées, par exemple dans
leurs conversations avec d'autres nobles. Parmi toutes les
attitudes possibles, celle-ci constituait une sorte d'extrême.
Son incarnation la plus typique était la personne du duc
de La Rochefoucauld, fils de l'auteur des *Maximes*, grand-
maître de la garde-robe du roi.

Mais un noble de la cour pouvait donner aussi la prépondérance aux aspects négatifs de ses rapports avec le roi. Il
lui était loisible de formuler dans des conversations privées
ou dans un cercle de familiers des critiques sévères à l'endroit
du gouvernement royal et de proposer des plans pour le rétablissement — après la mort du monarque — des droits de
la noblesse face à la haute noblesse et aux ministres d'origine
roturière. Du vivant de Louis XIV, l'opposition ne disposait
que d'un seul et unique moyen réaliste, si l'on fait abstraction
du départ de la cour, qui mettait fin à la « réputation » du
noble : il pouvait entrer en contact avec le successeur pré-
sumé du trône et essayer de le gagner à ses idées. La résistance
ouverte était absolument impossible. Le détour par le Dauphin était la solution choisie par Saint-Simon. Il nous dépeint
le type du courtisan sous les traits du duc de La Rochefoucauld :

« Si M. de La Rochefoucauld passa sa vie dans la faveur la plus déclarée il faut dire aussi qu'elle lui coûta cher, s'il avait quelques sentiments de liberté. Jamais valet ne le fut de personne avec tant d'assiduité et de bassesse, il faut lâcher le mot, avec tant d'esclavage. Il n'est pas aisé de comprendre qu'il s'en pût trouver un second à soutenir plus de quarante ans d'une semblable vie. Le lever et le coucher, les deux autres changements d'habits tous les jours, les chasses et les promenades du roi tous les jours aussi, il n'en manquait jamais, quelquefois dix ans de suite sans découcher d'où était le roi, et sur le pied de demander congé, non pas pour découcher, car en plus de quarante ans il n'a jamais couché vingt fois à Paris, mais pour aller dîner hors de la cour et ne pas être à la promenade : il ne fut jamais malade, et sur la fin rarement et courtement de la goutte [1]. »

Si l'on examine la carrière de cet homme, on constate que son père s'était distingué pendant les luttes de la Fronde; il ne se rendit jamais à la cour, car le roi ne lui avait jamais pardonné sa rébellion. Le fils arriva donc à la cour sans les moindres chances : « Personne ne le craignait », explique Saint-Simon. Il n'avait ni charges ni dignités. Ses espoirs d'héritier étaient minimes, car sa famille avait perdu la plus grande partie de sa fortune pendant les troubles. Par surcroît, son physique ne l'avantageait pas. Il réussit, d'une façon ou d'une autre, à gagner la faveur du roi. Ainsi débuta son ascension dans la hiérarchie de la cour. Il obtint la charge de « grand-veneur » et de « grand-maître de la garde-robe ». Il entretenait des relations amicales avec Mme de Montespan, la maîtresse du roi. Quand celle-ci eut quitté la cour, il n'eut plus aucun soutien en dehors du roi lui-même : voilà ce que le roi appréciait en lui. L'imbrication des dépendances apparaît avec netteté. Comme La Rochefoucauld avait bénéficié des faveurs de Mme de Montespan, ses relations avec celle qui la remplaçait, Mme de Maintenon, s'en trouvaient grevées·

---

1. Saint-Simon, *Mémoires*, vol. XIII, chap. cciv, p. 71.

d'avance. Il s'entendait mal avec les ministres. Les autres milieux de la cour l'évitaient également. Le roi paya à trois reprises toutes ses dettes et accéda à beaucoup de ses demandes, sinon à toutes! Mais il demanda beaucoup. Il pouvait parler librement au roi, sans égards pour d'autres; le roi l'estimait. Les autres le craignaient pour cette raison même. S'il avait pris le parti de mettre sa vie au service du roi, il n'avait pas agi par libre choix, mais parce qu'il dépendait entièrement de lui. Pauvre, fils d'un rebelle, sans relations dans la société de cour, dépourvu d'un physique plaisant qui aurait pu lui ouvrir quelques portes, le duc de La Rochefoucauld n'avait pas d'avenir : le roi l'avait tiré du néant.

Le destin de ce courtisan est typique à plus d'un égard : les fils de rebelles, s'ils rentrent en grâce auprès du roi, deviennent ses serviteurs les plus dévoués :

> « Cette histoire de La Rochefoucauld ressemble à celle de Condé. M. le Prince est devenu courtisan, lui aussi; son fils ne bougera pas de chez le roi; son petit-fils épousera une bâtarde du roi. Les La Rochefoucauld et les Condé tombèrent de révolte en servitude [1]. »

C'est l'inverse qui s'est produit pour Saint-Simon : son père avait été honoré par Louis XIII de hautes charges et de grandes dignités. Il avait été le confident du roi, il avait défendu — même après la mort de Louis XIII — avec une fidélité imperturbable la cause de la royauté, bien que les nobles opposants aient fait de nombreux efforts pour l'attirer dans leur camp. Saint-Simon, l'auteur des *Mémoires*, arriva donc à la cour auréolé de gloire et nanti d'une fortune considérable. Il va sans dire qu'il dépendait lui aussi du roi : la disgrâce royale — il l'a dit à plusieurs reprises — aurait signifié la fin de son existence sociale. Il n'en reste pas moins que sa dépendance n'était pas comparable à celle de La Rochefoucauld. Il se sentait soutenu par les obligations que le roi avait à son égard, à l'égard du fils d'un homme qui avait

---

1. Lavisse, « Louis XIV », p. 103-104.

bien mérité de la famille royale; à ce titre, il jouissait d'une plus grande autonomie. Il l'a prouvé en renonçant à ses fonctions militaires, pour répondre à une injustice dont il avait été la victime. Il avait espéré par moments que le roi lui confierait un poste dans la diplomatie, mais cet espoir s'était révélé vain. Il vivait à la cour sans la moindre charge, ne satisfaisant qu'à ses obligations de duc et de pair de France et aux recommandations que le roi adressait à tous les hommes de la haute noblesse.

Après la mort du premier et du deuxième dauphin, le duc d'Orléans passait aux yeux de toute la cour pour le futur Régent. Pendant quelque temps Saint-Simon fut le seul à entretenir des relations avec lui. Pourtant, Louis XIV n'admettait pas qu'on se liât d'amitié avec le duc, que l'on tenait pour responsable de la mort de ses petits-fils. Ainsi, le duc d'Orléans était complètement isolé. A en croire Saint-Simon, il fut pendant quelque temps le seul à se tenir près du duc pendant les cérémonies de la cour. Il se promena avec lui dans les jardins du château de Versailles, jusqu'à ce que le roi le menaçât de sa disgrâce et le sommât de quitter pendant quelque temps la cour s'il n'en voulait pas être banni définitivement. Saint-Simon obéit. Une attitude indépendante n'était possible que dans ces limites...

Mais l'indépendance de Saint-Simon se montra déjà plus tôt, dans ses relations avec le deuxième dauphin, le petit-fils de Louis XIV. La description de ces rapports et du monde d'idées que révèle la conversation entre ces hommes est d'un intérêt particulier, parce qu'elle permet de connaître un peu mieux la psychologie de cette partie de la noblesse animée par un sentiment d'opposition secrète au roi.

Il fallait faire preuve de beaucoup de prudence avant que pût s'engager à la cour le dialogue entre ces deux hommes qui ne se connaissaient pas encore très bien :

« Je jugeai d'abord avantageux, raconte Saint-Simon, de sonder un peu le dauphin dans les premiers jours de sa nouvelle gloire... Je ne négligeai pas de laisser tomber un mot sur notre dignité... Je lui dis à quel point il avait raison de ne pas perdre de vue le moindre de ses droits légitimes; je profitai de ce moment favorable pour lui dire que si lui, en dépit de sa grandeur et de son rang, avait mille fois raison de veiller à leur maintien, nous autres y étions plus tenus encore, puisque si souvent on nous les contestait et même nous en dépouillait sans que nous puissions oser nous en plaindre...

« Ainsi, la conversation fut amenée sur le roi. Le dauphin parla de lui avec beaucoup de tendresse et de gratitude; je déclarai être animé des mêmes sentiments, en formulant la réserve que la sympathie et la reconnaissance ne devaient pas prendre la forme d'une dangereuse idolâtrie. Je glissai quelques mots sur l'ignorance du roi en beaucoup de matières alors que s'il apprenait certaines choses, sa bonté n'y resterait certainement pas insensible.

« Cette corde, à peine touchée, suscita une vive résonance. Le prince admit le bien fondé de ce que je venais d'avancer et attaqua vivement les ministres. Il s'étendit sur l'autorité sans limites qu'ils avaient usurpée et dont ils usaient même à l'égard du roi, sur l'usage dangereux qu'ils en faisaient, sur l'impossibilité de faire parvenir quelques messages au roi ou d'en recevoir sans qu'ils intervinssent. Il ne nomma personne mais me fit comprendre sans équivoque que cette forme de gouvernement était contraire à ses goûts et à ses principes.

« Revenant au roi, il déplora la mauvaise éducation qui avait été la sienne et les mains pernicieuses dans lesquelles il était tombé tant de fois depuis. De cette manière, puisque sous prétexte de politique et d'autorité, tout le pouvoir était échu aux ministres, son cœur qui était bon et juste de nature avait été sans cesse détourné du droit chemin, sans qu'il s'en rendît compte.

« Je profitai de l'occasion pour attirer son attention sur l'arrogance des ministres à l'égard des ducs et même de personnes encore plus haut placées. Il s'emporta de ce qu'ils nous refusaient le titre de « Monseigneur » alors qu'ils le réclamaient pour eux-mêmes, qui ne détenaient aucun titre en dehors de la « robe ».

« J'ai de la peine à décrire à quel point cette insolence le choquait et à quel point il désapprouvait de voir distinguée ainsi la bourgeoisie au détriment de la haute noblesse. »[1].

Dans ces derniers mots surgit encore une fois le fond du problème! Sous le couvert de l'absolutisme, l'antagonisme entre la noblesse et la bourgeoisie continuait de s'exprimer avec la même âpreté. Nonobstant l'amitié qui liait quelques nobles et Saint-Simon lui-même avec certains ministres, nonobstant les mariages conclus entre quelques filles de ministres et les nobles de la cour, cette tension essentielle du champ social général se manifestait aussi dans le groupe central de la cour, bien que sous une forme modifiée. Saint-Simon trouve un plaisir visible à citer la parole « admirable » du vieux maréchal de Villeroy[2] : « Mieux vaut avoir pour ennemi un premier ministre issu de la noblesse que pour ami un bourgeois[3]. » Cette conversation traduit en même temps sans ambages l'attitude ambivalente de la noblesse face au roi; ce n'est certainement pas un hasard si la même phrase exprime l'opposition de la noblesse au roi et à la bourgeoisie parvenue. C'est l'évocation des deux dangers parallèles qui menacent l'existence de la noblesse. Cette attitude ressort avec plus de netteté encore des réflexions que Saint-Simon attribue dans ses *Mémoires* au dauphin, après la mort de celui-ci : elles révèlent en tout état de cause la pensée de Saint-Simon, la condition et les projets de la noblesse de cour qui s'opposait en secret à Louis XIV :

« L'anéantissement de la noblesse lui était odieux, dit Saint-Simon en parlant du dauphin, et son égalité entre elle insupportable. Cette dernière nouveauté qui ne cédait qu'aux dignités, et qui confondait le noble avec le gentilhomme, et ceux-ci avec les seigneurs, lui paraissait de la dernière injustice et ce défaut de gradation une cause prochaine de ruine et destructive d'un royaume tout

1. SAINT-SIMON, *Mémoires*, vol. XVIII, chap. cvi, p. 5 ss.
2. SAINT-SIMON, *Mémoires*, vol. XVII, chap. cic, p. 89.
3. On voit que le terme de « bourgeois » tient son arrière-goût de mépris non pas de la lutte entre la bourgeoisie et le prolétariat, mais de la lutte entre la bourgeoisie et la noblesse. Les théoriciens du prolétariat l'ont emprunté à la société de cour.

militaire. Il se souvenait que le monarque n'avait dû son
salut dans les plus grands périls sous Philippe de Valois,
sous Charles V, sous Charles VII, sous Louis XII, sous
François Iᵉʳ, sous ses petits-fils, sous Henri IV, qu'à cette
noblesse, qui ne se connaissait et se tenait dans les bornes
de ses différences réciproques, qui avait la volonté et le
moyen de marcher au secours de l'État, par bandes et
par provinces, sans embarras et sans confusion, parce que
aucun n'était sorti de son état, et ne faisait difficulté
d'obéir à plus grand que soi. Il voyait au contraire ce
secours éteint par les contraires; pas un qui n'en soit venu
à prétendre l'égalité à tout autre, par conséquent plus rien
d'organisé, plus de commandement et plus d'obéissance.

« Quant aux moyens, il était touché, jusqu'au plus profond du cœur, de la ruine de la noblesse, des voies prises
et toujours continuées pour l'y réduire et l'y tenir, de
l'abâtardissement que la misère et le mélange du sang par
les continuelles mésalliances nécessaires pour avoir du pain,
avaient établi dans les courages et pour valeur, et pour
vertu, et pour sentiments. Il était indigné de voir cette
noblesse française si célèbre, si illustre, devenue un peuple
presque de la même sorte que le peuple même, et seulement
distingué de lui en ce sens que le peuple a la liberté de tout
travail, de tout négoce, les armes même, au lieu que la
noblesse est devenue un autre peuple qui n'a d'autre choix
qu'une mortelle et ruineuse oisiveté, qui par son inutilité à
tout la rend à charge et méprisée, ou d'aller à la guerre
se faire tuer, à travers les insultes des commis des secrétaires
d'État, et des secrétaires des intendants, sans que les plus
grands de toute cette noblesse par leur naissance, et par
leur dignité qui, sans les sortir de cet ordre, les met au-dessus
d'elle, puissent éviter ce même sort d'inutilité, ni les dégoûts
des maîtres de la plume lorsqu'ils servent dans les armées...

« Ce prince ne pouvait s'accoutumer qu'on ne pût parvenir à gouverner l'État en tout ou en partie, si on n'avait
été maître des requêtes, et que ce fût entre les mains de la
jeunesse de cette magistrature que toutes les provinces
fussent remises pour les gouverner en tout genre, et seuls,
chacun la sienne à sa pleine et entière discrétion, avec un

pouvoir infiniment plus grand, et une autorité plus libre et plus entière, sans nulle comparaison que les gouverneurs de ces provinces n'en avaient jamais eue [1]. »

Cette critique et ce programme d'un cercle d'opposants de la cour mettent encore une fois en évidence, dans son ensemble, le problème qui fait l'objet de notre étude.

Nous avons attiré l'attention du lecteur sur l'existence, à la cour, d'un état de tension assez particulier entre les groupes et personnes qui étaient redevables au seul roi de leur ascension et ceux qui s'enorgueillissaient d'un titre de noblesse hérité; c'est en jouant sur cette tension que le roi gouvernait sa cour. Nous avons également montré que l'équilibre des forces dans le royaume était une autre condition de la domination du roi et qu'elle avait offert à ses représentants la chance de cette concentration extraordinaire de puissance qui a abouti à la mise en place de la monarchie absolue. Les tensions à la cour, l'équilibre de tensions dans le royaume, étaient des particularités structurelles d'un palier donné de l'évolution de la société étatique française dans son ensemble, de la formation sociale en tant que tout.

S'appuyant sur la puissance croissante des couches bourgeoises, le roi se distançait de plus en plus du reste de la noblesse et vice versa. Il favorisait en même temps l'ascension des groupes bourgeois; il leur offrait des chances économiques en leur concédant des charges, ainsi que des chances de prestige, mais il les tenait aussi en échec. La bourgeoisie et la royauté montaient grâce à leur appui mutuel, tandis que la noblesse périclitait. Mais si jamais des formations bourgeoises ou des membres importants de la justice et de l'administration — auxquels Saint-Simon fait allusion quand il parle de la « magistrature » ou de la « plume » — dépassaient la limite que le roi leur avait assignée, il les remettait aussi brutalement à leur place que les aristocrates.

Les rois ne pouvaient admettre la décadence de la noblesse que jusqu'à un certain point. Car sa disparition aurait compromis leur propre existence et dépouillé leur fonction de toute

---

1. Saint-Simon, *Mémoires*, vol. XVIII, chap. cccxxii, p. 222 ss.

signification; c'est pour lutter contre la noblesse que le roi avait besoin des couches bourgeoises. La noblesse avait perdu beaucoup de ses anciennes fonctions, l'administration, la justice et même une partie des charges militaires au bénéfice des groupes bourgeois; la plupart des charges gouvernementales se trouvaient également aux mains des bourgeois.

Perdant ainsi une à une ses fonctions traditionnelles, la noblesse accéda cependant à une fonction inédite, ou plus exactement elle retrouva une fonction fort ancienne qui avait cessé d'occuper le devant du tableau : celle d'être *la noblesse du roi.*

On s'est habitué à voir dans la noblesse de l'ancien régime une couche *sans fonction.* Cette vue est justifiée, si l'on conçoit la fonction comme faisant partie d'un enchaînement de fonctions, à l'intérieur duquel chaque couche ou groupe satisfait dans un champ social donné, directement ou indirectement, les besoins de tous les autres groupes, un enchaînement de fonctions que l'on observe parfois dans les nations bourgeoises professionnelles. Or, la noblesse de l'ancien régime n'avait pas de fonction pour la « nation ».

Mais l'enchaînement des fonctions, l'engrenage des interdépendances de l'ancien régime étaient à bien des égards différents de ceux d'une « nation » bourgeoise. Il est impensable que la noblesse française ait pu se maintenir en l'absence de toute fonction. Elle n'avait pas de fonction pour la « nation ». Mais le concept de « nation » ou d' « État » en tant que fin en soi était pour ainsi dire inexistant dans la conscience des fonctionnaires les plus influents de cette société, à savoir des rois et de leurs représentants. Nous avons précisé plus haut que pour Louis XIV la finalité propre de ce champ social résidait dans le roi et que dans sa conscience tous les autres facteurs de l'autorité royale ne servaient qu'à exalter et à conserver le roi. C'est dans ce contexte que s'explique l'affirmation que la noblesse n'avait pas de fonction pour la « nation » mais qu'elle avait une fonction pour le roi. Sa domination reposait sur l'existence de la noblesse, qui contrebalançait la bourgeoisie et sur celle de la bourgeoisie, qui contrebalançait la noblesse. Et c'est précisément cette fonction qui a donné à la noblesse de cour son *caractère propre.*

Il est facile de comprendre que la transformation d'une noblesse relativement indépendante en une noblesse de cour entraîne aussi une transformation et une restructuration de sa hiérarchie. Les réflexions de Saint-Simon reproduites ci-dessus mettent en évidence combien la noblesse s'opposait encore, à l'époque de Louis XIV, à cette restructuration, à cette remise en question de l'ordre aristocratique primitif ou du moins traditionnel, au bénéfice d'un ordre nouveau imposé par le roi. Elles montrent que la noblesse rêvait encore au temps de Saint-Simon au rétablissement de la vieille noblesse indépendante. A vrai dire, la réalité telle qu'elle était échappait et devait échapper à la noblesse : elle était plus ou moins à la merci du roi. De même que le roi avait soin de maintenir dans son royaume l'équilibre entre la bourgeoisie et la noblesse, de même sa politique à la cour visait à résister à la pression de l'ancienne noblesse, par la mise en valeur de l'élément bourgeois, ou bien par un traitement de faveur accordé à ceux des membres de la noblesse qui ne devaient pas leur prestige et leur puissance au rang hérité, mais à la seule grâce du roi.

C'est contre cette politique que s'insurge Saint-Simon, c'est cette situation qui cultive dans l'homme les traits que nous qualifions de traits caractéristiques des hommes de cour.

Nous avons posé au début de notre exposé la question des conditions sociales permettant à une institution comme la cour de se reproduire de génération en génération. La réponse, la voici : la noblesse avait besoin du roi, parce que seule la vie à la cour lui offrait les chances économiques et les chances de prestige sans lesquelles elle n'aurait pu mener une vie aristocratique.

Le roi avait besoin de la noblesse : peut-être aurait-il pu se passer des services particuliers qu'elle lui rendait et que nous avons évoqués, peut-être aurait-il pu mettre un terme à son attachement traditionnel à la noblesse, qui prolongeait l'ancienne relation entre le suzerain et ses vassaux; mais il avait besoin de la noblesse pour assurer l'équilibre dynamique entre les couches sur lesquelles il s'appuyait.

Il est faux de voir dans le roi *exclusivement* l'oppresseur de la noblesse; il est tout aussi faux de voir en lui *exclusivement* son conservateur. En réalité, il était l'un et l'autre à la fois!

on aurait tort de ne relever que la dépendance de la noblesse
à l'égard du roi. Le roi dépendait dans une certaine mesure
de la noblesse — de même que chaque monarque dépend
toujours de ceux sur lesquels il règne et plus spécialement des
groupes élitaires. Bien que le roi dépendît dans une large
mesure de l'existence de la noblesse pour sauvegarder les
chances éminentes de puissance de sa position sociale, il est
évident que la dépendance de chaque noble par rapport au
roi était infiniment plus grande que la dépendance du roi
par rapport à chaque noble pris isolément. Si tel noble déplai-
sait au roi, le roi disposait de toute une « armée de réserve »,
grâce à laquelle il lui était facile de remplacer un noble par
un autre noble. C'est cette balance des interdépendances,
cette répartition des dépendances, qui donnait son caractère
spécifique à l'institution qu'on a appelée la « cour » — si
l'on fait abstraction des ministres et d'autres fonctionnaires
recrutés dans la bourgeoisie ou la noblesse de robe, qui faisaient
partie de la cour, mais n'étaient dans la société de cour que
des figures marginales bien que puissantes. Dans cet équilibre
des tensions les deux groupes se tenaient comme deux boxeurs
dans un « corps-à-corps » : ni l'un ni l'autre n'osait changer de
position, car l'adversaire aurait pu en tirer profit; et il n'y
avait pas d'arbitre pour séparer les combattants! Les interdépendances se compensaient de telle manière que l'attachement et la répulsion réciproques s'équilibraient à peu près.

Nous avons vu que, pendant la dernière phase de ce régime,
même les plus haut placés sur l'échelle hiérarchique, le roi,
la reine, les membres de la maison royale avec ses dames de
cour et ses courtisans, étaient tellement prisonniers de leur
propre cérémonial et de l'étiquette qu'ils les observaient en
ployant littéralement sous leur poids. Étant donné que
chaque démarche, chaque geste symbolisait les privilèges de
telles personnes ou de telles familles, que chaque entorse à
l'étiquette risquait de susciter le mécontentement et la résistance active d'autres groupes et familles privilégiés, on
renonçait à la moindre modification de peur qu'en touchant
aux privilèges des autres on ne compromît ses propres privilèges. L'étiquette et le cérémonial de la cour symbolisaient en
quelque sorte les interrelations des élites de l'ancien régime en

général. Qu'il s'agît d'un monopole sur certaines charges, d'un droit sur certaines ressources ou d'avantages de rang et de prestige, toute la gamme nuancée des privilèges, non seulement de la famille royale, mais aussi de la noblesse d'épée, de la noblesse de robe, des grands fermiers et des grands financiers — qui malgré de nombreuses relations horizontales étaient néanmoins reconnaissables comme groupes élitaires dotés de privilèges particuliers — était considérée comme une sorte de « propriété privée », que chaque groupe, que chaque famille gardait jalousement et protégeait contre toutes menaces. L'extension des privilèges d'un autre groupe était souvent déjà considérée comme une menace. Louis XIV était encore assez puissant pour augmenter ou diminuer dans certaines limites les privilèges et adapter ainsi le réseau de tensions aux nécessités de sa position royale. Louis XVI — avec toute sa vaste famille — fait déjà figure de prisonnier du mécanisme réglant ces interdépendances. Au lieu de contrôler, il se laissait dans une certaine mesure contrôler par lui. Semblable à un mouvement perpétuel fantôme, il forçait tous ceux qui en étaient les rouages à défendre dans une émulation sans fin la base privilégiée de leur existence et de faire du « surplace ». C'est ce « corps-à-corps » social qui immobilisait les groupes; chacun vivait dans la crainte qu'un déplacement du centre de gravité n'aboutît à sa propre perte; c'est contre cette paralysie que se brisaient toutes les tentatives intérieures, entreprises par des hommes appartenant aux élites privilégiées, de procéder à des réformes tant soit peu radicales du système de domination. Ces tentatives n'ont pas fait défaut, et il y avait une surabondance de propositions de restructuration. Mais elles ne se fondaient que rarement sur une analyse réaliste des formations privilégiées.

Or, la nécessité d'une réforme s'imposait d'autant plus aux esprits que la pression qu'exerçaient les groupes non privilégiés contre les groupes privilégiés était en constante augmentation. Mais pour bien comprendre la situation, il ne faut jamais perdre de vue le fossé qui sépare dans une société comme celle de l'ancien régime — en dépit de la proximité physique des classes sociales, par exemple des maîtres et des serviteurs — les groupes élitaires privilégiés et ce que nous appelons « le peuple », c'est-à-dire la masse des non-privilégiés. La masse des privilégiés était confinée dans un monde relativement fermé, d'autant plus fermé que son rang était élevé. L'idée qu'on puisse promouvoir le développement de son pays, relever le niveau de vie des populations était étrangère à la plupart de ces hommes. Elle n'avait pas à leurs yeux le caractère d'une valeur. Le maintien des privilèges de leur existence sociale était pour eux une valeur en soi. Le sort des masses se situait au-delà de leur horizon, la majorité des privilégiés s'en désintéressait. Ils voyaient à peine les nuages qui s'accumulaient au-dessus de leurs têtes. Comme il était impossible de rompre la glace des tensions sociales gelées dans les couches dirigeantes, tout fut emporté par le raz de marée qui se déchaîna sous la couche de glace.

Ce raidissement des élites privilégiées de l'ancien régime dans un « corps-à-corps », dans un équilibre des tensions qu'en dépit des abus manifestes personne ne parvenait à « déverrouiller » par des moyens pacifiques, fut sans doute une des causes du mouvement révolutionnaire qui renversa brutalement le cadre légal et institutionnel et installa, après de nombreuses hésitations, une autre structure de domination caractérisée par une autre répartition des forces et une autre balance des tensions. Notre analyse nous permet d'affirmer — bien que le problème mériterait un examen plus approfondi — que l'image couramment employée de la « bourgeoisie » révolutionnaire montant à l'assaut de la noblesse et la taillant en pièces pèche par un certain simplisme. Parmi les couches privilégiées balayées par la Révolution se trouvaient aussi des bourgeois et des couches issues de la bourgeoisie. On fera bien de mieux distinguer, à l'avenir, entre la bourgeoisie privilégiée, dont le sommet était la noblesse de robe, et la bourgeoisie professionnelle.

La question de savoir de quelle manière et pour quelles raisons les hommes se lient entre eux et forment ensemble des groupes dynamiques spécifiques est un des problèmes les plus importants pour ne pas dire *le* plus important de toute la sociologie. Tout effort en vue de le résoudre présuppose la détermination des interdépendances entre individus. Or, nous ne disposons pas à l'heure actuelle de modèles pouvant servir à l'analyse des interdépendances. Ce qui nous fait défaut, ce ne sont pas seulement des modèles *empiriques* détaillés, mais aussi une vérification systématique des instruments de pensée, des catégories et concepts traditionnels qui peuvent être utilisés pour cette tâche. Beaucoup de chercheurs n'ont pas encore compris qu'une grande partie de ces instruments de pensée ont été élaborés dans l'analyse de ce que nous appelons la « nature » et ne s'adaptent pas nécessairement à l'analyse du domaine de la « société », que nous distinguons à tort ou à raison de celui de la « nature ».

Le manque de clarté dans ce domaine aboutit souvent à la confusion dans l'étude des problèmes sociologiques. Un grand nombre de concepts et de catégories mentales issus des sciences naturelles et délayés par l'usage populaire, semblent mal convenir à l'élucidation des problèmes sociologiques. La notion classique de la « causalité unilinéaire » nous en fournit un bon exemple. C'est pourquoi les sociologues prennent parfois la liberté d'inventer d'une manière arbitraire des concepts, sans vérifier par un travail empirique méticuleux si et dans quelle mesure ils peuvent servir d'instruments à l'étude des phénomènes sociaux.

L'analyse sociologique fondée sur l'idée de base que les structures sociales sont des formations d'individus interdépendants, ouvre la voie à une sociologie réaliste. Car le fait que les hommes ne se présentent pas comme des êtres totalement fermés sur eux-mêmes, mais comme des individus dépendant les uns des autres et formant entre eux des groupements d'une grande diversité peut être observé et prouvé par des recherches empiriques. Celles-ci permettent, en outre, de saisir avec certitude mais non de manière exhaustive la naissance et l'évolution de formations spécifiques. Elle permet de déterminer dans quelles conditions s'est établie l'interdépendance spécifique dans une situation donnée et comment cette interdépendance s'est modifiée sous l'effet des altérations tant endogènes qu'exogènes de la formation sociale dans son ensemble.

Nous nous sommes bornés à mettre en lumière seulement quelques aspects des changements survenus dans le réseau des interdépendances et qui ont abouti en France, au cours

du XVIᵉ et XVIIᵉ siècle, à un déplacement de l'équilibre
instable des tensions entre le roi et les autres nobles en faveur
du premier et sa suprématie absolue sur toute l'étendue du
territoire soumis à sa domination. Seuls les déplacements
d'équilibre dans le champ de certaines élites ont été passés en
revue. Bien des interrelations dans le vaste champ de l'évolution sociale de cette époque de l'histoire de France sont
restées à l'arrière-plan ou dans l'ombre.

Même si elle n'est qu'un modèle limité, la société de cour
nous offre une excellente occasion de soumettre à l'épreuve
du travail pratique certaines notions qui aujourd'hui encore
nous semblent étranges, telles que « formation », « interdépendance », « équilibre des tensions », « évolution sociale » ou
« évolution des formations » et de préciser en même temps
leur signification.

Quelques sociologues se demanderont peut-être si c'est
vraiment la peine de se pencher sur les détails de la répartition des forces et des interdépendances de ducs, de princes
et de rois, puisque les positions sociales de ce type ont perdu
beaucoup de leur valeur et ne sont plus dans les sociétés
évoluées que des phénomènes marginaux. Mais ce serait là se
tromper sur le sens même de la mission du sociologue. Ne
consiste-t-elle pas, en dernière analyse, à promouvoir la
compréhension des hommes par eux-mêmes, à quelques
formations sociales qu'ils appartiennent? En examinant les
liens et interdépendances d'êtres humains d'un niveau différent, en s'efforçant d'établir la nature des liens et des interdépendances d'êtres humains à un autre niveau de l'évolution
sociale, en élucidant les causes qui ont abouti dans telle
phase de l'interdépendance humaine à telles formations
spécifiques, on ne contribue pas seulement à une meilleure
compréhension du développement des groupes sociaux, dont
l'aboutissement a été notre réseau d'interdépendances actuel,
mais on découvre aussi dans les formations sociales qui nous
paraissent aussi étranges que les individus dont elles étaient
constituées, des aspects essentiels grâce auxquels nous sommes
à même de nous mettre à la place de personnes dont le mode de
vie ne ressemble pas au nôtre, qui font partie d'autres sociétés
et se signalent par des caractères propres. En découvrant

des interdépendances, on rétablit l'ultime identité de tous les hommes, identité sans laquelle toute relation humaine, même celle qui s'établit entre le chercheur et l'objet de sa recherche, entre les vivants et les morts, retombe au niveau de la barbarie de l'époque reculée et sauvage, où l'individu appartenant à une autre société était considéré comme un être étrange et souvent même pas humain. On parvient ainsi à transcender le plan où les phénomènes sociaux se présentent comme un alignement de sociétés et de « civilisations » différentes, où l'observateur a l'impression que l'analyse sociologique des différentes sociétés ne peut se faire que sur une base relativiste. On atteint un autre plan, où l'altérité des autres sociétés et des hommes qui les constituent n'est pas ressentie comme une chose bizarre, où les hommes d'autres sociétés peuvent devenir des objets de notre savoir et de notre compréhension. Une recherche sociologique ou historique purement descriptive s'arrête — pour employer une autre image — sur la ligne à partir de laquelle les hommes qu'on prétend étudier nous apparaissent pour ainsi dire à la « troisième personne ». C'est seulement en poussant plus loin l'étude qu'on reconnaît dans l'objet d'étude un être humain, qu'on arrive à l'intégrer dans notre vision, à l'inclure dans notre « nous », à le comprendre vraiment.

L'analyse des interdépendances nous facilite l'accès de ce plan. C'est ainsi que la détermination d'une partie du réseau d'interdépendances de la position de roi au temps de Louis XIV nous le montre vu de l'extérieur, pour ainsi dire à la « troisième personne »; mais elle ouvre aussi la voie à une reconstruction particulièrement précise de son expérience personnelle. Sans la détermination du réseau d'interdépendances dont il était un des éléments constituants, il n'est pas possible de se mettre à sa place et de se faire une idée exacte des possibilités que lui offrait son autorité et de la manière dont il en profita. Une bonne connaissance de son comportement, des décisions qu'il prit en fonction de ces possibilités, de la marge d'expérience et de liberté d'action que lui laissait son réseau d'interdépendances permet seul de tracer un portrait satisfaisant de sa personne. Ce n'est qu'en un deuxième temps qu'on peut essayer de percevoir Louis XIV comme un homme confronté, comme chacun de nous, à des problèmes spécifiques. Quand on a bien compris la manière dont il abordait ou évitait ses problèmes, on peut se prononcer sur sa « grandeur ». Car la valeur d'un individu ne peut être déterminée en fonction de ce qu'il semble être, si l'on fait abstraction de ses relations avec les autres humains; elle ne peut être fixée qu'en tenant compte de la manière dont il a résolu les tâches qui résultaient pour lui de sa vie d'homme au milieu d'autres hommes. On peut donc comprendre mais non accepter la formule parfois proposée selon laquelle Louis XIV aurait été un homme insignifiant mais un roi remarquable. Elle exprime peut-être simplement l'idée que Louis XIV a utilisé au maximum les possibilités que lui offrait sa carrière de roi, mais qu'il n'aurait guère brillé dans une autre carrière sociale, comme philosophe, comme historiographe, comme intellectuel ou tout simplement comme « homme en soi ». Or, il est impossible de formuler des appréciations vérifiables sur l'homme en soi. La valeur d'un homme ne peut être définie en faisant abstraction de son évolution dans le cadre de son interdépendance, de sa position, de sa fonction par rapport aux autres.

Or, c'est encore très souvent ce qu'on fait : on a tendance à juger les hommes d'une autre époque ou d'une autre société en prenant comme critères les valeurs de son propre temps, à sélectionner dans l'infinité des faits ceux-là mêmes qui, à la lumière de ses propres valorisations, semblent revêtir une importance particulière. En procédant de la sorte, il est impossible de discerner les interdépendances des hommes dont on veut comprendre le comportement. On les détache des interrelations qu'ils entretenaient avec d'autres, on les insère d'une manière hétéronome dans des contextes qui ne sont pas les leurs — et qui sont déterminés par l'échelle des valeurs du chercheur et de son temps.

« L'analyse des formations » est tout simplement une méthode visant à assurer à l'objet de nos recherches une plus grande distance, une plus grande autonomie par rapport aux critères de valeur, souvent futiles et éphémères, tirés des grandes options idéologiques au milieu desquelles se débat le chercheur. C'est seulement en concédant aux objets de notre recherche une plus grande autonomie, critère de valeur essentiel, que nous parviendrons à échapper à l'emprise des idéaux hétéronomes qui assaillent le chercheur parti à la découverte de l'homme. C'est en remplaçant les valeurs hétéronomes par des valeurs autonomes que nous conservons quelque espoir d'entrer en contact plus étroit avec le contexte des faits, avec le réseau d'interdépendances de l'objet de nos recherches, de pouvoir élaborer des modèles de ces interdépendances, modèles qui ne risquent pas d'être désagrégés par nos partis pris et nos idéologies. De tels modèles ont l'avantage de permettre aux générations futures de reprendre notre travail et d'assurer à la recherche sur l'homme une plus grande continuité.

Le tableau de la société de cour tel qu'il se dégage de notre étude constitue sur une petite échelle un tel modèle. Nous avons vu que les hommes de cette société entretenaient des liens réciproques — constituaient des formations — qui divergeaient à bien des égards de ceux qu'entretiennent les membres des sociétés industrielles, que leur évolution et leur comportement s'en distinguaient. Cette altérité d'hommes ayant appartenu à des sociétés différentes n'a pas été interprétée au cours de notre analyse, dans une perspective relativiste, comme une chose étrange ou bizarre, elle n'a pas non plus été réduite, dans une perspective absolue, à quelques éléments « universellement et éternellement humains ». Nous avons vu que la détermination des interdépendances nous offre la possibilité de laisser aux hommes d'autres sociétés leur caractère spécifique, unique et différencié tout en les concevant comme des êtres humains à la place et dans la situation desquels nous pouvons nous mettre, auxquels nous pouvons nous identifier par une démarche essentiellement humaine.

Cette remarque ne s'applique pas seulement au roi, dont la position sociale risque d'évoquer une individualité absolument autonome et ne dépendant que d'elle, elle s'applique aussi aux membres de la noblesse, à condition qu'on se donne la peine de les faire ressortir, avec leur profil propre, de la foule anonyme des nobles. Elle s'applique au duc de Montmorency. Sa fin, qui a valeur d'exemple, éclaire d'un jour brutal certains traits de son caractère. Elle éclaire aussi le déplacement du centre de gravité de la structure sociale qui, après de nombreux mouvements de pendule dans la lutte tenace entre la noblesse et la royauté, a fini par donner la victoire à celle-ci. Elle permet de mieux comprendre l'attitude respective de Saint-Simon et de La Rochefoucauld, puisqu'on se rend compte que l'un et l'autre tendent, dans la limite de la marge de manœuvre dont disposait l'aristocratie à la cour de Louis XIV, vers des pôles opposés. L'idée que les analyses sociologiques nivellent et affadissent l'image de l'homme en tant qu'individu est justifiée pour autant qu'on applique à la recherche des théories et méthodes sociologiques qui, au lieu de voir dans les phénomènes sociaux des formations d'individus, les rejettent en dehors et au-delà des individus. On accède à une compréhension plus vive et plus profonde de l'individualité de chaque être humain, si on le situe à l'intérieur des formations qu'il constitue avec d'autres humains.

CHAPITRE VI

Curialisation et romantisme aristocratique

O<small>N</small> observe déjà pendant la phase où une partie de la chevalerie française, renforcée de quelques éléments de la bourgeoisie montante, se transforme en une noblesse de cour, phase que l'on peut qualifier de « première période de curialisation », un certain nombre de phénomènes que l'on attribue parfois aux derniers développements sociaux et plus particulièrement à l'industrialisation et à l'urbanisation. Pendant le processus d'urbanisation industrielle, la petite entreprise artisanale indépendante cède peu à peu le pas à l'entreprise manufacturière qui réunit de nombreuses personnes dans une interdépendance permanente. Les fils de paysans et d'ouvriers agricoles gagnent les villes. Pendant un certain temps, survivent les souvenirs idéalisés de l'artisanat et de la paysannerie, symboles d'un passé meilleur, d'une existence plus naturelle et plus libre et qui contraste avec les contraintes de la ville et les interdépendances industrielles.

Des sentiments analogues se font jour aussi dans la société de cour, pendant la phase de curialisation, mais aussi plus tard. Si on veut se faire une idée précise de la noblesse de cour sous Louis XIV, il ne faut jamais perdre de vue que sa structure, son organisation, son mode de vie sont l'aboutissement d'un processus qui a acculé une partie de l'ancienne noblesse à l'alternative soit de vivre sur ses terres dans des conditions matérielles médiocres et parfois franchement misérables, de s'exposer au mépris de la noblesse de cour pour

les « gentilshommes campagnards » regardés comme des
« rustres », soit de supporter les contraintes et les dépendances
de la cour.

Mais les hommes qui furent entraînés dans les tourbillons
de cette grande mutation ne considéraient pas leur sort
comme une conséquence d'un processus social à évolution
très lente. L'idée qu'ils pussent être les victimes d'un changement de formation, dont la puissance dépassait celle d'un
roi ou des élites les plus puissantes du pays, ne les frôlait
même pas! De nos jours encore on parle fréquemment de
l'« époque absolutiste », comme si la concentration du pouvoir
entre les mains des monarques s'expliquait dans chaque
pays par les prouesses de quelques rois ou princes; on n'attribue que peu d'importance au problème de la transformation
sociale qui a offert, parfois plus tôt parfois plus tard, aux
souverains de la plupart des États de l'Europe continentale
de très grandes chances de puissance; on range ce problème,
si tant est qu'on lui prête quelque attention, bien après celui
des performances de quelques grands personnages dont on
a retenu les noms. On ne saurait s'étonner de ce que les nobles
eux-mêmes, profondément engagés dans le processus de
curialisation, aient ressenti le déplacement progressif de la
balance des tensions et des interdépendances étatiques à leur
détriment, comme l'aboutissement des plans et agissements
de certains individus et de certains groupes. Si l'on fait l'effort
mental de se mettre à leur place, il ne faut pas croire qu'ils
voyaient les causes profondes de leur sort comme nous les
voyons aujourd'hui.

La curialisation de la noblesse d'épée, processus dont l'importance pour l'évolution de la civilisation européenne a
été démontrée ailleurs [1], fait partie de ces mouvements, qui
ont éloigné les producteurs de denrées alimentaires de leurs
lieux de production, de l'agriculture et de l'élevage. On
qualifie ces mouvements, aujourd'hui, d'un terme teinté de
romantisme, de « déracinement » ou d'« aliénation ». Or, déjà
la noblesse de cour se sert d'intonations romantiques pour
décrire cette expérience. Pendant la phase de transition,

---

1. *Cf.* N. Élias, *La dynamique de l'Occident*, à paraître chez le même éditeur.

des nobles qui avaient grandi dans les domaines de leurs ancêtres étaient obligés de s'habituer à la *vie de cour*, vie plus raffinée, plus diversifiée, plus riche en relations humaines, mais aussi bien plus soumise à la nécessité du contrôle de soi. Les hommes et les femmes de cette génération évoquent déjà, à la cour où se déroule désormais leur existence, la vie à la campagne, les paysages de leur enfance, avec des accents de nostalgie. Plus tard, après l'achèvement de la curialisation de la noblesse, à une époque où les membres de la noblesse de cour affichaient un mépris ouvert pour la noblesse campagnarde d'allure paysanne et peu civilisée, la vie rurale gardera néanmoins son attrait nostalgique. Le passé se transforme en une vision de rêve. La vie à la campagne apparaît comme le symbole de l'innocence perdue, de la simplicité libre et naturelle; on l'oppose volontiers à la vie citadine, à la vie de cour, à ses contraintes, à ses obligations hiérarchiques compliquées, au contrôle de soi sévère qu'elle demande à chacun. Il est certain qu'au XVIIe siècle, la curialisation d'une partie de la noblesse avait fait de tels progrès que les hommes et femmes de la cour n'auraient certainement pas apprécié qu'on les obligeât à retourner à la vie relativement fruste, peu raffinée et peu confortable de leurs ancêtres. Mais la « vie campagnarde » qu'ils évoquaient dans leurs conversations, leurs livres, leurs plaisirs n'avait que peu de rapport avec la vie réelle, avec l'existence des paysans à la campagne. S'insérant dans un ensemble de conventions, elle apparaissait aux nobles de la cour dans un déguisement idéalisé : les bergers et les bergères dont ils rêvaient ne ressemblaient guère aux bergers réels, dont les conditions d'existence étaient précaires et souvent misérables. Cette nostalgie de la campagne était, comme au XVIe siècle la vogue des romans de chevalerie que Cervantès ridiculise dans sa magnifique satire, un symptôme de la curialisation progressive des guerriers. La figure du beau ténébreux et le romantisme chevaleresque — ce n'est que peu à peu que les termes de « roman » et de « romantisme » s'écarteront l'un de l'autre — nous montrent la chevalerie médiévale à la lumière crépusculaire de la nostalgie qu'inspire la vie plus libre et plus indépendante du guerrier intrépide, victime de la centralisation progressive des États et de la réorganisation des armées qu'elle entraîne. De la même manière le romantisme pastoral, qui s'annonce déjà sous une forme épisodique dans le roman de chevalerie, exprime la nostalgie des gentilshommes et de leurs dames curialisés, qui rêvent d'une vie campagnarde que la distance embellit. Il éclaire la double perspective de la curialisation de la noblesse, telle qu'elle se voit et telle que nous la voyons. Il illustre les sentiments de nobles que l'intégration progressive de l'État enferme dans un réseau d'interdépendances exigeant un contrôle de soi plus rigoureux. Plus tard, le noble sera dès sa naissance à l'intérieur d'un tel réseau.

En examinant ces poussées romantiques curiales, on aborde le problème crucial de ces attitudes et modes de perception que nous avons pris l'habitude de désigner par le terme de « romantisme ». Il existe de nombreuses variétés de mouvements « romantiques ». Mais il n'existe aucune théorie centrale qui tienne compte des particularités structurelles communes à tous ces mouvements, théorie que les générations futures pourraient mettre à l'épreuve, étendre, aménager, améliorer ou remplacer par d'autres, plus conformes aux faits d'observation. Mais laissons ce soin aux chercheurs à venir. La tradition qui régit de nos jours l'histoire des idées, et à laquelle on se réfère pour décrire les idées communes à certains groupes sans examen préalable de ces groupes, de leur structure, de leurs expériences, bref, sans aucun rapport avec des êtres concrets — confère au terme « romantique » une valeur catégorielle vague, brumeuse, souvent arbitraire. On qualifie les produits littéraires et culturels de certains groupes humains de « romantiques », comme si le « romantisme » était en quelque sorte apporté par le vent, pour être — un peu plus tard — de nouveau emporté par lui. On le décrit comme une manière de penser et de sentir non structurée, qui s'empare à certains moments de groupes humains sans aucune raison visible. On se contente de simples descriptions, comme si de tels mouvements ne pouvaient être expliqués et n'avaient pas besoin d'explication.

Notre analyse du processus de la curialisation, de l'accroissement des contraintes et plus particulièrement de la nécessité du contrôle de soi [1] — corollaires de la formation d'États plus étendus et plus intégrés, de la division progressive des fonctions et de l'allongement des chaînes d'interdépendances — nous permet d'expliquer le phénomène. Les courants romantiques de la cour font partie des réactions psychiques précoces aux progrès de l'intégration étatique et de l'urbanisation, qui en est un des aspects essentiels. Ces courants ont sans doute des caractères particuliers qui les distinguent des courants romantiques bourgeois de date plus récente. Mais ils ont des particularités structurelles communes qui doivent être interprétées comme les manifestations d'un seul et même bouleversement de la formation sociale tout entière, bouleversement s'opérant dans un sens donné, irréversible, et comportant les mêmes motifs fondamentaux à des niveaux différents. Un de ces motifs de base est l'attitude ou l'expérience typique à laquelle se rapporte le terme de «romantique». Les courants romantiques de la cour nous montrent un palier précoce, les courants romantiques bourgeois un palier plus récent de l'évolution de cette attitude ou expérience typique. Pourtant, il y a de l'un à l'autre une certaine continuité thématique. Le romantisme chevaleresque nous fournit un exemple particulièrement éclairant du phénomène. Mais ce qui relie les différents courants entre eux, ce sont les situations structurelles comparables de certaines couches sociales. La grande ligne générale, l'orientation commune des changements structurels globaux tendant à une augmentation de l'interdépendance et à la différenciation progressive des groupements humains, produit des poussées et des situations récurrentes de ce genre. Le développement d'États plus centralisés, aux fonctions plus diversifiées, de cours princières plus étendues, ou — à un stade ultérieur de l'évolution — de centres gouvernementaux et administratifs plus vastes et plus englobants, l'extension progressive des capitales et des cités commerciales, la monétisation, la commercialisation, l'industrialisation ne sont que des aspects différents d'une seule et même transformation globale.

Mais la caractéristique structurelle déterminante de cette

1. *Cf.* N. ÉLIAS, *La dynamique de l'Occident*, à paraître chez le même éditeur.

lente transformation de la cohabitation humaine, caractéristique que notre analyse du processus de la curialisation
des guerriers a rendue particulièrement visible, échappe souvent à toute emprise conceptuelle : cette caractéristique,
c'est l'interdépendance incessante de mouvements de montée et de descente, d'intégration et de désintégration, de
formation et de décadence au cours du processus global. De
nos jours, on se contente souvent d'un schéma simpliste
pour décrire les transformations sociales irréversibles. La
classification sociologique en vigueur des couches sociales
est bien en retard sur nos connaissances empiriques — ce
retard est dû en partie au fait que sociologues et historiens
travaillent chacun de leur côté, les historiens ne se souciant
guère de la mise à jour de leur outillage théorique et conceptuel, les sociologues négligeant le traitement théorique et
conceptuel des connaissances de détail élaborées par les
historiens.

Ainsi on met à la disposition des chercheurs un schéma
de base pour la classification des couches sociales qui se
contente de trois, à la rigueur de quatre catégories : la noblesse,
la bourgeoisie, la classe ouvrière et, parfois, la paysannerie,
si l'on accepte d'en faire une couche à part. Avec un tel
schéma, les mouvements descendants et ascendants de l'évolution sociale se présentent sous une forme très simplifiée :
quand la « bourgeoisie » monte, la « noblesse » descend;
quand la classe laborieuse monte, la bourgeoisie descend.
Ainsi, le traitement des matériaux d'observation se fait dans
la seule perspective de la disparition effective ou imaginaire
d'une des formations sociales connues sous le nom indiqué
ci-dessus. En réalité, chacun de ces noms couvre souvent des
formations sociales de types différents ou, pour employer
une autre formule, de niveaux différents de l'évolution
sociale dans son ensemble. Il n'est pas vrai que les membres
d'une couche ultérieure portant le nom d'une couche plus
ancienne en soient les descendants. C'est ainsi que dans la
France du XVIᵉ siècle et du XVIIᵉ siècle, la noblesse aristocratique de cour était formée en partie de familles n'appartenant pas à la noblesse. De la même manière, il n'est pas
nécessaire que les couches actuelles, produites par telles

structures et remplissant telles fonctions portent le même nom que les couches apparentées des niveaux précédents. Certaines couches d'élites bourgeoises, comme par exemple le patriciat, peuvent s'apparenter, sur le plan structurel, à des couches aristocratiques, les couches d'élites d'États ouvriers peuvent fort bien ressembler aux élites bourgeoises. La rigidité, le manque de précision, les préjugés affectifs qui grèvent les classifications courantes compliquent la tâche du chercheur soucieux de décrire avec précision les résultats de ses observations.

Pour la même raison, la description des processus que nous venons d'analyser reste souvent imprécise. La montée d'un nouveau type d'une couche sociale déterminée — dans notre cas d'un groupe aristocratique — peut s'accompagner de la descente d'un type plus ancien de la même couche (ou d'une couche qu'on désigne par le même mot), sans qu'on établisse toujours une distinction très nette entre les types montants et descendants de la couche ainsi désignée. La montée des monarques et de leurs représentants, membres d'un groupe social sui generis, leur victoire après de longues luttes avec les représentants d'autres formations partielles du même niveau évolutif, ne trouvent en général aucune place dans ce schéma! L'évolution de la société dans son ensemble, telle qu'elle est constituée par les différentes couches sociales interdépendantes, dont les chefs ou souverains détiennent, en tant qu'autorités de coordination suprême, une position autonome dans l'équilibre des couches et groupes d'une société étatique, se dissimule souvent derrière des formules du genre « évolution de l'État ». On recourt à ces formules sans préciser auparavant les rapports qui existent entre les tensions et déplacements des forces à l'intérieur des différentes couches sociales et l'évolution de la structure globale qu'elles forment ensemble.

Nous avons vu qu'en France la ligne générale du déplacement des forces dans les rapports entre couches dirigeantes, et de la naissance d'un nouveau groupement aristocratique, la noblesse de cour à la fin du Moyen Age, était relativement facile à déterminer. Une partie de la noblesse d'épée seigneuriale périclita par suite du processus de centralisation et d'intégration étatiques; pendant ce temps, on assista au développement de la noblesse de cour composée à parts égales de l'ancienne noblesse et de descendants de familles bourgeoises; cette formation particulière s'entoura de barrières sans cesse plus étanches, même à l'encontre de la noblesse non curialisée. Dans d'autres pays, la ligne générale de cette évolution fut plus tortueuse. Ainsi, dans l'Empire germanique, les mouvements de pendule en faveur des formations bourgeoises ou aristocratiques étaient relativement violents et tendaient vers les extrêmes. Avec l'épanouissement des cités médiévales, on assista à la montée d'une bourgeoisie corporative et commerciale aisée et parfois opulente, qui bénéficiait d'une autonomie politique, d'une indépendance, même à l'égard du prince et de la noblesse campagnarde locale, qui n'avait son égale — si l'on fait abstraction de la Suisse et des Pays-Bas, qui faisaient encore à demi partie de l'Empire — qu'en Italie. Autrement dit, cette bourgeoisie était caractéristique de l'évolution de la répartition des forces dans l'Empire germanique médiéval. Mais, à la fin du Moyen Age, une grande partie de la noblesse d'épée allemande, cantonnée dans ses châteaux forts, tomba dans l'indigence. En guerriers qu'ils étaient, les nobles acculés à la misère tentèrent de se procurer par la force ce qu'ils ne pouvaient obtenir autrement : ils ont fait leur entrée dans l'histoire sous le nom de « chevaliers brigands ». De nombreux témoignages attestent l'âpreté et la fréquence des combats entre les citoyens des villes et la noblesse campagnarde, le mépris avec lequel ceux-ci traitaient les nobles ruinés, la colère des nobles devant l'arrogance des bourgeois auxquels ils se sentaient hiérarchiquement supérieurs. Les échos de cet antagonisme aigu entre la ville et la campagne, entre la bourgeoisie et la noblesse, étaient encore perceptibles dans beaucoup de régions d'Allemagne — pas dans toutes! — après que l'intégration étatique, sous la forme d'une multitude de gouvernements territoriaux, eut rétabli quelque peu la balance instable de forces entre les formations aristocratiques et les formations bourgeoises en faveur des premières. En réalité, ce fut plutôt une noblesse de cour ou — plus généralement — une noblesse d'administrateurs et de militaires, qui s'imposa face à une bourgeoisie d'artisans et de commerçants appauvrie ou du moins dépouillée de toute influence politique; ses couches de pointe ne fournissaient plus guère des négociants et hommes d'affaires de l'envergure d'un Fugger, mais des groupes de fonctionnaires bourgeois parfois curialisés.

Malgré la diversité qui marque, sur beaucoup de points de détail, l'évolution de la balance des tensions multipolaire entre formations aristocratiques, bourgeoises et princières dans les différents pays, il est facile de reconnaître les grandes lignes de ce processus très progressif, la restructuration de l'organisation sociale dans le sens d'une différenciation plus poussée et plus nuancée des fonctions et d'une coordination et intégration étatique plus raffinée et plus solide dans un domaine de domination déterminé.

Or, on pourrait croire, à regarder seulement la ligne générale, qu'il s'agissait d'une évolution rectiligne et sans conflits. Pour se faire une idée réaliste de ce processus, il faut avoir une vue d'ensemble des discontinuités qui marquent la continuité des grands courants évolutifs, de la simultanéité de phénomènes aussi antinomiques qu'intégration et désintégration, ascension et décadence, victoires et défaites.

Au cours de cette transformation des interdépendances humaines, les formations et positions plus anciennes sont dépouillées graduellement de leurs fonctions sociales. Les hommes qui y étaient attachés perdent leur existence sociale, se voient privés de bon nombre de valeurs tenues pour essentielles, et s'appauvrissent, à moins qu'ils n'acceptent de s'insérer dans les nouvelles positions et formations en plein essor. Ces dernières font généralement partie d'un réseau d'interdépendances plus englobant, plus serré que les anciennes, vouées à la décadence. Si l'on compare les hommes nouveaux avec ceux du niveau antérieur, on constate qu'ils se trouvent engagés dans des formations humaines plus organisées, plus étendues, marquées par des contacts plus nombreux, plus variés, plus instables. Leurs dépendances directes et indirectes sont en général plus nombreuses et plus variées. Les formations montantes exigent, pour cette raison même, de leurs membres un contrôle de soi plus attentif, plus méticuleux; leurs prédécesseurs n'avaient pas besoin de se maîtriser autant pour conserver leur position sociale d'élite. Nous avons vu que l'aristocrate de la cour absolutiste, que même le roi absolutiste constituent avec d'autres individus une formation plus ample, plus solide, plus intégrée, marquée par plus de contacts. L'interdépendance les relie directement et indirectement à un plus grand nombre de personnes qu'un chevalier ou monarque médiéval d'une structure de domination comparable. La même remarque s'applique au noble, officier dans une armée ou une unité royale, quand on le compare au vassal féodal qui, flanqué de ses hommes armés et soldés par lui, entre en campagne avec son suzerain, qu'il quitte parfois en pleine guerre, s'il estime que les hostilités se prolongent trop ou que le délai convenu est dépassé. On peut en dire autant de commerçants vaquant à leurs affaires dans le réseau d'interdépendances sans cesse plus serré d'un État marchand et industriel moderne. A la place de propriétaires et d'entrepreneurs relativement indépendants de maisons moyennes ou petites, nous trouvons, dans l'ordre nouveau, des directeurs et « managers » nettement moins indépendants d'entreprises géantes. On arrive à des conclusions analogues, si l'on compare la situation des ouvriers et employés d'entreprises industrielles à celle des artisans et commerçants de l'ère pré-industrielle. Compte tenu de la balance des forces entre souverains et sujets — si tant est qu'on puisse la séparer de son contexte général — on serait tenté de croire que les contraintes auxquelles les interdépendances soumettaient les commerçants et artisans de l'ère pré-industrielle pesaient plus lourdement sur eux que celles que supportent les ouvriers et employés de grandes entreprises industrielles. Mais pour bien saisir la nature de la lente évolution dont il s'agit ici, il ne suffit pas de regarder ces contraintes d'interdépendances autoritaires comme un phénomène isolé. Seul importe le fait que les chaînes d'interdépendances que les hommes nouent à tel niveau d'évolution antérieur sont, prises dans leur ensemble, plus directes, plus nombreuses, souvent moins solides, moins bien structurées que celles qu'ils établissent aux niveaux suivants. Lorsqu'un certain point de l'évolution est atteint, que les chaînes d'interdépendances ont une certaine longueur, une certaine densité, une certaine solidité, la *nature* des contraintes que les hommes exercent les uns sur les autres se modifie dans un sens spécifique. Or, une des caractéristiques de cette transformation est le changement d'un nombre croissant de contraintes extérieures en « autocontraintes ». C'est ce changement qui joue un rôle déterminant dans la genèse des tendances romantiques. Il nous semble utile de signaler au moins en passant que nous touchons là du doigt quelques-uns des critères de l'évolution sociale, sur lesquels se fonderont à l'avenir les comparaisons entre les différents niveaux de l'évolution et qui permettront de déterminer aussi la « direction » de l'évolution et d'opérer des mesures précises à l'aide de séries de nombres et de séries de formations sociales. Un de ces critères — parmi les plus simples — est le nombre de contacts de routine qu'entretiennent les individus de couches, de groupes d'âges et de sexes différents, comparés à un autre niveau de l'évolution sociale. D'autres critères sont la quantité, la longueur, la densité, la solidité des chaînes d'interdépendances que tels individus, si on les met en parallèle avec des individus de niveaux antérieurs et postérieurs, forment, dans le cadre du même continuum spatio-temporel, avec d'autres individus. Mentionnons encore les balances de tensions centrales d'une société : plus les fonctions se différencient, plus le nombre des centres de pouvoir augmente; la répartition irrégulière du pouvoir — sans disparaître complètement — diminue. N'oublions pas un dernier critère, à savoir l'état des trois contrôles fondamentaux exercés par les hommes en société : le contrôle des phénomènes naturels extra-humains, le contrôle que les hommes exercent les uns sur les autres, le contrôle que l'homme exerce sur lui-même. L'état de tous ces contrôles se modifie également à chaque niveau de manière caractéristique et ne se limite nullement à des changements quantitatifs.

Les modifications structurelles des contraintes que les hommes s'imposent réciproquement et à eux-mêmes — pour ne parler que de celles-là — modifications que l'on observe dans les récents développements de la société européenne (que l'on compare la situation de la noblesse du Moyen Age finissant avec l'aristocratie de cour en France ou celle des

couches de la bourgeoisie corporative de l'Allemagne pré-
industrielle avec celle de la bourgeoisie professionnelle de ce
même pays, soumise aux effets de l'urbanisation, de l'industrialisation et de l'intégration étatique), nous permettent
de mieux saisir le problème particulier de l'idéalisation
romantique de formations sociales décadentes ou disparues
par les représentants d'un niveau évolutif ultérieur. De telles
tendances s'observent dans certaines couches supérieures et
plus spécialement dans leurs élites, dont les prétentions au
pouvoir n'ont pas abouti et ne peuvent aboutir sans la destruction du régime qui leur garantit leur position privilégiée.
Ces couches sont bien plus exposées aux contraintes de
l'interdépendance et aux autocontraintes d'origine culturelle
que les formations sociales qui les ont précédées. Les représentants des niveaux d'évolution antérieurs symbolisent à
leurs yeux une vie plus libre, plus indépendante, plus naturelle et, en tout état de cause, meilleure. Ils incarnent des
idéaux que l'on appelle de ses vœux, mais dont on sait qu'ils
sont irréalisables dans la vie sociale présente et future. La
glorification des chevaliers errants après la curialisation de la
noblesse ou — sous une forme plus individualisée — l'idéalisation de la bourgeoisie corporative libre et indépendante du
Moyen Age, l'idéalisation romantique de la chevalerie médiévale dans les opéras de Wagner, au moment même où les
espoirs de la bourgeoisie allemande de prendre une plus
grande part au gouvernement s'étaient définitivement éva-
nouis, où les contraintes de l'intégration étatique étaient
venues s'ajouter à celles de l'industrialisation, sont autant
d'exemples de cette tendance. Autrement dit, un des traits
essentiels de la mentalité et de l'idéalisation romantiques est
la tendance à voir dans le présent une dégradation du passé
et à envisager l'avenir — si tant est qu'on s'en préoccupe —
comme le rétablissement d'un passé plus beau, plus pur, plus
merveilleux. Si l'on se demande pourquoi le regard de ces
groupes romantiques est tourné vers le passé, pourquoi ils
s'imaginent trouver la délivrance de leurs misères présentes
dans un retour à un stade révolu de l'évolution, dont ils se
font une idée romantique et peu réaliste, on découvre un
conflit spécifique qu'on peut considérer comme le conflit

fondamental de l'expérience romantique. Ce qui fait qu'une attitude humaine et les produits culturels qui la traduisent sont « romantiques », c'est l'expression du dilemme devant lequel se trouvent placées des couches supérieures désireuses de briser leurs chaînes sans ébranler l'ordre social établi, garant de leurs privilèges, sans compromettre les fondements de leur philosophie sociale et de leur raison de vivre. Certes, il existe en général d'autres possibilités de surmonter ce dilemme. Dans la société de cour française, les courants romantiques étaient — pour autant qu'on en puisse juger — moins sensibles à l'époque de Louis XIV, monarque autoritaire, capable à tout moment de donner un tour d'écrou, qu'avant et après lui, au temps de souverains moins puissants ou disposés à lâcher la bride. Il est toutefois permis d'attribuer aux courants mystiques et religieux à la cour de Louis XIV une fonction analogue. La possibilité de s'identifier à l' « oppresseur », la satisfaction émotionnelle qu'offrait une telle identification pendant une ère de gloire pour le roi et de puissance pour son royaume ont pu faire paraître moins pesantes les contraintes politiques et civilisatrices de la curialisation et atténuer la composante négative des sentiments ambivalents.

Quoi qu'il en soit, nous devons nous borner ici à un rapide résumé des données de ce conflit fondamental. Il s'y manifeste l'ambivalence foncière de la sensibilité d'individus appartenant à une certaine formation sociale. Aux sentiments positifs — on est fier d'appartenir à un rang social plus élevé, de mieux se maîtriser, d'avoir de meilleures manières, de descendre d'une meilleure famille, d'avoir bénéficié d'une meilleure éducation et d'une meilleure formation générale — se mêlent des sentiments négatifs qui visent l'ordre social établi et plus spécialement les contraintes extérieures. Ces sentiments négatifs s'adressent, sur le plan affectif, à telles personnes ou tels groupes d'un rang plus élevé, ou bien ils s'expriment, si le sentiment de sa propre impuissance et du caractère inéluctable des contraintes prédomine, par un malaise diffus, un pessimisme romantique. Ils ont pour objet aussi les autocontraintes de la civilisation, elles aussi inéluctables. Souvent, ces sensations et sentiments négatifs n'accèdent même pas à la conscience. Ils présentent un danger social quand ils visent des personnes ou groupes plus puissants, ils ne peuvent s'extérioriser quand ils sont dirigés contre les autocontraintes, les normes sociales intégrées à la personne qui — tels les bonnes manières, les normes, valeurs, idéaux ou la « bonne conscience » — sont des éléments appréciés et, personnellement et socialement, indissociables du « Moi » et du respect de soi-même. Ils trouvent parfois leur expression symbolique dans la projection d'idéaux personnels, dans la vision d'une vie plus libre et plus naturelle que le rêveur situe dans le passé. L'éclairage romantique qui caractérise cette évocation du passé traduit une nostalgie sans remède, un idéal inaccessible, un amour irréalisable.

Ce *modèle hypothétique* de l'incidence d'une expérience vécue particulière sur une formation sociale particulière ne dévoile à la vérité qu'un seul secteur du contexte réel présidant à la naissance de courants romantiques. Mais ce modèle, pour limité qu'il soit, peut contribuer à « désenclaver » les courants romantiques sous-jacents de l'aristocratie de cour en France et à les éclairer par leur rapprochement avec des courants analogues survenus dans des formations sociales appartenant à un autre niveau de l'évolution. Qu'on songe seulement à la bourgeoisie allemande de l'ère wilhelmienne; là aussi, on observe des courants romantiques sous-jacents. Tout comme la noblesse française à l'époque de l'économie marchande et de la curialisation, la bourgeoisie allemande se trouvait engagée depuis le début du XIXᵉ siècle dans un processus de commercialisation, d'industrialisation et enfin d'intégration étatique, qui prolongeait et intensifiait les interdépendances et augmentait sensiblement la pression sociale visant à susciter, par des poussées successives, des autocontrôles plus rigoureux, plus réguliers, plus englobants, plus différenciés dans les individus. Les deux couches, la noblesse française et la bourgeoisie allemande, étaient pourtant différentes à plus d'un égard. Mais si dissemblables qu'elles puissent apparaître dans une perspective d'ensemble, leur insertion dans la société étatique globale dénotait certaines similitudes structurelles. Dans les deux cas, nous avons affaire à des couches supérieures qui, malgré leur orgueil et leur soif de prestige, n'avaient aucune part aux fonctions gouvernementales et aux décisions politiques. Le désir velléitaire de participer au gouvernement et de partager le pouvoir allait de pair avec une résignation au rôle de sujet, qui était devenu une sorte de seconde nature. Dans un cas comme dans l'autre, nous avons affaire à des couches engagées dans une compétition inexorable, qui exigeait, puisque l'emploi de la force était exclue, une bonne dose de perspicacité et d'autocontrôle. Car les individus qui, perdant leur maîtrise de soi, se laissaient aller à des actes irréfléchis étaient voués à l'échec social et souvent à la perte de leur position.

Or, les penchants romantiques ne faisaient pas défaut à cette bourgeoisie professionnelle, notamment à ses élites artistiques et universitaires. Chez elles, le rêve d'un retour à un passé meilleur s'accompagnait d'une prise de conscience historique. Les courants romantiques de l'aristocratie de cour ne s'appuyaient pas encore, à la différence des courants bourgeois des époques ultérieures, sur une connaissance des riches trésors du passé : c'est pourquoi ces hommes ignoraient le sentiment de leur propre historicité. La projection du désir irréalisable de s'affranchir des contraintes de l'autorité royale, de la civilisation et d'autres interdépendances, dans l'image idéalisée de groupes humains d'un niveau social antérieur, plus simple, moins différencié, les fait apparaître comme l'incarnation de valeurs inaccessibles dans le présent. Or, la capacité des hommes de ce palier de l'évolution de se distancer du présent était encore trop faible, pour qu'ils aient pu localiser dans une époque historique déterminée les conditions sociales et les personnages idéaux, objets de leur nostalgie, comme feront les bourgeois des sociétés professionnelles du XIXe siècle, en entourant d'une auréole les chevaliers ou les maîtres-artisans du Moyen Age. Les héros de romans de chevalerie et — un peu plus tard — les bergers et bergères dont rêvait l'aristocratie française prise dans l'engrenage de la curialisation, ne sont que l'image idéalisée de figures contemporaines.

Qu'ils tiennent compte ou non de la perspective historique, ces courants romantiques ont ceci de commun qu'ils expriment des frustrations affectives spécifiques, dues à l'insertion des

individus dans un réseau d'interdépendances plus englobant
et plus différencié. Dans la nouvelle situation ainsi créée,
les éclats affectifs, les actes émotionnels sont infiniment plus
dangereux, ils entraînent des échecs sociaux, des sanctions
de la part de l'autorité, des remords. Harcelé par de telles
contraintes, l'homme cherche dans les deux cas — à contrecœur — le salut dans des visions de rêve qui lui montrent,
projetée dans le passé, une existence plus libre, plus près
de la nature, moins exposée aux contraintes. C'est ce qui
explique une tendance commune à tous les romantiques :
ils noircissent à dessein l'époque contemporaine, qu'ils voudraient fuir en mettant en avant ses traits négatifs; tous
les acquis de l'époque par rapport aux époques précédentes
sont minimisés et disparaissent au second plan. Quant aux
groupes idéalisés des temps passés sur lesquels ils projettent
leurs désirs, ils leur attribuent toutes les vertus qui, à leurs
yeux, font défaut à la société à laquelle ils appartiennent;
les côtés moins brillants, s'ils arrivent à en prendre connaissance, s'effacent discrètement dans les ombres du tableau.

Le rôle que les tableaux idéalisés de la vie champêtre
tiennent dans la société de cour de l'ancien régime illustre
la fonction d'un passé qui contraste avec les contraintes et
calamités du présent. L'évocation de la vie simple et champêtre s'accompagne souvent du désir de retrouver une
liberté et une indépendance qui auraient existé jadis et
disparu depuis. Plusieurs motifs mentaux de ce genre, et
plus spécialement l'idéalisation de la nature perçue dans
une perspective champêtre, sont développés au XIXᵉ siècle
comme les thèmes consacrés du romantisme bourgeois.

On prétend souvent que la manière dont J.-J. Rousseau
interprète le terme de « nature » constitue en quelque sorte
le début du romantisme bourgeois, parce que Rousseau était
lui-même d'origine bourgeoise. En réalité, il doit en bonne
partie sa réputation et la diffusion de ses idées à l'écho que
ses livres trouvèrent dans les milieux de l'aristocratie de
cour, dans le « monde ». Cet écho est difficilement explicable
sans référence à l'idéalisation de la nature et son utilisation
comme antidote contre les contraintes de la cour et des
conventions sociales qui marquent l'aristocratie curialisée.

Si l'on rattache l'idéalisation romantique de sociétés agricoles avec leurs figurants habituels, guerriers, bergers, paysans, à l'exode rural, aux progrès de l'urbanisation et aux changements multiples qu'elle entraîne, il ne faut jamais oublier que la curialisation des guerriers, le développement des cours princières toujours plus vastes et plus nombreuses, amorces de l'urbanisation, qui a accompagné l'intégration étatique progressive, s'inscrivent dans le même courant. En dépit de beaucoup de discontinuités, il existe des transitions reliant l'idéalisation romantique aristocratique au romantisme bourgeois et urbain.

Ajoutons, pour mieux éclairer le fond du problème, que les couches élitaires, et plus tard aussi les couches populaires, ont eu recours, les premières depuis longtemps, pour surmonter les suites de ce « sevrage », à des méthodes exemptes de tout romantisme : l'alpinisme, la pratique du ski, d'autres occupations sportives et de plein air et surtout la coutume, de plus en plus répandue dans les milieux citadins, des voyages de vacances font partie de ces courants. De même que les aristocrates curialisés introduisaient dans leurs jeux pastoraux leurs manières de cour, de même les membres des sociétés industrielles plus évoluées emportent vers la montagne, au bord de la mer, à la campagne leurs habitudes citadines. Mais en adoptant la deuxième solution, on renonce au déguisement. On ne rêve pas d'un monde passé. Ce nouveau « retour à la nature » n'a plus rien de nostalgique. Il ne supplée pas à des activités politiques, il ne prétend pas être une manière anodine d'échapper aux désagréments des contraintes autoritaires, il n'est pas un refuge pour sujets exclus de toute participation aux monopoles du pouvoir.

L'attitude, pendant l'époque de l'absolutisme français, de la société de cour à l'égard de la « nature » et l'image qu'elle s'en faisait étaient souvent l'expression d'une opposition symbolique aux contraintes de l'autorité royale et de la cour considérées comme inéluctables — opposition qui, du vivant de Louis XIV et même plus tard, ne pouvait se manifester qu'à mi-voix ou sous une forme symbolique.

Saint-Simon fait une remarque significative en décrivant le parc de Versailles, dont il dénonce le « mauvais goût » :

« Le roi s'y plaisait à tyranniser la nature et à la domestiquer à grand renfort d'art et d'argent... On se sent repoussé par la contrainte qui est partout imposée à la nature... »

Saint-Simon ne peut guère être rangé parmi les esprits romantiques de la société de cour. Il joue un jeu politique dangereux, au fond assez vain, mais toujours parfaitement lucide, dans la mesure où une telle attitude est possible dans une cour régie par un monarque. Frustré par l'autorité royale et les contraintes de la cour, il trouve un exutoire dans la rédaction de *Mémoires* d'abord secrets. C'est là qu'il montre, à sa manière, au roi et à la cour ce qu'ils valent, et il couche sur le papier ce qu'il n'aurait pu oser dire à haute voix du vivant du grand roi. La remarque citée ci-dessus dévoile, sur un point d'importance secondaire, sa méthode. Elle précise le rapport entre la structure du pouvoir d'un côté, l'art des jardins et le sentiment de la nature de l'autre. La sensibilité de Saint-Simon, façonnée par sa position sociale étriquée, aiguise son regard pour ce genre de relations.

Il se rend parfaitement compte que le goût du roi, que l'aménagement des jardins par ses mandataires traduisent la même tendance que son attitude envers la noblesse et ses sujets en général. Or, Saint-Simon récuse l'une et l'autre. Le goût du roi exige que les arbres et les plantes de son jardin soient disposés par groupes réguliers et faciles à embrasser du regard, comme ses hommes pendant les cérémonies de la cour. Les cimes des arbres et les arbustes doivent être taillés de telle manière que toutes les traces de la croissance désordonnée et sauvage en soient effacées. Les allées, les parterres de fleurs doivent refléter la même élégance et la même clarté que le plan des bâtisses royales. On trouve sans doute dans l'architecture des châteaux et des jardins, dans l'harmonie parfaite des parties dans le tout, dans l'élégance de la ligne des décors qui fait pendant à l'élégance des gestes et mouvements du roi et des membres de la cour en général, dans la magnificence et les dimensions des bâtiments et des jardins qui servaient — abstraction faite de leur utilité pratique — à l'autoreprésentation de la puissance royale, on trouve dans tout cela une image plus fidèle des idéaux du roi que dans sa manière de contrôler et d'assujettir les hommes. Il est compréhensible et en même temps symptomatique que Saint-Simon, duc et membre de la haute noblesse, qui, à l'en croire, ne s'est jamais résigné à être traité en sujet, sur le même pied que les autres sujets, ait détesté l'aménagement du paysage par le roi, qui violente la nature. Le goût de Saint-Simon le porte plutôt vers le jardin anglais, qui concède à la croissance des arbustes, des arbres, des fleurs une plus grande liberté; le jardin anglais répond au goût de la classe supérieure d'une société dans laquelle les rois et leurs représentants n'ont jamais pu instaurer pour longtemps un régime autocratique ou absolutiste.

Les rapports étroits entre les sociétés humaines et le sentiment de la nature peuvent être suivis pas à pas dans l'évolution de la noblesse française du xvie siècle. Pendant la première phase de la curialisation, le sentiment d'être arraché à la vie campagnarde, d'avoir perdu le contact avec la glèbe, de regretter un monde évanoui s'appuie souvent sur des expériences très concrètes.

Le « déracinement », la nostalgie s'expriment de manière poignante dans Joachim du Bellay :

> *Quand revoiray-je, hélas, de mon petit village*
> *Fumer la cheminée, et en quelle saison*
> *Revoyrai-je le clos de ma pauvre maison?*
>
> *Plus me plaist le séjour qu'on basty mes ayeux*
> *Que de palais romains le front audacieux...*
> *Plus mon Loyre gaulois que le Tybre latin,*
>
> *Plus mon petit Lyré que le mont Palatin*
> *Plus que le marbre dur me plaist l'ardoise fine,*
> *Et plus que l'air romain, la doulceur angevine.*

On perçoit la plainte du gentilhomme condamné à vivre dans la capitale. Nostalgie d'un cœur oppressé à laquelle on accolera bientôt l'épithète de « romantique ». C'est cette nostalgie que rien ne saurait apaiser. Il est impossible de

se soustraire à la vie dans le monde de la capitale. Ses
contraintes pèsent; mais même si la cage était ouverte, on
ne pourrait s'en échapper; car les conditions de vie qui
retiennent le courtisan dans le grand monde font partie de
sa propre nature. Il lui est loisible de retourner au manoir
de ses ancêtres, mais ce qu'il y trouverait ne correspondrait
plus à son attente. La vie libre de son enfance est devenue
un rêve comme l'enfance elle-même. Même le plus grand
des poètes du XVIᵉ siècle, qui vit en homme de cour et dont
la tournure d'esprit est monarchiste, Ronsard, évoque ainsi
son enfance :

> *Je n'avais pas quinze ans que les monts et les bois*
> *et les eaux me plaisaient plus que la Cour des rois.*

Cette nostalgie du pays natal, de la « nature » bucolique
qui contraste si vivement avec la vie dans les villes ou à la
cour et ses contraintes, s'impose bientôt comme une sorte
de leitmotiv. Un autre poète, Desportes, qui appartient
à la génération suivante, reprend dans ses « Bergeries » le
même thème, sur un mode plus appuyé :

> *O champs plaisans et doux! O vie heureuse et sainte!*
> *Où, francs de tout çoucy, nous n'avons point de crainte*
> *D'estre accablez en bas, quand, plus ambitieux*
> *Et d'honneurs et de biens, nous voisinons les cieux!*
>
> *O gens bien fortunez, qui les champs habitez,*
> *Sans envier l'orgueil des pompeuses citez!*

Le regret de la vie aux champs qu'on a dû abandonner
se précise, l'opposition entre la ville et la campagne se fait
plus insistante. L'urbanisation et la curialisation, la trans-
plantation dans les « pompeuses citez » d'hommes nés à la
campagne sont loin d'avoir atteint leur point culminant [1].

---

1. *Cf.* DE VAISSIÈRE, *Gentilhommes campagnards*, p. 175, cite un grand
nombre d'exemples de nobles refusant de « faire ès villes (leur) demeurance »
à la différence de la roture montante qui, dans un mouvement contraire,
accepte pour se « nettoyer de toute roture » de s'installer à la campagne

Mais on voit déjà se développer une situation humaine, pas toujours apparente mais toujours présente, dont les conséquences déterminent jusqu'à un certain point les structures et expériences de l'homme de cour et le style de l'ancien régime, depuis Henri IV jusqu'à Louis XIV et même au-delà. Il est aisé de discerner les rapports entre les changements du corps social et la manière dont les hommes qui le constituent les vivent, quand on porte son attention sur ce moment décisif de l'évolution où s'aggrave le dégoût de la gloire de la cour, gloire achetée au prix de sa liberté, où apparaît plus nettement l'idéal d'une vie plus simple qu'on appelle en vain de ses vœux, où cette situation sans cesse reproduite se révèle sur un autre niveau, pour ainsi dire à l'état naissant.

L'évolution de l'image que l'homme se fait de ce que nous appelons la « nature » est un des aspects de l'évolution globale de la société humaine. Nous en apercevons un secteur. La grande foule des guerriers et seigneurs médiévaux vivait au milieu des champs, des fermes, des villages, des rivières, des montagnes, des forêts, sans songer à s'en distancer beaucoup. Tout cela faisait partie de leur environnement quotidien. Ils ne le voyaient pas encore, de loin, comme « nature », comme « paysage ». C'est une conséquence de la curialisation et de l'urbanisation, si les champs et les villages, les prés et les montagnes apparaissent, par contraste, comme un spectacle qui se déroule au loin... La cour absolutiste se consolidant de plus en plus, l'image de la « nature » se transforma lentement en « paysage », en un paysage qui reflétait aussi la société de l'époque. L'évolution de la peinture de cour — de Poussin à Watteau — permet de se faire une idée assez précise de ce rôle de la nature : d'abord paysage et même simple décor mettant en valeur des personnages, elle devient peu à peu le reflet ou le reflet inversé de la situation de la société de cour. Les comportements et états d'âme suscités par la vie de cour, la pose et le geste calculés — attitude indispensable pour se faire valoir dans cette société — l'héroïsme pompeux et grave, la grâce légère, tout cela imprègne maintenant l'image de la nature champêtre, la

pour y tomber dans l'indigence et réapparaître à la cour avec d'autres nobles appauvris.

reproduction du paysage. Sous le pinceau du peintre de cour, la nature devient une sorte de décor nostalgique de la vie de cour, un paysage d'abord classique, puis baroque et rococo, conformément à l'évolution de la cour et de la société de cour.

Au XVIe siècle, la fatalité de la curialisation n'était pas encore évidente. Il semblait encore possible de s'affranchir des contraintes de la cour. Mais la vie de cour n'est plus, pour beaucoup de gens, un costume imposé de l'extérieur, dont on peut se débarrasser en allant vivre à la campagne; le masque a déjà pris la place de la figure, il est déjà un objet d'auto-estime, de fierté, de satisfaction.

Le conflit, l'attitude ambivalente face à la vie de cour n'ont pas encore pénétré dans les profondeurs de l'être. Mais on en sent l'approche déjà chez Desportes, quand il fait l'éloge de l'homme qui

> Ne vend sa liberté pour plaire
> Aux passions des princes et des rois...
> L'ambition son courage n'attise;
> D'un fard trompeur son âme ne deguise,
> Il ne se plaist à violer sa foy;
> Des grands seigneurs l'oreille il n'importune,
> Mais en vivant content de sa fortune,
> Il est sa cour, sa faveur et son roy...

A l'époque d'Henri IV, le point de non-retour est atteint. Le héros d'une satire, le baron de Foeneste, courtisan, répond à la question : « Comment faut-il se présenter à la cour? », qu'il faut être bien habillé en imitant trois ou quatre seigneurs qui font la mode. Il décrit en détail l'accoutrement de l'homme de cour :

« Il faut un pourpoint de quatre ou cinq taffetas l'un sur l'autre, des chausses comme celles que vous voyez, dans lesquelles tant frise qu'escarlatte je vous puis asseurer de huit aulnes d'estoffe pour le moins, puis après il vous faut des bottes, la chair en dehors, le talon fort haussé, avec certes pantoufles fort haussées encore, le surpied de l'esperon fort large et les soulettes qui enveloppent le dessous de la pantoufle... mais il faut que l'esperon soit doré... Puis, quand, dans cette tenue, vous estes arrivé dans la cour du Louvre, on descend entre les gardes, entendez — vous commencez à rire au premier que vous rencontrez, vous saluez l'un, vous dites le mot à d'autres : " Frère, que tu es brave, espanoui comme une rose, tu es bien traité de ta maistresse; ceste cruelle, ceste rebelle rend-elle point les armes à ce beau front, à ceste moustache bien troussée : et puis ceste belle grève, c'est pour en mourir. Il faut dire cela en démenant les bras, branlant la teste, changeant de pied, peignant d'une main la moustache et d'aucunes fois les cheveux [1]. "

On emploie encore aujourd'hui l'expression « un homme comme il faut » : nous découvrons ici son origine dans la société de cour. Pour tenir son rang dans la course pour la réputation et le prestige, pour ne pas s'exposer aux railleries, au mépris, à la perte de prestige, il faut adapter son apparence et ses gestes aux normes changeantes de la société de cour, qui visent à souligner de plus en plus la singularité, la distinction, l'appartenance à une élite de l'homme de cour. Il *faut* porter certains tissus, certains souliers. Il *faut* faire les gestes que le cérémonial de la cour prescrit à ceux qui en font partie. Même le sourire est soumis aux règles de la coutume.

Ce « il faut » qui englobe, à la cour, toute la vie de ceux qui y vivent, illustre le mécanisme et l'étendue des contraintes qui accablent les hommes qui affluent à la cour. Il est vrai que des niveaux antérieurs de l'évolution, par exemple la noblesse d'épée médiévale, les cours territoriales et royales des siècles précédents connaissaient aussi un certain « code » du comportement. Mais les contraintes comme l'organisation tout entière de ces couches, de ces cours antérieures, étaient moins structurées, moins inévitables.

Il n'y a guère d'entreprise plus vaine que d'essayer de déterminer le *commencement absolu* d'un lent processus social. Quand on tient l'histoire — en se conformant à une habitude encore fort répandue de nos jours — pour une succession

---

1. Agrippa d'AUBIGNÉ, *Les aventures du baron de Fœneste*, Œuvres complètes, éditées par Réaume et Caussade, Paris, 1877, p. 395-396.

d'idées jaillies de la plume d'écrivains des élites, on peut se
livrer sans déplaisir à ce jeu de société savant consistant à
décerner un prix à toute personne qui découvre un texte
exprimant une idée avant les ouvrages dont disposent les
autres joueurs. Le texte reçoit alors le « prix de priorité »
et son auteur est déclaré l' « inventeur » de l'idée. Quand on
considère au contraire l'évolution des formations sociales
comme la colonne vertébrale et le centre du déroulement de
l'histoire, on comprendra sans peine que la recherche d'un
début absolu — même d'idées consignées dans des livres
— est peine perdue. Il n'existe, dans ce continuum d'individus
interdépendants vivant en groupes, aucun point où une certaine structure sociale, une certaine formation, une certaine
idée ou n'importe quel autre produit individuel aient été
créés *ex nihilo* ou, pour être plus précis, par la puissance
créatrice d'un personnage isolé. Ce qu'on peut, en revanche,
observer et corroborer par des preuves ce sont les *débuts
relatifs*, c'est-à-dire des ruptures et discontinuités explicables
dans le tissu du déroulement progressif, dans la transformation
lente et toujours aussi continue des groupements humains
et de leurs produits. L'évolution de la cour royale en France
et de la société de cour nous en fournit un exemple. Elle
peut servir de « modèle hypothétique » pour l'étude de ces
problèmes, parce que la formation des hommes de cour est
étroitement liée, sur le plan fonctionnel, à la société dans
son ensemble, dont la cour princière est un organe et souvent l'*organe central* tout court. L'organisation de la cour
royale sous Henri IV est l'aboutissement d'une évolution
continue et lente, coupée d'un certain nombre de bonds
partiels, de réformes, de réorganisations entreprises par des
souverains isolés, dans la perspective à courte vue qui leur
était propre. La structure des groupements humains à la cour,
la nature des interdépendances qui les lient, des contraintes
auxquelles ils sont exposés découlent dans un certain sens
d'une manière continue de formations, de structures d'interdépendances et de contraintes des phases précédentes. Mais
nos outils linguistiques sont si indociles que nous n'avons
d'autre choix que de nous servir de comparatifs pour qualifier
les différences des groupements, les expériences et les compor-

tements des individus. Nous recourons à des mots tels que « plus » ou « moins » ce qui fait croire qu'il ne s'agit là que de *différences quantitatives*. Marx a essayé — dans le sillage de Hegel — de résoudre ce genre de problèmes en créant la notion du passage de la quantité à la qualité. C'est là sans doute une acquisition conceptuelle importante : les formulations conceptuelles de Hegel et Marx sont des tentatives hardies d'élargir notre arsenal conceptuel pour mieux définir les notions de continuité et de discontinuité dans les changements survenant effectivement au sein des groupements humains. Mais rien ne nous oblige à nous arrêter aux modèles que Marx et Hegel ont élaborés. D'autant plus que leurs modèles ont un caractère nettement spéculatif. La base empirique qui, il y a plus de cent ans, leur a servi de point de départ, était étroite et incertaine, si on la compare à celle dont nous disposons de nos jours. Et plus les lacunes de nos connaissances se comblent, plus il s'avère nécessaire et possible d'aller chercher la réponse à de tels problèmes dans le vaste champ de la science empirique elle-même.

A l'intérieur de ses limites, l'évolution de la cour et de la société de cour en France nous fournit des matériaux empiriques valables pour l'accomplissement de cette tâche. Elle s'y prête d'autant mieux que cette évolution n'a plus guère d'incidences sur les luttes aiguës de notre temps et peut, pour cette raison même, être étudiée sans engagement émotionnel. L'évolution de la cour en France, tout en étant un phénomène isolé, fait néanmoins partie du faisceau central de l'évolution globale d'une certaine société étatique. Comme l'évolution globale, l'évolution de la cour se présente, à condition qu'on l'envisage avec un recul suffisant — en prenant par exemple l'époque entre les Valois et Louis XIV — comme un processus continu. L'organisation des charges dans la maison royale et à la cour se différencie de plus en plus au cours des siècles. Les fonctions domestiques et gouvernementales qui, au début, sont exercées sans distinction précise par les mêmes personnes, éclatent et forment deux types d'offices différents. La hiérarchie des fonctions se diversifie, le nombre des charges augmente. Certes, il y a des mouvements de recul, mais la grande ligne évolutive est

orientée, en dépit de quelques fluctuations, dans le même
sens jusqu'au milieu du XVIIᵉ siècle. La continuité du processus ne saurait faire de doute.

On peut essayer de l'exprimer par des comparatifs. Mais
nous avons déjà dit que les comparatifs ont l'inconvénient
de donner l'impression que les phénomènes passés en revue
ici sont exclusivement d'ordre *quantitatif*. C'est une erreur!
Il faut chercher la cause de cette erreur en grande partie
dans l'insuffisance de nos outils linguistiques et conceptuels.
En réalité, nous observons un regroupement progressif des
hommes attachés à la cour, ou, pour employer un autre
terme, un changement de structure. Si nos moyens linguistiques et conceptuels actuels nous forcent, pour exprimer
par le langage les changements des formations de la cour,
d' « abstraire » de ces formes de l'interrelation humaine des
aspects pouvant être rendus par des comparatifs, autrement
dit par des définitions en apparence quantitatives, cette
indigence de nos moyens ne doit pas nous faire oublier que
le processus que ce type d'abstractions tente de fixer représente en réalité un changement au niveau des structures
sociales et du réseau d'interdépendances des individus. Or,
ce changement structurel ne peut être saisi comme tel sur le
plan conceptuel. Quel que soit le nombre des aspects quantitatifs que l'on abstrait de cette structure, sans une détermination scientifique claire et précise du changement structurel, beaucoup des aspects quantitatifs dont on se sert pour
déterminer sur le plan conceptuel le changement structurel,
ne constituent que des *approximations provisoires* mais indispensables à l'état actuel de l'évolution. L'idée du passage de
la quantité à la qualité repose sur un malentendu, pour
autant que ce qui nous apparaît comme une simple accumulation quantitative est en réalité toujours aussi une altération
qualitative, un changement de structure, une modification
du réseau d'interdépendances et de la balance des forces à
l'intérieur de la formation sociale considérée. Le déplacement
de la répartition des forces entre les rois et la noblesse à l'avantage du premier en est un exemple. Des expressions telles
que « plus ou moins », « l'augmentation de la puissance
royale », les « progrès de l'économie monétaire » sont des

expédients permettant d'exprimer la continuité du changement. Mais ce qu'on peut qualifier d'augmentation des chances de puissance des rois au temps d'Henri IV est en même temps une mutation profonde : l'altération continuelle du courant structurel a donné naissance à un nouveau type de formation.

L'évolution de la société de cour dans la France du XVIIᵉ siècle fait suite à l'évolution ininterrompue des siècles précédents. Bien qu'il s'agisse d'une progression sans solution de continuité, les interrelations des hommes à la cour de même que leur comportement et leur tournure d'esprit constituent une nouveauté du XVIIᵉ siècle. La question est donc de savoir de quelle manière on peut exprimer cette mutation, ce passage d'un genre à l'autre, sans évoquer l'image d'une continuité absolue à la manière d'une progression arithmétique ou celle d'une discontinuité absolue de l'évolution : comment peut-on exprimer ce changement de nature, quand la science, jusqu'à présent, a négligé la mise au point de modèles théoriques et s'est contentée d'accumuler des connaissances de détail. Quand on tombe sur des problèmes de ce genre on est obligé de faire appel à des métaphores tirées de domaines relativement simples, de développer leur signification primitive dans et par l'usage social, en attendant qu'elles perdent toutes références à leur domaine d'origine et même leur caractère de métaphore : peu à peu, elles s'acclimatent dans le domaine où on les a introduites et finissent par y devenir des termes techniques. Le terme d' « évolution » est dans ce cas. Le sens primitif d'*evolutio* (en latin : déroulement) a été perdu, l'emploi spécialisé du terme est entré dans l'usage de tous les jours.

Dans le domaine de l'évolution sociale, on exprime souvent le passage d'un genre à un autre par l'emploi métaphorique de certains mots; on le compare volontiers à l'accession à un nouveau palier, à un nouveau niveau. Tant qu'on n'oublie pas qu'il s'agit là des premiers travaux préparatoires de la lente élaboration de termes spéciaux capables de traduire nos observations, la mise à contribution de telles métaphores ne peut causer aucun dommage. Elles font penser à l'expérience d'alpinistes ayant atteint, au cours d'une

ascension, un plateau rocheux qui leur offre une certaine
vue; de là, ils s'élancent à travers la forêt vers un autre plateau rocheux où s'ouvre à leur vue un autre panorama. L'escalade des alpinistes représente l'aspect *quantitatif* de leur
exercice. Mais le fait que le panorama change avec l'alti-
tude, qu'on distingue de plus haut des phénomènes qui
échappent à l'observateur du niveau inférieur, illustre la
différence et les rapports qui peuvent exister entre les données quantitatives — exprimables par « plus » ou « moins » —
et des changements de nature, des changements qui s'expriment ici par le complexe relationnel alpiniste-point-de-
vue-panorama. Il se pourrait, par exemple, que le plateau
rocheux supérieur n'ait encore jamais été atteint, que la vue
embrasse de là des perspectives insoupçonnées. Quoi qu'il
en soit, il serait parfaitement possible d'étendre le sens de
métaphores tels que « degré supérieur » ou « perspective
nouvelle » de telle manière qu'elles traduisent non seulement
la continuité quantitative, mais aussi la discontinuité relative d'une formation, la mutation sociale, le passage d'un
groupe à un autre groupe d'un genre différent.

C'est un passage de ce genre qu'on évoque, quand on
affirme qu'à la suite de la curialisation des guerriers — processus très lent, dont les débuts apparaissent déjà dans les
cours territoriales relativement peu importantes du XIe et
du XIIe siècle — l'aristocratie de cour en tant que formation
la plus évoluée de la noblesse a pris, au XVIIe siècle, le relais
de la noblesse chevaleresque médiévale. De cette manière,
l'évolution de l'organe central de l'État accède en quelque
sorte à un autre niveau, que des comparatifs et des termes
de quantité ne suffisent plus à décrire. Nous avons affaire
à la naissance d'un groupe relativement nouveau, d'une aristocratie de cour qui s'inscrit dans l'évolution progressive de
la cour royale et d'une société dont l'organe central est la
cour.

Pendant des siècles, la balance des tensions multipolaires
de la société étatique française est restée instable en raison
des conflits divers entre groupements bourgeois, aristocratiques et royaux. Après l'avènement au trône d'Henri IV et
la fin des interminables guerres civiles, il apparut que l'évo-

lution sociale dans son ensemble avait donné aux détenteurs
et aux représentants de la position de roi — surtout sous
la forme du monopole des impôts, des forces armées et de
police — des chances de puissance qui lui assuraient une
prépondérance sur toutes les autres formations sociales du
royaume, tant que celles-ci se montraient incapables de
mettre une sourdine à leurs propres divergences et de faire
front, d'une manière durable, contre le roi. Ce déplacement
du centre de gravité en faveur des rois est l'élément crucial
de ce qu'on peut appeler — en employant une métaphore —
le passage à un genre nouveau, à un autre niveau évolutif
de la société française. Ce phénomène central n'est certainement pas un fait isolé. On fait fausse route quand on
l'interprète dans le sens d'un « début » ou d'une « cause ».
Les processus sociaux lents ignorent les « débuts » et les
« causes » absolus. Il faut se mettre en quête de nouveaux
outils linguistiques et conceptuels pour étudier et expliquer
l'apparition de formations relativement nouvelles dans le
processus de l'évolution continue des sociétés. C'est là le
problème qui nous préoccupe en ce moment : la modification
globale et continue de la société française atteint un point
où, après bien des fluctuations, l'axe central des tensions se
déplace en faveur de la position sociale du monarque. Ce
changement de la position du monarque s'accompagne d'un
changement analogue des formations d'élite de la noblesse
et de la bourgeoisie. La bourgeoisie se situe en dehors de
l'objet de cette étude. Une partie de la noblesse se trouve
enchaînée à la cour par sa plus grande dépendance par rapport au monarque. On pourrait dire qu'une porte se referme
sur elle, tandis que d'autres s'ouvrent devant elle. Elle est
de plus en plus coupée de la vie campagnarde.

Dans un avenir plus ou moins lointain — combien de
temps faudra-t-il attendre? — on étudiera en détail les péripéties du lent processus de la curialisation et de l'urbanisation, on se penchera sur la marée montante de la nostalgie
de la vie campagnarde d'avant l'époque de la curialisation,
on suivra les phases de cette évolution jusqu'au point de
non-retour, jusqu'à la croisée définitive des chemins. Rien
n'empêche de penser que les élèves étudieront déjà sur les

bancs d'école un processus qui éclaire davantage le développement des sociétés européennes que les guerres et les traités de paix. Ce processus et d'autres du même genre leur permettront une meilleure connaissance d'eux-mêmes. Les témoignages ne manquent pas! Citons, au XVe siècle, la plainte de Philippe de Vitry, évêque de Meaux : « Combien est heureuse la vie de celui qui fait sa demeure aux champs » dans ses vers « sur la grande disparité de la vie rustique avec celle de la cour [1] ».

Il y a aussi les poètes de la Pléiade (XVIe siècle) dont nous avons reproduit quelques vers plus haut. Pour désigner des phénomènes de ce genre on emploie aujourd'hui souvent le terme d' « aliénation », qui pourrait convenir dans ce contexte si on ne le chargeait pas fréquemment d'accents romantiques, s'il ne servait pas plus souvent à exprimer le regret de l' « aliénation » qu'à éclairer, sans aucun jugement de valeur, le problème de sa nature sociale.

Au XVIIe siècle, la différenciation progressive entre formations de cour citadines et formations campagnardes atteint un nouveau palier. La distance sociale qui sépare la cour et la campagne, la noblesse de cour et la noblesse campagnarde est maintenant si grande qu'on peut presque parler de la naissance d'une couche nouvelle, bien que la séparation ne soit jamais complète. Avant cette période, des guerriers et des seigneurs avaient déjà vécu dans l'entourage des princes et des rois. Mais dans les siècles précédents, le mode de vie, les intérêts, les liens et les contraintes des hommes appartenant au groupe social de la cour et à celui de la noblesse campagnarde ne divergeaient pas encore autant qu'au XVIIe siècle, après la victoire définitive de la position de roi. La cour royale tranchait sur le reste des interdépendances sociales non seulement par ses dimensions, mais encore par un nouvel *order of complexity* (degré de complexité), qui la distinguait de toutes les autres organisations séculières et plus particulièrement des propriétés terriennes, villages et autres unités campagnardes.

Ce fut surtout cet aspect de l'écart social entre la cour et

---

1. *Les œuvres de P. de Vitry*, éd. G.-P. Tarbé, Reims, 1830.

la campagne, la disparité entre la complexité et la différenciation relative de la vie de cour et la simplicité relative de la vie campagnarde, qui inspirait aux courtisans la nostalgie de la campagne, de la vie naturelle, qui les poussait à idéaliser une vie rurale qui, pour la raison même qu'elle était une vision de rêve, allait parfois de pair avec le mépris de la noblesse campagnarde et la vie à la campagne telle qu'elle était en réalité.

Par ailleurs, l'insertion des hommes de la cour dans une société où les relations humaines étaient marquées par un haut degré de complexité, n'était possible que grâce à une autodiscipline très poussée. La cour des rois, dont les chances de puissance étaient bien plus grandes que celles des nobles de la cour et même des différents groupes de nobles, demandait à chacun une grande réserve, une stratégie différenciée et — comme cela ressort de certaines remarques de Saint-Simon — très réfléchie dans toutes les relations avec des égaux ou des personnes plus haut placées sur l'échelle hiérarchique. Les sources de revenus de la plupart des courtisans étaient tributaires de la faveur du roi ou de ses hommes de confiance. La disgrâce royale, un faux pas dans la compétition entre les différents groupements de la cour, l'inimitié d'un favori, d'une maîtresse, d'un ministre pouvaient menacer à tout moment les sources de revenus d'un courtisan, le niveau de vie de sa famille, son prestige, sa « valeur marchande » dans la société de cour, ses espérances d'avancement et de promotion, qu'il fût détenteur d'une charge officielle, gradé de l'armée ou bénéficiaire d'une pension du roi. Le retrait ou la diminution de la faveur royale constituait un danger, même pour ceux qui disposaient d'importantes ressources familiales. Nous avons déjà dit que la disgrâce ou le bannissement signifiait souvent pour ceux qu'ils frappaient la fin de leur existence sociale.

Les nobles qui avaient vécu, au Moyen Age, dans une économie de troc prédominante, disposaient, même comme vassaux, d'une sorte de propriété qui leur assurait une certaine indépendance et qui — du moment qu'ils étaient investis de leurs terres — diminuait leur dépendance par rapport au suzerain. Le versement, par la caisse royale, d'une pension à intervalles réguliers, par contre, consacrait un état de dépendance complète. Ce fut surtout la masse de la petite et moyenne noblesse de cour, mais aussi ceux des membres de la haute noblesse qui émargeaient à la caisse royale, qui menaient, dans le cadre de l'organisation géante de la cour, une existence qui, en dépit d'un certain nombre de différences évidentes, ressemblait à celle des ouvriers et des employés d'une grande entreprise industrielle. La noblesse de cour française ne disposait en outre d'aucune solution de rechange. Ses membres n'avaient pas le droit, du moins sous Louis XIV, de choisir leur lieu de résidence. Ils ne pouvaient aller ailleurs sans perdre les avantages de leur statut. Le caractère inévitable de leur dépendance et les contraintes qui s'ensuivaient nous font mieux comprendre ce qui rendait si attrayantes pour les nobles de la cour la nature et la vie à la campagne. Nous avons montré plus haut que ces contraintes d'interdépendances concernaient aussi les rois et la famille royale, surtout vers la fin de l'ancien régime et nous en avons indiqué les raisons. Pour Marie-Antoinette et ses dames d'honneur qui se déguisaient en laitières, la vie campagnarde était ressentie comme une libération des contraintes de la cour. Un courant particulièrement fort dans ce sens peut être discerné au début du XVIIe siècle, après la fin des guerres civiles; il faut croire qu'à ce moment, les courtisans venaient de prendre conscience du caractère inéluctable de leur situation.

Mais les contraintes extérieures de la vie de cour n'expliquent pas à elles seules les accents nostalgiques des évocations de la nature, ce romantisme qui marque la vie campagnarde telle qu'on se plaît à l'imaginer dans les milieux de la cour. Ce qui détermine la note typiquement romantique de l'idéal de la vie naturelle, ce sont les contraintes des interdépendances de la cour dont nous avons déjà parlé plus haut : contraintes que les courtisans exercent les uns sur les autres et qui obligent chacun à s'imposer une autodiscipline sévère déjà relativement différenciée et englobante.

C'est ainsi que la curialisation qui a suivi la guerre civile allait de pair avec une pacification qui imposait des restrictions rigoureuses aux usages et plaisirs guerriers des nobles, et les obligeait à un contrôle plus strict de leurs pulsions agressives. Henri IV était encore relativement indulgent pour les nobles qui se battaient en duel. Richelieu et Louis XIV se réservaient seuls le droit de la contrainte physique et n'admettaient plus que les nobles se combattissent, selon l'usage ancien, les armes à la main. Pendant longtemps le duel était resté un domaine réservé de la noblesse et plus tard aussi d'autres couches sociales. On se battait souvent pour braver le roi ou d'autres autorités étatiques; le duel symbolisait en quelque sorte la liberté individuelle telle qu'elle était inscrite dans la tradition guerrière : liberté de s'entre-tuer ou de se blesser réciproquement quand on en avait envie. Là encore, nous avons affaire à une révolte, après les guerres civiles, des élites contre les progrès du contrôle de l'État, qui tendait à soumettre tous les citoyens à la même loi. La puissante vague des duels s'arrêta net, lorsque Richelieu fit exécuter deux fougueux duellistes, membres de la haute noblesse. Les temps étaient définitivement passés où l'on pouvait donner libre cours à ses colères et à ses antipathies.

L'obligation de s'habituer à un commerce paisible avec ses semblables, la joute oratoire remplaçant le duel par les armes, exigeait en outre dans le cadre de la société de cour un autocontrôle minutieux et compliqué, puisqu'à l'intérieur de cette société nombreuse chacun entrait du matin au soir en contact avec des personnes plus ou moins haut placées, plus ou moins puissantes, le comportement devant dans chaque cas répondre à la situation du moment. Le courtisan est obligé d'accorder sa mimique, ses gestes, ses propos aux hommes auxquels il a affaire, aux circonstances auxquelles il doit faire face. A la cour, on échappe aussi peu aux contraintes d'interdépendances exercées par les autres qu'à celles qu'on apprend à s'imposer à soi-même pour répondre à ce type d'interdépendances. Le phénomène que l'on désigne en général par les termes d' « aliénation » ou « romantisme » ne révèle sa structure interne qu'à ceux qui tiennent compte, dans l'élaboration des fondements théoriques, du développement de mécanismes spécifiques d'autocontrôle en tant qu'éléments intégrants des individus. Il se peut que dans la vie du courtisan la nuance du sourire, la gamme des bonnes manières, le calcul compliqué du comportement en fonction du rang et du statut de l'interlocuteur du moment, revêtent au début le caractère d'un masque voulu. Mais la capacité du contrôle et de l'autocontrôle volontaire se développe toujours dans les sociétés dont la structure spécifique exige une dissimulation permanente et efficace des impulsions émotionnelles momentanées comme moyen de survie et de promotion sociale. Ainsi, cette capacité finit par devenir un élément intégrant de la structure de la personne. Quand le courtisan parvenu à l'âge adulte se regarde dans la glace, il découvre que ce qu'il avait pratiqué au début comme un simple moyen de dissimulation est devenu un élément constitutif de sa physionomie. La dissimulation des pulsions spontanées, le « blindage » et la transformation des émotions élémentaires ne revêtent certainement pas encore, dans le cadre de la société de cour, la même forme et la même structure que dans les couches moyennes pacifiées, qui ont été éduquées pour gagner leur vie par leur travail ou dans toutes les couches de la société industrielle, dont les membres sont « conditionnés » en fonction des contraintes liées au travail et aux exigences de leur vie professionnelle. Dans la société de cour, la cuirasse n'est pas encore aussi généralisée et automatique que dans ces sociétés laborieuses. Car l'inégalité foncière entre les couches, la soumission, la dépendance et l'obséquiosité des subordonnés et plus spécialement des couches pauvres, laissent aux hommes de cour de nombreuses occasions de manifester leurs réactions affectives, de se « défouler » sans être menacés d'échecs ou de sanctions. C'est pourquoi la cuirasse est en général moins rigide dans l'aristocratie de cour. Les aristocrates de cour ont souvent parfaitement conscience qu'ils mettent un masque dans leurs contacts avec les hommes de leur rang, et ils savent que l'habitude du masque est devenue pour eux une seconde nature.

C'est spécialement en France que l'on constate que, à la fin du XVIe et au début du XVIIe siècle, la centralisation vigoureuse des contrôles étatiques, le comportement pacifique imposé par l'autorité extérieure et — après la victoire d'Henri IV — le clivage irréparable entre la noblesse de la capitale et de la cour d'une part, la noblesse campagnarde et provinciale, peut-être aussi la noblesse des petites cours de province de l'autre, atteignent, en quelque sorte, un nouveau palier. Ce sont surtout les nobles des grandes cours qui voient se refermer sur eux une porte et s'en ouvrir une autre. L'obligation de l'autocontrainte les rend sensibles à de nouvelles joies et jouissances, à de nouveaux enrichissements et raffinements; autrement dit, les nouveaux soucis et dangers vont de pair avec l'apparition de nouvelles valeurs. La « civilité » si typique des hommes de cour, qui repose sur des autocontraintes devenues automatiques, fait partie des traits caractéristiques des aristocrates de cour, traits qui les distinguent de tous les autres hommes et qui, à leurs propres yeux, en font une élite.

La noblesse de province — des gentilshommes campagnards jusqu'aux derniers restes des petites cours provinciales — perd toute influence sociale, à mesure que progresse la centralisation de tous les contrôles et moyens de puissance à la cour du roi. La société française n'est pas la seule et surtout pas la première société européenne soumise à ces changements structurels. Des mouvements de centralisation et de curialisation consécutifs à la distribution de chances financières par le suzerain ont été observés auparavant dans d'autres sociétés, notamment en Espagne et en Italie. Mais le mouvement de centralisation qui s'opère dans la France du xviie siècle se traduit par la création de la cour la plus nombreuse et la plus importante, dont les contrôles centraux fonctionnent effectivement. Il est donc particulièrement aisé d'observer en France un certain nombre de particularités structurelles du niveau de l'évolution ainsi atteint.

Ces particularités structurelles peuvent être le mieux décrites par l'emploi métaphorique de la notion de « distanciation ». Nous avons eu recours à ce terme pour marquer les progrès de la disparité entre la vie citadine et curiale et la vie campagnarde. L'urbanisation, la monétisation, la commercialisation, la curialisation sont les processus partiels d'une transformation globale, qui fait que les hommes qui la subissent regardent la « nature » de plus en plus comme

« paysage », comme « monde des objets », comme « objet
de la connaissance ». Un examen détaillé de ces divers aspects
dépasserait le cadre de notre étude. Il est en revanche certain
que des processus de ce genre jouent ici un rôle aussi important que l'accroissement des capitaux ou l'observation et
l'analyse réfléchie des phénomènes naturels. Ce sont autant
d'aspects divers d'une « distanciation » spécifique, qui prend
du champ par rapport à ce que nous appelons aujourd'hui
encore souvent la « nature » ou les « objets ». Elle se manifeste
avec autant de clarté dans la représentation picturale de la
nature comme « paysage » que dans son exploration scientifique. Quand les philosophes se demandent si les hommes
sont capables de voir les « objets » tels qu'ils sont ou si les
objets « existent » réellement, ils prouvent par là que leur
attitude face à la nature est la même. Tous ces symptômes —
et d'autres — de la « prise de distance » par rapport à la
nature surgissent plus ou moins simultanément, témoins de
l'accession de la société à un nouveau « palier », pendant
cette phase que nous continuons d'appeler d'un terme vieilli
la « Renaissance ». Ils peuvent servir à éclairer le sens que la
métaphore de l'accession à un nouveau « palier » ou « niveau »
revêt dans ce contexte. Car pendant plusieurs siècles les
sociétés européennes ne dépasseront plus ce type de « distanciation »; elles se borneront à développer et à prolonger dans
tous les sens les problèmes qui se posent à ce niveau. Mais la
manière dont les hommes se sont distancés dans leurs groupes,
pendant les siècles de la « Renaissance », de ce qui, dans leur
expérience personnelle, leur apparaît comme la « nature »,
représentée par des notions telles que « sujet » et « objet »,
n'a pas beaucoup changé jusqu'à nos jours. La montée vers un
nouveau palier s'annonce aujourd'hui dans la peinture, qui
vise à tout autre chose qu'à la représentation d' « objets »
que l'observateur affronte pour ainsi dire dans un espace à
trois dimensions. Nous saisissons mieux ce processus dans
lequel nous nous trouvons nous-mêmes engagés, si nous
prenons conscience du fait que le mouvement de distanciation
de la Renaissance n'est en réalité qu'un processus partiel
dans un vaste courant de « distanciation ».

L'examen d'une société de cour met en lumière aussi

quelques autres aspects de ce mouvement généralisé de distanciation. La cuirasse des autocontraintes, les masques, que tous les membres des élites de cour développent dans une plus forte mesure que naguère pour en faire un élément de leur moi, de leur propre personne, agrandissent aussi les distances d'un individu à l'autre. Les courtisans — et non seulement eux! — imposent (si l'on compare leur attitude à celle des périodes précédentes) dans leurs relations réciproques plus de retenue à leurs impulsions spontanées. Entre ces impulsions et l'exécution de l'acte — qui peut être un acte ou une parole — s'intercalent plus ou moins automatiquement des réflexions, des inventaires de la situation, des supputations sur les conséquences possibles ou probables. Les hommes de ce niveau ont souvent parfaitement conscience de la cuirasse qui freine leur action. Selon leur situation, ils émettent un jugement favorable ou défavorable sur cette cuirasse en la qualifiant, selon le cas, d' « intelligence », de « raison » ou — sur le mode romantique — d' « entrave affective », de « trouble », de « déformation de la nature humaine ». Loin de prendre leurs autocontraintes, leurs cuirasses, leurs masques, leur manière personnelle de se distancer, pour les symptômes d'un certain niveau de l'évolution sociale, ils les considèrent comme des caractéristiques immuables de la nature humaine. On s'imagine que l'homme s'oppose comme « sujet », à tout moment et pour toujours, à la « nature », au monde des « objets ». Beaucoup de théories de la société humaine partent du préalable que les individus, dont chacun existe en quelque sorte isolément, derrière sa cuirasse et son masque, prennent peu à peu contact entre eux. Ou bien elles « réifient » la société comme la nature, en en faisant une « chose » indépendante de l'homme. Dans les deux cas, le panorama que l'on embrasse du regard à partir d'un certain niveau de la « distanciation » — niveau dont on peut examiner et expliquer les circonstances et préalables datés par des procédés empiriques — est perçu comme la « condition humaine » éternelle, intemporelle, immuable. Nous avons vu qu'au niveau de la phase que nous appelons dans l'histoire européenne la « Renaissance », une instance de contrôle plus ou moins automatique s'intercale, par les effets de l'habitude

et de l'éducation, sous forme de « réflexion » entre l'homme et
l' « objet de la nature », entre l'homme et l'homme. Cette
remarque s'applique aussi aux relations entre hommes et
femmes. Là aussi, la marge de la spontanéité et de l'impulsi-
vité se rétrécit — d'abord dans certaines élites — par suite
des progrès de la centralisation de l'organisation de l'État,
même pour les hommes, en dépit de leur supériorité physique.
Les groupes de femmes sont plus puissants à la cour que dans
toutes les autres formations de cette société. Non seulement
les masques mais les éventails sont les symboles de leur
déguisement. Un symptôme très caractéristique de la formation d'autocontraintes, de la diminution de la spontanéité,
des progrès de la « distanciation » et de la civilisation — pour
autant que les rapports entre les sexes sont concernés — est le
développement de l'amour romantique comme réalité, et plus
encore comme culte et idéal. Indépendamment de l'incidence
possible d'autres facteurs, l'accentuation de la distance entre
les sexes par la cuirasse des autocontraintes — distance qui se
manifeste dans les « bonnes manières », les impératifs de la
« conscience » ou dans la « réflexion » — les retards apportés au
plaisir d'amour et la joie mélancolique qui en résulte, sont des
éléments intégrants du complexe émotionnel qui a nom
« amour romantique ». Ils marquent la transition de l'affectivité simple et directe à l'affectivité compliquée et composite
qu'on peut fort bien mettre en parallèle, dans le domaine de
la peinture, avec la transition de l'emploi des couleurs pures à
celui des couleurs élaborées et souvent obtenues par mélange.

Il existe enfin un autre mouvement de « distanciation » qui,
en tant que processus partiel déterminant, fait partie du
contexte général de cette transformation des interdépendances
humaines. Un des aspects essentiels du nouveau « palier »
que les membres des sociétés européennes abordent peu à peu
vers la fin du Moyen Age est leur plus grande capacité de
prendre du recul par rapport à leur propre personne. Au plan
structurel, cette capacité est une conséquence directe de la
formation de la cuirasse individuelle faite d'autocontrôles
plus ou moins automatiques. On l'observe d'abord dans
quelques élites, puis, dans le courant du siècle, elle gagne —
avec la complexification et l'organisation accrues des inter-

dépendances humaines — des couches toujours plus vastes.

Jacob Burckhardt note déjà, dans sa *Civilisation de la Renaissance*, la tendance des individus, tendance qu'on peut observer pendant l'époque qu'on a appelée la « Renaissance italienne », à prendre de plus en plus conscience de leur existence en tant qu'individus. Il a signalé à sa manière certaines corrélations entre le processus de la formation des États, la tendance à la centralisation progressive des États et la tendance à l'individualisation. Mais les modèles théoriques spécifiques dont il s'est servi — car il avait recours comme tous les historiens à des modèles théoriques — péchaient par un certain arbitraire. Il croyait en effet que le modèle de l'œuvre d'art fournissait la meilleure explication de ces différentes évolutions. C'est à l'analogie avec l'évolution de l'œuvre d'art qu'il faisait appel pour expliquer la nouvelle phase de l'évolution des États en Italie et l'idée que les contemporains s'en faisaient. L'œuvre d'art lui servait aussi pour expliquer ce qu'on pourrait appeler la « tendance à l'individualisation » et le nouvel « état de conscience » de l'homme, son accession à un nouveau palier de la conscience psychologique. Cette comparaison avec l'œuvre d'art avait, entre autres, sans doute le but de donner une expression plus concrète à l'effort plus *conscient* de l'homme pour créer des États ou, pour employer une formule plus réaliste, pour centraliser des moyens de puissance essentiels de l'État, pour parvenir à l'autoréalisation de chaque être humain, ce qui exige une plus grande distance par rapport à son propre moi. Mais cette comparaison évoque aussi l'idée d'une création harmonieuse. Elle efface les frontières entre les changements de structure des sociétés humaines et les idéaux qui figurent comme tels dans les livres. Dans le sillage de Burckhardt, on rencontre encore plus fréquemment ce même mélange d'énoncés sur les idées et les idéaux consignés dans les livres de l'époque et de rapports sur l'évolution globale de formations humaines, ainsi que sur les hommes qui les constituent. De fait, l'évolution des idées et des idéaux n'est qu'un phénomène partiel de cette évolution globale. Nous avons essayé, dans la mesure du possible, d'éviter cette confusion. Les changements que nous avons exposés ne sont pas seulement des changements d'idées consignés dans les livres, mais des changements survenus dans les hommes eux-mêmes, à la suite des changements qui ont marqué les formations sociales.

Quand nous évoquons les progrès de l'individualisation et du contrôle des émotions, quand nous parlons de la distance plus grande que l'homme prend par rapport à la nature, à ses semblables et à son propre moi, nous visons ce genre de changements et d'autres qui en sont la conséquence : ce qui se transforme dans le processus de l'aristocratisation et de la curialisation, ce ne sont pas les idées, mais l'habitus de l'homme.

Le mot « Histoire » tel qu'il est employé aujourd'hui n'implique pas toujours que le changement qu'il évoque peut affecter aussi les hommes eux-mêmes dans un sens bien déterminé. Dans ce cas encore, nos moyens linguistiques ne suffisent pas à rendre compte de nos observations. C'est ainsi que la nécessité se fait sentir dans ce domaine aussi de chercher, en s'entourant de prudence, de nouvelles métaphores, capables de mieux définir, sur le plan conceptuel, que la terminologie traditionnelle, de telles transformations. La terminologie traditionnelle suggère souvent l'idée que les processus historiques se déroulent toujours sur le même plan. Il est vrai qu'on parle de plusieurs « degrés » de l'évolution. Mais cette métaphore laisse le plus souvent dans l'ombre le problème des relations entre les différents degrés. Quand on observe attentivement la manière dont une société accède, dans une période donnée de son évolution, à un degré plus élevé de distance de l'individu par rapport à lui-même, on arrive à dégager certains aspects de la formation de ces degrés que l'on passe souvent sous silence. Une telle étude explique aussi la raison pour laquelle l'évolution sociale ne peut, en dépit du recours au moyen linguistique du comparatif, être assimilée à des processus purement quantitatifs. Pour leur rendre justice, il faut inclure dans l'analyse le changement des formations sociales. La tendance qui se manifeste au XVIe et au XVIIe siècle à marquer la distance par rapport au « moi » nous en fournit un excellent exemple. Pour décrire ce phénomène, il ne suffit pas de faire appel à des métaphores linéaires ou à deux dimensions seulement. Il faut des métaphores spatio-temporelles, autrement dit, des métaphores à quatre dimensions pour exprimer de manière adéquate ces aspects de l'évolution.

Une image qui rend assez bien l'observation que l'on peut faire ici, est celle de la montée ou de la descente dans un escalier à vis, donc un modèle à plusieurs dimensions. Imaginons un homme qui monte à l'étage supérieur. Ce n'est pas seulement une nouvelle vue sur le paysage qui s'offre à ses regards, mais s'il jette un coup d'œil en arrière il s'aperçoit en quelque sorte lui-même à l'endroit où il se trouvait peu avant. On fait une expérience analogue quand on analyse les premiers mouvements vers un recul plus grand par rapport au « Moi » : les hommes sont plus capables qu'autrefois de s'observer eux-mêmes; mais ils ne sont pas encore parvenus au stade où ils peuvent se voir en train de se voir eux-mêmes. Pour accéder à ce degré de connaissance, il faut monter sur le palier suivant, où une plus grande distance par rapport au « Moi » ouvre des perspectives nouvelles. C'est cette dernière montée que nous effectuons en ce moment. Nous sommes déjà à même de prendre du recul par rapport au mouvement de recul de la Renaissance, de nous retourner, de nous voir monter, en quelque sorte, sur le niveau suivant. Ce faisant nous avons une meilleure vision du sens de notre montée.

Pendant les deux premières décennies du XVIIe siècle parut en France, par livraisons successives, un roman volumineux qui eut un grand retentissement dans les milieux de la société de cour naissante. Il fut l'objet pendant un certain temps d'un véritable culte littéraire, on organisait autour de lui des jeux de société et des réunions mondaines. On le tient encore aujourd'hui pour un des jalons de la littérature de cette époque. Mais le lecteur moderne n'éprouve plus à le lire le même plaisir que ceux qui le lisaient alors. Il n'en reste pas moins qu'un ouvrage qui a trouvé un tel écho parmi ses contemporains contient un message qui nous concerne. A condition de ne pas le prendre seulement pour une œuvre littéraire, mais d'y voir le témoignage d'humains qui y trouvaient, dans un choix déterminé, le reflet de leurs penchants, sentiments, expériences et comportements, il peut

ouvrir la voie à une meilleure compréhension des hommes
qui jadis l'appréciaient.

Le roman dont il s'agit, *L'Astrée* d'Honoré d'Urfé, est le
produit d'une époque, où même ceux des nobles qui avaient
été élevés dans la tradition de la noblesse indépendante
des guerriers et des seigneurs, commençaient à comprendre
que le déplacement de la balance des forces en faveur du
détenteur de la position de roi et de ses représentants, en
d'autres mots, que la concentration des forces entre les mains
du gouvernement central au détriment des couches jadis
relativement indépendantes des seigneurs locaux et régionaux,
était irréversible. Honoré d'Urfé avait combattu pendant les
guerres civiles du côté de la Ligue contre les armées protestantes conduites par Henri de Navarre, le futur Henri IV.
Fait prisonnier, il avait été relâché, repris, et avait passé
quelque temps en exil. Il appartenait à une famille aisée
de la haute noblesse campagnarde, qui entretenait des relations
étroites avec l'Italie, la cour de Savoie, les hauts dignitaires
de l'Église. C'était un homme cultivé, selon les critères de la
Renaissance italienne et française. Sans être courtisan, il
avait reçu une formation de cour. Comme il avait combattu
dans le camp des vaincus, il fit la paix avec le roi, seul capable
d'apporter l'apaisement aux hommes épuisés par les guerres
civiles.

C'est à lui qu'il dédicaça son *Astrée* : « Recevez-la donc
(Sire) non pas comme une simple Bergère mais comme une
œuvre de vos mains! Car véritablement on vous en peut dire
l'Auteur, puisque c'est à V.M. à qui toute l'Europe doit son
repos et sa tranquillité. »

Voilà ce que nous avons voulu dire en affirmant qu'« une
porte s'était fermée ». Le long processus qui a transformé
une noblesse guerrière et seigneuriale, couche dirigeante d'un
système d'économie de troc, en une aristocratie de cour régie
par une économie d'argent, est entré dans la phase d'accession
à un nouveau palier ou, comme on dit souvent, à un nouveau
« degré ».

Grâce à *L'Astrée* nous comprenons mieux la situation — et
l'expérience associée à cette situation — de nobles qui
incarnent déjà la transition de l'ancien au nouveau type

aristocratique, mais qui s'identifient encore souvent dans leurs critères de valeur et leurs idéaux au type ancien tel qu'ils le voient. Ils s'opposent donc non par des actes — car ils sont vaincus et las de la guerre — mais par des rêves éveillés à la concentration progressive du pouvoir central entre les mains du roi et à la curialisation subséquente de la noblesse. L'art sert fréquemment de refuge à ceux qui ont subi une défaite politique ou qui, pour une raison ou une autre, se trouvent coupés de toute activité politique. Dans leurs rêves éveillés ils sont libres d'adhérer à leurs idéaux, même si la dure réalité ne leur permet pas de s'imposer.

D'Urfé incarne déjà dans une large mesure le courant civilisateur raffiné, qui exige de l'individu un renforcement de l'autocontrôle et de la cuirasse de la civilisation, et des formations sociales une centralisation sans cesse plus poussée des contrôles étatiques assis sur des rentrées en argent. Un des aspects du dilemme personnel de l'auteur, dilemme qui traverse en filigrane toute sa pensée et sa sensibilité — et qui se traduit au niveau de l'œuvre par ce « romantisme aristocratique », qui lui a valu de figurer dans la catégorie des « romans sentimentaux » — repose sur le conflit entre l'acceptation des raffinements de la civilisation et de l'autodiscipline d'une part, et le refus des changements de structure sociaux et plus spécialement de la centralisation des contrôles autoritaires de l'autre, sans lesquels le développement d'une civilisation raffinée et d'une autodiscipline rigoureuse sont à la longue difficilement concevables.

La dédicace du roman est un hommage chevaleresque au vainqueur royal, seigneur et maître, par un vaincu. Elle est en même temps un geste de résignation. Même le groupe de pointe de la noblesse provinciale et campagnarde doit s'accommoder du fait que le pouvoir central est passé entre les mains des seigneurs et des dames de la cour. *L'Astrée* expose une des réactions possibles d'une noblesse déjà à moitié curialisée, à moitié pacifiée contre sa volonté, à l'époque de la transition : les portes de la cage royale commencent à se fermer, les intéressés ont l'impression très nette qu'elles ne s'ouvriront plus, un noble français ne peut plus choisir qu'entre la vie dans la cage dorée de la cour, la participation à sa gloire ou une existence sans panache dans la pénombre.

Acculés à ce choix, plusieurs nobles portent un regard nostalgique en arrière, sur un monde de liberté qui s'évanouit. *L'Astrée* d'Urfé exprime cette nostalgie à sa manière. Le roman dépeint le monde utopique d'une noblesse en train de s'aristocratiser, de se curialiser. On se débarrasse de son épée, on construit pour son propre usage un univers ludique, un monde mimétique où les hommes et les femmes déguisés en bergers et en bergères peuvent se livrer aux aventures de leurs cœurs, en premier lieu aux souffrances et aux plaisirs de l'amour, sans entrer en conflit avec les contraintes, les impératifs et interdictions de l'univers réel et non mimétique.

La difficulté réside dans le fait que certaines valeurs, certaines lois et interdictions du monde non mimétique sont devenues pour des hommes de la race d'Urfé une sorte de *seconde nature*. On les retrouve donc dans le monde inventé, mimétique. Même dans le miroir du roman pastoral, la société conserve les particularités structurelles qui font partie, aux yeux de la noblesse, du décor de son univers et certainement de tout univers qu'elle aimerait habiter. Sont maintenus les différences de rang, les seigneurs et les dames, membres d'une couche supérieure, qui nous apparaissent à travers le roman dans un éclairage romantique. Les créations littéraires du romantisme bourgeois jettent, en accord avec l'individualisation spécifiquement bourgeoise de chaque personnage et l'idéalisation de la personne, un voile pudique sur l'appartenance sociale des individus et les différences hiérarchiques entre les groupes sociaux; on se rend compte que leurs auteurs n'ont pas conscience d'être les révélateurs des conditions sociales de leur temps. Pour employer une métaphore : ils s'introduisent souvent par la porte de derrière dans leur monde mimétique. Car ce qui importe surtout aux auteurs romantiques allemands, c'est la destinée spirituelle des personnages, qui se joue pour ainsi dire dans un espace non social, loin de tous les liens et interdépendances, loin des contraintes imposées par les inégalités de puissance et de rang, loin de tout système d'autorité.

D'Urfé transpose, presque sans y toucher, les inégalités

de rang et l'ordre hiérarchique du monde non mimétique
dans son monde mimétique. C'est-à-dire qu'il les transpose
dans la mesure où ils l'intéressent, lui et son public. Ainsi,
le monde de son roman est peuplé de nobles. Abstraction
faite de quelques serviteurs, figurants inévitables dans la
« bonne société », les personnes sans titres de noblesse ne
jouent aucun rôle dans son univers. Mais les différences de
rang parmi les nobles ne sont pas, dans le roman d'Urfé, des
phénomènes d'arrière-plan, en marge du monde ludique.
Elles tiennent dans ce monde le même rôle, elles se présentent
sous les mêmes formes que dans la société non mimétique
dont le roman nous apporte le reflet. Dans la bonne société
aristocratique de France et plus spécialement dans la société
de cour en plein essor, les groupes de nobles et les nobles de
rang très différent se côtoient, sans que les différences de rang
en soient le moins du monde effacées. Chacun sait qui appartient à tel groupe d'un rang inférieur ou supérieur à son
propre rang. L'appartenance à un rang déterminé — qui
au temps d'Urfé était hérité ou considéré comme hérité —
est un élément intégrant de chaque personne. Dans la version
définitive du roman (mais pas toujours dans les travaux
préliminaires qui nous sont parvenus), les deux classes importantes de la noblesse, dont les rapports réciproques semblent
avoir préoccupé d'Urfé après la victoire d'Henri IV, se présentent à nous dans des déguisements stéréotypés, faciles à
reconnaître. Il y a des chevaliers, des princes, des rois. Il y
a des druides et des magiciens, qui incarnent très probablement la noblesse ecclésiastique. Il y a surtout des nymphes
qui portent l'empreinte de la « grande dame de cour ». Une
des nymphes, Galathée, est peut-être un personnage à clef,
qui pourrait représenter la première femme d'Henri IV. Les
bergers et les bergères tiennent la place de la petite noblesse
de rang inférieur dont se réclame d'Urfé, descendant des
couches supérieures d'une noblesse de province mi-campa-
gnarde mi-aristocratique. Déguisés en bergers et en bergères,
ces modestes représentants de la noblesse nous apparaissent
dans le roman dans la lumière d'une idéalisation romantique.
Ce déguisement pastoral est particulièrement significatif. En
effet, une partie de la moyenne et petite noblesse est à tel

point civilisée, curialisée, aristocratisée, urbanisée, prise dans
le réseau des interdépendances créées par l'argent, son éloignement social et psychologique de la vie rurale a déjà fait de
tels progrès qu'elle exprime sa nostalgie d'une vie plus libre
et plus simple tout naturellement par la bouche de bergers
et de bergères vivant dans leurs humbles cabanes.

Il ne saurait y avoir de doute que c'est cette couche inférieure de la noblesse qui assume le premier rôle dans le monde
mimétique d'Urfé : c'est à elle qu'appartient Céladon, héros
principal du roman, simple berger dont l'amour pour la belle
bergère Astrée est un des thèmes principaux.

C'est en prenant comme point de départ la position inférieure de bergers et de bergères qu'Urfé lance des polémiques,
tantôt discrètes, tantôt retentissantes contre la couche dominante, les nymphes, mais aussi d'autres personnages censés
représenter la noblesse de cour, et plus encore contre son
mode de vie et ses critères de valeur. Il leur oppose l'idéal
de la vie simple et rurale, faite d'authenticité et d'innocence,
celle des bergers et des bergères. Le sujet n'est pas nouveau.
Déjà au début du xvie siècle, Sannazar avait dans son *Arcadie*
— en s'inspirant sans doute de modèles antiques — opposé
des bergers et des bergères à la cour de Naples. La tradition
a été reprise par une série de romans pastoraux du xvie siècle.
Ce serait une tâche intéressante de suivre pas à pas, en s'appuyant sur ces romans, les progrès de l'« aliénation » de la
cour, de la tendance de l'aristocratie à se distancer de plus
en plus de la vie rurale.

L'Astrée nous expose sous un éclairage bien déterminé le
lien qui existe entre cette aliénation et l'éveil d'une conscience
psychologique plus aiguë, l'accession à un nouveau palier
de l'« escalier à vis » de la conscience. Dans le roman d'Urfé
apparaît en filigrane le problème fondamental — marque
distinctive jusqu'à nos jours du niveau de conscience — que
les hommes ont atteint à l'époque de la Renaissance : c'est
le problème des rapports entre la réalité et l'illusion. C'est
un des grands paradoxes de l'histoire qu'au moment même
où les hommes ont étendu leur emprise sur le monde et plus
spécialement sur ce que nous appelons la « nature », mais
aussi sur l'homme lui-même et sa condition, on commence

à se demander avec insistance ce qui est vrai, réel, objectif ou quel que soit le mot dont on se serve pour désigner ce concept, et ce qui est seulement pensée humaine, artifice, illusion, impression « subjective » et, à ce titre, dépourvu de toute réalité. Or, ce problème est étroitement lié au développement des mécanismes spécifiques d'autocontrôle dans la profondeur de l'homme, de la cuirasse qui lui donne l'impression de vivre loin du monde, dans une cage : l'homme ne parvient plus à vérifier si ce qui pénètre à travers sa cuirasse n'est pas après tout qu'un mirage, une invention, une création de son imagination et, de ce fait, irréel. Il faut accéder au palier suivant pour apercevoir sa cuirasse, pour en comprendre la nature, pour se rendre compte qu'elle s'est formée au palier précédent, pour en reconnaître les limites et faire ainsi un pas vers la solution du problème.

Nous nous bornerons à indiquer comment cette « montée » au niveau de la « Renaissance » se présente dans le roman d'Urfé. Il nous fournit un exemple typique de l'expérience d'autoperception que les nobles français des couches supérieures ont pu faire pendant la phase de là curialisation définitive. Pour vraiment comprendre ce genre d'expérience, il faut avoir compris que la manière dont l'homme fait l'expérience de la réalité se transforme au cours de l'évolution sociale dans un sens déterminé et que le bouleversement qui a fait déboucher l'époque que nous appelons le « Moyen Age » sur « l'époque dite moderne » a profondément transformé notre mode de distinguer entre le « réel » et le « non-réel ». Sur le niveau précédent de la conscience psychologique, la base sociale et personnelle de ce qui passait pour réel était — comme dans toutes les phases antérieures de l'évolution humaine — d'ordre relativement peu réfléchi et émotionnel. Des représentations qui, répondant aux besoins émotionnels de l'homme, faisaient fortement appel à son affectivité, étaient considérées, selon la puissance des émotions qu'elles déclenchaient, comme *existantes*. Un exemple très simple est l'attitude de certains peuples primitifs face à leurs masques. Dans une situation sociale appropriée, dans le cadre d'une fête, un masque peut être vécu comme un esprit puissant dont on a peur ou qu'on tente d'apaiser par certains rites. Cela n'exclut nullement que le même masque soit déposé après la cérémonie dans un débarras ou même jeté aux ordures. On explique le changement en affirmant que « l'esprit a quitté le masque ». A y regarder de plus près, on constate que c'est l'émotion de l'homme subjugué par son expérience qui, la situation ayant changé, a quitté le masque. L'identité de l'objet ne se fonde pas encore, à ce niveau, en premier lieu sur son caractère d'objet, mais sur le caractère des représentations affectives qu'il suggère. Ainsi, si l'émotion qu'il suscite est puissante, l'objet est ressenti comme « puissant ». Cet élément de « puissance » est et demeure le critère déterminant de ce que les hommes considèrent comme « réel ». Des objets dont le groupe concerné n'attend pas le moindre effet sont — à ce niveau de l'évolution — sans importance et ne méritent pas l'épithète de « réel ».

Vers la fin du Moyen Age, on observe un puissant courant visant à conférer aux objets une identité, une réalité et une efficacité indépendantes des représentations émotionnelles qu'ils suscitent *hic et nunc* dans les groupes, en accord avec leur tradition et leur situation du moment. Le mouvement vers une conscience plus vive de l'autonomie de l'expérience par rapport à l'expérimentateur, vers une plus grande autonomie des « objets » dans la conscience des « sujets » est étroitement lié au développement de la cuirasse qui s'intercale sous forme d'autocontrôles plus ou moins profonds entre les impulsions affectives et les objets qu'elles visent.

Ce mouvement permet aux hommes soucieux de mieux connaître le monde dans lequel ils vivent, d'accéder, dans certains secteurs bien déterminés, à une plus grande certitude de la connaissance, à une plus grande approximation conceptuelle de l'objet et — par voie de conséquence — à un meilleur contrôle de ces mêmes objets. Le jour où on a remplacé l'approche théologique de la réalité par l'approche scientifique, on a fait un pas important dans cette direction. En effet, par cette démarche, on quitte le niveau sur lequel le contenu émotionnel des représentations sociales traditionnelles est considéré comme le garant de la réalité du signifié pour monter au niveau suivant : c'est le niveau sur lequel les hommes estiment qu'il vaut bien la peine d'aller à la découverte des lois propres de complexes d'événements situés dans le domaine de la nature et de se détacher, dans une certaine mesure, de leurs réactions émotionnelles face à ces complexes. Ainsi, les hommes ont pu élargir considérablement leur fond de connaissances relativement assurées.

Mais à ce nouveau niveau de la capacité humaine de s'assurer une plus grande certitude sur les événements et leurs causes, apparaissent de nouvelles sources d'incertitude. Tant que l'évolution de la conscience humaine ne dépassera pas ce niveau, cette incertitude spécifique se manifestera de diverses manières, à mesure que s'accroîtra le capital des connaissances assurées. Tandis que dans certains domaines, notamment dans celui de la « nature », les notions et modes de pensée répondent mieux qu'autrefois aux faits observés, que l'image que les hommes élaborent des événements et de leurs causes apparaît plus fidèle et plus proche de la réalité, les hommes ont en même temps de la peine à croire que ce qu'ils « pensent » de cette « réalité » n'est pas le produit artificiel de leur intellect, n'est pas simple « pensée » et « illusion ».

Cette incertitude, ce doute sur le rapport entre la réalité et l'illusion traversent toute la période. La tendance qui se manifeste dans le domaine de l'art pictural à représenter la réalité telle qu'elle est perçue, est — dans un certain sens — symptomatique des fluctuations et des amalgames qui s'observent aux frontières de la réalité et de l'illusion. Les tentatives de projeter des phénomènes spatiaux à trois dimensions sur une toile à deux dimensions aboutissent à une représentation artistique plus réaliste, plus près de la vérité vécue, objectif qu'on vise en effet pendant cette période. Mais l'image projetée sur la toile donne en même temps l'illusion de l'espace à trois dimensions. La capacité et l'ambition de conférer à l'illusion les apparences de la réalité font pendant, sur le plan pictural, à cette inquiétude philosophique qui s'interroge sur la réalité de ce qui nous apparaît comme telle. Les hommes parvenus à ce niveau de la conscience psychologique se posent sans arrêt la même question : « La réalité, l'illusion, qu'est-ce ? »

Il est relativement facile de comprendre pourquoi de telles

questions ne comportent pas de réponse, si on peut accéder
au niveau suivant de la conscience et jeter, avec un peu de
recul, un coup d'œil sur le palier que les hommes avaient
atteint à la fin du Moyen Age. On s'aperçoit alors que l'incertitude sur le contenu du concept de « réalité » et la remise
en question périodique des jugements sur ce que nous appelons des faits et qui ne sont peut-être que les artifices de
l'intelligence humaine, reposent sur l'habitude persistante
des hommes ayant atteint le niveau de la Renaissance d'« ob-
jectiver » provisoirement encore le frein qu'ils imposent à
leur émotivité quand ils réfléchissent et sur le recul émotionnel
qu'ils prennent par rapport aux objets de leur réflexion.
L'acte que nous avons désigné, en recourant à une métaphore, par le terme de « distanciation » leur apparaît, quand
ils se livrent à des opérations intellectuelles, comme une
distance effective entre eux-mêmes et les objets de leur réflexion.
La cuirasse des autocontrôles plus ou moins intégrés prend
pour eux l'aspect d'un mur réel se dressant entre eux et les
objets de leur pensée. L'incertitude sur la nature de la « réalité », qui amène Descartes à la conclusion que la seule certitude est la pensée elle-même, nous fournit un exemple éloquent de la « réification » d'une représentation émotionnelle :
elle répond à une particularité structurelle d'êtres humains
parvenus à un niveau donné de l'évolution sociale et de la
conscience psychologique. Le sentiment qu'on est séparé par
un abîme, même en se livrant à des réflexions ou à des observations scientifiques, de l'objet de ses réflexions ou de ses
observations, peut être tout à fait authentique. Mais l'abîme
existe aussi peu, il a aussi peu de réalité — en dehors de la
réalité du sentiment — que le pouvoir magique qu'un groupe
d'hommes primitifs attribue à un masque, parce qu'ils ont
le « sentiment » qu'il a ce pouvoir. La différence réside exclusivement en ceci que, dans ce dernier cas, la cuirasse émotionnelle, fruit de la civilisation, est beaucoup plus durable, solide,
englobante.

Voilà pourquoi les membres des sociétés européennes se
trouvent dans l'embarras quand — ayant atteint aux environs
du xve siècle un nouveau palier de la conscience psychologique,
qui compte parmi ses symptômes aussi bien l'acquisition de

connaissances scientifiques et cartésiennes que l'apparition récurrente d'une attitude fondamentale nominaliste — ils réfléchissent sur la réflexion, prennent conscience de leur prise de conscience, se livrent à des efforts mentaux pour comprendre leurs efforts mentaux. Alors que l'exploitation scientifique de leur puissance intellectuelle permet la mise au jour permanente de nouvelles connaissances scientifiques, qui prétendent refléter des réalités existantes, les hommes sont incapables, quand ils réfléchissent sur leur propre travail scientifique, de se persuader que cette même connaissance, aboutissement d'une combinaison de réflexions et d'observations systématiques, répond à quelque chose de vraiment existant, de vraiment « réel ». Puisque, pour le sentiment, il y a « clivage », il y a un abîme entre le « sujet » pensant et l' « objet » de la pensée, l'idée même de la « réalité » semble naïve et sujette à caution. Ce que l'homme élabore en lui donnant le nom de « science », n'est-ce pas en dernière analyse une invention de son esprit, une image influencée par les perceptions de ses organes des sens? Les événements qui se déroulent à l'extérieur de l'homme qui y participe, n'ont-ils pas été transformés par la pensée et les sens à tel point que le « Moi », qui semble doté à l'intérieur de la cuirasse d'une existence autonome, n'est plus capable de les reconnaître tels qu'ils sont, mais seulement métamorphosés et déguisés par la pensée et les sens? A ce niveau de la conscience, qui permet déjà aux hommes de prendre du recul par rapport à leurs propres processus mentaux et de percevoir les objets de leurs réflexions comme indépendants d'eux-mêmes et de leurs émotions, c'est-à-dire comme « autonomes » dans ce sens bien précis, alors que ce recul n'est pas encore assez grand pour qu'ils puissent en inclure la structure comme élément constitutif dans leur représentation conceptuelle de la relation sujet-objet, de tels problèmes ne comportent pas de solution.

Ainsi se pose pour l'homme parvenu à ce niveau de la conscience le problème lancinant de la relation entre le « subjectif » et l' « objectif », entre la « conscience » et l' « existence », entre l' « illusion » et la « réalité », entre ce qu'il qualifie, en recourant de manière significative à une image spatiale, d' « interne », entre le « Moi » proprement dit enfermé dans sa cuirasse civilisatrice et le « monde extérieur ». Descartes doutant de la « réalité » de tout ce qui se passe en dehors de sa propre pensée, l'adoption, en peinture, d'un style illusionniste, la mise en vedette, dans l'architecture profane et religieuse, d'une « façade » tournée vers l'extérieur, ce sont là autant de symptômes de la transformation structurelle de la société et des humains qui la constituent. Ils attestent que les hommes n'ont plus le sentiment, en raison de la retenue qu'on impose à leurs émotions, de se trouver simplement dans le monde, créatures parmi d'autres créatures, mais qu'ils sont confrontés de plus en plus, en tant qu'individus enfermés dans leur cuirasse, aux choses et aux hommes, à tout ce qui existe en dehors de leur cuirasse, à tout ce qui est séparé de leur « intérieur » par cette même cuirasse.

Parmi les symptômes de la nouvelle structure de la conscience — acceptée depuis longtemps comme une chose évidente — on trouve, outre l'incertitude sur la nature de la « réalité », ce jeu conscient avec la réalité et l'illusion, ces passages de l'une à l'autre, ces mélanges des deux qui fleurissent désormais sous de multiples variantes en art et en littérature. *L'Astrée* nous en fournit un exemple. Les personnages paradigmatiques de ce roman ne brident pas seulement leurs sentiments et leurs passions, mais ils ont une attitude réflexive par rapport au rôle que l'auteur leur attribue, ils se déguisent souvent d'une façon très consciente; on a alors l'impression qu'ils vivent pendant un certain temps dans la peau d'un autre personnage; ils ne paraissent pas ce qu'ils sont en « réalité ».

Quand on se demande ce qui passe pour vraiment « réel » dans la société de *l'Astrée*, et très probablement aussi dans la société à laquelle le roman est destiné, on découvre ici, comme si souvent, un mélange singulier de choses qui sont et qui devraient être, de faits et de normes sociales. Le fondement incontestable et incontesté de ce que l'homme est « réellement » semble être, dans cette société, sa lignée et le rang qu'il occupe en raison de son ascendance. Cette vue correspond très exactement à l'idée que la société à laquelle *l'Astrée* s'adresse en premier lieu, se fait de la composante la plus inébranlable de la réalité, composante qui n'est jamais remise en question par une interrogation réfléchie : pour vraiment savoir à quel genre de personnage on a affaire, il faut connaître son appartenance sociale et le rang qu'il occupe dans la hiérarchie. En cette matière, il n'y a pas la moindre place pour le doute ou la réflexion; à cette frontière la pensée s'arrête. Inutile d'aller plus loin. Car l'ascendance et le rang social sont les piliers de l'existence sociale de la noblesse. *L'Astrée* est un roman de la noblesse, qui présente à un public de nobles des nobles sous toutes sortes de déguisements. C'était toujours et c'est encore la première question qu'un noble pose à un autre noble à l'occasion d'une rencontre : « A quelle maison, à quelle famille appartenez-vous? » Selon la réponse, on lui assigne une place déterminée dans la hiérarchie. Il apparaît que la société de nobles qui peuplent le roman est déjà relativement dispersée et mobile. Elle s'achemine vers l'aristocratisation, elle gagne les grandes cours princières, dont les membres ne connaissent plus, comme cela s'observe dans les milieux aristocratiques plus fermés, depuis leur plus tendre enfance toutes les personnes qui y apparaissent. Les nobles de *l'Astrée* ignorent l'identité « réelle » de leurs interlocuteurs. C'est pourquoi le déguisement et la dissimulation du rang y sont possibles.

Ce qui caractérise le niveau de conscience dont *l'Astrée* est l'expression, c'est le fait que les héros du roman ne se bornent pas à se déguiser, à dissimuler, à prétendre être et ressentir ce qu'ils ne sont pas et ne ressentent pas — c'est là un phénomène qu'on rencontre déjà dans les produits littéraires des périodes précédentes — mais qu'ils se livrent à des réflexions sur le déguisement et la dissimulation. On argumente, on discute longuement sur les rapports entre la « réalité » et le « déguisement ». La possibilité du déguisement fait partie des règles du jeu. On réfléchit aux problèmes soulevés par la faculté qu'ont les hommes de dissimuler leurs pensées et leurs sentiments. Bref, *l'Astrée* est un exemple et un symptôme de l'ascension à un niveau social marqué par des structures particulières — dont une des dimensions est un nouvel état de conscience.

Au nombre de ces particularités compte le niveau d'autoréflexion atteint par l'homme, autrement dit le « recul » qu'il a

pris par rapport à lui-même. Comparée à des romans antérieurs
d'un genre similaire, *l'Astrée* reflète (à côté d'autres romans de
la même époque) un niveau où les hommes sont capables de
prendre du recul par rapport à eux-mêmes et de faire d'eux-
mêmes l'objet de leurs réflexions. Ils ont escaladé l'étage
suivant de l' « escalier à vis » de la conscience. Ils se voient
agir et vivre au niveau inférieur, ils s'observent pour ainsi
dire en train de commercer avec leurs semblables.

Les relations amoureuses qu'ils entretiennent sont également l'expression de leur capacité de contrôler leur propre
affectivité, de prendre du recul par rapport aux autres et à
eux-mêmes : nous avons vu que ce sont là les traits caractéristiques de la transformation de la société et du réseau des
interdépendances humaines, corollaires de la centralisation
progressive du pouvoir de l'État et de la formation d'élites
aristocratiques. Il est à noter que l'idéal de la relation amoureuse qui forme le noyau de *l'Astrée* n'est pas l'idéal d'amour
de la puissante aristocratie de cour, mais bien plutôt celui de
la *couche moyenne* des nobles. D'Urfé oppose à dessein l'éthos
amoureux plus noble, plus pur, plus civilisé des bergers et
bergères, c'est-à-dire des représentants d'une noblesse de
rang modeste, aux mœurs amoureuses frivoles et sensuelles
de l'aristocratie dominante de la cour. On pourrait être
tenté de prendre *l'Astrée* pour un produit purement littéraire,
sans les moindres intentions politiques. En effet, le problème
de l'amour est le thème principal du roman. S'il est vrai que
d'Urfé, après avoir bataillé contre l'homme de cour devenu
roi et peut-être aussi contre l'accroissement de la puissance
royale, a déposé l'épée pour présenter à ses contemporains las
de la guerre la vision de rêve d'une vie de berger simple et
paisible, il n'en continue pas moins la lutte idéologique avec
les armes de l'esprit. La vie simple, libre, morale des modestes
bergers et bergères est sans cesse opposée aux mœurs et
coutumes des seigneurs et des dames de la cour, qui gou-
vernent le monde. En insistant sur la vie amoureuse si différente des deux groupes, l'auteur indique nettement qu'il
entend situer la lutte sur un autre plan : il met en opposition
deux échelles de valeurs, il s'élève contre la curialisation à
laquelle il est de plus en plus difficile de se soustraire, il lance

une polémique à peine déguisée contre l'aristocratie de cour, couche dominante. *L'Astrée* illustre — sous une forme précoce mais significative — le lien étroit entre deux aspects du puissant courant civilisateur qui traverse à partir du xvᵉ siècle — parfois un peu plus tôt, parfois un peu plus tard — toutes les sociétés européennes. Il met en évidence qu'il y a un rapport de cause à effet entre la transformation générale des contraintes extérieures en autocontraintes, le renforcement de la conscience, l' « intériorisation » des contraintes sociales aboutissant à un *éthos* ou une « morale » d'une part, les mouvements visant à échapper aux contraintes de la civilisation, la recherche d'un refuge dans un environnement plus simple, généralement champêtre, la retraite — mi-ludique mi-sérieuse — dans un monde de rêve de l'autre. On se rend déjà compte que cette dialectique civilisatrice des tendances à la formation de la conscience, à la moralisation, à l' « intériorisation » des contraintes de la civilisation, que la tendance à la fuite tentée ou rêvée devant ces contraintes se rencontre le plus souvent dans les couches moyennes, les « couches à deux fronts » et rarement dans les couches dominantes et régnantes, et on décèle les raisons de cette dialectique. Ce conflit n'est nullement l'aboutissement du développement des couches moyennes *bourgeoises*, nous le rencontrons déjà dans l' « éthos de l'amour » des couches moyennes de la *noblesse* qu'Urfé nous présente dans son roman.

Nous oublions souvent, quand nous employons le mot « amour » dans le sens que nous lui prêtons de nos jours, que l'idéal de l'amour, modèle de toutes les relations amoureuses réelles, incarne une forme de lien affectif entre l'homme et la femme orienté dans une très large mesure en fonctions de normes sociales et personnelles. Le modelage de l'affectivité tel qu'il nous est présenté dans *l'Astrée* est considéré comme un idéal par une couche moyenne de l'aristocratie curialisée. L'amour du héros Céladon pour Astrée n'exprime pas simplement le désir passionné d'un homme de posséder telle femme. La version aristocratique de l'amour nous présente déjà un idéal romantique qui sera glorifié par la suite dans les œuvres littéraires de la bourgeoisie des siècles suivants. Ce qu'on nous propose, c'est l'attirance sentimentale passionnée qu'éprouvent un jeune homme et une jeune fille, tous deux célibataires, l'un pour l'autre : l'accomplissement de cette passion ne peut être réalisé, à l'exclusion de toute autre forme d'union, que dans le mariage. La passion de cet homme ne vise qu'une seule femme, la passion de cette femme qu'un seul homme. Un tel idéal d'amour présuppose donc une individualisation très poussée. Il exclut tout lien amoureux, si fugace soit-il, des deux amants avec une tierce personne. Comme il s'agit de deux personnes marquées par des auto-contrôles très individualisés et des cuirasses très différenciées, la stratégie de la conquête est plus compliquée et plus longue que naguère. Dans ce roman, les jeunes gens jouissent déjà d'une si grande indépendance sociale que le père ou la mère, s'ils sont opposés à l'union, ne peuvent rien contre la puissance de l'amour. Les travaux d'approche sont plus difficiles et plus dangereux. Les deux jeunes gens doivent se mettre à l'épreuve réciproquement. Leur jeu amoureux ne se ressent pas seulement de la force avec laquelle ils dissimulent, d'une manière plus ou moins consciente, leurs émotions, mais aussi de la conscience qu'ils ont de cette dissimulation, des réflexions qu'elle leur inspire. Que se passe-t-il donc réellement derrière le masque du partenaire ? Ses sentiments sont-ils fidèles et authentiques ? Dans les groupes moins individualisés et moins dispersés, il existe en général des contrôles et rituels familiaux, la famille finissant par se faire une opinion des jeunes gens qui veulent ou doivent s'épouser. Mais ici, la jeune fille et le jeune homme en sont réduits à leur seul jugement, à leur seul sensibilité. Rien que pour cette raison, de telles relations d'amour ne peuvent trouver leur accomplissement qu'après une période probatoire, lorsque les malentendus et les épreuves dus aux amants eux-mêmes ou à d'autres personnes auront été victorieusement surmontés. La stratégie difficile et aventureuse de la quête d'amour qui remplit une bonne partie du roman est donc une manifestation de la distance croissante qui s'est établie entre les hommes.

Le lien d'amour tel qu'il est incarné dans les héros de *l'Astrée* est un idéal. Il nous apparaît comme un mélange complexe d'impulsions passionnelles et d'impératifs de la conscience. Ce qui le caractérise est le fait que la cuirasse civilisatrice ne tient pas seulement en échec, pendant un long laps de temps, les formes plus spontanées et plus animales de la passion humaine, mais qu'à ce niveau du processus civilisateur, l'homme en tire un avantage secondaire : il jouit de l'attente du plaisir, une joie mélancolique se mêle à la souffrance de l'amour, la tension du désir non satisfait lui procure une sensation agréable. C'est ce qui confère à cet amour sa tonalité typiquement romantique.

Cette prolongation du jeu amoureux, ce plaisir secondaire résultant de la tension du désir non satisfait sont étroitement liés à un certain éthos de l'amour, à la soumission complète des amants à certaines normes sociales que leur dicte leur propre conscience. Font partie de ces normes la fidélité réciproque et plus encore la fidélité inébranlable de l'homme à l'égard de la femme aimée. Quels que soient les malentendus et les tentations que l'homme affronte, il doit à son sens du devoir et à son honneur de faire preuve d'un attachement imperturbable à l'élue de son cœur : c'est là l'idéal qu'illustre d'Urfé dans son *Astrée*. L'auteur oppose cet idéal de l'amour — qu'incarnent dans son roman des bergers et des bergères, autrement dit les couches moyennes de la noblesse déjà fortement soumises aux effets de la curialisation et aux contraintes civilisatrices, mais qui n'ont pas encore abandonné toute résistance — aux amours plus libertines de l'aristocratie de cour.

Un bref passage illustrera cette idée.

Galathée, une nymphe — qui représente sous une forme déguisée la dame de la cour, probablement Marguerite de Valois — reproche à Céladon, modeste berger, — porte-parole de la noblesse de rang inférieur — son ingratitude et sa froideur à son égard. Céladon répond que ce qu'elle appelle ingratitude est en réalité l'expression de son sens du devoir :

> « Et quelle raison, interrompit Galathée, pouvez-vous dire, sinon que vous aimez ailleurs et que votre foy vous oblige à cela ? Mais la loy de la nature précède toute autre : ceste loy nous commande de rechercher nostre bien, et pouvez-vous en désirer un plus grand que celuy de mon amitié ? Quelle autre y a-t-il en ceste contrée qui soit ce

que je suis, et qui puisse faire pour vous ce que je puis?
Ce sont mocqueries, Céladon, que de s'arrester à ces sottises
de fidélité et de constance, paroles que les vieilles et celles
qui deviennent laides ont inventées pour retenir par ces
liens les âmes que leurs visages mettoient en liberté. On
dit que toutes vertus sont enchaisnées; la constance ne
peut donc estre sans la prudence, desdaigner le bien certain
pour fuir le titre d'inconstant? — Madame, respondit Céladon, la prudence ne nous apprendra jamais de faire nostre
profit par un moyen honteux ny la nature par ses loix ne
nous commandera jamais de bastir avant que d'avoir
asseuré le fondement. Mais y a-t-il quelque chose plus
honteuse que n'observer pas ce qui est promis? y a-t-il
rien de plus léger qu'un esprit qui va comme l'abeille,
volant d'une fleur à l'autre, attirée d'une nouvelle douceur?
Madame, si la fidélité se perd, quel fondement puis-je
faire en vostre amitié? puis que si vous suivez la loy que
vous dites, combien demeureray-je en ce bon-heur? autant
que vous demeurerez en lieu où il n'y aura point d'autre
homme que moi [1]. »

Nous voyons que le berger n'est pas moins versé que la
noble dame dans l'art de la discussion courtoise, qui a remplacé, après la curialisation et la civilisation de la noblesse,
la lutte armée des chevaliers. La petite scène révèle aussi le
refus de la morale des grandes cours princières par la noblesse
en voie de curialisation. Céladon, qui incarne la noblesse
moyenne, professe un *éthos* d'amour qui anticipe sur un idéal
qui se répandra plus tard dans de vastes couches de la bourgeoisie moyenne. La noble dame se fait l'écho de cette sagesse
du monde que d'Urfé attribue aux membres des grandes
cours princières. Nous avons de bonnes raisons de supposer
que les propos de Galathée reflètent effectivement la mentalité et le comportement de la couche de cour dominante. Un
petit conte dû à la plume de Marguerite de Valois [2] a pour
objet des relations analogues entre une dame de la cour et

1. D'URFÉ, *L'Astrée*, Nouvelle édition, Lyon, 1925, tome I, p. 438-439.
2. Marguerite DE VALOIS, *Œuvres*, éd. M.-F. Guessard, Paris, 1842, p. 56.

un modeste chevalier; la rencontre se termine, cette fois-ci, à l'avantage de la dame. Il est intéressant de constater que la couche dominante défend déjà ici une conception de la loi naturelle qui sera reprise et développée plus tard par la philosophie bourgeoise de la société et de l'économie, pour qui la loi naturelle est interprétée comme une norme qui commande à l'individu d'agir pour son avantage. L'idéal que représente le berger Céladon s'oppose à la couche de cour dominante. Il restera vivant pendant longtemps, de même que le romantisme pastoral, comme le symbole de l'opposition aux contraintes autoritaires et civilisatrices.

On pourrait en dire autant de l'idéal de la nature tel que d'Urfé nous l'expose par la bouche de ses bergers. L'amour de la nature se trouve embelli par la distance qui sépare l'aristocrate de la cour de la simple vie champêtre.

Céladon explique à la nymphe Silvie que personne ne sait qui est le berger Silvandre, ce qui veut dire que personne ne connaît sa famille et son arbre généalogique. Il est venu un jour, il y a plusieurs années de cela. Comme il connaît admirablement les simples et sait garder les troupeaux tout le monde s'est empressé de l'aider :

> « ... à ceste heure, ajoute-t-il, il est à son aise et se peut dire riche. Car, ô belle nymphe, il ne nous faut pas beaucoup pour nous rendre tels, d'autant que la nature estant contente de peu de chose nous qui ne recherchons que de vivre selon elle, sommes aussitost riches que contents...
> Vous estes, dit Silvie, plus heureux que nous [1]. »

Ici transparaît une fois de plus l'intention idéologique du roman. La vie simple et naturelle des bergers est opposée à la vie sophistiquée de la couche dominante. Mais la vie des bergers symbolise ici déjà la nostalgie d'une existence irréalisable. C'est la nostalgie de l'homme « intérieurement » déchiré, qui a peut-être gardé le souvenir de ses jeunes années passées à la campagne. D'Urfé situe à dessein l'action principale de son roman dans la région de France où il a vécu

---

1. D'URFÉ, *L'Astrée, loc. cit.*, tome I, p. 389.

enfant. Mais les hommes de son espèce sont si profondément engagés dans le processus de l'aristocratisation, leur nature profonde s'est tellement transformée sous l'influence de la cour et de la civilisation, ils se sont si définitivement détournés de la vie campagnarde qu'ils ne se contenteraient plus des modestes conditions d'existence des paysans et des bergers. D'Urfé a parfaitement conscience que le retour au pays de sa jeunesse — qu'il peuple d'aristocrates déguisés en bergers — est un rêve et un jeu. Rien dans ce jeu n'est authentique sauf la nostalgie! La lutte idéologique contre l'amour, la civilité factice et les mœurs de la cour sont également empreintes de sérieux. Mais la capacité de l'homme de prendre du recul par rapport à lui-même et à sa réflexion a atteint un palier sur lequel il est impossible de se dissimuler que les bergers et les bergères, bien qu'ils soient l'expression d'une nostalgie authentique, sont des bergers déguisés — utopiques — et non des vrais bergers. C'est là un caractère distinctif du palier que l'homme vient d'atteindre, qu'il a assez de recul par rapport à lui-même pour se poser la question de la nature de la réalité et de l'illusion; mais à ce niveau, aucune réponse n'est possible. Souvent on pense que l'apparente illusion pourrait être la réalité et l'apparente réalité l'illusion.

En exergue à son roman, d'Urfé place une dédicace à la bergère *Astrée*, où nous lisons :

« Que si l'on te reproche que tu ne parles pas le langage des villageois, et que toy ny ta trouppe ne sentez gueres les brebis ny les chèvres, responds leur, ma bergère, que pour peu qu'ils ayent cognoissance de toy, ils sçauront que tu n'es pas ny celles aussi qui te suivent de ces bergères nécessiteuses qui pour gagner leur vie conduisent les troupeaux aux pasturages, mais que vous n'avez toutes pris ceste condition, que pour vivre plus doucement et sans contrainte. Que si vos conceptions et paroles estoient véritablement telles que celles des bergers ordinaires, ils auroient aussi peu de plaisir de vous escouter que vous auriez beaucoup de honte à les redire [1]. »

1. D'URFÉ, *loc. cit.*, tome I, p. 7.

Le désir qu'Urfé traduit ici, au début du grand courant civilisateur de la fin du Moyen Age, par les mots « vivre plus doucement et sans contrainte » réapparaît sous la forme d'une particularité structurelle constante dans les nombreux contre-mouvements romantiques qui accompagnent toutes les grandes poussées civilisatrices. Nos remarques sur les formes les plus précoces du romantisme pastoral, dont *l'Astrée* est une incarnation, illustrent un type d'expérience que les hommes de cour ont pu faire; elles éclairent en même temps la structure sociale des mouvements romantiques de ce genre. On réussira sans doute, dans un avenir plus ou moins proche, à mettre au point une interprétation théorique des nombreux mouvements romantiques, qui sont des épiphénomènes inévitables de tout processus civilisateur. Notre étude peut servir de point de départ.

On assiste au temps de *l'Astrée* à l'aggravation des contraintes civilisatrices que les hommes s'imposent à eux-mêmes par le contrôle volontaire ou involontaire de leur émotivité. Mais ces contraintes peuvent se manifester aussi par la civilité des manières, l'éducation de la conscience morale ou par d'autres phénomènes. Les processus de socialisation, le conditionnement des jeunes aux normes plus sévères du contrôle de l'émotivité conformément aux vues de la société dominante, se font plus laborieux. La capacité et l'habitude de l'homme de prendre du recul par rapport à tout ce qui l'entoure, aux « objets », à la « nature », aux interrelations humaines, se renforcent considérablement. S'il est vrai que la puissance mentale augmente également au cours de ce processus, l'homme est incapable à ce niveau de discerner la nature exacte des transformations civilisatrices auxquelles il est soumis. Il a parfaitement conscience des contraintes qui pèsent sur lui et plus particulièrement de celles qui limitent son émotivité, mais il n'arrive pas à les expliquer.

L'apparition et la disparition de mouvements romantiques par lesquels s'exprime le désir d'échapper — par l'utopie et l'illusion — à ces contraintes, mouvements qu'accompagne parfois le sentiment à demi conscient de leur caractère illusoire, autorisent l'hypothèse que certaines structures sociales

et certaines situations au sein de tels groupes humains favo-
risent la naissance de mouvements, par lesquels les hommes
comptent tourner le dos aux contraintes autoritaires et
civilisatrices, par la retraite dans des enclaves où la vie
sociale est plus simple ou par le retour à un passé qu'on
imagine plus pur et plus naturel. Les conditions qui ont
entouré la rédaction de *l'Astrée* permettent de discerner
certains rapports entre les structures sociales et le conflit
spécifique exposé plus haut, conflit qui traverse en filigrane
toutes les créations et toutes les poussées romantiques. Une
analyse plus approfondie pourrait montrer si et dans quelle
mesure le rapport que nous avons décelé entre le romantisme
idéologique et certaines structures sociales déterminées se
retrouve dans des situations analogues. *L'Astrée* illustre la
nostalgie d'une couche supérieure qui se croit dégradée et
brimée par une autre, mais qui tient à bien marquer, en tant
que couche aristocratique et privilégiée, la distance qui la
sépare des couches de rang inférieur. Dans la société bourgeoise, on parle dans ce cas de « couches moyennes ». S'agissant de nobles, on hésite à employer ce terme. Pour bien
exprimer ce que ces deux couches ont de commun, on peut
les qualifier de « couches à deux fronts » : elles sont en effet
exposées à la fois à la pression des groupes disposant de plus
de chances d'autorité, de puissance, de prestige qu'elles-
mêmes et à celle des groupes inférieurs, qui n'ont pas le même
rang, mais auxquels le réseau des interdépendances attribue,
en tant que facteur de puissance, un rôle important. Ces
« couches moyennes » ressentent sans doute les contraintes
qu'elles supportent comme émanant des couches dominantes
qui disposent de chances de puissance supérieures aux leurs.
Cette orientation apparaît aussi dans la lutte idéologique
que d'Urfé mène dans son *Astrée* contre la couche dominante
de la cour. C'est son mode de vie, ce sont ses modèles de
comportement que l'auteur vise en leur opposant la vie
simple et naturelle des bergers. Quand d'Urfé parle de la
« vie sans contrainte » que recherchent ses bergers, c'est aux
contraintes émanant du roi vainqueur et de sa cour qu'il
songe. Il ne se rend pas compte que les contraintes qui pèsent
sur lui et sur les autres membres de sa couche sociale sont

très souvent des autocontraintes, qu'on s'impose non seulement parce qu'on les considère comme une valeur en soi,
mais parce qu'elles sont les symboles d'une position sociale
supérieure, les instruments de la supériorité et de la domination sur des couches socialement inférieures. Même les
jeux amoureux raffinés, l'éthos sublime de l'amour servent
à bien marquer la distance qui sépare un tel idéal d'amour
des relations sexuelles « primitives » des couches non aristocratiques. On ne se rend même pas compte de la contradiction que renferme ce désir de liberté symbolisé par la vie
pastorale, quand il s'associe aux autocontraintes d'un éthos
d'amour raffiné.

A l'époque moderne, les « couches à deux fronts » — qu'elles
appartiennent à une société aristocratique ou bourgeoise — se
trouvent soumises, souvent pendant des périodes prolongées,
à des contraintes pesantes et plus particulièrement à des
autocontraintes civilisatrices [1] et ceci pour la raison même
qu'elles sont acculées, sur les deux fronts, à des tensions et des
conflits fréquents. Elles ne bénéficient pas des avantages des
couches supérieures, qui n'ont personne au-dessus d'elles et
ne ressentent que la pression des couches inférieures. Elles
aimeraient se débarrasser des contraintes autoritaires et
civilisatrices qui leur pèsent, tout en maintenant celles qu'elles
considèrent comme la marque distinctive de leur appartenance
à une élite, de leur position sociale, et souvent comme l'élément essentiel de leur identité sociale et personnelle. Ce conflit
apparaît souvent dans l'argumentation de d'Urfé. Ses bergers
veulent échapper aux contraintes de la société aristocratique
et de la cour sans perdre les privilèges et les traits distingués
qui les séparent, du fait de leur civilité d'aristocrates, des
gens « non civilisés » sentant le mouton et la chèvre, des vrais
paysans et des vrais bergers.

Nous discernons mieux encore que tout à l'heure la nature
du conflit, dont l'ambiguïté typiquement *romantique* s'exprime
dans ce genre de créations artistiques qui projettent des
nostalgies authentiques et des misères réelles dans le monde

1. Une étude, riche et précise, de ce problème envisagé sous un certain
angle (fuite du monde, mélancolie, ennui, retour à la nature, etc.) se trouve
dans W. Lepenies, *Melancholie und Gesellschaft*, Frankfurt/Main, 1969.

irréel de l'illusion. Bien qu'on ait souvent à demi conscience du caractère utopique de ces illusions, on s'y accroche avec d'autant plus de ténacité qu'on redoute de prendre tout à fait conscience de leur vanité. La situation conflictuelle des « couches moyennes à deux fronts » réside dans le fait qu'elles risquent de faire sauter les barrages qui les séparent des couches inférieures, en faisant sauter ceux qui protègent les privilèges des couches dominantes. Elles ne peuvent se libérer de la domination des autres sans perdre la domination sur ceux qu'elles dominent. Mais ce n'est là qu'un aspect d'un conflit plus profond. Le conflit des « couches à deux fronts » ne se situe pas seulement au niveau des contraintes qu'elles subissent du fait de la répartition hiérarchique des chances de domination et d'autorité, mais il regarde tout autant les contraintes civilisatrices que l'homme s'impose à lui-même et qui deviennent rapidement un élément intégrant de sa personne. Le caractère illusoire de l'utopie pastorale découle en dernière analyse du fait que leurs tenants voudraient mener une vie de berger simple et naturelle, qu'ils opposent à celle des aristocrates de la cour, tout en conservant tous les raffinements des relations humaines et surtout de l'amour, raffinements par lesquels ils se distinguent, aristocrates civilisés, des bergers grossiers et incultes. Il est significatif de cette variante du romantisme — et de quelques autres — que les hommes qui en font leur cadre de vie s'efforcent d'échapper aux contraintes de la civilisation, entreprise impossible, puisqu'elles se sont intégrées à leur nature. Il est probable que les contraintes civilisatrices qui se manifestent dans les relations humaines et sexuelles aussi bien que dans les impératifs de la conscience et de la morale sont plus pesantes pour les « couches à deux fronts », du fait que leur intégration au réseau des interdépendances provoque chez elles des tensions et des conflits sur les deux fronts à la fois. Sous quelque angle qu'on regarde le conflit personnel, source de tous les courants romantiques dans les « couches à deux fronts », que ce soit dans la perspective des contraintes autoritaires ou dans celle des contraintes civilisatrices, le conflit se ramène toujours, dans une large mesure, au déséquilibre de la répartition des forces et du niveau de la civilisation dans la société concernée.

On tient à conserver les avantages et privilèges, la valeur distinctive, attachés à la supériorité de sa propre civilisation — supériorité que l'on définit sur le plan conceptuel comme une formation, une éducation, une civilité, une culture d'élite — tout en rejetant les contraintes dues en grande partie à cette même inégalité du niveau de la civilisation et aux avantages, aux privilèges, à la distinction qu'elle confère.

Il est intéressant de noter que le problème et l'objectif que d'Urfé définit dans son roman pastoral par la phrase : « Vivre plus doucement et sans contrainte », ont resurgi depuis dans un grand nombre de mouvements plus récents. On en perçoit l'écho même dans les tendances anarchistes et psychédéliques de notre temps. Leur caractère romantique et utopique réside en partie dans le fait que des hommes voudraient échapper aux souffrances des contraintes dues aux interdépendances humaines, sans avoir une idée précise de la structure de ces contraintes : « Vivre plus doucement » est un objectif parfaitement réalisable. Mais une cohabitation sociale sans contraintes est impossible et inimaginable. Cette constatation n'implique nullement que ces contraintes doivent avoir la structure que leur a conférée jusqu'ici l'évolution de la société, structure qui a donné lieu à d'innombrables assauts utopiques et voués d'avance à l'échec puisqu'ils étaient en contradiction avec leurs propres fins. Qu'il s'agisse des contraintes que les hommes exercent les uns sur les autres, par exemple les gouvernants sur les gouvernés, ou d'auto-contraintes que les hommes s'imposent à eux-mêmes, on constate déjà à ce stade précoce que leur poids et leur dureté — dont les mouvements et idéaux romantiques ont été, à plusieurs reprises, l'expression — sont imputables à des particularités structurelles de réseaux d'interdépendance qui n'ont rien d'immuable. La répartition inégale des chances de puissance sociales et plus encore les disparités énormes entre les différents niveaux de civilisation contribuent incontestablement à rendre pesantes les contraintes, y compris les autocontraintes civilisatrices. On n'a pas encore bien compris les effets en retour des contraintes que, dans un réseau donné d'interdépendances, les groupes plus puissants ou plus civilisés exercent sur les groupes moins puissants ou moins civilisés.

On ferme souvent les yeux devant le fait que les contraintes dont usent les puissants à l'égard des moins puissants se retournent, sous forme d'autocontraintes, contre les groupes qui les exercent sur les groupes moins puissants.

L'utilisation de termes techniques sociologiques tels que « pouvoir » ou « autorité » peut faire obstacle à la compréhension des relations existant entre la contrainte et la contre-contrainte dans les réseaux d'interdépendances humains. Ces termes n'éclairent en général que les pressions qui s'exercent de haut en bas et ne tiennent aucun compte des autres. Ils nous font oublier que toute forme de « pouvoir » repose — comme il ressort de notre analyse du « pouvoir » de Louis XIV — sur des équilibres instables, qui sont pour la plupart des équilibres de force. La notion de « contrainte » se transforme en un instrument analytique d'une portée plus universelle, si on lui donne le sens d'une pression exercée par les hommes sur d'autres hommes, étant bien entendu que cette pression n'est pas nécessairement aussi forte dans toutes les directions. Cette pression s'exerce, du point de vue de l'analyse des interdépendances, à l'intérieur d'une société donnée, et ne doit pas être comprise comme une contrainte imposée de l'extérieur, par des normes ou des principes extra-humains.

Il est compréhensible qu'on se soit penché jusqu'ici surtout sur les contraintes auxquelles sont exposés les groupes moins puissants. Mais le tableau d'ensemble qui se dégage de cette façon de faire est *unilatéral*. Puisqu'on observe dans chaque société, dans chaque réseau d'interdépendances, une sorte de « circulations des contraintes » que les groupes exercent sur les groupes, les individus sur les individus, on ne peut vraiment comprendre les contraintes qui frappent les couches inférieures, sans procéder en même temps à une analyse des couches supérieures.

L'analyse de la société de cour que nous venons d'entreprendre est un pas dans cette direction. Vus dans la perspective des couches moins puissantes, les princes et les membres des groupes aristocratiques semblent souvent mener une vie libre et sans contraintes. Notre étude a permis de révéler les contraintes auxquelles sont exposées les couches dominantes et son représentant le plus puissant, le roi absolu. Nous avons vu qu'ils sont soumis à une autodiscipline continuelle, puisque la conservation de leur fonction élevée, de leur position d'élite, de leur supériorité par rapport aux autres est devenue pour eux une fin en soi qui prime toute autre considération.

Le roman de d'Urfé nous brosse un tableau simple et même quelque peu simpliste des contraintes que le processus de la curialisation et de l'aristocratisation impose à la noblesse. Les groupes bourgeois n'y jouent pour ainsi dire aucun rôle. Grâce à l'artifice d'une simplification idéologique, on aperçoit d'un côté de nobles seigneurs et de nobles dames revêtus de costumes de bergers et de bergères, de l'autre des personnages d'un rang bien plus élevé, qui incarnent la couche supérieure de l'aristocratie de cour. Or, déjà au temps d'Henri IV, l'ordre hiérarchique des élites dominantes et l'équilibre des tensions qui en découlait étaient infiniment plus complexes dans la société française. Mais la pression des couches inférieures, dont beaucoup de représentants dans les campagnes et même dans bien des villes ne savaient même pas lire et écrire, jointe à celle des corporations et fonctionnaires bourgeois sur les élites dominantes, leur force sociale, leurs chances de puissance, comptait pour peu — si l'on excepte la population de la capitale, qui occupait également une position centrale — à côté des élites massées au centre. Le seul fait de la concentration physique de la population dans la capitale constituait un danger pour les élites de la cour et augmentait — virtuellement — sa force sociale, son potentiel de puissance. Louis XIV tenta de parer à ce danger en transférant sa cour à Versailles.

CONCLUSION

Aux origines de la Révolution

Dans les sociétés étatiques pré-industrielles l'inégalité de la répartition des centres de force est toujours beaucoup plus marquée que dans les États nationaux industriels plus évolués. La société de cour nous fournit l'exemple d'une élite monopoliste pré-industrielle. Le déséquilibre de la répartition des chances de puissance se traduisait entre autres par le fait que pour les aristocrates de la cour la grande majorité du peuple français ne présentait d'autre intérêt que celui de leur fournir des domestiques et des serviteurs. Par suite de la modernisation, de la commercialisation, de l'urbanisation et de la centralisation, les rapports de dépendance entre les monopolistes traditionnels et la masse des non-privilégiés se déplacèrent peu à peu en faveur de ces derniers. Il est sans doute utile d'attirer l'attention du lecteur sur le fait que le début de ce déplacement des centres de force ne se situe pas dans la période de démocratisation évidente qui a suivi l'industrialisation, mais qu'une démocratisation latente s'observe déjà, sous une forme encore rudimentaire, dans les sociétés d'ancien régime, c'est-à-dire dans la période de commercialisation qui a précédé l'industrialisation.

On a parfois essayé d'expliquer des transformations explosives de l'équilibre des forces, comme la Révolution française, par les événements qui se sont déroulés immédiatement avant ou pendant la période révolutionnaire. Mais la plupart du temps des bouleversements violents de ce genre ne s'expliquent que par les modifications progressives de la répartition des forces à l'intérieur d'une société donnée. Les changements, qui s'étendent sur une longue période, se font pas à pas, si bien que les contemporains aussi bien que les générations futures ne discernent, en regardant en arrière, que quelques symptômes isolés de la modification du rapport des forces. On peut alors se demander pour quelles raisons la phase de transformation lente et quasi souterraine fait place, à partir d'un moment donné, à une autre phase pendant laquelle le processus s'accélère, la lutte pour le pouvoir s'accentue. Pour finir, le monopole du recours à la force publique est attaqué de vive force par les couches exclues jusque-là des monopoles étatiques, se trouve élargi par leur participation au gouvernement ou parfois tout à fait supprimé. Dans cette dernière hypothèse, il ne s'agit pas, en général, de l'abolition pure et simple du monopole du recours à la force publique ou de la fiscalité, bien que leur suppression ait pu être envisagée, pendant quelque temps, par les rebelles. En réalité les choses se passent de telle manière que les groupes jusque-là exclus du contrôle des monopoles essentiels de l'État imposent leur participation ou remplacent les anciennes élites détentrices du monopole par leurs propres représentants. La question capitale qui se pose à la fin de toute analyse de la société de l'ancien régime est donc celle-ci : Quelles sont les circonstances nécessaires et suffisantes pour que le lent déplacement des forces aboutisse à une action violente contre les détenteurs du monopole de l'emploi de la force?

Notre analyse des élites de cour de l'ancien régime nous fournit déjà quelques éléments de réponse. Elle montre que l'idée selon laquelle la révolte armée des couches jusque-là exclues du contrôle des moyens de contrainte physique ne serait qu'une phase de la lutte de la bourgeoisie française contre la noblesse, est, dans la meilleure des hypothèses, une idée simpliste. Il y a, à la base de cette simplification, une confusion entre *rang* social et *puissance* sociale. Nous avons vu que la noblesse était dans l'ancien régime sans contestation possible la couche qui détenait le plus haut rang dans la société, mais elle n'était pas pour autant la couche la plus puissante. Il y avait à la cour de France un ordre hiérarchique des rangs qui, à chaque époque donnée, était à peu près immuable; et c'est en fonction de cet ordre que les membres de la haute aristocratie, en premier lieu ceux de la maison royale, occupaient le rang le plus élevé. Mais rang social et puissance sociale ne coïncidaient pas. L'évolution de la société française avait donné aux rois et à leurs représentants une telle plénitude de puissance qu'ils avaient la possibilité, quand le renforcement de leur propre position ou des convenances personnelles le leur conseillaient, de limiter les chances de puissance effectives de tels personnages d'un rang élevé et d'augmenter celles de personnes d'un rang peu élevé. Saint-Simon déplore quelque part que Louis XIV rabaisse même les pairs de France au niveau de sujets, qu'il ne respecte pas assez les différences de rang et s'emploie à niveler toutes les différences. En réalité, le roi tenait à maintenir les différences de rang entre les ordres et même à les accentuer. Mais il jugeait tout aussi important de montrer même aux détenteurs des plus hauts rangs qu'ils étaient ses sujets, les sujets du roi. C'est dans ce sens qu'il rabaissait et qu'il élevait les hommes et se servait de ses conseillers et fonctionnaires bourgeois contre les membres de son aristocratie de cour et vice versa. Un ministre comme Colbert, dont personne n'oubliait l'ascendance roturière (qu'il était lui-même le dernier à oublier), disposait par moments de chances de puissance infiniment plus grandes que la plupart des aristocrates de la cour. Les maîtresses du roi étaient souvent bien plus puissantes que les dames de la cour, la reine comprise. En raison de cette disparité entre rang social et puissance sociale il est faux de parler de la « couche dominante », si l'on réserve cette dénomination, comme cela se pratique parfois, à la seule noblesse de l'ancien régime, au lieu de se demander quel partage effectif de la puissance étatique de l'ancien régime se cachait derrière la définition juridique de la noblesse comme ordre privilégié homogène.

Nous avons signalé, au cours de notre étude, à quels types conceptuels spécifiques il faut recourir si l'on tient à analyser des structures de tensions aussi complexes. On a une formation qui repose sur une balance des tensions multipolaire. En son centre se situe l'axe principal des tensions, autour duquel se groupent d'autres tensions plus ou moins importantes. Les détenteurs des plus hautes charges gouvernementales et administratives, issus directement ou indirectement de la bourgeoisie, la noblesse de robe d'une part, les membres de l'aristocratie de cour appartenant pour la plupart à la noblesse d'épée, parfois détenteurs de charges à la cour, dans l'armée ou dans la diplomatie de l'autre, forment les deux pôles de l'axe central des tensions. Tout autour jaillissent les étincelles d'autres tensions, en partie permanentes et structurelles, en partie passagères et personnelles. Ainsi, il y a des tensions périodiques entre des groupes de nobles de rangs différents; à quoi s'ajoutent à la cour de Louis XIV des tensions entre les princes du sang et les bâtards du roi. La cour est un vaste complexe de groupes d'élites interdépendants, rivalisant les uns avec les autres, se tenant en échec réciproquement, au sommet duquel se tient le roi et dans la structure duquel la balance instable des tensions entre les détenteurs de charges officielles d'origine bourgeoise et les groupes de la noblesse d'épée constitue l'élément central. La balance des tensions à la cour prolonge en quelque sorte la balance des tensions dans le camp des couches supérieures non curialisées. La noblesse d'épée à la cour forme la pointe hiérarchique d'une pyramide de nobles, dont les éléments d'un rang inférieur se trouvent dans les corps des officiers de l'armée et de la marine ou dans la noblesse campagnarde dispersée à travers tout le pays. Les détenteurs des plus hautes charges gouvernementales et administratives entretiennent des relations avec les nombreux propriétaires plus ou moins importants des charges judiciaires et administratives dans le royaume, dont les uns appartiennent à la vieille noblesse, les autres à de petites familles détentrices de charges peu importantes, ainsi qu'avec les représentants des corporations. Cette pyramide bourgeoise de propriétaires de charges civiles héréditaires, que coiffe au XVIIIe siècle la noblesse de robe, s'oppose à tous les niveaux de la société à la pyramide des nobles. Tout comme au sein de l'élite de la cour, on observe aussi dans la société au sens le plus large du terme un certain nombre de polarités de tensions qui se groupent autour de l'axe central. Le clergé, les fermiers généraux et beaucoup d'autres cadres spéciaux ont leur mot à dire. Tout cela peut suffire à montrer qu'il est impossible de comprendre l'évolution structurelle de l'ancien régime, si l'on identifie le schéma simpliste de la hiérarchie des rangs à la hiérarchie de la puissance. En s'en tenant à la hiérarchie des rangs, on pourrait peut-être qualifier la noblesse de « couche dominante ». Mais si l'on tient compte de la répartition des forces, on découvre que, plusieurs siècles avant la Révolution, des groupes sociaux d'origine bourgeoise et des groupes sociaux d'origine noble, rivalisaient déjà pour la conquête du pouvoir, sans que l'un des groupes réussît à éliminer l'autre ou même à le dominer. Il est inutile de revenir encore une fois sur la position particulière du roi, centre de puissance *sui generis*, dont la montée est due en grande partie à la liberté dont disposait le souverain de se servir des groupes bourgeois contre les groupes de la noblesse héréditaire, et *vice versa*, de prendre ses distances avec les deux groupes, de maintenir entre eux, grâce à une stratégie élaborée, la balance des tensions et d'augmenter ainsi ses propres chances de puissance.

En guise de conclusion, nous allons montrer en quoi notre analyse de la société de cour peut aider à mieux comprendre la fin de l'ancien régime, le recours à la violence par des groupes et des couches qui jusque-là se trouvaient exclus du contrôle du monopole de la force publique, de l'accès aux chances de puissance que ce monopole impliquait. On n'arrive pas à expliquer de façon plausible l'explosion de violence, si on ne regarde que les contraintes qui pesaient sur les couches inférieures, les mêmes qui ont fini par se révolter; il ne faut jamais perdre de vue les contraintes qui s'exerçaient contre les élites, les couches dominantes, que la Révolution allait balayer. Il est impossible de comprendre ces contraintes et le phénomène de la Révolution si, en quête d'une explication tenant compte des données structurelles, on accorde une confiance aveugle aux déclarations des révolutionnaires. A les entendre, c'était l'aristocratie et le roi qui portaient la responsabilité principale du système contre lequel ils se sont insurgés. Aux yeux des masses révolutionnaires, la disparité et la balance fluctuante des tensions entre les rois et leurs représentants, la noblesse de robe et la noblesse d'épée ne signifiaient pas grand-chose. Certains historiens bourgeois ont, pour leur part, méconnu la portée des rivalités entre les élites monopolistes, parce que les connexions horizontales étaient parfaitement possibles par l'accession de membres de la noblesse de robe à la noblesse d'épée ou le mariage entre membres des deux groupes dirigeants. Mais de telles connexions n'effaçaient nullement aux yeux des membres de ces groupes, les différences des structures, traditions et intérêts des élites monopolistes. La « robe » — y compris son sommet aristocratique — avait le monopole des charges civiles héréditaires et pour la plupart vénales; la noblesse d'épée disposait, outre une sorte de monopole de la propriété rurale seigneuriale, de beaucoup de charges dans l'armée, la diplomatie et à la cour. Jusqu'aux dernières décennies du régime, les détenteurs de ces monopoles défendaient, en dépit de toutes les tentatives de réforme, leurs droits acquis et leurs privilèges tout en combattant les représentants du roi et leurs rivaux. La Révolution ne détrôna pas seulement une certaine couche de l'ancien régime; elle ne détruisit pas seulement une partie de la noblesse héréditaire; elle élimina de manière plus radicale et plus définitive encore les couches privilégiées de la bourgeoisie et la noblesse de robe d'origine roturière qui, malgré les connexions horizontales et des alliances passagères avec leurs adversaires étaient restées les opposants des rois et de plusieurs groupes de la noblesse d'épée. Avec les aristocrates disparurent les parlements, les fermiers généraux bourgeois, les grands financiers, les corporations, et d'autres institutions bourgeoises de type ancien. Beaucoup d'institutions de l'ancien régime qui sombrèrent dans la tourmente n'avaient depuis longtemps plus de fonctions dans la société étatique nationale en gestation, mais elles exerçaient encore des fonctions pour le roi et le régime établi. Ce ne sont pas les propositions de réforme qui ont fait défaut! L'inefficacité des réformes tentées s'explique principalement par le fait que les élites monopolistes de l'ancien régime ne formaient pas un front homogène, mais un complexe de groupes de pointe rivalisant les uns avec les autres et se tenant réciproquement en échec. A l'époque de Louis XIV, les tensions qui opposaient les élites n'avaient pas encore perdu leur élasticité. Le roi pouvait, grâce à la distance qu'il

avait pris par rapport à tous les groupes et à l'habileté de sa
stratégie, assurer l'élasticité des structures et corriger, dans
certaines limites, des abus. Si l'on compare la structure des
tensions telles qu'elles se manifestaient dans les élites sous
Louis XIV à celle des élites sous Louis XVI, on constate un
changement. Les caractéristiques fondamentales du système
étaient restées les mêmes, mais les structures s'étaient figées
dans un équilibre qui n'accordait la prédominance décisive à
aucun des trois principaux centres de force, à savoir le roi, les
parlements, la noblesse d'épée. Des intrigues, des changements
de ministres, des fluctuations de la balance des forces entre les
groupes principaux et beaucoup de groupes secondaires
étaient plus fréquents que sous Louis XIV, parce que le roi
était moins puissant, qu'il était lui-même entraîné dans les
luttes partisanes au lieu de faire figure, comme Louis XIV,
d'arbitre et de régulateur de la balance des tensions. On
tombe ici sur un phénomène qui a valeur exemplaire : les
élites dominantes sont en quelque sorte prisonnières de leurs
oppositions et de leurs tensions. Leurs pensées, leurs critères
de valeur, leurs objectifs sont à tel point orientés en fonction
de l'adversaire, que la moindre démarche, le moindre mouvement chez elles et chez l'adversaire sont envisagés sous le
rapport des avantages ou des désavantages qu'ils procurent
aux uns ou aux autres. S'il est vrai qu'au cours des luttes pour
le pouvoir pendant les dernières décennies du régime, les
représentants d'un des groupes principaux ont souvent tenté
de limiter les privilèges et, de ce fait, les moyens de puissance
de l'autre, les moyens de puissance étaient dans l'ensemble
trop bien partagés, et l'intérêt commun du maintien des privilèges traditionnels face à la pression croissante des couches
non privilégiées trop évident, pour qu'on ait permis à l'un des
groupes de dominer l'autre. La répartition équilibrée des
centres de force entre les élites monopolistes, que Louis XIV
avait sciemment favorisée pour renforcer sa propre position,
était entrée dans un stade d' « autorégulation ». Comme toute
tentative de réformer le système des privilèges et des chances
de puissance constituait une menace pour l'équilibre entre
les élites, elle était d'avance vouée à l'échec. Les élites mono-

polistes privilégiées s'étaient figées dans la balance des tensions établie par Louis XIV.

Le même phénomène s'observe, pendant la dernière période de l'ancien régime, au niveau du cérémonial de la cour. Nous avons vu que même les seigneurs les plus puissants, que même la reine et les princesses étaient astreints à l'étiquette de la cour, qui n'avait subi que peu de changements depuis le règne de Louis XIV. La moindre modification du cérémonial menaçait ou abolissait des privilèges traditionnels, dont se prévalaient des familles ou des individus. Comme chaque individu était exposé à la pression des rivaux quand il s'agissait de défendre un rang, un privilège ou son prestige, chacun veillait jalousement à la sauvegarde de ses propres droits et privilèges. Comme, dans cette dernière phase du régime, aucun des intéressés, même pas le roi, n'était capable de prendre du recul par rapport aux contraintes que les interdépendances exerçaient sur les membres du groupe, d'opérer une brèche, de procéder à des réformes au détriment des uns ou des autres, le système était maintenu dans son immobilité. Les contraintes d'ordre général que leur imposaient leur situation dominante et la pression des couches inférieures, sont des contraintes réciproques ou des auto-contraintes. Comme personne n'était à même de les diriger ou corriger, elles s'animaient d'une sorte de vie autonome. On s'y soumettait même si on les critiquait, car elles garantissaient la position privilégiée de chacun, les valeurs et les idéaux à l'ombre desquels on avait grandi. Alors que Louis XIV avait su modeler et diriger dans certaines limites les traditions de la cour, elles dominaient maintenant les hommes : compte tenu des transformations qui affectaient progressivement toute la société française, personne n'était de taille pour les réformer et leur imprimer une direction différente.

Cette remarque s'applique à tous les rangs de l'aristocratie de cour, à commencer par la famille royale. Elle s'applique aussi aux deux hiérarchies privilégiées de la noblesse et de la bourgeoisie. Comme des boxeurs figés dans un corps à corps, aucun des groupes privilégiés n'osait changer de position, de peur que le moindre changement d'attitude ne compromît des privilèges ou ne favorisât des rivaux. Mais à la différence d'un match de boxe, il n'y avait pas d'arbitre capable de séparer les combattants et de relancer le combat.

Quand la lente transformation d'une société aboutit à un déplacement de la puissance sociale des différents groupes et couches qui la constituent, si bien que des groupes relativement faibles, qui jusque-là se trouvaient exclus du contrôle des principaux monopoles de l'État, y compris de celui du recours à la force publique, se consolident socialement par rapport aux couches naguère privilégiées, on ne voit au fond que trois voies permettant de résoudre les problèmes découlant d'un tel déplacement de l'équilibre des forces. La première est l'admission institutionnelle — comme partenaires des anciennes élites monopolistes — de représentants des groupes en voie de renforcement aux chances de puissance et de décision, que commandent les monopoles de la puissance. La deuxième est la tentative de fixer les groupes montants dans leurs positions d'infériorité, grâce à des concessions surtout d'ordre économique, mais sans leur permettre l'accès aux monopoles essentiels. La troisième naît de l'impuissance sociale des élites privilégiées de se rendre compte de la transformation du contexte social et de l'équilibre des forces. En France, comme plus tard en Russie et en Chine, les élites monopolistes pré-industrielles de l'ancien régime ont choisi la *troisième voie* : elles se trouvaient dans l'impossibilité d'imaginer des concessions, des compromis tenant compte du nouvel équilibre des forces qui s'annonçait avec les débuts de l'industrialisation. La lente transformation de la société, qui conférait à toutes les positions publiques le caractère de charges rémunérées, eut pour effet de « défonctionnaliser » les positions privilégiées, qu'elles fussent héréditaires, nobles ou royales. Comprendre cela, c'eût été comprendre la défonctionnalisation et la dévalorisation de l'existence. A quoi s'ajoutait le fait que l'attention des groupes dirigeants était totalement absorbée par les escarmouches et luttes non sanglantes qu'ils se livraient pour la répartition des chances produites par la société. Le « corps à corps » de deux élites monopolistes et rivales, de force à peu près égale, représentant deux ou plusieurs couches privilégiées plus ou moins figées, leur enlevait toute possibilité de prendre conscience de l'évolution de la société dans son ensemble, évolution qui introduisait l'augmentation des chances de puissance et le renforcement de la puissance sociale de couches jusque-là non privilégiées. D'autre part, dans une telle situation, les adversaires ont intérêt, en dépit de leur antagonisme, à exclure les groupes non privilégiés de la participation au contrôle des monopoles essentiels de l'État et aux chances de puissance qu'implique ce contrôle. Dès lors la probabilité est grande que les groupes en voie de renforcement, qui jusque-là faisaient figure de marginaux, tentent de s'ouvrir par la force, c'est-à-dire par la révolution, l'accès au contrôle du monopole du recours à la force publique et des autres monopoles. Dans la plupart des cas, cette lutte armée aboutit à la destruction des privilèges traditionnels et des groupes sociaux qui ont perdu leur fonction, et à l'instauration d'une société différemment stratifiée, esquissée déjà sous l'ancienne stratification sociale.

Voilà comment se présentait, si on veut la résumer en quelques mots, la situation qui a donné lieu à l'explosion brutale de la Révolution française. Au cours de l'évolution de la société étatique française, la puissance sociale latente des différents cadres sociaux et leurs rapports réciproques subirent une lente transformation. La répartition effective des chances de puissance s'était déplacée de telle manière qu'elle ne correspondait plus à la répartition apparente des centres de force figée dans la coque institutionnelle rigide de l'ancien régime.

Les groupes de pointe, les élites monopolistes étaient devenus les prisonniers des institutions; ils se maintenaient réciproquement dans les positions de force privilégiées qu'ils occupaient. Le « corps à corps » des élites monopolistes, leur incapacité à regarder en face leur propre défonctionnalisation, joints au manque de souplesse de leurs sources de revenus, qui rendait difficiles des concessions économiques — telle la limitation des privilèges fiscaux — empêchaient la transformation pacifique des institutions et leur adaptation à la nouvelle répartition des forces. Ainsi, la chance d'une transformation violente était très grande.

Index analytique

ANNEXES

1. Norbert Elias : Jalons bio-bibliographiques

1897 : Naissance de Norbert Elias à Breslau/Wroclaw.

1919-22 : Études à l'université de Breslau en médecine, psychologie et philosophie auprès de Richard Hoenigswald et, pour deux semestres, aux universités de Fribourg-en-Brisgau et Heidelberg où il suit les cours de Heinrich Rickert, Edmund Husserl et Karl Jaspers.

1922 : Elias passe le *Physicum*, premier degré des études de médecine.

1924 : Dissertation en philosophie pour la promotion à l'université de Breslau : *Idee und Individuum. Eine kritische Untersuchung zum Begriff der Geschichte.*

1925 : Après la crise qui l'a obligé à interrompre ses études, Elias retourne à l'université et participe au séminaire d'Alfred Weber à Heidelberg où il rencontre Mannheim.

1930 : Assistant de Karl Mannheim à l'université de Francfort.

1933 : Thèse d'habilitation, rédigée mais pas soutenue : *Die höfische Gesellschaft. Untersuchungen zur Soziologie des Adels, des Königtums und des Hofes, vor allem in Frankreich des XVIIten Jahrhunderts.* Départ pour l'exil et séjour à Paris où Elias reçoit l'appui de Célestin Bouglé à l'École normale supérieure.

1935 : « Kitschstil und Kitschzeitalter », *Die Sammlung*, II, 5, p. 252-263. *Die Sammlung* était un journal de l'émigration allemande publiée à Amsterdam. « Die Vertreibung der Hugenotten aus Frankreich », *Der Ausweg*, I, 12, p. 369-379.

Der Ausweg était une revue de l'émigration éditée à Paris. Installation en Angleterre où Elias sera boursier de la London School of Economics, enseignera dans le secteur de la formation pour adultes de l'université de Londres et exercera la psychothérapie de groupe.

1936 : Première édition de *Über den Prozess der Zivilisation. Soziogenetische und Psychogenetische Untersuchungen* , 2 tomes, Bâle, Haus zum Falken − une maison d'édition fondée en 1936 par Fritz Karger pour publier des ouvrages interdits dans l'Allemagne nazie.

1950 : « Studies in the Genesis of the Naval Profession », *British Journal of Sociology*, I, 4, p. 291-309.

1954 : Professeur au département de sociologie de l'université de Leicester.

1956 : « Problems of Involvement and Detachment », *British Journal of Sociology*, VII, 3, p. 226-252.

1962-64 : Professeur de sociologie à l'université du Ghana, après sa retraite de l'université de Leicester.

1964 : *Group Charisma und Group Disgrace*, texte inédit donné lors du quinzième Deutschen Soziologentag, à Heidelberg, pour le centième anniversaire de la naissance de Max Weber.

1965 : *The Established and the Outsiders : A Sociological Enquiry into Community Problems*, en collaboration avec J. L. Scotson, Londres. Frank Cass and Co. Professeur invité à l'université de Munster.

1966 : « Dynamics of Sport Groups with special References to Football » avec E. Dunning, *British Journal of Sociology*, XVIII, 4, p. 388-402.

1969 : Professeur invité au département d'histoire de l'université d'Amsterdam. Publication de *Die höfische Gesellschaft. Untersuchungen zur Sociologie des Königtums und der höfischen Aristokratie mit einer Enleitung : Soziologie und Geschichtswissenschaft*, Neuwied et Berlin, Hermann Luchterhand Verlag. Seconde édition de *Über den Prozess der Zivilisation. Soziogenetische und Psychogenetische Untersuchungen*, 2 tomes, Berne, Verlag Francke AG, avec une nouvelle préface, p. VII-LXX. « Sociology and Psychiatry », dans *Psychiatry in a Changing Society*, S.H. Foulkes and G. Steward Prince ed., Londres, Tavistock Publications, p. 117-144. « The Quest for Excitement in Leisure », avec E. Dunning, *Society and Leisure*, Bulletin of the European Center for Leisure and Education, Prague, 2, p. 50-85.

1970 : Professeur invité au département de sociologie de l'université d'Amsterdam. *Was ist Soziologie ?*, Munich, Juventa Verlag, Grundfragen der Soziologie, Band I. « The Quest for Excitement in Unexciting Society », avec E. Dunning, dans *The Cross-Cultural Analysis of Sports and Games* , G. Lüschen ed., Champaign, University of Illinois Press, p. 31-51.

1971 : Professeur invité à l'Institut pour les études sociales de La Haye. *The Sociology of Sport : A Selection of Readings*, avec E. Dunning, Londres, Frank Cass and Co. Le recueil comprend deux articles de Norbert Elias : « The Genesis of Sports as a Sociological Problem », p. 88-115 et « Folk Football in Medieval and Early Modern Britain », avec E. Dunning, p. 116-132.

1972 : Professeur invité à l'université de Constance. « Processes of State Formation and Nation Building, » *Transactions of the Seventh World Congress of Sociology*, Varna, 1970, Sofia, t. III, p. 274-284.

1973 : « Dynamics of Consciousness within that of Societies », *Transactions of the Seventh World Congress of Sociology*, Varna, 1970, Sofia, t. IV, p. 375-383.

1974 : « Een essay over tijd », *De Gids*, CXXXVII, 9/10 p. 600-608, CXXXVIII, 1/2, p. 50-59, CXXXVIII, 5/6, p. 367-377 et CXXXVIII, 9, p. 587-600. Il s'agit de la traduction en néerlandais d'un texte inédit de Norbert Elias, *An Essay on Time*. « The Sciences : Towards a Theory », dans *Social Processes of Scientific Development*, R. Whitley ed., Londres, Routledge and Kegan Paul, p. 21-42. « Towards a Theory of Communities », avant-propos à *The Sociology of Community : A Selection of Readings*, C. Bell et H. Newby ed., Londres, Frank Cass and Co., p. IX-XLI.

1976 : Professeur invité à Aix-la-Chapelle.

1977 : Professeur invité aux universités de Bochum et Francfort. Reçoit le Prix Adorno le 2 octobre à Francfort. A cette occasion est publié N. Elias et W. Lepenies, *Zwei Reden anlässlich der Verleihung des Theodor W. Adorno-Preises*, Francfort-sur-le-Main, Suhrkamp Verlag.

1981 : « Zivilisation und Gewalt », *Ästhetik und Kommunikation*, X, p. 5-12.

1982 : « Thomas Morus' Staatskritik. Mit Überlegungen zur Bestimmung des Begriffs Utopie », dans *Utopieforschung. Interdisziplinäre Studien zur neuzeitlichen Utopie*, t. II, W. Vosskamp ed., Stuttgart, p. 101-150. « Scientific Establishments », dans *Scientific Establishments and Hierarchies. Sociology of the Sciences*, N. Elias, H. Martins et R.D. Whitley ed., Dordrecht, t. VI, p. 3-69. « What is the Role of Scientific and Literary Utopias for the Future ? », dans *Limits to the Future. Prescriptions and Predictions in the Humanities and Social Sciences. Essays on the Occasion of the second NIAS-Lustrum 1981*, Wassenaar NIAS, p. 60-80. *Über die Einsamkeit der Sterbenden in unseren Tagen*, Francfort-sur-le-Main, Suhrkamp.

1983 : *Engagement und Distanzierung. Arbeiten zur Wissensoziologie, I*, Michael Schröter ed., Francfort-sur-le-Main, Suhrkamp. « Knowledge and Power. An Interview » dans *The Sociology of Knowledge*, N. Stehr and V. Meja ed., New Brunswick. « Über den Rückzug der Soziologen aud die Gegenwart », *Kölner Zeitschrift für Soziologie und Sozialpsychologie*, XXXV, 1, p. 29-40. « L'espace privé : Privatraum oder Privater Raum ? », *Séminaire à propos de l'histoire de l'espace privé*, Wissenschaftkolleg zu Berlin, dactylographié, p. 31-43.

2. *Elias en français*

1973 : *La Civilisation des mœurs*, traduction de P. Kamnitzer, Paris, Calmann-Levy.

1974 : *La Société de cour*, traduction de P. Kamnitzer, Paris, Calmann-Levy.

1975 : *La Dynamique de l'Occident*, traduction de P. Kamnitzer, Paris, Calmann-Levy.

1976 : « Sport et violence », traduction de J. et A. Defrance, *Actes de la recherche en sciences sociales*, 6, 1976, p. 2-19.

1981 : *Qu'est-ce que la sociologie ?*, traduction de Y. Hoffmann, Pandora. « La solitude du mourant dans la société moderne », traduction de C. Heim, *Le Débat*, 12, p. 83-104.

1985 : *La Société de cour*, Paris, Flammarion, réédition augmentée de la préface « Sociologie et histoire », traduction de J. Etoré.

3. Sur Norbert Elias

Human Figurations. Essays for/Aufsätze für Norbert Elias, P. Gleichmann, P.J. Goudsblom et H. Korte ed., Amsterdam, 1978 (publié à l'occasion du colloque tenu à Aix-la-Chapelle les 20-22 juin 1977 pour célébrer le 80ᵉ anniversaire de Norbert Elias).

Materialien zu Norbert Elias'Zivilisationstheorie, P. Gleichmann, J. Goudsblom et H. Korte ed., Francfort-sur-le-Main, Suhrkamp Verlag, stw 233, 1977.

W. Lepenies, « Ein Aussenseiter, voll unbefangener Einsicht. Laudatio auf Norbert Elias anlässlich der Verleihung des Theodor W. Adorno-Preises am 2. Ocktober 1977 », dans *Zwei Reiden anlässlich der Verleihung des Theodor W. Adorno-Preises*, Francfort-sur-le-Main, Suhrkamp Verlag, 1977, p. 9-33 (texte rédigé à l'occasion de la remise du prix Adorno à Elias).

R. Chartier, « Norbert Elias interprète de l'histoire occidentale », *Le Débat*, 5, octobre 1980, p. 138-143.

R. Chartier, « Le vieil Elias et la mer », *Libération*, 24 mars 1983, p. 30 (article rédigé après une conférence prononcée par Norbert Elias à l'École des Hautes Études en sciences sociales lors du colloque *Développement de l'État et cultures nationales. Autour de Norbert Elias*, mars 1983).

Macht und Zivilisation. Materialien zu Norbert Elias'Zivilisationtheorie 2, P. Gleichmann, J. Goudsblom et H. Korte ed., Francfort-sur-le-Main, Suhrkamp Verlag, stw 418, 1984 (avec en particulier une esquisse autobiographique de Norbert Elias, « Notizen zum Lebenslauf », p. 9-82).

Table des matières

Champs *Contre-Champs*

*Achevé d'imprimer en septembre 1995
sur les presses de l'imprimerie Maury Eurolivres SA
45300 Manchecourt*

— N° d'Imprimeur : 95/09/M7556. —
— N° d'Éditeur : 16376. —
Dépôt légal : avril 1985.

Imprimé en France